本卷编委会

刘思艺　张瀚天　方柏兴　陈陌阡　洪国盛
张天白　郑力海　邓　伟　邵博文　康　骁
潘　程　徐　成　谢可晟　包康赟　金雨萌

本辑主编

刘思艺

本辑审稿和校对编辑

邵博文　邓　伟　康　骁　徐　成
崔　斌　王泓之　谢可晟　金雨萌
潘　程　包康赟　洪国盛　张瀚天
方柏兴　陈陌阡　张天白　郑力海
刘继烨　聂清雨　侯婷婷　钟鑫雅
王瑞剑　叶依梦　柯　达　郑淑凤

声　明

　　本刊的各篇文章仅代表作者本人的观点和意见,并不必然代表编辑委员会的任何意见、观点或倾向,也不反映北京大学的立场。特此声明。

《北大法律评论》编辑委员会

中文社会科学引文索引（CSSCI）来源集刊

北大法律评论
PEKING UNIVERSITY LAW REVIEW
第 19 卷・第 1 辑（2018）

《北大法律评论》编辑委员会　编

图书在版编目(CIP)数据

北大法律评论.第19卷.第1辑/《北大法律评论》编辑委员会编.—北京：北京大学出版社，2019.11

ISBN 978-7-301-31098-4

Ⅰ.①北… Ⅱ.①北… Ⅲ.①法律—文集 Ⅳ.①D9-53

中国版本图书馆CIP数据核字(2020)第017310号

书　　　名	北大法律评论（第19卷·第1辑） BEIDA FALÜ PINGLUN (DI-SHIJIU JUAN · DI-YI JI)
著作责任者	《北大法律评论》编辑委员会　编
责任编辑	王　晶
标准书号	ISBN 978-7-301-31098-4
出版发行	北京大学出版社
地　　　址	北京市海淀区成府路205号　100871
网　　　址	http://www.pup.cn
电子信箱	law@pup.pku.edu.cn
新浪微博	@北京大学出版社　@北大出版社法律图书
电　　　话	邮购部 010-62752015　发行部 010-62750672　编辑部 010-62752027
印　刷　者	北京虎彩文化传播有限公司
经　销　者	新华书店
	787毫米×1092毫米　16开本　16.75印张　309千字 2019年11月第1版　2019年11月第1次印刷
定　　　价	49.00元

未经许可，不得以任何方式复制或抄袭本书之部分或全部内容。
版权所有，侵权必究
举报电话：010-62752024　电子信箱：fd@pup.pku.edu.cn
图书如有印装质量问题，请与出版部联系，电话：010-62756370

目　录

专题：民法典编纂研究

谢　潇　私法范畴与民商合一时代的私法整合尝试
　　　　——以民法典编纂为时代背景 …………………（1）

王　琦　论民法典的规范技术
　　　　——以《民法总则》为主要例证的阐释 ……………（40）

张　红　我国惩罚性赔偿制度的体系 ………………………（63）

论文

苏　宇　权力概念的变迁与反思 ………………………………（88）

王华伟　德国网络平台责任的嬗变与启示 …………………（120）

梁　坤　自书供述运用的实证研究
　　　　——从《刑事诉讼法》第122条展开 ………………（139）

尹亚军　为什么是法教义学？
　　　　——中国经济法学的方法论选择 ……………………（161）

评论

张剑源　司法过程中的伦理考量
　　　　——以家事司法实践为中心 …………………………（179）

申　伟　作为符号的司法
　　　　——一般背景及中国表现 …………………………………（195）

经典译苑
波利比乌斯　杨之涵　译　波利比乌斯论混合政体：
　　《通史》第六卷全文迻译 ………………………………………（214）

编后小记 ……………………………………………………………（253）

Contents

Symposium: Study on the Codification of Civil Law

Xie Xiao
    The Sphere of Private Law and the Attempt to Intergrate Private Law in the Times of the Unification of Civil Law and Commercial Law: The Codification of Civil Law as the Background .... (1)

Wang Qi
    On the Normative Technology of Civil Code: Interpretation with the General Provisions of the Civil Law of the People's Republic of China as the Main Example .... (40)

Zhang Hong
    The Punitive Damages System in China .... (63)

Articles

Su Yu
    The Vicissitude and Reflection of the Concept of Power .... (88)

Wang Huawei
    The Development of Online Platform's Liability in Germany and Its Enlightment .... (120)

Liang Kun
    An Empirical Study of Written Statements: Extending from Article 122 of Criminal Procedural Law .... (139)

Yin Yajun
  Why the Legal Dogmatics? The Choices about Methodology of
  Economic Law of China ·· (161)

Comment On
Zhang Jianyuan
  Ethical Considerations in the Judicial Process: Centered on Family
  Justice Practice ··· (179)

Shen Wei
  Justice as Symbol: Backgrounds and Performances in China ······ (195)

The Classics in Translation
Polybius Translated by Yang Zhihan
  Polybius On Mixed-Constitution: The Translation of the Sixth
  Book of *History* ··· (214)

Afterword ·· (253)

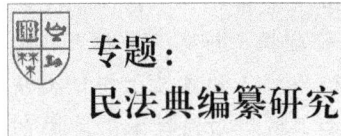

专题：民法典编纂研究

私法范畴与民商合一时代的私法整合尝试
——以民法典编纂为时代背景

谢 潇[*]

The Sphere of Private Law and the Attempt to Intergrate Private Law in the Times of the Unification of Civil Law and Commercial Law:
The Codification of Civil Law as the Background

Xie Xiao

内容摘要：就历史沿革而言，私法范畴在素材上体现出浓厚的古典色彩，即私法主要来源于罗马私法。潘德克顿法学在处理私法范畴的问题上采取了较为保守的做法，其以罗马私法为素材，借由主观剪裁与体系方法将罗马私法转化为抽象的一般私法，并最终塑造了"民法（一般私法）-特别私法（主要是商法）"的框架体系。尽管在一般私法，即民法意义上，体系已经相对完善，但对于囊括民法与商法（也包括其他特别私法）在内的全部私法而言，体系问题仍未彻

---

[*] 法学博士，重庆大学法学院讲师。

本文系中央高校基本科研业务费专项项目"民法总则基础理论研究——以潘德克顿法学为中心"（项目编号：106112017CDJXY080007）的阶段性成果。

底解决。对于我国而言,囿于法律继受之限制,民法典编纂应当维持潘德克顿体系,但是,在原则层面上,以抽象平等、意志自由、伦理谦抑与交易庇护来界定私法之范畴,不仅在价值上颇为可取,而且亦可在较为宽泛的意义上塑造全新的、作为整体的私法范畴及其体系,最终在法学层面上实现对潘德克顿体系的某种超越。而在此私法范畴认知基础上,应当正视我国私法继受的客观性与长期性,注意区分立法体系与法学体系,重视现代私法基本原则的中枢作用,以便缔造既富有学术底蕴,又可回应现实问题的中华私法学。

关键词:私法范畴　私法素材　私法体系　私法原则　民商合一　民商分立　民法典

一、问题的缘起

中国共产党第十八届中央委员会第四次全体会议通过了《中共中央关于全面推进依法治国若干重大问题的决定》,其中明确提出"加强市场法律制度建设,编纂民法典",这使得编纂民法典成为我国社会主义法治建设的一项重要任务。2017年3月15日,第十二届全国人民代表大会第五次会议表决通过了《民法总则》,这也使得我国民法典的编纂踏出了坚实的第一步。恰如崔建远先生所言,编纂我国民法典必须摆正民法典与哲学、民法与商法、原则与规则等数对关系。[1]而作为民法与商法、乃至其他特别私法(或曰民事特别法)上位概念的私法,其范畴无疑值得细细品味与探究。不过,仅就认识与研究的困难程度而言,讨论"私法范畴",无疑具有一定难度,乃因欲在详尽俯览私法源流与具体现象之前,便觊觎得窥其本质,不啻为空中楼阁之举。诚如法国哲学家米歇尔·福柯所言,"概念的历史不是一砖一石构造起来的建筑"[2],概念的形成常常并不符合逻辑所要求的严格条件。概念作为对一定现象、价值与事实的描述与抽象,承载着社会与历史之负担,裹挟着因素材的广泛性与杂糅性而与生俱来的不完备性以及高度抽象性。职是之故,私见以为,对于私法范畴的考察,应当在三个层面上展开:其一,私法素材之考察,其旨趣在于从广义法源的角度,探寻私法的具体历史展现;其二,私法体系之考察,其目的在于明晰私法之形式特征;其三,私法原则之慎思,其要义在于获知私法之价值内核及其内在发展动力。而借由私法素材、私法体系以及私法原则之考察,方可于历史、形式与价值层面形成对于私法范畴的虽然宏观但却不失精致的清晰认知。而在获取对私法范畴较为清晰认知的基础上,或许才可以对民商合一时代的私法整合提出一

---

[1] 参见崔建远:《编纂民法典必须摆正几对关系》,载《清华法学》2014第6期,第43页。
[2] 米歇尔·福柯:《知识考古学》,谢强、马月译,生活·读书·新知三联书店2007年版,第60页。

些尝试性建议。

二、私法与罗马法：罗马法作为私法素材与观念上的渊源

优士丁尼《学说汇纂》中记载了古罗马法学家乌尔比安的一段著名法言："对于法律学习而言，分为两大分支，即公法与私法，公法关乎罗马国家共同体的根基，私法则涉及个人的利益。"[3] 这开创了罗马法上公法与私法的二元分立。从乌尔比安的定义中，我们似乎能够清晰地识别私法之定在，即涉及个人利益的法。不过这一界定仍然显得十分抽象。事实上，罗马法的法律渊源极为复杂，例如德国法学家鲁道夫·佐姆（Rudolph Sohm）便指出，罗马法意义上的"私法"，囊括了自然法、万民法和市民法三大法律类型。[4] 其中，自然法则系优士丁尼民法大全编纂时对古老的市民法与万民法分类的添加[5]，而仅就市民法与万民法而言，两者之和几乎可以说是罗马法的全部。[6]

严格来说，罗马人的这一分类是不科学的，乃因自然法、万民法与市民法的分类标准系法所能适用之主体与对象，故而就形式逻辑而言，似乎公法也可以分为这三种类型的法。然而在罗马法中，却并没有对公法做过相应的分类，后世关于罗马公法的论述，与其说是对法律的研究，不如说是关于罗马政治的探索。[7] 德国法学家蒂堡甚至直言不讳地用"政府之法"，或曰"政治法"这一术语来指称罗马公法。[8] 抚卷深思，窃以为，之所以将私法作为此三分法之范畴，原因有三。

第一个原因是，罗马时代的法学并不像现代法学那样重视逻辑上的连贯

---

[3] Justinian, *The Digest of Justinian Vol. 1*, Translation Edited by Alan Watson, University of Pennsylvania Press, 1985, p. 2.

[4] 在罗马法上，所谓市民法，即适用于具有罗马公民权的人的法律，所谓万民法，即适用于一切民族的法律。市民法具有固有法的特点，本身是罗马人习惯的法律化，而万民法更具有一般法的特点。德国法学家 Sohm 认为，罗马的万民法受哲学与商业贸易的双重影响而影响，是罗马法中较市民法更具有理性色彩的部分。See Rudolph Sohm, *The Institutes: A Textbooks of the History and System of Roman Private Law*, translated by James Crawford Ledlie, Oxford at the Clarendon Press, 1907, pp. 70-73.

[5] 对比《盖尤斯法学阶梯》便可知，早期的罗马法主要分为市民法与万民法，并无自然法这一类型。在盖尤斯的分类体系中，万民法包含自然法，因为万民法乃是根据自然原因适用于一切人，为所有的民众共同体所共同遵守的法。参见盖尤斯：《盖尤斯法学阶梯》，黄风译，中国政法大学出版社 2008 年版，第 1 页。

[6] 例如，彼德罗·彭梵得便论述到："真正所讲的私法，即调整公民个人间关系的法，在《法学阶梯》中分为三部分：自然法、万民法和市民法。"参见彼德罗·彭梵得：《罗马法教科书》，中国政法大学出版社 2005 年版，第 7 页。

[7] Vgl. Ferdinand Walter, *Geschichte des Römischen Rechts bis auf Justinan*, Erster Teil, *Das öffentliche Recht*, 3. Aufl., 1860, S. 11ff.

[8] Vgl. Anton Friedrich Justus Thibaut, *System des Pandekten-Rechts*, Erster Band, 1. Aufl., 1803, S. 201.

性。实际上,在区分自然法、万民法与市民法这三种法律类型之前,罗马人便已经前置性地将这种分类限定在私法之中。换言之,私法即是这种三分法的范畴。对于罗马法学家而言,他们并没有为了逻辑上的连贯性而将希腊哲学式的对于体系的顶礼膜拜引入罗马法之中,他们其至没有对一系列重要的法律术语下定义。[9] 恰如罗马法学家 Iavolenus 所言:"市民法中的所有定义都是危险的"(Omnis definition in jure civili periculosa est)。[10] 罗马法对法律中的定义与概念持保守而审慎的态度。对于罗马法律人而言,裁判案件的实际需要与现实可行性比体系更为重要。[11] 因此,尽管将私法区分为自然法、万民法与市民法并不符合严格意义上的形式逻辑,但罗马人却并没有觉得有什么问题。

第二个原因是,与公法相比,罗马私法的内容要庞大丰富得多,以至于在罗马人的潜意识里,所谓法律,绝大多数情况下指的都是私法。以优士丁尼《学说汇纂》为例,按照罗马人的观念,除了第 47 卷所涉及的刑法因主要是规制罗马法上"公犯"的缘故而可纳入公法之列以外,其余多达 49 卷的内容均可归入私法。[12] 而作为民法大全四部分中篇幅最长的作品,《学说汇纂》多达 49 卷的私法内容足以证明私法范围的广博性。在用这种三分法对罗马法进行分类的过程中,私法作为隐含条件而被承认,而公法则被忽略了。

---

[9] See Harold J. Berman, *Law and Revolution*: *The Formation of the Western Legal Tradition*, Harvard University Press, 1983, p. 139.

[10] M. D. A. Freeman, *Lloyd's Introduction to Jurisprudence*, Sixth Edition, London: Sweet & Maxwell Ltd., 1994, p. 47.

[11] *Supra* note[9], p. 139.

[12] 按照优士丁尼所颁布的 Tanta 敕令中的说明,《学说汇纂》包括 7 个部分,第一部分为头编,包括第 1 至 4 卷,第 1 卷主要涉及的是法的一般理论,法的渊源、人的身份、物的分类、长官的各种职责,第 2 至 4 卷涉及诉讼;第二部分为审判,包括第 5 至第 11 卷,其中第 6 至 11 卷实际上属于实体法的内容,涉及原物返还、用益权、役权、侵权、地界调整等;第三部分为物法,包括第 12 卷至第 19 卷,涉及借贷、盗窃物的返还、针对船舶经营人的诉讼、特有产、抵销、合伙、买卖、互易等;第四部分为中心卷,主要内容为交易,包括第 20 卷至第 27 卷,涉及抵押、退货之诉、关于就追夺担保提出来的双倍返还要式口约、借贷、海运借贷、证书、证人、证据、推定、婚约、婚姻、嫁资、监护和保佐;第五部分为遗嘱,包括第 28 卷至第 35 卷,涉及各种遗嘱;第六部分主要内容为继承和侵权,涉及遗产占有、关于亲等和姻亲关系的法律、法定继承和遗嘱继承、新施工警告、潜在损害担保、解放奴隶、取得所有权和占有的方式、财产的留置和出售、诈欺债权人之避免、抗辩、时效、债务和诉权等;第七部分以要式口头约定、私犯和犯罪、上诉、各种地方事务的管理为内容。由此可以看出,《学说汇纂》中的绝大部分内容均为私法以及私法上利益的维护(诉讼),在罗马人并不区分实体法与程序法的观念下,《学说汇纂》中的绝大部分内容均属于私法。当然,这并不是说罗马公法数量就很少。事实上,罗马公法主要存在于《优士丁尼法典》与《优士丁尼新律》中。优士丁尼于公元 533 年组织编纂《学说汇纂》时,乃是从几十位罗马法学家的著作片段中整理出大量片段,并分题汇纂为 50 卷,在民法大全中属于篇幅最大的。故而可以说《学说汇纂》乃民法大全中相对而言最重要的部分。参见徐国栋:《民法对象研究》,法律出版社 2014 年版,第 64—65 页;参照赤松秀岳『物権・債権峻別論とその周辺 二十世紀ドイツにおける展開を中心に』,成文堂 1989 年版,3 页;vgl. Karl Bucher, *System der Pandekten oder Versuch einer wissenschaftlichen Darstellung des Justinianeischen Privatrechts*, 3. Aufl., 1822, S. 10—11.

第三个原因是,在罗马人的观念中,法(ius)不同于法律(lex),前者具有习惯法与自然法的因素,而后者则是由民众或者执法官(magistratus)所创设;前者关乎私人利益,而后者主要涉及罗马城邦的管理与公共生活,而在此意义上,罗马人观念中的"法"(ius)、"市民法"(ius civile)与"私法"(ius privatum)便在原初意义上具有了同一性。[13] 这一点甚至深深影响了后世的民法学说与实践。例如,著名的法国罗马法学家雨果·多诺便在《市民法评注》第2卷第7章第1节明确指出罗马法学家所言之市民法其实就是私法。[14] 而这一点使得后世的民法在概念与精神上与私法相契合成为可能。[15]

由乌尔比安的论述可以得知,罗马人观念中的公法仅"见之于宗教事务、宗教机构和国家管理机构之中"。[16] 换言之,唯有宗教法与国家行政法才隶属于公法。在这之外,均可以归入私法的范畴,故而私法也就自然而然地变得庞大与重要起来。不过,以现代法学之视角反观之,也有学者敏锐地指出,因拉丁语欠缺"个人的"与"社会的"对应术语,所以在乌尔比安的论断中仅仅反映国家与个人之间的对立。而由于"社会"这一概念的阙如,故而在社会利益与个人利益重合之时,大量调整私人关系的法律又被纳入罗马公法的范畴。[17] 职是之故,私法在罗马法中仅仅是一种暧昧的、不稳定的观念存在,它象征着罗马人对自由的热爱与国家对私人的尊重,不过尚未成为一个明晰的法律概念。

三、私法与"历史-潘德克顿"法学:私法与私法学的纯粹化

倘若将视野移转到现代罗马私法的研究,便能够得到一幅逻辑上更为明晰,视野上更为宽广的画卷。例如,意大利罗马法学者洛瓦托(Andrea Lovato)、普利亚蒂(Salvatore Puliatti)与马罗蒂(Laura Solidoro Maruotti)认为,罗马私法包括私讼、人法、婚姻与家庭法、法律行为法、财产法、债法、继承法和赠与法八个部分。[18] 另一位意大利罗马法学者瓜里诺(Antonio Guarino)则

---

[13] 参见李中原:《欧陆民法传统的历史解读——以罗马法与自然法的演进为主线》,法律出版社2009年版,第13页。

[14] Hugo Dollenus, Opera Ominia(Tomus Primus), Roma: Typis Josephi Salviuggi, 1828, p.223. 转引自李飞:《取得方式与(市)民法的体系化》,中国政法大学出版社2015年版,第6页。

[15] 值得注意的是,在罗马法史上首次明晰化私法的努力是由《十二表法》完成的,这一规范性法律文件系属法律(lex),但却包含了许多私法(ius)的内容,这一点也说明了罗马人观念中对严格分类逻辑的不重视。Cfr. Aldo Petrucci, Corso di Diritto Pubblico Romano, Torino: G. Giappichelli Editore, 2012, p.191.

[16] 同前注[6],第7页。

[17] 参见前注[6],第7页。

[18] Cfr. Andrea Lovato, Salvatore Puliatti, Laura Solidoro Maruotti, Diritto Privato Romano, G. Giappichelli Editore-Torino, 2014, p.24, 149, 188, 216, 246, 434, 626, 790.

认为,罗马私法包括人法、绝对法律关系法与相对法律关系法三个部分,其中人法包括资格法与继承法,绝对法律关系法包括占有、家庭法、所有权法、他物权法,而相对法律关系法只包含债法,同时,债法又可以进一步被划分为合同法、非合同责任法以及侵权责任法。[19] 德国著名罗马法学家卡泽尔(Max Kaser)则指出,罗马私法在内容上包括人与家庭法、物权法、债法与继承法四个具体部分,这几乎就是《德国民法典》分则的翻版。[20] 卡泽尔等法学家对罗马私法范畴的界定沿袭自罗马法学家斯凯沃拉(Scaevola)将市民法划为继承法、人法、物法与债法的分类[21],但罗马私法在逻辑与体系上更为严谨与清晰的学术表述,却是缘于潘德克顿法学(包括历史法学派中的罗马学派)对罗马私法的高度学术化研究。

潘德克顿法学对私法范畴的形成具有举足轻重的作用。在历经康德、普芬道夫、沃尔夫以哲学的方式连贯性地塑造法的体系之自然法学以及胡果、萨维尼倡导法学须重视法律历史性质之历史法学的双重洗礼之后[22],潘德克顿法学承继了源于哲学的体系思维与源于史学的历史思维[23]以及具有限定性的法学与立法科学的定义,同时也超越了对《学说汇纂》固有体系不加任何变更而通过评注实现"罗马法现代运用"[24]的狭隘性。其秉承德意志自中世纪肇始的罗马法继受事实[25],以罗马私法为素材,逐渐明晰地界定了私法的范畴。潘德克顿法学所展开的私法范畴明晰化运动分为以下三个步骤。

(一)法学与国家法学的区隔

潘德克顿法学塑造私法的第一个步骤是,区分法学与国家法学,为法学与立法科学设置一个限制性定义。潘德克顿法学所关注的法律,为罗马法,尤其是优士丁尼《学说汇纂》中的罗马法,包括私法与刑法,且以私法为主要研究对

---

[19] Cfr. Antonio Guarino, *Diritto Privato Romano*, Editore Jovene Napoli, 2001, pp. 269, 413, 483, 531, 594, 626, 700, 765, 821, 875, 936, 972.

[20] Vgl. Max Kaser, *Das Römischen Privatrechts*, 2. Aufl., 1960, S. 268, 373, 474, 668.

[21] *Supra* note[9], p. 136.

[22] Vgl. Susanne Hähnchen/Friedrich Ebel/Georg Thilman, *Rechtsgeschichte: Von der Römischen Antike bis zur Neuzeit*, 4. Aufl., 2012, S. 303—304.

[23] 萨维尼首创将法学定性为是一门历史性科学与哲学性科学的统一学科,并由此引出了法学的历史性研究方法与体系性研究方法。参见萨维尼、格林:《萨维尼法学方法论讲义与格林笔记》,杨代雄译,胡晓静校,法律出版社2014年版,第17—20,21—32,70—74页。

[24] See Franz Wieacker, *A History of Private Law in Europe*, Translated by Tony Weir, Oxford University Press, 1995, pp. 159-160.

[25] Vgl. Heinrich von Dernburg, *Pandekden, Ester Band, Allgemeiner Teil und Sachenrecht*, 7. Aufl., 1902, S. 4—7.

象。例如,萨维尼[26]在论及其法学方法论时,便为法学与立法科学做了这样的定义:"法学或立法科学的概念:从历史的视角对特定时代某个国家的立法职能进行阐述。不涉及国家法。只包括私法与刑法。"[27]由于从广义的角度来说,刑法其实也应当排除在国家法(公法)之外,而属于私法。[28]故而可以认为,潘德克顿法学的研究对象仅指私法,或者说其研究旨趣主要偏向私法。

这一界定本身也许难谓科学,但却包含了潘德克顿法学自历史法学处承继而来的关于法律的观念。作为历史法学派的开创者,受Schelling"法的有机论"(Organimuslehere des Rechts)之影响,萨维尼开创了法渊源的"民族精神"(Volkgeist)学说。[29]根据这一学说,法律是一个民族的法律,每一个民族都有其特有的法,一切法都来源于特定的"民族精神"。[30]同时,在法律的发展过程中,法律并不是以狂飙突进的方式实现突变,而是像语言那样,随着历史的推移而潜移默化——法律就是"民族的共同信念"。[31]萨维尼在《当代罗马法体

---

[26] 尽管在严格意义上,萨维尼应当归属于历史法学派,而不能绝对地纳入潘德克顿学派的范围(例如维亚克尔便将潘德克顿学派置于萨维尼的历史法学派之后),但由于潘德克顿学派对萨维尼体系理论的继承与发展属性,故而此处仍然将萨维尼作为更为宽泛意义上的潘德克顿学派,即重视罗马法源与体系塑造之流派的法学家对待。在本文中,历史法学与潘德克顿法学因其传承关系而不做严格区分,故而小标题定为私法与"历史-潘德克顿"法学。

[27] 同前注[23],第1页。值得注意的是,在18世纪时,德国哥廷根学派代表人物普特(Pütter)认为私法包括两大部分,即民法与刑法,在普特的理论体系里,民法仅仅只是不包括刑法的私法的那一部分(参见杨代雄:《古典私权一般理论及其对民法体系构造的影响》,北京大学出版社2009年版,第57页)。而费希特则又有不同于普特的观点,其认为应当将民法区分为狭义的民法与广义的民法,狭义的民法"规定了每个公民的权利可以发展到什么程度,从而构成每个人与一切其他个人在国家中的法律关系的基础",而广义的民法则包括:"(1)规定财产契约的精神在各行各业的具体运用,(2)规定破坏法权关系的人应当受到的惩罚,即刑法。"由此,我们可以发现,费希特所认知的民法,或者说私法具有特殊性,其认为"契约-赋权法"属于狭义的民法,而刑法(包括侵权法)在广义上也应当纳入民法之列(参见张东辉:《费希特的法权哲学》,中国社会科学出版社2010年版,第108页)。而在萨维尼处,我们可以发现,私法已经与刑法在内涵与外延上脱钩了。不过将刑法纳入私法的传统观点一直具有影响力,甚至直至现代,在法国法上,刑法也被传统地归入私法,因为"刑法经常针对那些侵犯个人所拥有的权利的行为,个人有权因此求助于刑法"(参见雅克·盖斯旦、吉勒·古博、缪黑埃·法布赫-马南:《法国民法总论》,陈鹏、张丽娟、石佳友、杨燕妮、谢汉琪译,法律出版社2004年版,第70页)。

[28] 参见杨代雄:《古典私权一般理论及其对民法体系构造的影响》,北京大学出版社2009年版,第57页。

[29] Vgl. Herman U. Kantorowicz, Volksgeist und Historische Rechtsschule, *Historische Zeitschrift*, Bd. 108, H. 2(1912), S. 316.

[30] Kantorowicz, a. a. O., S. 313.

[31] 萨维尼对"民族精神"学说在其名著《论立法与法学的当代使命》中有精彩的论述:"在人类信史展开的最为远古的时代,可以看出,法律已然秉有自身确定的特性,其为一定民族所特有,如同其语言、行为方式和基本社会组织体制。不仅如此,凡此现象并非各自孤立存在,它们实际乃为一个独特的民族所特有的根本不可分割的禀赋和取向,而向我们展现出一副特立独行的景貌。将其联结一体的,乃是排除了一切偶然与任意其所由来的意图的这个民族的共同信念,对其内在必然性的共同意识。"参见〔德〕弗里德里希·卡尔·冯·萨维尼:《论立法与法学的当代使命》,许章润译,中国法制出版社2001年版,第7页。

系》第一卷中进一步论述到:"如果我们根据现在所取得的立场对于全部法进行思考,那么我们可以将法区分为两大领域:国家法(Staatsrecht)和私法(Privatrecht)。前者以国家作为对象,国家是民族的有机表现形式;后者以全部法律关系作为对象,这些法律关系环绕于个人周围,由此在这些法律关系中,个人具有了内在生命,构成了一个确定的形式。"[32] 缘何会有这样的论述呢?例如,为何全部法律关系均属于私法的范畴呢?这源于萨维尼对国家的定位。在萨维尼看来,国家是一种"精神性的民族共同体的实在形态"。[33] 换言之,国家就是民族精神本身。因此萨维尼认为:"国家产生也是法产生的一种方式,甚至是法产生的最高阶段。"[34]在萨维尼看来,国家法并不会介入到各种具体的法律关系之中,在各种具体的法律关系中,个人是目的。与之相反,在国家法中,国家是目的,个人只是处于从属状态。因为民族只有形成了国家,这一民族才能获得真正的人格(Persönlichkeit),而唯有以民族人格为前提,法律才能得以作为具象化与客观之物与个人相结合。[35] 因此,依照萨维尼的观点,尽管国家法通过民事程序法与不考虑个人利益的惩罚法,为维护国民之个人利益提供了一个制度性框架,甚至国家法就是作为最高法律渊源的"民族精神"本身而存在的,但由于具体的法律关系只能存在于个人之间,因此私法便应当成为法学的主要研究对象。萨维尼的"民族精神说"将私法定位为一个具有历史性格的自在自为的有机体,其在法源意义上彰显了私法领域的自治诉求与排斥国家干预的隐喻性申张。[36]

而与之形成鲜明对比的是,作为萨维尼主要论战对手的蒂堡却对法学将自身禁锢于私法的做法持强烈否定态度。蒂堡在1803年出版的《潘德克顿法体系》一书中将潘德克顿法区分为总论、公法与私法三个部分,详尽地讨论了被大多数罗马法学家所忽略的公法。[37] 这也与蒂堡与萨维尼在关于《德国民法典》编纂的论战中的态度不谋而合——在蒂堡看来,一部德意志的统一民法典将能够促进当时处于分裂状态的德意志各邦的交流与联系及市民的幸福。[38] 也许蒂堡更想阐明的道理是,一部统一民法典的编纂与生效将极大地推动德意志的政治统一。基于政治方面的考量,蒂堡格外重视潘德克顿的公法研究,其引入

---

[32] 同前注[31],第 23 页。
[33] 同前注[31],第 23 页。
[34] 同前注[31],第 23 页。
[35] 参见前注[31],第 24—25 页。
[36] 参见児玉寛「古典的自治論の法源論的基礎」,原島重義編『近代私法学の形成と現代法理論』,九州大学出版会1996年版,119 頁以下。
[37] Vgl. Thibaut (Fn. 8), S. 23, 203; Anton Friedrich Justus Thibaut, *System des Pandekten-Rechts*, Zweyter Band, 1. Aufl., 1803, S. 17.
[38] 参见蒂堡:《论统一民法对于德意志的必要性》,朱虎译,中国法制出版社2009年版,第35页。

了一系列新颖概念,力图将国家法与私法整合到统一的潘德克顿体系之中。不过,萨维尼的观念以及海瑟所开创的"潘德克顿体系"[39]仍旧取得了绝对优势。例如,作为潘德克顿法学典范的温德沙伊德《潘德克顿法教科书》便基本上只论述了私法的内容[40],而其他著名潘德克顿法学家,如邓思伯格(Dernburg)、普赫塔等,他们的著作也存在类似的情况。[41]甚至蒂堡本人到最后也未能将自己的观点与体系贯彻到底,在其潘德克顿教科书最后的第八版,蒂堡仍然受海瑟体系的影响,将原有的公法与程序法内容删去,而只保留了私法的部分。[42]由此,潘德克顿法学便在法学的任务方面作出了令人印象深刻的自我限定,在潘德克顿法学的视野内,恰如萨维尼在论述法律关系时的克制与谨慎所展现的那样——"现在应进一步阐明属于私法的法律关系的本质;只有这些法律关系才属于我们的任务范围,因此,从现在起,它们就被我们称为'法律关系'(Rechtsverhältnisse),而不带任何限制性的附加语词"[43]——私法被作为了法学对象的全部。因此,到此为止,可以断言,潘德克顿法学及其主张,因其范畴的自我约束性而仅于私法领域具有普适价值。

(二)抽象总则的创设

第二个步骤是,引入总则,构造私法体系的逻辑基石。在罗马法时代,我们可以非常直观地感受到私法这一概念源于罗马人对国家与个人以及家父与家子之间关系的态度与观念。在罗马时代,尽管不同时期存在一些差异,但有一个值得关注的共同现象:罗马人对自由的热爱与对私域的尊重。在共和国时期,罗马人实现了政教分离,他们以设立作为荣誉性职位的大祭司的方式,使宗

---

[39] Vgl. Arnold Heise, *Grundriss Eines Systems des Gemeinen Civilrechts Zum Behuf von Pandecten-Vorlesungen*, 3. Aufl., 1819, S. 3, 18, 30, 65, 78.

[40] Vgl. Bernhard Windscheid, *Lehrbuch des Pandektenrechts*, Erster Band, 3. Aufl., 1870, S. 1, 37, 86, 376; Bernhard Windscheid, *Lehrbuch des Pandektenrechts*, Zweiter Band, 3. Aufl., 1870, S. 1, 780; Bernhard Windscheid, *Lehrbuch des Pandektenrechts*, Dritte Band, 3. Aufl., 1870, S. 1.

[41] Vgl. Heinrich von Dernburg, *Pandekten*, Ester Band, Allgemeiner Teil und Sachenrecht, 7. Aufl., 1902, S. 1, 391; Heinrich von Dernburg, *Pandekten*, Zweiter Band, Obligationenrecht, 4. Aufl., 1894, S. 1; Heinrich von Dernburg, *Pandekten*, Dritter Band, Familienrecht und Erbrecht, 2. Aufl., 1887, S. 1, 93; Georg Friedrich Puchta, *Lehrbuch der Pandekten*, 1. Aufl., 1838, S. IX ff.

[42] 参见薛军:《略论德国民法潘得克吞体系的形成》,载《中外法学》2003年第1期,第17页。

[43] 弗里德里希·卡尔·冯·萨维尼:《当代罗马法体系I:法律渊源·制定法解释·法律关系》,朱虎译,中国法制出版社2010年版,第257页。

教不至于干涉政治。[44] 同时,在驱逐了国王之后,罗马人选择让经由民众选举,任期只有一年的执政官、裁判官、行政官、监察官等公共官员分享国王的国家权力。[45] 由此,罗马人便在宗教与政治的双重意义上限制了国家对私域的干预能力。即使在帝政时代,在戴克里先改革之前[46],罗马国家也从未建立起一个可以对私域予以充分干预的公共权力体系,罗马国家一直欠缺一种精致而高效的官僚制组织,国家权力功能仅局限于直接的"国家理由"(Staatsraison)所必需的范围内。[47] 而与罗马政治状况相契合的,便是罗马人私域的广大以及随之在法律层面上所展现出的私法范围的无垠与私法内容的庞杂。当然,值得注意的是,在罗马人那里,私法并非实证法意义上的法律部门,其更像是一种单纯的抵御国家公权力干预的法律观念。例如,在著名的《十二表法》(La Legge delle XII Tavole)中,便同时具有公法与私法的内容[48];甚至在罗马法史上法典化程度最高的优士丁尼《民法大全》中,我们也只能看到根据盖尤斯的《法学阶梯》所塑造的法律的一般体系,而私法则几乎以杂乱无章的形式排列于《学说汇纂》之中。罗马人并没有把私法视为现代法意义上的法律部门,也没有做出任何将私法自其他法律渊源剥离出来使之纯粹化的努力。

不过,对于潘德克顿法学而言,科学的法律(或者说科学的私法)必须被塑造为一个具有逻辑性的体系,因为一座无漏洞的"概念金字塔"(Piramide Concettuale)是法律科学化所不可或缺的要件。[49] 而为了实现这一目标,潘德克顿法学在对罗马私法进行研究的过程中,通过"提取公因式"(vor die Klammer zu ziehen)的抽象法律技术,在物权法、债法、家庭法与继承法之前,创造性地设置了"总则"(Allgemeine Teil)。[50] 抽象的总则通常被置于潘德克顿法教科书的最开端,其竭力将物权法、债法、家庭法与继承法的共性内容,以

---

[44] 提图斯·李维在《自建城以来》第二卷中写道:"然后给予关注的是神事的问题……人们让这一职务服从于大祭司,以使对称谓的敬重不会对自由造成障碍,因为自由在当时是人民最为关注的事。"这一片段的写作背景为罗马王政时代最后一任国王傲慢者塔克文被罗马放逐之后,罗马共和国为了解决因国王缺位而导致的祭神人选阙如这一问题,设置了新的地位崇高但却欠缺实权的大祭司一职,从而限制了国家权力,实现了维护市民自由的目标。参见提图斯·李维:《自建城以来》,桑德罗·斯契巴尼选编,王焕生译,中国政法大学2009年版,第67页以下。

[45] See George Mousourakis, *Legal History of Rome*, Routledge, 2007, pp.11-12.

[46] 罗马皇帝的专制君主权力也是在戴克里先改革之后才得以建立(参见徐家玲:《早期拜占庭和查士丁尼时代研究》,东北师范大学出版社1998年版,第58页以下)。

[47] 参见马克斯·韦伯:《支配社会学》,康乐、简惠美译,广西师范大学出版社2010年版,第42页。

[48] Cfr. Aldo Petrucci, Corso di Diritto Pubbico Romano, Torino: G. Giappichelli Editore, 2012, p.191.

[49] Cfr. Karl Larenz, Storia del metodo nella scienza giuridica, Milano: Giuffrè Editore, 1966, p.23.

[50] Vgl. Konrad Zweigert/Hein Kötz, *Einführung in die Rechts-vergleichung*, 3. Aufl., 1996, S. 144—145.

更为抽象的形式,普适性地汇总起来。总则技术的使用实现了潘德克顿罗马私法的体系化,并且以十分清晰的方式界定了私法的范畴与边界。当然,仍须予以提示的是,尽管潘德克顿法学在学说系谱上乃历史法学之苗裔,但严格来说,潘德克顿法学系自然法要素与罗马法要素交相呼应之产物,"总则"之理念与技术显然在一定程度上受到了自然法理论的影响。[51]

(三)封闭私法体系的构造

最后一个步骤是,借由概念法学而塑造一个封闭的私法体系。在引入了总则技术之后,潘德克顿法学得以在素材与范畴均十分明晰的范围内研究罗马私法,并在罗马法素材的基础上进一步抽象出素材中所包含的理性因素。凭借罗马法作为德意志普通法这项实证法意义上的前提与基础[52],潘德克顿法学将罗马私法一举转变为可供德意志继受的理性化一般私法。在德国法学家Gerber看来,正是因为体系思考方法的运用,才令德国人得以依自身的民族精神全面掌握罗马法,并进一步将罗马法锻造为德意志法,从而完成对罗马法的继受[53],最终实现耶林所言之"借由罗马法而超越罗马法(durch das römische Recht aber über dasselbe hinaus)"[54]之伟大目标。在潘德克顿法学的努力下,以总则为开端,包括物权法、债法、家庭法与继承法这些具体法域的私法体系最终得以被塑造。而在这一封闭体系中,潘德克顿法学家们认为能够经由概念计算而回应现实法律的需求。方法论意义上的潘德克顿法学,或者说概念法学的目标有三:无漏洞之教条(Lückenlosigkeit)、建构主义(Konstruktivismus)与颠倒方法(Inversionsmethode)。[55] 具体而言,即借由对罗马私法历史素材的精致分析与归纳整理,抽象出私法的一般观念,然后再以一般观念(萨维尼更富有浪漫主义气息地在法源意义上将"民族精神"作为最为一般的观念)作为演绎的逻辑起点,推演出一个庞大的私法体系。而在推演的过程中,"将概念置于法学方法的显微镜下辨明其相互之间的关系"[56],从而在体系内部实现概念的严密定义与区分以及法概念与法规则的统一[57],最终使该体系几乎能够无漏洞地处理私法纠纷。

---

[51] 参照赤松秀岳『十九世紀ドイツ私法学的実像』,成文堂1995年版,267頁。
[52] 参见黄宇昕:《中世纪德国对罗马法的继受》,载《浙江工商大学学报》2006年第4期,第8—13页。
[53] Vgl. C. F. v. Gerber, *Gesammelte Juristische Abhandlungen* I , Jena, 1872, S. 13.
[54] Vgl. Rudolph von Ihering, *Geist des römichen Rechts auf den verschiedenen Stusen seiner Entwicklung* I , 2. Aufl. , 1866, S. 14.
[55] 参见吴从周:《概念法学、利益法学与价值法学:探索一部民法方法论的演变史》,中国法制出版社2011年版,第45页。
[56] Hans Hattenhauer, *Europäische Rechtsgeschichte*, 4. Aufl. , 2004, S. 645.
[57] 参照耳野健二『サヴィニーの法思考—ドイツ近代法学における体系の概念』,未来社1998年版,266頁。

很难说萨维尼受到了黑格尔哲学的直接影响[58],但萨维尼与潘德克顿法学的法学家们确实是以德意志古典哲学那种特别关注抽象精神的方式在研究私法。而在历史法学及其后继者潘德克顿法学接近一个世纪的努力之后,以罗马私法为素材的私法摆脱了公法与政治的干扰,为近代科学的民法学以及范畴清晰的民法典编纂铺平了道路。尽管基尔希曼在名为《作为科学的法学的无价值性——在柏林法学会的演讲》的著名演讲中,严厉批评了历史法学与潘德克顿法学的私法研究倾向,认为潘德克顿法学所尊崇的沉溺于私法文化的罗马法学家们其实"是专制的忠实仆从,他们为帝国时期的独裁制度作注脚时的那种平静、那种细致入微,与共和时期呼吸着自由空气的法律作注释时完全相同。……在德国的历史上,法学家们也并没有做得更好"。[59] 不过恰如维亚克尔所正确评价的那样,潘德克顿法学所奉行的实证法律科学(Positive Legal Science)与法学实证主义(Legal Positivism)两大经典教义,使法学获得了自治性与自洽性,法学得以仅使用自己体系内的概念与科学原则而实现法的推论。[60] 当然,这种自治性与自洽性在很大程度上也仅以私法为界限。

四、私法与民法典:民法的体系化与商法等特别私法的析出

在近代法律部门法化运动中,实证法意义上的私法以民法典的形式登上了历史舞台,譬如1756年《巴伐利亚民法典》、1804年《法国民法典》、1811年《奥地利普通民法典》、1855年《智利共和国民法典》、1863年《萨克森民法典》、1896年《德国民法典》、1907年《瑞士民法典》等。[61] 这些民法典的共同特点是在素材上均以罗马私法为取材范围,在体系上均模仿或者发展了罗马法的古典体系。[62] 其缘故在于,历经以罗马法为研究素材的注释法学、评论法学、自然法

---

[58] 事实上,黑格尔与萨维尼存在一些理念上的冲突,如萨维尼一直反对编纂一部统一的德国民法典,但黑格尔却认为"否认一个国家的法学界有法典编纂的能力是对这一国家法学界的侮辱"(Cfr. Hgel, Lineamenti di filosofia del diritto, trad. di V. Cicero, testo tedesco a fronte, Rusconni, 1996, p. 607. 转引自薛军:《蒂堡对萨维尼的论战及其历史遗产——围绕〈德国民法典编纂〉而展开的学术论战述评》,载《清华法学》2003年第3辑,第107页)。但从萨维尼的"民族精神"学说与法学方法论上,我们仍然能够观察到黑格尔精神现象学与法哲学的影响痕迹。

[59] 参见 J. H. 冯·基尔希曼:《作为科学的法学的无价值性——在柏林法学会的演讲》,赵阳译,载《比较法研究》2004年第1期,第154—155页。

[60] *Supra* note[24], pp. 341-343.

[61] 参见陈华彬:《民法总论》,中国法制出版社2011年版,第118—150页。

[62] 不过客观来说,法典化思想尽管也有对优士丁尼立法这一罗马法立法运动的模仿,但也具有18世纪自然法学深刻影响的因素,故而也常常被称为"自然法的法典化"(Die Naturrechtskodifikationen),这一点在《法国民法典》《普鲁士普通邦法》和《奥地利民法典》上体现得尤为明显。Vgl. Reinhard Zimmermann, Heutiges Recht, Römisches Recht und heutiges Römisches Recht: Die Geschichte einer Emanipation durch "Auseinanderdenken", in: Reinhard Zimmermann/Rolf Knütel/Jens Peter Meincke, *Rechtsgeschichte und Privatrechtsdogmatik*, 1999, S. 2—6.

学、历史法学以及潘德克顿法学之后,在当时的欧洲人,尤其是欧陆人看来,"罗马法即本国所固有之法"(das römischen Rechte war ihr das Recht)[63],其堪称欧陆之共同法(ius commune)。[64] 而对于德意志而言,罗马法继受还具有政治上的考虑:第一,早在德意志神圣罗马帝国时期,罗马法便因历史传承因素(德国人认为德意志民族的神圣罗马帝国系古罗马帝国的传承)而被视为皇帝法(Kaiserrecht),成为德意志境内的"帝国普通法"(des Reiches gemenes Recht)。[65] 第二,在神圣罗马帝国解体后,伴随着绝对主义君主制的强盛,德意志各邦国君主的权力大为扩张,而为了实现富国强兵的目标,君主们迫切需要统一国内法律,以改变封建庄园法的混乱状态,增强自身支配力,整合国家力量,而罗马法则成为最为有力的法律统一工具。[66] 正因为如此,上述民法典在一定程度上几乎都是罗马私法的近代翻版。例如,1756年《巴伐利亚民法典》便以优士丁尼《法学阶梯》为范本,将民法典分为人法(包括8章,依次为自然法与正义、法的分类、与人的身份有关的权利义务、家庭身份、父权、婚姻、监护、奴役)、物权法(包括11章,内容有所有权、时效、占有、抵押权、地役权、用益权等)、债务法(包括18章,内容有合同、无名合同、准合同等)[67],而最为经典的罗马私法式民法典当属作为潘德克顿法学作品的《德国民法典》。[68]《德国民法典》在编制体例上忠实地尊崇了海瑟所开创的潘德克顿法学教科书五编制体例,只是与海瑟的体例相比,《德国民法典》将债务关系法置于物权法之前,故而构成总则、债务关系法、物权法、亲属法和继承法之五编制结构。[69] 不过,依拉伦茨之见解,在更为抽象的意义上,《德国民法典》在体系上所遵循的其实是"总则"与"分则"两分法逻辑,并且这种两分法在分则中仍有运用。例如,债务关系法便被分解为"债法总则"与"债法分则"。同时,《德国民法典》不仅在编制方面具有这种总则与分则的抽象思维,在概念方面也是如此。例如,"法律行为"一词便可以用于指称私法领域内一人或者多人所为的旨在引起私法效果的所有

---

[63] Vgl. Bernhard Windscheid, *Recht und Rechtswissenschaft: Eine Rede im Namen der Universität Greifswald zur Feier des Geburtstages Sr. Majestät des Königs, Friedrich Wilhelm Ⅳ von Preussen*, 1854, S. 16.

[64] Vgl. Peter Apathy/Georg Klingenberg/Martin Pennitz, *Einführung in das Römische Recht*, 5. Aufl., 2012, S. 11ff.

[65] Vgl. Richard Schröder, *Lehrbuch der Deutschen Rechtsgeschichte*, 1889, S. 72;参照ミッタイス=リーベッヒ『ドイツ法制史概説』,創文社1974年版,243、244頁。

[66] 林毅『西洋法史学の諸問題』,敬文堂1982年版,99頁以下。

[67] H. シュロッサー『近世私法史要論』,有信堂1991年版,94、95頁。

[68] Vgl. Reinhard Zimmermann(Fn. 62), S. 6—7.

[69] Vgl. Dieter Leipold, *BGB Ⅰ: Einführung und Allgemeiner Teil*, 7. Aufl., S. 21—22.

意思行为。[70]《德国民法典》是19世纪以罗马私法为素材的私法教义学的产物[71],其以较为清晰的方式界定了民法的范围,并且借由立法而把经过学术处理的罗马私法转变为德意志民法,最终在私法领域塑造了具有完备意义的形式逻辑体系(das formal-logische System)。[72]

尽管以《德国民法典》于1900年的生效为标志,德国完成了对罗马法的继受,德意志私法学也最终获得了独立科学的地位[73],但从素材的择取范围上来说,《德国民法典》并未将所有私法的内容囊括在内。在民法典之前,早在德意志统一以前,有价证券法与商法便已经开始了统一法典化。[74] 而且仅就"民法"这一术语而言,其和私法似乎也并不存在不证自明的契合关系。德语中的"民法"(Bürgerlichen Recht, Zivilrecht)一词来源于罗马法术语"市民法"(ius civile),市民法本身的含义为适用于享有罗马市民权的人的法律[75],其在原初意义上并无私法性格。例如,1756年《巴伐利亚民法典》的德语表述为"Das Bayerische Landrecht",其对应的拉丁语表述为"Codex Maximilianeus Bavaricus civilis",拉丁语中民法典(Codex civilis)的德语对应词"Landrecht"原本便具有"一国(邦)之法",即"国法"的含义。[76] 不过,出于罗马私法素材的广博与"历史——潘德克顿"法学主观择取之缘故,民法与私法两大术语逐渐合流,以至于从宽泛意义上来说,民法就是私法,私法就是民法。[77]《奥地利普通民法典》第1条其至开宗明义地规定:"规定本国居民之间私权利及义务的全部法律,构成民法。"[78]从而将民法与私法予以等同。不过,仔细审视便会发现,事实上,民法与私法的合流关系仅存在于逻辑与体系层面,甚至可以说只存在于对民法这一语词的意涵更张之上。此外,由于《德国民法典》的主要素材为罗

---

[70] 参见卡尔·拉伦茨:《德国民法通论(上册)》,王晓晔、邵建东、程建英、徐国建、谢怀栻译,法律出版社2013年版,第39页。

[71] Vgl. Franz Jürgen Säcker/Roland Rixecker, in: Münchener Kommentar zum Bürgerlichen Gesetzbuch, Band 1 Allgemeiner Teil, 2012, Rn. 23 ff.

[72] Vgl. Von Claus-Wilhelm Canaris, *Systemdenken und Systembegriff in der Jurisprudenz*, 2. Aufl., 1983, S. 20 ff.

[73] See Rudolf Huebner, *A History of Germanic Private Law*, Translated by Francis S. Philbrick, Boston: Little, Brown, and Company, 1918, pp. 32-39.

[74] H. シュロッサー『近世私法史要論』,有信堂1991年版,147—151頁。

[75] Vgl. Manfred Wolf /Joerg Neuner, *Allgemeiner Teil des Bürgerlichen Rechts*, 10. Aufl., 2012, S. 64.

[76] Vgl. Das Bayerische Landrecht (Codex Maximilianeus Bavaricus civilis), vom Jahre 1756, Herausgegeben von Max Danzer, 1894, S. 1.

[77] 就宽泛意义而言,包括商法在内的特别私法亦可称之为民事特别法,故而私法与民法(尤其是实质意义上的民法)在概念与内涵上具有重合性(参见史尚宽:《民法总论》,中国政法大学出版社2000年版,第6页)。

[78] Andreas Riedler, *Paragraph: Seitenweise Österreichische Rechtstexte für Studium und Praxis, Zivilrecht*, 10. Aufl., 2015, S. 2.

马私法,因此,游离于罗马私法之外的许多新兴私法,如票据法、公司法、知识产权法等反而被拒斥在民法典之外。对于这一规范现象,德国法学家们的理论解决路径乃是对民法与私法进行更为细致的区分。例如,德国民法学家布洛克斯便首先区分了 Bürgerlichen Recht 与 Zivilrecht 两大术语,认为 Zivilrecht 乃系私法(Privatrecht)的同义词,并将私法定义为"支配社会中平等个人之间关系的法的一部分"[79],而民法(Bürgerlichen Recht)则更精致地被定义为"私法中适用于每一个人的那一部分"[80]。不过,布洛克斯仍然指出,民法与私法具有同质性,民法与其他特别私法(besonderen Privatrecht)共同构成私法的全部内容[81]。另一位德国民法学家拉伦茨则更为直接地将民法定义为"一般私法",其认为商法、公司法、银行法、交易所法以及海商法都属于私法,但不属于民法[82]。倘若暂且肯定布洛克斯的理论,认同民法与私法具有同质性,那么民法与特别私法的分离便不是基于体系上的原因。就此而言,德国民法学家梅迪库斯一针见血地道出了民法与特别私法二元分立的真正原因。他指出,造成民法与特别私法分离的乃是众所周知的历史性原因——潘德克顿体系无法容纳特别私法——所造成的[83]。这一点并不难理解,因为罗马私法中的确相对欠缺特别私法的内容,而缺少足够罗马历史素材的特别私法也确实难以被整合到民法典体系之中。我们甚至可以说,只有像罗马法这样的,失去了实际适用的活力,只存在于历史之中,因而才可以被体系化。而对于特别私法而言,一方面,因其灵活性与发展性而并不具备高度体系化的条件;另一方面,在法学层面上,潘德克顿法学仅以罗马私法为素材塑造民法,而作为特别私法的商法典、企业法、有价证券法、海商法、营业法、矿业法以及保险法却是由历史法学派的另一分支——日耳曼学派作为德意志固有法而予以研究[84]。如此一来,众多游离于民法典之外的特别私法便使潘德克顿法学的私法体系成为一件精致但却欠缺全面性的半成品。这种学术分立现象在立法上最为典型的映射,是1896年《德国民法典》颁布之后,在原有的商法典基础上[85],德国立法者颁行了新的

---

[79] Hans Brox/Wolf-Dietrich Walker, *Allgemeiner Teil des BGB*, 38. Aufl., 2014, S. 8.
[80] Brox/Walker, a. a. O., S. 11.
[81] Vgl. Brox/Walker, a. a. O.
[82] 参见前注[70],第11页。当代还有一些德国学者认为,站在"公法——私法"二元结构的高度上,私法不仅仅是简单的"民法(一般私法)——特别私法"结构,而是一个以民法为核心,以诸多特别私法(Sonderprivatrechte)、竞争法(Wettbewerbsrecht)、劳动法(Arbeitsrecht)、知识产权法(Recht des Geistigen Eigentums)以及国际私法(Internationales Pricatrecht)为外围的类似鸡蛋的复杂结构(Vgl. Kristian Kühl/ Hermann Reichold /Michael Ronellenfitsch, *Einführung in die Rechtswissenschaft*, 2. Aufl., 2015, S. 56)。
[83] Vgl. Dieter Medicus, *Allgemeiner Teil des BGB*, 10. Aufl., 2010, S. 9—10.
[84] H. シュロッサー『近世私法史要論』,有信堂1991年版,137页。
[85] 在此之前,北德意志地区已经拥有了一部商法典,名为《普通德意志商法典》(ADHGB)。Vgl. Susanne Hähnchen/Friedrich Ebel/Georg Thielmann(Fn. 22), S. 332.

1897年《德国商法典》[86]，正式在全德意志境内将商法作为特别私法排除在民法典之外，从而最终以立法形式彰显了潘德克顿法学的主张。当然，从现代罗马法研究成果来看，仍须郑重指出的是，罗马法中并不是没有商法的内容，事实上，罗马法中存在商法[87]，只不过，一方面日耳曼法在商法中占据优越地位，另一方面潘德克顿法学家们在主观层面上也没有重视罗马商法，因此罗马商法并没有被纳入潘德克顿法学的视野。

回首潘德克顿法学的理论与实践，不免为其在素材与规则层面明晰私法范畴目标之不达而深为惋惜，乃因对于一般民众而言，与抽象原则和权力态度所界定的私法相比，一部明晰而具体的私法典显然更为直观且更能保障民众的利益与预期。而在《德国民法典》颁行之后，作为后起之秀的《瑞士民法典》与《意大利民法典》也曾致力于民商合一的私法统一化运动[88]，力图使私法的范畴更为清晰。然而事与愿违，尽管在民法典起草时，立法者已经尽力将各种私法规范纳入民法典之中，但由于私法内容的广博性、嬗变性与发展性，这一目标常常难以完全实现。以《意大利民法典》为例，其对民法典体系进行了最大限度的改造与扩张，囊括了序编、人与家庭法、继承法、财产法、债务法、劳动法、权利的保护[89]，并将公司法、保险法等商法的内容几乎全部纳入了民法典之中[90]，从而在法典编纂上实现了民法与私法的高度统一。但是，随着欧盟《消费者保护指令》的出台，意大利只好又另行颁行《消费法典》（Codice del consumo），从而使私法与民法典仍然难以在范畴上完全契合。[91] 也正因为如此，即使《德国民法典》不以潘德克顿体系编纂，由于私法的高度可变迁性，《德国民法典》恐怕也很难将私法范畴以一部法典的形式固定下来。到此为止，我们应当对私法在素材与规则层面上的范畴作出以下判断。

（一）民法与私法的联系具有历史性与偶然性

私法在历史沿革意义上一直是一种观念性的存在。不过，自民法作为一种强势的立法与法学术语崛起以来，民法在罗马私法的范畴内逐渐与私法合流，民法几乎成为私法的同义词。在这样的历史嬗变过程中，渊源于罗马法的民法

---

[86] 参见《德国商法典》，杜景林、卢谌译，中国政法大学出版社2000年版，第1页。

[87] Cfr. Pietro Cerami, Aldo Petrucci, Diritto commerciale romano: profilo storico, G. Giappichelli, 2010, p. 1.

[88] 参见梁慧星：《民法总论》，法律出版社2011年版，第10页。

[89] Cfr. Francesco Caringella, Luca Buffoni, Francesca Della Valle, Codice Civile e delle leggi civili speciali, annotato con la giurisprudenza, Dike Giuridica Editrice, 2014, p. 23, 29, 211, 299, 621, 1743, 1979.

[90] Cfr. Alberto Trabucchi, Istituzioni di Diritto Civil, CEDAM, 2013, pp. 1004-1026, 1147.

[91] Cfr. Alberto Trabucchi, Istituzioni di Diritto Civil, CEDAM, Casa Editore Dott. Antonio Milani, 2013, pp. 1031-1035.

（市民法）在素材与规则层面上逐渐蜕化为"剩余法"[92]，其剩余的部分主要为私法。尽管如此，这种素材上的剩余性质却丝毫没有影响到仅以私法为素材的法学的普适雄心，民法教科书中通常都会在总论中论述法的一般理论。这一点在拉丁法族的民法与私法教科书中体现得尤为明显。例如，在法国民法学家雅克·盖斯旦与吉勒·古博所著的《法国民法总论》一书中，绝大多数内容其实是法的一般理论[93]；而现代意大利民法学家在私法教科书与民法教科书的第一部分，也主要论述的是法律、规范、法律与国家、公法与私法、主观法与客观法、法律事实与法律上的行为这些法的一般理论问题。[94] 从这些国家的民法（私法）教科书中，仍旧可以观察到源于历史法学与潘德克顿法学所主张的"法学应当以私法为范畴发挥作用"这一古典观念的历史遗留痕迹。[95]

（二）民法典素材的局限性

在素材层面上，经过体系化的民法，作为一般私法，并未将所有私法一并纳入民法典之中。事实上，在民法典创立之前，德、法等国家便已经先行编纂了商法典。即使是像意大利那样奉行民商合一的国家，在其几乎对私法无所不包的民法典之外，也存在独立的私法渊源。因此，民法只是抽象的，以罗马私法为素

---

[92] 恰如桑托斯·西福恩特斯（Santos Cifuentes）所言："民法包括其他法律部门从其内容完全分离出来之后（自罗马市民法）以来留下或剩余的东西，这些法律部门有公法、商法、诉讼法、农业法、矿业法、劳动法等。"Véase Stantos Cifuentes, Elementos de Derecho civil, Astrea, Buenos Aires, 1999, pag. 3. 转引自徐国栋：《民法总论》，高等教育出版社2007年版，第39页。

[93] 这本书由"法与权利""法的渊源"和"权利的实施"三部分构成，从其整个内容来说，其更类似一本通常意义的法理学导论著作。恰如这本书所提到的，法国通说认为："依照惯例，法国民法导论中的论述同时也可以作为对私法，甚至对一般意义上的法的引论。这一惯例的合理性恰是基于民法的重要性。从实践的角度看，民法可能已不再拥有往昔久据的首要地位。但从理论角度看，民法历史久远，并因此成为规定最为完善的法律部门。法律语汇和法律概念的形成主要得益于民法。法学家所持有的推理方法也是在民法的适用过程中得以发展和细化的。"（参见盖斯旦等，见前注[27]，第1、3、185、511页）

[94] Cfr. Francesco Galgano, Diritto, Privato, CEDAM, 2013, pp.3-29; Adolfo Di Majo, Codice Civile con la Costituzione, I Trattati U. E. e le Principali Norme Complementari, Giuffrè Editore, 2014, pp. 10-38; Andrea Torrente, Piero Schlesinger, Manuale di Diritto Privato, Giuffrè Editore, 2013, pp.3-46; C. Massimo Bianca/Mirzia Bianca, Istituzioni di Dirritto Privato, Giuffrè Editore, 2014, pp.3-52. 值得一提的是，意大利著名法学家Alberto Tarnucchi采取了反传统的论述方式，在其民法教科书第一部分，Alberto Trabucchi既没有论述"法的一般理论"，也没有论述"民法的一般理论"，而选择以"一般私法"（diritto privato ingenerale）为题展开论述，从而明确将私法作为最广泛意义上民法的同义词予以使用，不过仔细考察"一般私法"题下的内容，可以发现，其实论述的还是法的一般理论，并未完全摆脱"法学以私法为范畴发生作用"的学理传统（Cfr. Alberto Trabucchi, Istituzioni di Diritto Civil, CEDAM, 2013, pp. 1-99）。

[95] 由于源于罗马法的悠久的私法传统，西方的法学一般理论几乎都是以私法为范畴或者模型展开的，例如著名的格劳秀斯所著的《荷兰法学导论》中所论及的便几乎都是私法。而格劳秀斯本人则干脆地说道："尽管公法的效力更为强大，但我们仍应优先论述私法，因为私法比公法更为古老。"(See Hugo Grotius, The Introduction to Dutch Jurisprudence, Translated by Charles Herbert, John Van Voorst, Paternoster Row. , 1845, pp. ⅸ-ⅹⅸ, 11)

材的一般私法。

（三）作为一般私法的体系化民法对于私法整体的指引性

体系化民法尽管无法严格界定私法的范畴，但却可能为私法范畴之明晰提供原则性的一般指引。近代民法典的编纂使私法范畴在宽泛意义上得到了清晰化表达，并且赋予了私法不同于公法的精神气质。对于其他特别私法而言，作为一般私法的民法典享有类似凯尔森纯粹法学理论中"基本规范"之地位。这意味着，在严密的民法典体系之外，以民法为"基本规范"的私法也可能具有某种松散的框架体系，各种民法典体系之外的特别私法将在此意义上成为民法的派生性规范，从而在价值与逻辑上与民法发生关联。[96] 在此意义上，民法可以被恰当地称为私法基本法。[97]

五、私法与现代私法基本原则：民法典时代的民商合一私法范畴勘定

（一）作为民商合一价值导引与体系整合手段的现代私法基本原则

尽管潘德克顿法学的学术努力与私法法典化运动并未在实证意义上完全明晰私法的范畴，但是一方面，作为一般私法的民法典仍然界定了私法的大致范围；另一方面，以罗马私法为素材的法律科学也借由民法典编纂之机会，塑造了私法的精神气质与价值原则，最终使私法由罗马法时代的单纯观念性存在转变为以"民法——特别私法"的二元分立为核心的法律体系。在这一体系中，民法以法典为形式，构成具有严密体系特征的一般私法；而特别私法则更富有灵活性，在依循一般私法原则的基础上，因应社会需求而生，因此，纵然特别私法并未被纳入民法典体系之中，但因特别私法仍须遵循民法之原则，故而在原则层面上，民法与特别私法一同构成私法范畴的全部内容。当然，以原则而非规则与素材的方式界定私法范畴，不免欠缺明晰性，但却在很大程度上能够克服法典的僵硬性缺陷，并为私法划定理想层面上的范畴。私法帝国的疆域并非由

---

[96] 根据凯尔森的纯粹法学理论，一个法律体系的构建系以基本规范（Grundnorm）为原初性规范，自基本规范为起点演绎出其他派生性规范，进而构成一个具有等级结构的法律秩序，这被另一位法学家拉兹称之为"有效之链"（Vgl. Hans Kelsen, *Reine Rechtslehre*, 2000, S. 196—228；参见约瑟夫·拉兹：《法律体系的概念》，吴玉章译，中国法制出版社2003年版，第117—121页）。当然，严格来说，凯尔森所言的基本规范其实并非实证法，而是一种"先验的逻辑假设"，不过凯尔森自己却认为基本规范事实上也是一种实体法，只不过它的有效性基础取决于一些先验性条件（参见盖斯旦等，见前注[27]，第1、3、185、511页），此处只是借用这一术语，用基本规范与派生性规范的关系来类比民法与特别私法，以表明民法作为一般私法的基础地位。而民法与特别私法这样在价值与逻辑上发生关联的特点被徐国栋批判为"挂衣钩式的法律体系"，即依宪法为第一层次的法律，第二层次的法律自宪法派生，民法属于第二层次的法律，而其他特别私法，如公司法、票据法、海商法、保险法、破产法等等又是自民法派生而出的第三层次法律。这种简单法律体系观既不能解释民法与其他部门法的真实关系，亦无法明晰民法与私法的范畴（参见徐国栋：《民法哲学》，中国法制出版社2009年版，第24页）。

[97] 参见山本敬三：《民法讲义Ⅰ·总则》，解亘译，北京大学出版社2012年版，第8页。

法典与规则所界定,而是取决于原则与态度。恰如德国法学家鲍尔与施蒂尔纳所言:

> 立法者在某一法域进行立法之时,其必须清楚地——在所有技术性的细枝末节之前——形成关于构造该领域法律材料的基本思想与原则。在立法之初,便须明确其目标。而这种法政策上的基本决策,来自多种渊源,如政治与意识形态、历史、理性、社会与经济以及纯粹立法技术。[98]

因此,即使特别私法(尤其是商法)因其内容较民法而言更为具体且更富有灵活性与变动性而难以被体系化,但在私法层面上抽绎出民法与特别私法所应一体遵循的一般原则,则可在私法外部规则体系的基础上塑造私法的内部原则体系[99],从而实现"基于价值判断的体系性整合"[100],最终得以在价值层面上明晰私法之范畴。

而就现代私(民)法的原则而言[101],梁慧星教授认为私法的基本原则乃"贯穿于整个民事立法,对各项民法制度和民法规范起统率和指导作用的立法方针""一切民事主体均应遵循的行为准则""解释民事法律法规的依据"以及"补充法律漏洞、发展学说判例的基础"。[102] 故而梁慧星教授将基本原则界分为平等原则、合同自由原则、公平原则、诚实信用原则、公序良俗原则以及权利滥用之禁止原则。[103] 尹田教授则认为,私(民)法包括五大基本原则,即平等原则、意思自治原则、诚实信用原则、公序良俗原则和权利不得滥用原则,而不包括公平原则。[104] 王利明教授则基于私(民)法所具有的正义、平等、私法自治、安全以及效率的价值取向考虑,认为基于抽象概括性、普遍适用性与价值完整性三大标准,私法的基本原则应当包括平等原则、私法自治原则、公平原则、诚实信用原则与公序良俗原则。[105] 杨立新教授则匠心独运地将私(民)法基本原则称

---

[98] Fritz Baur/Jürgen F. Baur/Rolf Stürner, *Sachenrecht*, 18. Aufl., 2009, S. 35.

[99] 卡尔·拉伦茨在批评19世纪概念法学方法论的过程中将法律原则纳入了体系化的方法之中,其认为概念法学只重视了作为规则的法律的外部体系,而没有注意作为原则的法律的内部体系,拉伦茨认为作为"一般法律思想"的法律原则,如法治国原则、社会国原则、尊重人性尊严的原则以及自主决定与个人负责的原则可以下位法中得以具体化,从而形成从作为一般法律思想的原则到下位法原则,层层演绎直至具体规则的法律的内部体系。如此一来,法律的外部规则体系也能够得到最大限度的确定,尽管很多原则之间可能存在矛盾与必要的妥协与阶层划分。Vgl. Karl Larenz, *Methodenlehre der Rechtswissenschaft*, 6. Aufl., 1991, S. 473—482.

[100] 川島武宜『科学として法律学』,弘文堂昭和45年版,24頁。

[101] 由于学界极少就私法基本原则展开一般论述,在此,笔者预设了一般私法(民法)与特别私法原则上的整体性与一致性,故而以学界对民法基本原则的判断代替私法基本原则的论述。

[102] 同前注[88],第44—45页。

[103] 参见前注[88],第46—52页。

[104] 尹田:《论民法基本原则之立法表达》,载《河南省政法管理干部学院学报》2008第1期,第44—47页。

[105] 参见王利明:《民法总则研究》,中国人民大学出版社2012年版,第104—112页。

之为"民法的最高规则",以便与适用于基本权利类型的"民法基本规则",以及适用于特定权利行使的"民法具体规则"相区隔。[106] 在此基础上,杨立新教授认为民法最高规则包括平等原则、公平原则、诚信原则与公序良俗原则。[107] 而我国台湾地区著名学者王泽鉴教授则认为,私(民)法之基本原则乃"历史经验的沉淀、社会现实的反映、未来发展的指标"。[108] 故而在民商合一的体例下,私法基本原则可综合归纳为五项,即人的尊严、私法自治、私有财产、过失责任与两性平等。[109] 还有学者对基本原则进行了更为细致的分析。例如,董学立教授便认为,私(民)法应当有六大基本原则,包括主体平等原则、私法自治原则、权利保护原则、诚实信用原则、公序良俗原则、权利滥用禁止原则[110],并进一步将私法自治原则作为民法基本原则的正面构成,将诚实信用原则、公序良俗原则与权利滥用禁止原则作为民法基本原则的负面构成。[111] 而徐国栋教授则指出:"在大陆法系国家,诚信原则几乎是唯一的民法基本原则,其系统而成熟的诚信原则理论实际上就是其关于民法基本原则的理论。"[112]他认为,从历史发展来看,民法经历了一个由无基本原则到单一的诚实信用原则再到由单一的诚实信用原则演化出诸如情势变更原则、禁止权利滥用原则等具体原则的过程。[113] 由此可见,学界的各种观点既具有某种统一倾向,同时亦存在较大争议。

私见以为,恰如 Humberto Ávila 所言:"法律原则乃终局的,具有未来面向与价值偏向性的强制性基准"[114],私法的法律原则应当对私法具有价值上的决定性与基本性。有鉴于此,窃以为应当区分私法的基本原则与次要原则,前者系界定私法范畴,彰显私法性格的根本原则,而后者则是适度控制私法的解释与补充原则。同时,基于私法乃市民社会之法的价值预设[115],我们应当承认在政治国家与市民社会二元分野的思维范式之下,市民社会的每一个人都以自身

---

[106] 杨立新:《民法总则》,法律出版社2013年版,第106页。
[107] 参见前注[106],第107—113页。
[108] 王泽鉴:《民法概要》(第二版),北京大学出版社2011年版,第23页。
[109] 参见前注[108],第23—24页。
[110] 董学立:《民法基本原则研究——在民法理念与民法规范之间》,载《政法论丛》2011年第6期,第3—13页。
[111] 所谓正面构成的民法基本原则,意指基于私权的无限弘扬理念而生成原则,所谓负面构成的民法基本原则,是指基于私权的适度限制理念而生成的原则,前者为私法自治原则,后者包括诚实信用原则、公序良俗原则与权利滥用禁止原则。参见前注[110],第32—44、119—149、152—174页。
[112] 徐国栋:《民法基本原则解释——诚信原则的历史、实务、法理研究》,北京大学出版社2013年版,第7页。
[113] 参见前注[112],第8页。
[114] See Humberto Ávila, *The Theory of Legal Principles*, Springer, 2007, p.40.
[115] 参见前注[61],第26页。

为目的,其他人不过是满足自己,达成自己目的之手段。[116] 恰如黑格尔所言,"市民社会是个人私利的战场,是一切人反对一切人的战场"[117],其本质上乃"自然状态的残余"。[118] 因此,市民社会的基本原则所奉行的,本质上乃是祛除了暴力色彩的霍布斯原则,即和平的自由竞争原则。在市民社会的范畴中,每一个人都应当以自己的意志行事,并对自己的行为负责。诚如哈耶克所言,市民社会秩序是一个"由个人与团体所构成的自然而然的社会秩序"(the Spontaneous Order of Society is made up of Individuals and Organization)[119],国家对于这种秩序的态度应当是予以确认并给予一定程度的救济,若无国家干预之必要,则应当承认私人享有对自身事务的管理与处置权利。私人在市民社会中享有一种自由状态,即"从统治权产生的不平等状态中解放出来,并进入一个既不存在统治、也不存在被统治的领域"[120]。市民社会中的私人既不需要国家的过分怜悯,更不欢迎国家的蛮横干预,其所希冀的,不过是在民事范围内保有自己统治自己的自由罢了。

而基于上述分析,管见以为,私法的基本原则应当包括四个方面,即抽象平等原则、意志自由原则、伦理谦抑原则与交易庇护原则,一切遵循此四项基本原则之法,原则上均应纳入私法的范畴之中。至于传统民法理论中的公序良俗原则、诚实信用原则与禁止权利滥用原则,则应当只在伦理谦抑原则处具有提示与补正意义,它们不应享有基本原则之殊荣,而应作为私法的次级原则、解释原则与补充原则,于私法自治发生异化而有违公平正义时介入并对其予以矫正。诚实信用原则本质上系一种"命令规定",其旨趣在于要求权利人行使权利,义务人履行义务应依诚实及信用之方法[121];而公序良俗原则与禁止权利滥用原则系具有保护目的之"禁令规定",其宗旨在于禁止或者防止个人权利之行使损害社会整体利益。[122] 马克斯·韦伯曾说:"私法,就其在法秩序规定下的意义而言,可视为:约制与国家机构本身无关、而不过是受国家机构所规制的行动的总体规范。"[123]而诚实信用原则、公序良俗原则与禁止权利滥用原则旨在调和个人利益与社会整体利益,以及避免私人间私权的相互冲突[124],具有较强的国

---

[116] 参见黑格尔:《法哲学原理》,商务印书馆1961年版,第197页。
[117] 同前注[116],第309页。
[118] 同前注[116],第211页。
[119] See F. A. Hayek, *Law, legislation and Liberty: A New Statement of the Liberal Principles of Justice and Political Economy*, Routledge, 2013, p.44.
[120] 汉娜·阿伦特:《人的条件》,竺乾威等译,上海人民出版社1999年版,第25页。
[121] 参见施启扬:《民法总则》,中国法制出版社2010年版,第363页。
[122] 参见前注[121],第363页。
[123] 马克斯·韦伯:《法律社会学·非正当性支配》,康乐、简惠美译,广西师范大学出版社2011年版,第4页。
[124] 参见前注[110],第113页。

家干预色彩,正是作为私法边界的"国家规制"因素之彰显。此三项原则对于私法之气质塑造与范畴界定而言并无直接作用,故而应当被排除在私法基本原则之外,而归于私法次级原则之列。

最后,仍须予以提示的是,私法基本原则乃价值与技术、伦理与秩序的有机叠加,其价值上的一般性使其具有较强的包容性。反过来说,这种一般性所带来的宽泛性也使得以原则的方式界定私法范畴仍然显得不够充分明晰。职是之故,我们必须审慎地对待私法的基本原则:私法的基本原则只能被作为判断私法范畴的价值导引工具,立法、司法与法学决不可作茧自缚,只凭对原则的教义式理解而禁锢私法范畴的扩张与发展。兹就界定私法范畴的四大原则而为以下分述与论证。

(二)抽象平等原则

私法(民法)上的平等原则,系现代私法最为基础之原则。学理上通常将平等原则表述为于民事活动中当事人法律地位平等,任何一方不得将其意志强加给对方,且法律为当事人提供同等的法律保护。[125] 王利明教授进一步将平等原则细化为人格平等、内容平等与保护方法平等三个方面。[126] 私法上的平等原则几乎成为私法区别于公法的最明显要素,这从我国《民法通则》第2条与第10条的规定中即可直观感受。我国《民法通则》第2条规定:"中华人民共和国民法调整平等主体的公民之间、法人之间、公民和法人之间的财产关系和人身关系。"这一规定使得平等原则不仅成为私法的基本原则,而且在很大程度上也确定了私法的范畴与调整范围。而《民法通则》第10条规定"公民的民事权利能力一律平等",则更为直接地规定了私法上的平等原则。[127]

就法理学意义而言,平等内涵比较丰富,法国学者皮埃尔·勒鲁便富有激情地说道:

> (平等)这个口号一旦公开宣告于世,将会获得人们普遍的赞同……人们可以抹掉它,也可以嘲笑它,但它绝不会因遭人践踏而被真正抹掉,或受到损害;因为它是正确的,它是神圣的;它代表人们追求的理想,它象征神

---

[125] 参见前注[88],第46页。
[126] 参见前注[105],第113—114页。
[127] 在比较法上,直接在民法典中规定平等原则并非传统做法,例如《德国民法典》中并无平等原则,不过通说认为《德国民法典》第1条规定每个人均享有权利能力,彰显了人人平等之理念(参见陈慧馨:《德国法制史——从日耳曼到近代》,中国政法大学出版社2011年版,第106页);除此之外,只有《俄罗斯联邦民法典》第17条、《土库曼斯坦民法典》第1条、《蒙古国民法典》第8条第2款、《越南新民法典》第14条第2款、《立陶宛民法典》第2条、《摩尔多瓦民法典》第1条和《朝鲜民法典》第19条规定了平等原则;《瑞士民法典》则在第11条第2款规定了人人享有"平等的权利能力及义务能力"(参见徐国栋:《民法哲学》,中国法制出版社2015年版,第116—117页)。窃以为,抽象平等原则所解决的乃是私法自体性的问题,至于该原则是否需要规定于法典之中,反而并非十分紧要之事。

示的未来;它已在理论原则上占了优势,它终将也有一天在客观事实上赢得胜利;它是磨灭不了的,它是永存的。[128]

罗尔斯则将平等视为正义社会的第一个原则,即"每个人对与其他人所拥有的最广泛的平等基本自由体系相容的类似自由体系都应有一种平等的权利"。[129]并且在罗尔斯看来,平等原则具有很强的刚性约束,作为平等原则的例外,倘若社会成员必须容忍社会和经济的不平等,那么也必须使这种不平等"(1)被合理地期望适合于每一个人的利益;并且(2)依系于地位和职务向所有人开放"。[130]有学者甚至在法理学意义上将平等细分为个人平等、阶级平等、政党平等、民族平等、性别平等和法律平等六个部分[131],以期能全面地解析平等的法理意涵。不过私法上的平等则与法理学、哲学上的认知存在较大差异。私法上的平等,系指人格平等,或者用德意志法系(包括《民法通则》第10条)的术语来表达,即权利能力平等。[132]在私法上,权利能力或者人格的平等并非自然之事。罗马法时代,法律人格作为一个非常重要的法律术语,常常用来分析不同人格的法律状态。[133]在罗马法上,自然人(尤其是家子、奴隶与妇女)并不必然享有人格,自然人因出生而享有人格乃是经历了长久发展的现代法观念[134],这一观念的形成无疑受到了自然法学的滋养。[135]不过罗马法本身并未提取出"人格"这一抽象的法律术语,在罗马法中能够与之对应的概念为身份。[136]中世纪日耳曼法持与罗马法相似的态度,在日耳曼封建制度之下,存在不同人格,或者说不同身份的人,如奴隶、农奴、自由农、贵族等。[137]而在罗马

---

[128] 皮埃尔·勒鲁:《论平等》,王允道译,商务印书馆1981年版,第18页。
[129] 约翰·罗尔斯:《正义论》,何怀宏、何包钢、廖申白译,中国社会科学出版社2009年版,第47页。
[130] 同前注[129],第47页。
[131] 参见夏勇主编:《法理讲义:关于法律的道理与学问》,陈欣新执笔,北京大学出版社2010年版,第286—302页。
[132] 人格与权利能力两个术语具有高度的契合性,前者系行为者得以自己意思而支配自身并排除他人干涉的资格,而后者也具有这一意涵,只是为了用于分析法人等团体构造物,而以"权利能力"代替"人格",因此,可以说权利能力这一术语具有更浓厚的法技术色彩(参见付翠英:《人格·权利能力·民事主体辨思——我国民法典的选择》,载《法学》2006第8期,第71—79页;梅夏英:《民事权利能力、人格与人格权》,载《法律科学》1999年第1期,第54—75页;尹田:《论人格权的本质——兼评我国民法草案关于人格权的规定》,载《法学研究》2003年第4期,第3—14页)。
[133] 参见前注[6],第11页。
[134] Supra note[4], pp.164-165.
[135] 例如著名的自然法学家普芬道夫便在其名著《自然法与国际法》第三卷第二章中论证了人的自然平等(Natural equal)。See Samuel Pufendorf, *Of the Law of Nature and Nations*, Translated into English, Oxford, Printed by L. Lichfiedld, 1710, pp.178-186.
[136] Vgl. Mathias Schoeckel/Joachim Rückert/Reihard Zimmermann, in: Historisch-kritischer Kommentar zum BGB, Band Ⅰ, Allgemeiner Teil, §§1—240, 2003, S. 169.
[137] 栗生武夫『中世私法史』,清水弘文堂書房昭和43年版,45頁以下。

法与日耳曼法的基础上,德意志法学家们为了使自然人与法人的法律地位得到一个更为恰当的统一称谓,对法律人格进行了更为细致的分析。他们从法律人格中抽绎出"权利能力"与"行为能力"[138],将行为能力作为对自然人不同能力层次的描述工具,而将权利能力作为自然人与法人获取私权主体资格的统一概念。而所谓权利能力,即"法律主体的资格,权利与义务的载体"。[139]这一术语既适用于自然人,也适用于法人,不同之处在于自然人因出生而获得权利能力,而法人因登记或者授权而获得权利能力。[140]私法意义上的平等,即私权主体权利能力之平等。

对于私法意义上的权利能力平等之理解而言,我们首先需要将其与实质平等予以区分。实质平等是一项在现代法学分析中常见的术语,其蕴含着结果平等与机会平等之要义,系实现基本权利的工具,可以从人的尊严、自治与财产等广泛的价值处探寻其根基。[141]实质平等概念多用于论证女性平等权益[142]、种

---

[138] 据日本民法学家村上淳一的见解,法律人格这一概念中包含现代民法中权利能力与行为能力的双重意涵。村上淳一『ドイツ市民法史』,東京大学出版会2014年版,9頁。

[139] Reinhard Bork, *Allgemeiner Teil des Bügerlichen Gesetzbuchs*, 3. Aufl., 2011, S. 66.

[140] 《德国民法典》第1条规定:"人(自然人)的权利能力始于出生完成之时。"第21条规定:"非以经济上的营业经营为目的的社团,因登记于有管辖权的区法院的社团登记簿而取得权利能力。"第22条规定:"在没有特别的联邦法律规定的情况下,以经济上的营业经营为目的的社团因国家的授予而取得权利能力。授予的权利为社团所在的地州所享有。"其并没有直接规定平等原则。(参见陈卫佐译注:《德国民法典》,法律出版社2015年版,第5、10—12页。)我国学者徐国栋教授认为平等原则的明文规定化是一个具有社会主义特色的规定,即只有《俄罗斯联邦民法典》第17条、《土库曼斯坦民法典》第1条、《蒙古国民法典》第8条第2款、越南旧《民法典》第16条第2款、越南新《民法典》第14条第2款、《立陶宛民法典》第2条、《摩尔多瓦民法典》第1条、《朝鲜民法典》第19条明文规定了权利能力平等原则,而《德国民法典》《意大利民法典》《埃及民法典》《智利民法典》《阿尔及利亚民法典》《埃塞俄比亚民法典》《阿根廷民法典》《巴西新民法典》《泰国民商法典》《路易斯安那民法典》均无类似规定(参见徐国栋:《民法哲学》,见前注[96],第100—101页)。不过,尽管《德国民法典》并无"平等"字样,但从条文文义来看,其并未对人的权利能力作出分阶层的划分,故而可以解释出人人权利能力平等之意涵(参见陈卫佐译注:《德国民法典》,法律出版社2015年版,第5页)。但是,不可否认的是,在德国私法史上也存在臭名昭著的一页,德国著名法学家,同时也是纳粹法学著名代表人物的卡尔·拉伦茨在"Zur des konkreten Begriffs"("论具体概念")一文中对《德国民法典》第1条中的"人"这一抽象概念进行了纳粹法学"具体的秩序思考"式的解构,即其认为,权利能力作为具体概念应当在民族共同体的范围内做具体理解,换言之,只有德意志民族的同胞才能被承认具有"全部的"权利能力,而在血统上属于雅利安人的外国人以及非雅利安种族,只能享有"限定的"权利能力。这样的推导结果几乎使得犹太人丧失权利能力,成为法律上的非人类(参见顾祝轩:《制造"拉伦茨神话":德国法学方法论史》,法律出版社2011年版,第71—72页)。

[141] See Catherine Barnard, Bob Hepple, "Substantive Equality", *Cambridge L. J.*, vol. 59, no. 3, 2000, pp. 564-567.

[142] See Sally J. Kenney, "Pregnancy Discrimination: Toward Substantive Equality", *Wis. Women's L. J.*, vol. 10, 1995, pp. 351-402; Catherine Albertyn, Sandra Fredman, Judy Fudge, "Introduction: Substantive Equality, Social Rights and Women: A Comparative Perspective", *S. Afr. J. on Hum. Rts.*, vol. 23, no. 2, 2007, pp. 209-213.

族平等权益[143]等领域,且与宪法学联系紧密,甚至其本身就是一项宪法概念与原则[144],以至于有学者质疑将平等原则置于私法之中的传统理论,而认为平等原则应当归属于宪法,《民法通则》第10条应当予以删除。[145] 实质平等之旨趣为,基于现代人权观念下的社会经济权利考量,促进人与人之间结果意义上的大致平等,而为达致此一目标,则须令国家负有通过公共政策干预社会与经济的积极义务,以矫正社会自然发展所造成的社会与经济不平等以及因种族、性别、宗教等因素所带来的歧视。[146] 实质平等在现代法学视野内被视为宪法意义上的基本正义原则,其超越了抽象(形式)平等"同等情况同等对待"之窠臼,转而更为关注因历史与社会因素所造成的差异,并注重根据差异而予以差别对待,以实现实质正义。[147]

而抽象(形式)平等则没有实质平等那样的后现代气质,毋宁说具有一种古典精神与技术性格。抽象平等的意旨在于,遮蔽甚至是无视市民社会中私权主体在阶级、职业、年龄、性别等方面的差异,等质地赋予其取得权利与承受义务的资格。[148] 私法的抽象平等所承认的,乃是作为最小限度的法律人格(ein Minimum an Rechtspersönlichkeit)在权利能力上之平等[149],其旨趣并不在于将市民社会成员之间种种不平衡与差异的现象视为不平等。罗尔斯在其不朽名著《正义论》中区分了两种平等观念:

> 一些学者已经区分了两种平等,一种是与某些利益的分配相关的平等,毫无疑问,通常在分配中拥有优势的人会获得较高的地位与声望;另一种是尊重的平等,这种平等以不考虑社会地位的方式而平等地给予所有

---

[143] See David K. Cohen, "Defining Racial Equality in Education", *UCLA L. Rev.*, vol. 16, 1968—1969, pp. 255-280.

[144] See Catherine Albertyn, "Substantive Equality and Transformation in South Africa", *S. Afr. J. on Hum. Rts.*, vol. 23, no. 2, 2007, pp. 253-276; Patricia Hughes, "Recognizing Substantive Equality as a Foundational Constitutional Principle", *Dalhousie L. J.*, vol. 22, 1999, pp. 5-50; Leon E. Trakman, "Substantive Equality in Constitutional Jurisprudence: Meaning within Meaning", *Can. J. L. & Jurisprudence*, vol. 7, no. 1, 1994, pp. 27-42.

[145] 参见徐国栋:《平等原则:宪法原则还是民法原则》,载《法学》2009年第3期,第64—74页。

[146] See Siobhan Mullally, "Substantive Equality and Positive Duties in Ireland", *S. Afr. J. on Hum. Rts.*, vol. 23, no. 2, 2007, pp. 311-316; Sandra Fredman, "Providing Equality: Substantive Equality and the Positive Duty to Provide", *S. Afr. J. on Hum. Rts.*, vol. 21, no. 2, 2005, pp. 163-190; Gary Goodpaster, "Equality and Free Speech: The Case against Substantive Equality", *Iowa L. Rev.*, vol. 82, 1996—1997, pp. 645-688.

[147] See Kerri A. Froc, "Constitutional Coalescence: Substantive Equality as A Principle of Fundamental Justice", *Ottawa L. Rev.*, vol. 42, 2010—2012, pp. 411-446.

[148] 参照加藤雅信『民法総則』,有斐閣2005年版,37頁。

[149] 参照村上淳一『ドイツ市民法史』,東京大学出版会2014年版,9頁。

人。第一种平等由第二种平等所定义……但是第二种平等却具有根本性。[150]

换言之,抽象平等作为私法所择取的一项原则,所欲扬弃的乃是中世纪以来由各种封建义务所型塑的等级森严的身份社会,这种平等观念乃是为了将人自封建的身份支配关系中解放出来,以适应市场性的商品交换关系而应运而生之事物[151],其在内核上包含着对个人自由的珍视以及对国家权力的警惕,其所欲追求的是尊重的平等。申言之,国家须对市民社会中的私权主体给予最大限度的尊重,倘若国家意欲参与市民社会活动,那么其也必须如同一个私权主体那样在私法的范畴内与其他私权主体结成私法意义上的法律关系。[152] 在此意义与范畴内,国家仅作为与其他私权主体地位平等的市民社会成员而参与各种市民社会活动,其不能享受特权。

与抽象平等相反,实质平等则对国家提出了积极义务的要求。具体而言,在实质平等观念的驱使下,国家有义务通过公共政策、税收等方式推动不同性别、不同种族、不同民族、不同宗教等各色人群之间的实质平等。一言以蔽之,实质平等蕴含着分配平等的诉求。与实质平等相比,抽象平等倾向于将市民社会中的个人原子化,并且假设每一个人能够摆脱既定社会连带关系的掣肘,从而得享最广泛的自由并排除国家的积极干预。而在此意义上,倘若承认公法与私法的区分并追求私法的独立价值,那么私法意义上的平等便只能是抽象的权利能力之平等。这不仅是因为惟其如此才可以在市民社会范畴内尽量减少国家积极干预的因素(实质平等本身便包含国家干预的内核),还因为抽象平等也是实现私法自治的观念与制度前提。在抽象平等之下,市民社会成员得以借由平等之身份而依自己的意志自由行事,从而形成"人之行动而非人之设计"(human action but not of human design)[153]的富有活力的社会秩序。当然,不可否认的是,实质平等亦有其重要意义,只是其不应成为私法的基本原则,且在适用于私法范畴时须审慎而留有余地。笔者甚至认为,由于人唯有在抽象意义上才可能实现平等,现实差异性实际上宣告了实质平等只是一种观念上的乌托邦,故而,应当用"抽象平等-具体正义"的范式代替"抽象平等-实质平等"这一思维定式。具体而言,在私法意义上,首先使市民社会成员在抽象意义上获得平等的权利能力,而后在依自由意志的市民生活中,如果因人与人之间的差异

---

[150] John Rawls, *A Theory of Justice*, Harvard University Press, 1971, p. 511.

[151] 参照遠藤浩=良永和隆『基本法コンメタール民法総則』,日本評論社 2012 年版,21 頁。

[152] Vgl. Georg Beseler, *System des gemeinen deutschen Privatrechts*, Erster Band, 1847, S. 24.

[153] *Supra* note[119], p. 22.

性而形成了过分的非正义状态,则通过设置特别的权利或者义务(特别立法的方式)以及国家的其他积极干预措施,矫正不义。在此范式中,嗣后对不义的矫正在逻辑上与平等并无直接关联。亚里士多德在《范畴篇》中提出了本体论的一项重要原理,即"当若干事物虽然有一个共通的名称,但与这个名称相应的定义却各不相同时,则这些事物乃是同名而异义的东西"[154],而实质平等与抽象平等正是这种同名而异义的孪生子。尽管二者共享平等之名,但抽象平等才是最符合平等本旨之概念,而实质平等所彰显的,其实乃是一种对于正义的诉求。[155]

(三)意志自由原则

私法作为调整私人之间法律关系的法律,其受"私的意志"之宰制,在私法的范畴内,个人享有充分的意志自由。[156] 自由与平等在历经法国大革命与1848年欧洲革命之后,成为一对孪生法律原则。[157] 其缘由在于,在某种程度上,抽象平等原则系意志自由原则之逻辑前提,而意志自由原则乃抽象平等原则在逻辑上的自然延伸,一旦承认抽象之尊重平等,那么私权主体必然得享自由、不受压制且获尊重之意志。尽管学界更喜欢用私法自治、意思自治或者合同自由作为私法的基本原则,不过以意志自由作为概念表述,不仅概括性更强,且能够揭示私法学与古典哲学及法哲学之间的深刻关联。例如,在康德那里,自由是法学的核心,而作为权利普遍原则的,乃是"能够使一个人的意志选择的自由与任何人的自由同时并存"。[158] 而黑格尔则认为,"法的基地一般来说是精神的东西,它的确定的地位和出发点是意志。意志是自由的,所以自由就构成法的实体和规定性"。[159] 深受康德哲学影响的萨维尼也认为:

> 生物人处于外在世界之中,在他的这种境况中,对于他而言,最为重要的要素是他与其他人的联系,这些人具有和他一样的性质和目的。如果现在

---

[154] 亚里士多德:《范畴篇》,方书春译,商务印书馆1986年版,第9页。

[155] 罗尔斯将正义的标准朴素地理解为公平,称之为"作为公平的正义"(参见约翰·罗尔斯:《作为公平的正义——正义新论》,姚大志译,中国社会科学出版社2011年版,第170页以下)。诚哉斯言,事实上,当我们在谈实质不平等时,我们并非是出于人格与身份的公开降格而义愤填膺,而是出于待遇的不公平而深感耻辱。因此,实质平等的真谛在于正义,且归根结底,在于公平。

[156] Vgl. Heinrich Ihöl, *Einleitung in das Deutsche Privatrecht*, 1851, S. 118ff.

[157] Vgl. Jörg-Detlef Kühne, Revolution und Rechtskultur: Die Bedeutung der Revolutionen von 1848 für die Rechtsentwicklung in Europa, *Historische Zeitschrift*, Beihefte, 29(2000), 57; D. Langewiesche, *Die Revolutionen von 1848 in der europäischen Geschichte, Ergebnisse und Nachwirkungen, Beiträge des Symposions in der Pailskirche vom 21. Bis 23. Juni 1998*, 2000, S. 59—61.

[158] 康德:《法的形而上学原理——权利的科学》,沈叔平译,商务印书馆1991年版,第40页。

[159] 黑格尔:《法哲学原理或自然法和国家学纲要》,范扬、张企泰译,商务印书馆1979年版,第10页。

在此种联系中,自由本质应当并存,应当在其发展中相互促进而非相互妨碍,那么这只有通过对于以下这个界限予以承认才可能实现,在此界限之内,所有个人的存在和活动都获得了一个安全的、自由的空间。据以确定上述界限和自由空间的规则就是法。……法律关系(私法关系)的本质被确定为个人意志独立支配的领域。[160]

因此,对于处于私法关系中的个人而言,意志自由既是一种自由的申张,也可以说是法律的一种限制。恰如康德所言:"在由道德意志自我决定的这个激进意义上,合乎道德的生活等同于自由。这就是'自律'。"[161]个人在私法中享有意志自由的同时,也肩负着尊重他人自由的自律。不过,在特定法律关系之中,个人的意志享有最高的权威与自由。依循自由的意志,个人得以与外部世界发生联系。个人首先将其自身作为原权[162],在家庭中扩展自身,进而与外部世界,或者说市民社会发生关涉,与其他市民社会成员进行交往活动,最终形成私法的三个主要类型,即家庭法、物权法与债法。[163] 与公法不同,私法是意志自由的法,"个人于共同生活之中的意志统治边界仅由处于对立面的另一个人的意志边界所划定"。[164] 而在个人的意志范畴内,其享有意志自由。在私法的范畴内,私权主体享有决定自己行为的意志自由,即做某事的自由与免于做某事的自由。[165] 我们甚至可以说,私法范畴内的行为处于私权主体的绝对意志支配之下;而私法则不仅是自由的直接产物,同时从另一个角度来说,也是对所谓"社会性自由",即集体自由的一种观念性抵制。[166]

与私法相比,公法,如刑法与行政法,更为强调一种以命令与服从为特征的压制色彩。在拉德布鲁赫看来,私法是一种"协调法"(coordinating law),其旨趣在于以赔偿为保护手段平等地对待每个人;而公法则是一种"屈从法"(subordinating law),其旨趣在于,会基于既定的法之价值判断而在利益保护

---

[160] 同前注[43],第 257—260 页。

[161] 查尔斯·泰勒:《黑格尔》,张国清、朱进东译,译林出版社 2012 年版,第 43 页。

[162] 在萨维尼的理论中,作为意志载体的人身属于原权的范畴,其权利性格为主体所遮蔽,所以不应被作为权利,唯有取得权,即个人对外部世界的权利,才是唯一的权利。参见前注[43],第 261—262 页。

[163] 参见前注[43],第 266 页。

[164] Josef Schein, *Unsere Rechtsphilosophlie und Jurisprudenz: Eine Kritische Studie*, 1889, S. 27.

[165] See Tomas Pink, *Free Will: A Very Short Introduction*, Oxford University Press, 2004, p.5.

[166] Vgl. Julius J. Schaaf, Recht und Reiheit, *Zeitschrift für philosophische Forschung*, Bd. 12, H. 1(Jan. Mar., 1958), 121.

方面对一方存在偏袒,从而使个人屈从于公共利益。[167] 这样一来,由于私法的主要任务在于协调平等主体之间的利益,那么各私权主体之间的自由意志便都应当得到最大限度的尊重。例如,甲欲购买乙的一本书,双方之间就价款亦达致合意,并为书与金钱之对待给付,此为私法中最为常见之现象,双方基于其自由意志而为行为,且该行为的效力为私法所承认。即使在此过程中出现了一些瑕疵,如甲与乙之间就交易客体存在重大误解,乙隐瞒了买卖合同标的物的重大瑕疵而构成对甲的欺诈,等等。私法所提供的也主要是补偿性的金钱赔偿,其中并无屈从色彩,各当事人的意志仍保有其自主性,而之所以存在损害赔偿责任,也系自由意志伦理的自然延伸——倘若一个人享有自由意志,那么他便具有行为选择的自由,他可以采取一些行为或者避免一些行为,能够区分理性的追求与非理性的妄念,能够辨明善与恶,能够预见自己的行为是否可能侵害他人权利,故而一个拥有自由意志的人自然应当为自己的行为负责。这种责任不仅包括道德上的责任,也包括法律责任。[168] 尽管早在20世纪30年代罗斯科·庞德便注意到,随着社会经济的发展,公法在不断蚕食着私法的领域,例如企业法、房屋租赁法等都摄入了强大的行政控制因素,从而减少了私法的适用空间[169],但正如涂尔干所洞见的那样,人类社会随着社会密度的恒定增加和社会容量的普遍扩大而导致社会分工的不断进步。[170] 在社会分工所导致的进步过程中,人类由机械团结或者相似性所导致的团结走向有机团结。与之相对应的则是,法律由有组织的压制性制裁法,即刑法,逐渐转化为纯粹的恢复性制裁法,包括民法、商业法、诉讼法、行政法和宪法。[171] 在这个过程中,"在某种意义上,所有法律都变成私人的,也就是说,每时每刻的行动者都是个体;在另一种意义上,所有法律又都变成公共的,所有人都承担了社会功能的不同方面"。[172] 因此,依据涂尔干的理论推导,我们反而应当认为在现代社会里,意志自由原则甚至具有超越私法范畴的倾向,压制性的法律则会逐渐式微。不过我们也必须注意到,出于维护公共利益的目的,个人的自由意志在现代社会也的确在很多方面受到了限制,但这也许并非矛盾。申言之,对个人自由意志的限制恰好体现了康德意义上包含了自律因素的意志自由,基于对他人自由的尊重(将这

---

[167] See Roscoe Pound, "Public Law and Private Law", *Cornell L. Q.*, vol. 24, 1938—1939, pp. 471-472.

[168] See Nathaniel Branden, "Free Will, Moral Responsibility and the Law", *S. Cal. L. Rev.*, vol. 42, 1968—1969, p. 265.

[169] See Roscoe Pound, *supra* note[167], p. 469.

[170] 参见埃米尔·涂尔干:《社会分工论》,渠东译,生活·读书·新知三联书店2013年版,第219页。

[171] 参见前注[170],第32—33,73页。

[172] 同前注[170],第31页。

种尊重扩及整个社会便是对社会公共利益的尊重),个人依自己自由的意志行事时也必须履行必要的自律义务,否则将会招致伦理上的指摘与法律上的制裁。[173] 当然,作为私法基本原则的意志自由原则中的自律因素必须与特定的社会道德水平、经济水准、普遍教育程度等社会现实相适应,否则过分的自律要求只会使自由名存实亡并进而蜕变为屈从与压制。

(四)伦理谦抑原则

在理性自然法时代,普芬道夫与沃尔夫将伦理、自然法与私法紧密结合,塑造了一种具有浓厚伦理与道德色彩的私法理论。在普芬道夫的自然法体系中,义务为中心概念。依照自然法的要求,具有伦理人格的个人必须承担一系列按照他人要求做某事、认可某事或者忍受某事的作为伦理必要性的义务。[174] 而沃尔夫则在普芬道夫的基础上走得更远,其在《自然法与万民法原理》一书中,运用几何学的证明方法,精心构建了一个依据稳固的内在关联而自人之本性推导出所有义务与权利的伦理性自然法体系。[175] 在普芬道夫与沃尔夫那里,人因其本性而要过社会生活,而为了实现社会生活的和谐,人必须恪守一系列义务。普芬道夫在其名著《自然法与万民法》第 3 卷中列举了一系列作为享有伦理人格的人所应负担的义务,包括不得损害他人的义务(或者损失赔偿义务)、所有人都应当被平等对待的义务、给予人道帮助的相互义务、信守承诺的义

---

[173] 此处欠缺深入讨论的一个问题是"自律"与"屈从"之间的界限在什么地方呢?哲学上理性主义在定义上为人设定了一种相对完满的形象,"人是万物的尺度",在理性主义学者们看来,倘若人得以成为万物的尺度,那么就应该以人的意志自由律超越支配自然的因果律,从而实现真正意义上的自由。在这一思维路径下,沃尔夫、普芬道夫甚至康德、黑格尔乃至马克思都对人所应当恪守的义务、道德律提出了相应的要求。康德略带鄙夷而又充满希望地说道:"人类诚然是够污浊的,不过他必须把寓于他的人格中的人道看作是神圣的。在整个宇宙中,人所希冀和所能控制的一切东西都能够单纯用作手段;只有人类,以及一切有理性的被造物,才是一个自在目的。那就是说,他借着他的自由的自律,他就是神圣道德法则的主体。"(参见康德:《实践理性批判》,关文运译,广西师范大学出版社 2001 年版,第 90 页)但在此种意志自由主义的观念下,人的本质被哲学家们所确定,更有可能被政治家们所规定,因此强制自由的推导会应运而生——一个不符合高尚的人的定义的人将接受强制的教育乃至惩戒,因为他不知道自己的自由以及作为人的神圣性所在,以强制的手段帮助他恢复或者接近自由在伦理与道德上是具有正当性的——这样一来,包含"自律"因素的自由与屈从、强制便会以一种近乎悖论与荒诞的方式完美地结合到了一起。诚如以赛亚·伯林所言,依循这一思维路径,则"依据理性的强制不是强制,强迫人民服从理性的命令就是强迫他们理性地行动,就是提供给他们真实或真正的需求之满足……因此使他们自由,反对这种解放只能证明他本人不理性,无能力知道什么会在事实上使他自由",而这一推论,无疑是整个人类思想史上"最强有力和最危险的论点之一"。(以赛亚·伯林:《浪漫主义时代的政治观念》,王崇兴、张蓉译,新星出版社 2011 年版,第 132 页)

[174] 参见前注[28],第 13—14 页。

[175] 参见前注[28],第 6—27 页。

务。[176] 而沃尔夫则进一步教导说:"人类的最高义务便是力求完善。……与努力促进他人完善相结合的自我完善的这种道德义务,乃是正义和自然法的基础。自然法要求人们去做那些既有助于完善自身又有助于完善其状况的事情。"[177]在沃尔夫看来,这种力求善的义务源于人的天性,而根据逻辑学之矛盾律,某个事物不可能既"是"又"不是",而由于人愿意过符合其本性的生活,所以人必须据此决定其行为。[178] 在自然法、伦理与法律未完全区分的时代,私法理论奉行彻底的伦理原则,尽管普芬道夫也试图用自由意志来解释义务[179],但伦理原则之下人的行为带有被强烈束缚的色彩。

康德的法哲学对理性自然法提出了质疑。对私法学具有巨大影响的康德法律哲学以自由为中心,而根据康德法律哲学,每个人均享有依自己意志行事的自由。就此而言,这种自由并不包含任何伦理与道德判断的意味;每个私人可以因具体情况的差异而作出不同的选择,与其他私人结成私法关系,如取得或者移转财产、订立合同、设立遗嘱、结婚并组建家庭,法律的作用仅仅在于协调这些不同的选择,从而保障每一个人享有最大限度的外在自由。[180] 也正是在这个意义上,私法与伦理之间存在着区隔。具体来说,伦理与道德作用于人的每一项心理与行为,并着意于区分对与错[181];而私法仅仅在人与人之间的行为发生交往时,为了保障双方的最大自由才会有限度的介入。因此,私法所奉行的,乃是具有边界色彩的有限伦理,这种伦理存在于每个人自由与它者自由之间。而历史法学派以及潘德克顿学派则从历史的角度对自然法学提出了批判。在历史法学看来,法的有效性首先不是来自基于人类理性的伦理判断,而是来自法的历史上的连贯与实证上的存在。恰如萨维尼所言,"历史法学派设想,法的素材是由民族的整个过去给予的"[182],法的形成具有其特殊的历史性格,因此法学的主要任务并不是凭借人类的理性去立法,而是发现与整理在历史中已经存在了的法——"只有法学才能发展法的具体内容,认识部分与整体

---

[176] See Pufendorf, *Of the Law of Nature and Nations*, Oxford: Printed by L. Lichfield, R. Sare, R. Bonwicke, W. Freeman, T. Goodwyn, M. Wotton, S. Manship, Nichholson, R. Parker, B. Tooke, and R. Smith, 1710, pp.169-210.

[177] 埃德加·博登海默:《法理学:法律哲学与法律方法》,邓正来译,中国政法大学出版社2004年版,第50页。

[178] Vgl. Christian Wolf, Grundsätze des Natur-und Völckerrechts, Georg Olms Verlag, Hidesheim, 1980 (Nachdruck der Ausgabe Halle 1754), S. 23—24. 转引自前注〔28〕,第29页。

[179] 参见前注〔28〕,第14页。

[180] See George P. Fletcher, "Law and Morality: A Kantian Perspective", *Colum. L. Rev.*, vol.87, no.3, 1987, p.535.

[181] See J. M. Coady, "Morality and the Law", *U. Brit. Colum. L. Rev.*, vol.1, 1959—1963, pp.442-443.

[182] 弗里德里希·卡尔·冯·萨维尼著、艾里克·沃尔夫编:《历史法学派的基本思想(1914—1840年)》,郑永流译,法律出版社2009年版,第20页。

的联系。它的特殊功能和任务就是形成法的技术因素"。[183] 历史法学派与潘德克顿法学对于法的历史性的尊崇以及对伦理性格的自然法的排斥塑造了私法的非伦理-道德性格。在历史法学的理想中,私法是源于"民族精神"的民众共识,这种共同意志无疑具有自然与历史意义上的正当性,而法学家甚至立法者并不需要对这种共同意志作出干预,前者的任务是认识并明晰化这种共同意志,而后者所需要做的仅仅是承认它并为其提供国家权力的保护。

尽管私法一度具有非伦理性格的实证主义性格,道德与伦理上的考虑曾经屈服于自由、历史、惯例与习俗,但是一味对自由、历史与现实让步,将会造就严重的不义。作为法律实证主义论者的哈特也承认,因应于五大自然事实,即人的脆弱、近乎平等、有限的利他主义、有限的资源与人所具有的有限的理解与意志的力量,法律必须保有实现个人"自我保存"(perseverare in esse suo)意图的最低限度的自然法内容,否则社会就存有解体与崩溃的危险。[184] 而私法所奉行的抽象平等与意志自由,很大程度上将造就自然的不平等,因为在市民社会中,尽管私权主体的权利能力是平等的,但因为禀赋上的差异以及运气的因素,个人所拥有的财富、权力、知识、人脉等其他力量却是各不相同。有鉴于此,私法发展出了诚实信用原则、公序良俗原则与禁止权利滥用原则,以便矫正私法异化,维护实质平等。而及至现代,基本权利观念的勃兴甚至使有的学者认为私法本质上应当被视为社会契约,而基本权利本就是这一契约的应有内容,私法应当扮演一个宪章性的角色,即自由与民主的社会契约。[185] 不过这样的观念却可能使私法有成为民权法乃至与宪法同质化的倾向。为了达致实质平等的目标,私法不可避免地会引入更多国家公权力干预的因素,而这样做的后果与其说是发展了私法,不如说是对私法精神的背离。私法的平等观主要旨在反对特权,而非关注结果上的平等,对于私法来说,权利能力平等状态下所造成的结果不平等,符合分配正义的历史原则。诺齐克在《无政府、国家与乌托邦》一书中区分了分配正义的历史原则与分配正义的目的——结果原则,历史原则认为,分配是否正义依赖于它是如何演变过来的;而目的——结果原则,或者称之为即时原则,则认为一种分配的正义决定于事物现在是如何分配的。[186] 对于

---

[183] 霍尔斯特·海因里希·雅科布斯:《十九世纪德国民法科学与立法》,王娜译,法律出版社 2003 年版,第 54 页。

[184] 参见 H. L. A. 哈特:《法律的概念》,许家馨、李冠宜译,法律出版社 2006 年版,第 180—185 页。

[185] See Florian Rödl,"Fundamental Rights, Private Law, and Societal Constitution: On the Logic of the So-Called Horizontal Effect", *Ind. J. Global Legal Stud.*, vol. 20, no. 2, 2013, pp. 1029-1030.

[186] 参见罗伯特·诺齐克:《无政府、国家与乌托邦》,何怀宏等译,中国社会科学出版社 1991 年版,第 159 页。

私法而言,因其以市民社会成员的普遍自由与自治为存在前提,故而私法的分配正义更多地考虑分配过程是否公平——在社会交往的过程中是否存在欺诈、胁迫、错误等意思不自由或者意思瑕疵?某人的行为是否具有过错?某人取得某物是否具有正当的法律原因?倘若市民社会成员在交往过程中,意志并未受到强迫,行为也无过错,取得物或者其他财产也具有正当的法律原因,那么即使在结果意义上分配并不均衡,私法也不以之为不平等与非正义。私法对于伦理与道德应当保持极为谨慎的态度,因为伦理与道德的高要求将可能导致国家干预对私法疆土的入侵。[187] "极端的公正即不公正"。[188] 理性的立法干涉不能在私法中设置过分强调伦理与理性的规则,否则"理性将变为荒谬,福音亦化作鸩毒"[189],市民将在国家的沉重干预下丧失自由。伦理上的实质平等并非私法的任务。尽管在现代私法中,伦理分析也占据一席之地,但伦理在私法中只能以极为谦抑的态度发生作用。而作为自伦理而派生出的三大原则,即公序良俗原则、诚实信用原则与禁止权利滥用原则,只能作为私法的次级原则、解释原则与补充原则,而不能作为私法的基本原则。[190] 在私法中,能够得到充分承认的伦理是"从最低点出发……使有序社会成为可能或者使有序社会得以达致其特定目标的那些基本规则"[191],即"义务的道德"[192];而对于善的生活的道德、卓越的道德以及充分实现人之力量的道德,即"愿望的道德"[193],私法应当采取排斥与极为审慎的有限承认态度。而私法学的使命也应主要系于以法学创设法,发现与描述法的规则,而不应做过多的法律以外的思考。[194] 因为正如德国法学家温德沙伊德所言:"伦理方面、政治方面与国民经济方面的斟酌不是法学家的事情。"[195]

此外,伦理谦抑原则还提示了私法对待家庭法,即亲属法与继承法的审慎态度。众所周知,家庭法是私法范畴中最具有伦理色彩的部分,家庭法也

---

[187] 参见近江幸治:《民法讲义Ⅰ》,渠涛等译,北京大学出版社 2015 年版,第 21 页。
[188] 施塔姆勒:《正义法的理论》,夏彦才译,商务印书馆 2012 年版,第 21 页。
[189] Franz Wieacker, *supra* note[24], p. 280.
[190] 市民社会因以市民之自由行事为其活力来源,故而也可以称其为一个自由主义社会,而自由主义社会是一个宽容的社会,在这一个社会中,存在着"合理的价值和关于良善生活的合理观念的不可化约的多元性。……国家应当确保平等地对待每一种良善生活的观念,不应把任何一种特定的合理观念置于其他观念之上",在市民社会中,没有整体主义的道德观,私法不能将大多数人的善恶观作为强制性规则强加给社会的所有个人。仅从个人主义的角度而言,道德来自个人的自我选择,倘若将道德行为变为强制行为,则实际上是取消了道德。参见赵红梅:《私法与社会法:第三法域之社会法基本理论范式》,中国政法大学出版社 2009 年版,第 147 页。
[191] 富勒:《法律的道德性》,郑戈译,商务印书馆 2005 年版,第 8 页。
[192] 同前注[191],第 8 页。
[193] 同前注[191],第 7 页。
[194] 参见前注[183],第 6 页。
[195] 同前注[183],第 6 页。

是较多强调道德因素的私法领域。[196] 伦理谦抑原则之于家庭法的意义在于,一方面尊重家庭法对于伦理因素的重视,在私法层面上给予家庭更多自治空间,从而适应家庭法较之于私法其他法域而言更多"熟人"色彩的特点;另一方面也对家庭法过分强调伦理要素的倾向予以规制,从而使家庭法不至于因过分张扬伦理与道德而压制市民社会成员所应当享有的抽象平等与意志自由。

（五）交易庇护原则

对于私法而言,由于其仅以平等私权主体之间的交往为规范对象,因此在秩序价值方面,与公法所追求的自上而下的科层制秩序以及国家对个人的控制秩序不同,私法所追求的秩序乃是合理的社会交往秩序,包括市场交易秩序与伦理交往秩序。对于伦理交往秩序,即家庭成员、亲属、类似亲属的众人之间的交往秩序以及普通人之间的非市场交易秩序而言,私法大多秉持承认或者不予干预的态度,认为伦理交往属于法外空间之纯粹生活事实。私法仅在十分必要的情势下才介入伦理交往秩序。不过对于市场交易秩序而言,私法则以更为积极的姿态介入其中,以便促进交易的成功与安全,实现社会经济之发展。例如在德国物权法上,著名的抽象原则将所有权移转行为塑造为一项与其原因相隔离的抽象（无因）行为,以维护法律交往过程中的安全。[197] 依物权行为理论,倘若甲将货物 A 卖给乙,而嗣后乙又将货物 A 卖给丙,后甲与乙之间的买卖合同因乙之欺诈而撤销。在此,货物 A 的所有权因甲与乙所为之物权合意与交付（即物权行为）而移转,买卖合同的撤销仅仅产生不当得利返还的效力,丙自乙处获得货物 A 具有完全的法律正当性,甲不能向丙请求物的返还。在这一过程中,我们会发现,物权行为理论通过抽象出物权合意的方法,使得存在债权意思瑕疵的交易仍可实现物的流转,从而使可能的法律纠纷仅局限于第一阶层的交易当事人之间,而不会扩张至第三人乃至其他人,这无疑对于交易的便捷与安全是十分有利的。[198]

而在意大利财产法上,尽管未如德国那样采纳抽象原则与物权行为理论,但承认动产占有的善意取得效力。例如,某人自无权利人处购买动产,倘

---

[196] 参见蒋月、何丽新:《婚姻家庭与继承法》,厦门大学出版社 2013 年版,第 18 页。

[197] Vgl. Werner Flume, *Allgemeiner Teil des Bürgerlichen Rechts: Das Rechtsgeschäft*, 4. Aufl., 1992, S. 176.

[198] 不过须予以提示的是,也有学者认为物权行为理论具有维护交易安全功能这一观点乃是德国民法典立法理由书的附会,事实上,萨维尼不是因为交易安全,而是基于体系上的结构考虑而"发现"了物权行为,物权行为乃是在物债二分理念的基础上,随着债的概念的发展而完善,而并非因为保护交易的思想。参见前注[183],第 187 页以下。

若其基于善意而为购买,且已经占有了该动产,则可原始取得该动产。[199]《法国民法典》《瑞士民法典》《阿根廷民法典》(《萨尔斯菲尔德民法典》)、《埃塞俄比亚民法典》《日本民法典》《韩国民法典》《泰王国民商法典》《阿尔及利亚民法典》《菲律宾民法典》《奥地利普通民法典》以及我国《物权法》均规定了类似制度。[200] 当然,尽管善意取得制度对于交易安全的庇护程度不如物权行为制度那样彻底,在交易安全的维护过程中,仍然设置了一个模棱两可且难以明晰的"善意"要件,但与传统的罗马私法理念相比,善意取得制度仍然具有浓厚的交易庇护色彩。在罗马法时代,罗马法奉行"任何人只能向他人转让属于他自己的权利"之原则,法律始终不知善意取得为何物。[201] 直到东罗马帝国皇帝优士丁尼编纂《民法大全》时,通过对罗马法既有的"普布利奇安之诉"予以改造,才创立了善意取得制度。[202] 而公认的善意取得制度的另一渊源,则是日耳曼法上的"以手护手"原则。根据该原则,所有人任意让他人占有其物者,只能对该人请求返还,而不能向第三人请求返还。[203] 而现代私法上的善意取得制度,则是结合了罗马法上"普布利奇安之诉"的善意要件与日耳曼法上"以手护手"原则而最终形成的,故而被德国法学家维亚克尔视为是"一种十分鲜明的异常古老与相当精致的法律理念之交织"。[204] 从伦理与道德的角度来讲,私权主体自然不能无中生有地将不属于自己的东西转让给他人,这也是罗马法坚持"任何人只能向他人转让属于他自己的权利"的原因所在。作为"从无权利人处取得"的善意取得制度[205],难以在伦理上找到其正当理由,乃因在善意取得之中,并未参与交易的真正权利人丧失了权利,而善意第三人尽管并未与真正权利人发生交涉,却可以终局性地取得物之所有权。在功能上类似善意取得的私

---

[199] Cfr. Andrea Torrente, Piero Schlesinger, Manuale di Diritto Privato, Giuffrè Editore, 2013, pp. 344-347.

[200] 参见《法国民法典》,罗结珍译,北京大学出版社2010年版,第498页;《瑞士民法典》,殷根生译,法律出版社1987年版,第200页;《最新阿根廷民法典》,徐涤宇译注,法律出版社2007年版,第513页;《埃塞俄比亚民法典》,薛军译,厦门大学出版社2013年版,第166—167页;渠涛:《最新日本民法》,法律出版社2006年版,第45页;《韩国民法典·朝鲜民法》,金玉珍译,北京大学出版社2009年版,第40页;《泰王国民商法典》,周喜梅译、谢尚果审校,中国法制出版社2013年版,第227,234页;《阿尔及利亚民法典》,尹田译,厦门大学出版社2013年版,第115页;《菲律宾民法典》,蒋军洲译,厦门大学出版社2011年版,第80—81页;《奥地利普通民法典》,周友军、杨垠红译,清华大学出版社2013年版,第60—61条;申卫星:《物权法原理》,中国人民大学出版社2008年版,第240—253页。

[201] 参见陈华彬:《民法物权论》,中国法制出版社2010年版,第280页。不过也有学说表明,在优士丁尼时代,通过对普布利奇安之诉的改造,罗马法上确立了善意取得制度。

[202] 参见徐国栋:《优士丁尼〈法学阶梯〉评注》,北京大学出版社2011年版,第107—108页。

[203] 参见叶金强:《公信力的法律构造》,北京大学出版社2004年版,第83页。

[204] Supra note[24], p. 190.

[205] Cfr. Andrea Torrente, Piero Schlesinger, Manuale di Diritto Privato, Giuffrè Editore, 2013, p. 344.

法制度还有很多。例如,在缔约过程中,尽管缔约当事人并未明确表示相应的意思,但有时私法也会借由法律的规范性权威,而直接设定某种意思表示的效果[206],此即"意思表示之法律拟制"。[207]如我国《合同法》第 47 条规定:"限制民事行为能力人订立的合同,经法定代理人追认后,该合同有效……相对人可以催告法定代理人在一个月内予以追认。法定代理人未作表示的,视为拒绝追认。"第 48 条规定:"行为人没有代理权、超越代理权或者代理权终止后以被代理人名义订立的合同……相对人可以催告被代理人在一个月内予以追认。被代理人未作表示的,视为拒绝追认。"该法条所提示的要件事实中,法定代理人与被代理人并未作出任何意思表示,但法律却赋予了某种意思表示的法律效果。

　　私法中以物权行为、善意取得与拟制意思表示为代表的一系列制度彰显了一种非伦理的交易庇护观念。[208]恰如韦伯所敏锐洞见到的那样:"法律保障在很大程度上都是直接服务于经济利益的。即使那些看上去并非如此或者实际上却是并非如此的情况,经济利益也是影响法律创制的最强大因素。"[209]而这一点在私法上体现得尤为明显。现代私法为了促进交易的便捷与保护交易的安全,通过一系列规范性手段,立足于社会之高度,实现对交易的控制。在这一过程中,意志自由原则甚至受到了一定限制,私法会通过拟制、补充、解释等方式尽量促成一项交易或者竭力将可能的法律纠纷限定在十分有限的主体之间。例如,在当事人虽然就货物 A 的买卖达成合意,但却欠缺关于货物质量、价款、报酬、履行地点、履行期限、履行方式以及履行费用的约定的,私法也并不以当事人之间无合意为由而让这项买卖消亡,而是通过补充的方法将这项交易修复完整。[210]又如,物权行为的抽象性,使存在债权意思瑕疵的交易仍可仅因物权行为而实现物之流转,从而使潜在的法律纠纷嗣后仅可能发生于最初的交易当事人之间,而不会扩张至第三人乃至其他人,这无疑是对交易安全乃至便捷的维护。总的来说,私法中诸如物权行为、善意取得与拟制意思表示、表见代理等制度均是现代私法立足于市民社会的宏观交易场景,是为克服或者弥补私法一般制度的局限性而作出的特别制度安排,或者是为了平衡当事人之间利益关系

---

[206]　サヴィニー『現代ローマ法体系・第三巻』,成文堂 1998 年版,231 頁。

[207]　Werner Flume(Fn. 197), S. 117.

[208]　当然,严格来说,似乎"交易安全之保护"这一点在某种意义上也可以被认为是一种新的伦理观。不过恰如德国法学家鲍尔与施蒂尔纳所言,其实依照通常的法律逻辑,权利取得人只能从真正权利人处取得权利,甚至也并不是所有国家都承认维护交易安全的善意取得制度。Vgl. Fritz Baur/Jürgen F. Baur/Rolf Stürner(Fn. 98), S. 39. 因此,"交易安全之保护"不是因为伦理的因素,而是因为非伦理的经济与便利因素而获得合理性。

[209]　马克斯·韦伯:《经济与社会(第一卷)》,阎克文译,上海人民出版社 2010 年版,第 453 页。

[210]　参见我国《合同法》第 62 条的规定。

而诞生的制度。[211] 这些制度所集中彰显的交易庇护理念,其旨趣在于竭力去除私权主体之间法律与经济的交往障碍,尽量促成意思的合致与交易的实现,从而维护私权主体活动的交易安全与交易预期,最终塑造一个富有安定性的法律秩序。我们甚至可以说,伴随着债权在私法中优越地位的确立,现代私法普遍存在着交易安全优于享有安全,或者说动的安全优于静的安全之理念与制度趋势。不过纵然如此,恰如日本民法学家我妻荣所言,在未来"对金钱债权的专制加以约束,限制其剩余价值的名义,必然成为取代'交易安全'的新法律思想"。[212] 交易庇护原则并非私法的唯一原则,其适用也必须以抽象平等、意志自由与必要的伦理要求为前提与基础。

(六)小结:作为私法内部体系的私法基本原则体系

抽象平等、意志自由、伦理谦抑与交易庇护作为界定私法范畴的原则,其相互之间存在紧密关联:首先,抽象平等原则提供了私权主体得以诞生的前提。其次,意志自由原则提示了私法范畴内的基本工具,即意志。再次,伦理谦抑原则彰显了私法范畴内的价值相对主义色彩,或曰伦理消极因素,其在较大程度上保证了意志自由的推行与抽象平等不至于被伦理所扭曲。最后,交易庇护原则主要表明现代私法市场交易秩序维持所必需的信赖因素,其本质上也是维护意志自由原则的手段。管见以为,抽象平等、意志自由、伦理谦抑与交易庇护所表征的理念相互勾连,共同形成一个有机体系,该体系并不具有金字塔式的构造风格,而是一种动态与谦和的柔性观念体系,它们在相互博弈与具体衡量中被灵活地适用于私法中的各个法域。该体系在宏观意义上也拥有一个统一而恰如其分的总结性观念术语,即私法自治。

六、结论:民商合一时代的私法范畴、私法学与民法典编纂

借由对私法范畴的考察,可以得见私法所特有的制度与学说的历史性格:在素材上,私法以罗马私法为主要渊源,并以日耳曼私法为其特别私法的渊源;在体系上,私法则受制于潘德克顿体系,最终形成"一般私法-特别私法"体系;而在原则上,"不管社会(主义)化思潮今后会对民(私)法形成何种冲击或影响,只要民(私)法依其名义仍然存在着,它只能是一部个人本位、权利本位的法律"。[213] 因此,私法在应然层面与实证层面上都须尊崇由抽象平等、意志自由、伦理谦抑与交易庇护所构成的私法自治原则体系。

当然,本文所彰显的,乃是一种介乎应然与实然之间的、理性、克制甚至略

---

[211] 参见朱广新:《信赖保护原则及其在民法中的构造》,中国人民大学出版社2013年版,第88页。
[212] 我妻荣:《债权在近代法中的优越地位》,王书江译,中国大百科全书出版社,第224页。
[213] 同前注[211],第47页。

显保守的关于私法范畴之宏观叙事。美国法学家菲尔德曼曾说,学者通常应当避免写作宏大叙事、元叙事或者元历史,乃因在这一宏大叙事中,反对的观点和被压制的声音被忽视或被边缘化,所谓的阶段常常被描述得好像一个阶段就是由单个的声音或立场代表的,历史由此变得平面化——但纵然如此,提出一个一般性的探索方法和解释框架也绝非毫无意义。[214] 本文关于私法素材、私法体系与私法原则的考察也的确建立在富有一定主观色彩的择取与剪裁的基础之上。但是,倘若读者愿意宽宥本文的主观色彩,那么便会发现,私法在范畴意义上所具有的,由历史与学术所共同塑造的一系列特点,即素材上的罗马私法性、体系上的潘德克顿性与原则上的自由平等性。而基于此项判断,私见以为,未来的私法研究,应当注意以下三个方面的问题。

(一) 私法继受的客观性与长期性

在素材层面上,我们必须承认,我国所继受的私法,尤其是作为一般私法的民法,来源于罗马私法。总体而言,我国的民法历史与日本相仿。日本民法学家大村敦志曾说,近代日本民法,乃是"借由法国法与德国法,而与罗马法传统相勾连之事物"。[215] 而与日本非常相似的是,我国民法在较大程度上也是罗马法传统在中国国情下的一次特殊延伸与展开。因此,在私法研究的历史维度上,对于中华私法教义学的发展而言,罗马法研究仍然是一个绕不过去的必由之路。倘若大方地承认我国作为继受法国家的事实,少谈一点超越,多谈一点继受,那么,以中华私法教义学之构建为目标的私法学研究,仍然很有必要回到罗马法的原点。也许惟其如此,我们才可能真正地超越德意志、法兰西与日本,草创属于我们自己的私法学理论。

(二) 立法体系与法学体系的分立与整合

在体系层面上,现代私法仍然受到了潘德克顿法学思想的影响,将私法划分为了一般私法与特别私法两大次级范畴,这使得民法与商法,乃至其他民事特别法的有限分离似乎成为不可避免之事。但事实上,这种区分很大程度上乃是由于潘德克顿法学体系的过分保守与特别私法的灵活多变性格所致。对于这一问题,管见以为,在立法层面上维持潘德克顿体系当属上乘之选。申言之,在民法典编纂过程中,民法典在素材方面仍然应当局限于总则、物权、债、亲属与继承,以此作为一般私法,而商法、知识产权法等特别私法,则应在立法上以单行法的形式存在,由此在立法上维持"一般私法-特别私法"这种较为松散的立法模式。不过,在法学层面上,不妨借助现代私法基本原则体系塑造一个可得整合民法与商法、一般私法与特别私法的私法学理论,从而在学术与理论层

---

[214] 参见斯蒂芬·M.菲尔德曼:《从前现代主义到后现代主义的美国法律思想———次思想航行》,李国庆译,中国政法大学出版社2005年版,第7—8页。

[215] 大村敦志『基本民法Ⅰ 総則・物権総論』,有斐閣2005年版,6頁。

面上实现对潘德克顿体系的某种超越,最终消解长期困扰我国的"民商合一"抑或"民商分立"之理论难题。

(三) 现代私法基本原则的中枢作用

在原则层面上,尽管有学者认为,现代民(私)法是社会本位的法,但无论是个人本位还是社会本位,对于私法而言,其最为宝贵的理念仍旧是个人可得保有依自己意志而行事的最大限度自由。因此,以抽象平等、意志自由、伦理谦抑与交易庇护为根本内容的私法自治原则体系仍然应当被视为现代私法之基石。对于我国的民法典编纂来说,我们理应保持一种审慎而理性的态度,民法典的编纂不应成为"民权法典"的编纂,民法典不能也不应当承担一些非私法的期待。

在笔者看来,我国的民法典编纂应当实现两大目标:其一,在政治层面上,对我国改革开放近四十年来私法领域的现状予以契合中国国情的法律权威确认。此项目标属于立法者的权力范畴,而非法学的任务。其二,在法学层面上,基于我国作为大陆法系民法继受国家的现实考虑[216],在某种程度上,我们应当认为,罗马私法及其历史,以及大陆法系各国私法及其历史即我国的私法与我国的私法史。恰如德国著名私法学家施罗瑟(Hans Schlosser)所言,"继受必须被作为一个复杂的文化史与社会学过程而被理解"[217],对大陆法系私法的继受亟待我们在回应与聚焦中国问题的同时,模仿罗马人、法兰西人以及德意志人去进行法律思考。而在此基础上,借由民法典编纂之机遇,通过大规模的学术研究与理论争鸣,塑造既富有学术底蕴,又可回应社会现实的私法学理论,甚至形成真正意义上的各种私法流派,则能够比肩德意志与法兰西之中华私法学的出现,或许亦不远矣。

(审稿编辑　洪国盛)
(校对编辑　王泓之)

---

[216] 总体而言,我国私法并非源于中华法系的本土资源,而是自大陆法系继受而来。参见孙宪忠:《中国民法继受潘德克顿法学:引进、衰落和复兴》,载《中国社会科学》2008年第2期,第89—102页;易军:《中国民法继受中的体系性瑕疵与协调》,载《法商研究》2009年第5期,第67—75页。

[217] H. シュロッサー『近世私法史要論』,有信堂1991年版,3頁。

论民法典的规范技术

——以《民法总则》为主要例证的阐释

王 琦[*]

On the Normative Technology of Civil Code:
Interpretation with the General Provisions of the Civil Law of the People's Republic of China as the Main Example

Wang Qi

内容摘要：民法在漫长的演进过程中形成了一系列的规范技术。规范技术既是民法的"元规则",在各个具体部分发挥基础性的作用,更是民法典的"建筑术",使得民法典这一巨型规范工程成为可能。由于民法"万法之母"的地位,深入理解和熟练掌握民法规范技术更能为全体法律人带来裨益。本文总结了民法中最重要的五类一般性规范技术,即"法后果发生的必要要件和阻却要件""法规范体系的原则-例外关系""法律推定""拟制""转引",并借助《民法总则》和其他民事法律中的运用实例对各种规范技术的逻辑结构和主要功能加以分析展示。另外还在民法典编纂和施行的背景下对如何正确使用和理解这些技术提出了建议。

关键词：规范技术 民法总则 必要要件和阻却要件 法律推定 拟制 转引

---

[*] 德国柏林自由大学法学博士,北京航空航天大学工业和信息化法治研究院联合研究员。

一、导语

我国民法直接承继并在新时代条件下发展了以《德国民法典》为代表的大陆法系经典民法。这一伟大传统自罗马法开始,于十几个世纪的演进过程中形成了一系列的规范技术(Regelungstechnik)。这些规范技术一方面经由19世纪潘德克顿学派系统整理加工,另一方面又沐浴吸收了彼时占据主导地位的概念法学的核心理念,最终在《德国民法典》这一载体中得以定型。[1] 在漫长的历史发展中,随着民法体系不断开枝散叶和扩展细化,居于根基地位的规范技术却几乎为世人所淡忘,具体的法律条文几乎也不对其明确提及。但是,这些规范技术作为民法的"元法则",时时处处发挥着低调而又不可或缺的作用,真可谓"仁者见之谓之仁,知者见之谓之知,百姓日用而不知"。[2]

规范技术问题属于民法学基础理论,是民法学知识谱系中极富法哲学色彩的部分,迄今为止在我国学界尚未得到足够关注。本文将阐述在民法中获得最广泛运用的五类规制技术,包括:"法后果发生的必要要件和阻却要件""法规范体系的原则-例外关系""法律推定""拟制""转引"。[3] 鉴于每种技术一方面有共通的内核结构,另一方面具体运用时往往形态上发生变化,功能上各有侧重,所以下文就每一种规制技术将首先剖析其共通结构,随后借助实例来展示和分析民法对其的具体运用。由于我国《民法总则》已经生效,本文将主要选择《民法总则》(以下简称《民总》)范围内的运用实例,兼及民法典其他领域的例证。

二、法后果发生的必要要件和阻却要件

(一)概说:必要要件和阻却要件在实体法以及程序法上的意义

民法规制的中心任务是什么?答案是:规定一种法后果在什么前提下发生,例如一项合同履行请求权在什么前提下产生,一项侵权责任在什么前提下成立。针对一种特定法律后果,民法在单一或者多项条款中设定了其发生的前提。与之相应,"法前提-法后果"(Voraussetzungen-Rechtsfolge)也构成了民法规制体系的一般结构。

由此切入本节所论述的规范技术。对一种法律后果能否发生,法律可以从"正向"和"逆向"两方面设定前提,即一方面正向要求,只有某前提达致,该法后果才能发生;另一方面逆向规定,只要某前提达致,该结果就不会发生。前者属

---

[1] Vgl. Staudiner/Honsell, *Einleitung zum BGB*, 2013, Rn. 56/S. 178;Stephan Meder, *Rechtsgeschichte*, 6. Aufl., 2016, S. 445—448.

[2] 参见《周易·系辞上》。

[3] 这一总结参见 Detlef Leenen, *BGB AT Rechtsgeschäftslehre*, 2. Aufl., 2015, Rn. 98—127。另比较 Bitter/Rauhut, Grundzüge zivilrechtliche Methodik-Schlüssel zu einer gelungenen Fallbearbeitung, *JuS* (2009), 289, 289—298.

于该法律后果发生的"必要要件"(Erfordernis),后者则属于该后果发生的"阻却要件"(Hindernis)。用逻辑术语来讲,"必要要件"是法后果发生的必要条件,"阻却要件"则是该后果不发生的充分条件。所以一种法律结果的前提完整的表述应该是:一方面所有必要要件达成,另一方面没有任何阻却要件介入。[4]

同时,法律还运用这组区分来指示程序法层面上的证明负担分配(Beweislastverteilung)。尽管"必要要件达成"和"阻却要件未介入"从逻辑上而言都是法律后果发生的前提,但是民法——和刑法不同——并不将相应的证明任务一股脑全压在一方肩上,而是在原告被告两方间做一种"分配",即哪方(进攻方、通常为原告)主张该法律后果发生或者其所主张的权利以该法律后果发生为基础,就必须承担"必要要件达成"的证明负担。同时,该方并不承担"阻却要件未介入"的证明负担,证明"阻却要件的介入"是相对方(防御方、通常为被告)的任务。[5] 这也呼应于民事诉讼程序中"诉求"与"抗辩"相对的基本格局。

在法前提内区分出必要要件和阻却要件并将其与证明负担分配相关联,这给立法者带来了更多的操作选择,借此尤其可以灵活地调整各方的证明负担轻重。具体而言,立法者既可以将一种事实正向建构为必要要件,将证明负担归于诉求方;但如若有必要减轻诉求方的证明负担,立法者也可以选择将该事实逆向建构为阻却要件,其后果是相应的证明负担从诉求方转到相对方。这种操作的典型例子是侵权法中的过错推定责任,由于这还涉及法律推定的技术,我们将在后文讨论。[6]

在民法内,必要要件和阻却要件是一套获得普遍运用的规范技术,任何一种法律结果是否发生都可借助这组区分来分析判断。下文将以民法总则范围内具有基本意义的两种法后果为例来加以说明,其一涉及意思表示的生效(下文例Ⅰ),其二涉及法律行为的生效(下文例Ⅱ)。[7]

---

〔4〕 Vgl. Leenen, Anspruchsaufbau und Gesetz: wie die Methodik der Fallbearbeitung hilft, das Gesetz leicht zu verstehen, *Jura* (2011), 723, 726ff.

〔5〕 Vgl. Leenen (Fn. 2), §9, Rn. 11;与之相合的论述, vgl. Braun, *Lehrbuch des Zivilprozessrechts*, 2014, S. 717ff. 在我国实定规范上的体现见《最高人民法院关于适用〈中华人民共和国民事诉讼法〉的解释》(法释〔2015〕5号)第91条。另参阅谌宏伟:《"规范说"与中国民事立法》,载《北大法律评论》第15卷第1辑,北京大学出版社2014年版,第280页。

〔6〕 见本文第4部分第2节第2小节。

〔7〕 本文所说的意思表示和法律行为的"生效"是两种严格限定的概念,所预设的一种法释义学理论——对意思表示和法律行为的"双层六阶段理论"(成立、生效、效果),由德国学者Detlef Leenen提出, vgl. Leenen (Fn. 2), §6, Rn. 1ff; §9, Rn. 1ff. 另参见王琦:《德国法上意思表示和法律行为理论的新发展——兼论对中国民法总则立法的启示》,载《清华法学》2016年第6期,第42页;张芸:《单方法律行为理论基础的重构与阐释——兼论民法总则法律行为规范》,载《清华法学》2017年第4期,第104页。

(二) 例Ⅰ:有相对人的意思表示的生效必要要件和阻却要件

限于篇幅,以下集中讨论有相对人的或者说需受领的意思表示。在以《德国民法典》(以下简称《德民》)为代表的大陆法系经典民法中,对此类意思表示的生效规定了三条基本规则。第一条规则是,有相对人的意思表示在到达相对人时生效,《民总》在第137条继受了这一规则。第二条规则是,无民事行为能力人作出的意思表示无效,这一规则在《民总》中可以通过解释第144条得出。[8] 第三条规则为,如果意思表示在到达相对方之前或者在到达的同时被撤回,那么意思表示不生效,这一规则在《民总》中被安置于第141条。

初看起来,这三条规则似乎完全没有考虑到彼此的存在,它们不但在法典中的位置并不直接相连,而且在教科书中也通常被放在不同的章节论述,但实际上它们之间有一种内在联系,即它们包含了法律对同一法律后果(有相对人的意思表示的生效)所设置的必要要件和阻却要件。具体而言,法律在第一条规则(对应《民总》第137条)设定了此类意思表示生效的必要要件,即"到达相对人";在后两条规则中设定了两项一般性阻却要件,即"表示人无行为能力"(《民总》第144条)和"意思表示被撤回"(《民总》第141条)。[9] 所以在判定有相对人的意思表示是否生效时,应当首先依据《民总》第137条判定是否有"到达相对人"这一必要要件达成。但即便意思表示到达相对人,也并不确保生效,因为还可能由于阻却要件的介入使得生效受阻,所以还需一方面依据《民总》第144条检验表示人是否有行为能力,另一方面依据《民总》第141条判定是否有先于或者与意思表示同时到达的撤回通知。

一旦将上述规则筛选入必要要件和阻却要件这一框架,也就明确了相应的证明负担分配:谁(直接或者间接)主张意思表示生效,就须对《民总》第137条要求的"到达相对人"承担证明负担。[10] 反过来,谁主张意思表示不生效,就必须证明表示人在发出意思表示时要么基于年龄(《民总》第20条),要么基于精神状况(《民总》第21条)不具有行为能力[11],又或者出现了《民总》第141条意

---

[8] 《民总》第144条称"无民事行为能力人实施的民事法律行为无效",该条的目的显然是保护无行为能力人,将其隔绝于风险遍布的法律行为世界之外。由于实施法律行为具体而言意味着作出或者接受意思表示,所以该条的法效果也应当在意思表示的作出和接受层面展开。由此第144条的规范内涵可被建构为两方面:一方面,无行为能力人作出的意思表示无效;另一方面,以无行为能力人为相对方作出的意思表示在到达其法定代理人时方生效。相较于《德民》中的对应条款,第144条兼有两种功能,即既有《德民》第105条第1款的功能(阻却无行为能力人作出的意思表示的生效),也有《德民》第131条第1款的功能(改变以无行为能力人为相对方的意思表示的到达目的地)。

[9] 在民法总则之外,还能找到针对特殊类型的意思表示的专门性阻却要件,一个详细的列表展示,参见前注[6],张芸:《单方法律行为理论基础的重构与阐释——兼论民法总则法律行为规范》。

[10] Vgl. Singer/Benedict, in: *Staudinger BGB*, 2017, § 130, Rn. 108.

[11] Vgl. Ellenberger, in: *Palandt BGB*, § 130, Rn. 8.

义上的撤回通知。[12]

现以"必要要件"和"阻却要件"为线索将上述规则整合图示如下:

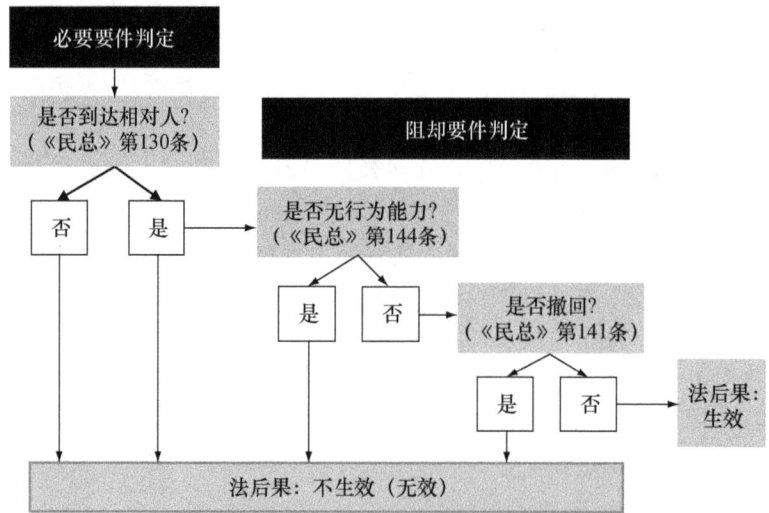

图1 有相对方的意思表示的生效判定(基础模型)

(三)例Ⅱ:法律行为生效的必要要件和阻却要件

1. 法秩序对法律行为生效的两种规制模式:"消极性规制"和"积极性规制"

法律行为成立后,必须接受法秩序的生效检验,只有通过这一检验,才能生效。[13]法律行为的生效是民法面对的极为重要但也相当棘手的一种规制任务,我们很快将看到,民法同样是借助必要要件和阻却要件这一规范技术来胜任这一工作的。

概括而言,法秩序对法律行为的生效有两种规制模式,即"消极性模式"和"积极性模式"。两者的区别在于,在前者,法秩序只审查是否有生效阻却要件

---

[12] Vgl. Hans-Willi Laumen, Baumgärtel/Laumen/Prütting (Hrsg.), *Handbuch der Beweislast*, 3. Aufl., 2007, § 130, Rn. 1, 19.

[13] 此处首先预设了对法律行为的"成立"和"生效"两个阶段的严格区分,这意味着文献中常见的"法律行为(合同)有效地成立"这一表述方式是不精确的:法律行为成立是一回事,生效是完全另一回事。打个比方来说,前者好比是行为人确认提交申请,后者好比是法秩序对行为人提出的申请进行审核。如果行为人连申请都未确认提交,此时谈不上审核未通过的问题;进一步的,审核不通过,却不妨碍申请已经提出这一事实。所以本文所谓的"法律行为的生效"是一个明确限定的规制场景,前承"法律行为的成立"这一阶段,后面还可能接续"法律行为的效果发生"这一阶段(例如当法律行为附延迟条件或附开始期限时)。参见前注[6],王琦:《德国法上意思表示和法律行为理论的新发展——兼论对中国民法总则立法的启示》;龙卫球、刘保玉主编:《中华人民共和国民法总则释义与适用指导》,中国法制出版社2017年版,第502—508页;vgl. Leenen, Abschluss, Zustandekommen und Wirksamkeit von Verträgen, *AcP* 188 (1988), 381, 381.

的介入;在后者,法秩序在审查阻却要件之前,还要求法律行为必须满足特定的必要要件。

具体而言,在普通情形下,法秩序出于保障和促进私人自治的目的,采谦抑态度,对法律行为的生效不主动提出要求,而仅对民事主体实施的法律行为就其既成内容和形式做一种消极性审查。为使得这种消极性审查成为可能,法秩序设定了一组"生效阻却要件",由于这些阻却要件对全体法律行为都具有适用性,所以可将其称为"一般性(生效)阻却要件"(allgemeine Wirksamkeitshindernisse)。它共有三类,全部规定在民法总则中,即"违反法规禁令"(《民总》第153条第1款)、"违背公序良俗"(《民总》第153条第2款)和"要式缺乏"(逆推自《民总》第135条)。[14] 从逻辑上而言,法秩序对任一成立的法律行为都要进行以一般性阻却要件为标准的过滤审查,即审查该法律行为在内容方面是否违反法规禁令或者违背公序良俗,以及该法律行为在形式方面是否满足必要形式要求(当存在法定要式或约定要式时)。通过设定这三类阻却要件,法秩序为民事主体的私人自治自由划定了边界,超出这一边界的法律行为,法秩序将拒绝承认其生效。[15]

但在某些特别情形下,法秩序出于一定的考虑,也会对法律行为的生效提出专门的要求,即必要要件。必要要件只针对特定类型的法律行为,因需而设,因类而异,不具普遍性,故而可将其称为"特殊性(生效)必要要件"(besondere Wirksamkeitserfordernisse)。这对法律行为的生效判定带来的影响是,在进行常规的"消极性审查"之前,还需进行"积极性审查",即检验法秩序所规定的特殊必要要件是否达成。必要要件主要运用于两类情形,第一类涉及"有待许可的法律行为"[详见本文二(三)2],此类法律行为的生效以第三人(许可权人)的许可为特殊必要要件;第二类涉及形成性单方法律行为,如作为单方法律行为的"撤销""债务抵销""合同解除""无理由退货"等,此类法律行为的生效以相应的有效形成权如"撤销权""抵销权""解除权""退货权"为生效必要要件。[16]

如果说一般阻却要件这种技术使得法秩序能够方便地在法律行为世界中设置一道具有全民性的"防火墙"和"过滤器",那么特殊必要要件这种技术则使

---

[14] 一个直观的图表展示,参见前注[6],张芸:《单方法律行为理论基础的重构与阐释——兼论民法总则法律行为规范》。另外,如果法律行为被撤销(Anfechtung),也依据《民总》第155条("无效的或者被撤销的民事法律行为自始没有法律约束力")被拟制为自始无效。所以尽管撤销不具有普遍性,但只要出现对法律行为的撤销,其后果等同于一般阻却要件介入,这也解释了为什么《民总》第155条将"无效的法律行为"和"被撤销的法律行为"并列提及。

[15] 法律行为如果被拒绝生效,那么其后果又有两种可能性,第一种是"全部无效",第二种是"部分无效",即对一个内容可量化区分的法律行为,法秩序令法律行为在允许范围内保持有效,超出部分无效。实务中"部分无效"最重要的例子是高利贷合同(作为违反公序良俗的一类情形),约定了过高利率的借款合同并非整体无效,而是缩减至法律允许的边界(所谓的"两线三区"规则),见《最高人民法院关于审理民间借贷案件适用法律若干问题的规定》第26条。

[16] Vgl. Leenen (Fn. 2), § 9, Rn. 16; § 11, Rn. 29.

得法秩序能更好地回应和适配某些法律行为的个性规制需求。

2. 积极性规制模式的运用例证：代理人以被代理人名义缔结的合同作为"有待许可的法律行为"

为简化讨论，下文将以委托代理人缔结合同的生效（《民总》第165条以下）为例来对比展示这两种规制模式。

如果行为人系以自己的名义缔结合同（即不涉及代理），那么此合同属于"无待许可的法律行为"。这是一种普通情形，法秩序对其生效不提出专门要求，只做通常的消极性扫描，即检验是否有一般阻却要件的介入。但如果行为人以他人名义缔结合同，由于合同效果并不指向行为人（代理人），而是指向未实际参与缔约过程的被代理人，出于保护被代理人的目的，法秩序额外要求，法律行为只有获得被代理人的许可才能生效，由此形成了一种"有待许可的法律行为"。[17] 用形象的方式来说，对这类法律行为的生效通道，法秩序除了一般阻却要件这道关卡之外，还多设置了一道特殊必要要件的关卡。

法秩序在运用特殊必要要件规制法律行为的生效时，往往会设置多种必要要件，并且规定，这些必要要件彼此间具有可替代性，即只要满足其中一种即可。还以代理人缔结的合同为例，首先，顾名思义，法秩序为有待许可的法律行为设定的生效必要要件就是许可权人的许可，这包括两类，即"事前同意"和"事后追认"。具体到代理人缔结的合同又略有变化，一方面"事后追认"这一要件保持原样不变（《民总》第171条第1款）；另一方面，"事前同意"却以"意定代理权授予"这一衍生形态出现，也就是说，被代理人授予代理人意定代理权，本质上就是（事前）同意代理人以自己的名义实施法律行为并同意将该法律行为的效果归于自己。[18] 同时在意定代理权之外，又有"法相代理权"或者说"基于权利外观的代理权"（Vertretungsmacht kraft Rechtsscheins，实证法基础为《民总》第172条）。通常所说的"表见代理权""容忍代理权"皆属此类。[19] 法秩序承认这种代理权主要是为了兼顾交易相对方的合理信赖和维护交易安全。所

---

[17] 在《民总》范围内，属于"有待许可的法律行为"的还有限制行为能力人自行实施的会带来显著法上不利后果的行为，详见下文第3部分第4节。

在民法其他领域，"有待许可"作为法律行为的特殊生效必要要件这一规制技术同样获得了运用。合同法中的例子如债务人实施的债务让与（作为法律行为）以债权人的许可为生效特殊必要要件（《合同法》第84条）。物权法中的例子如土地所有权人的地役权设定行为以土地用益物权人的许可为生效特殊必要要件（《物权法》第163条）。更多例子，vgl. Bayreuter, in: MükoBGB, Vor § 182, Rn. 3ff. 另外，建立在负担行为和处分行为二分基础上的无权处分制度（例如《德民》第185条），其核心同样在于，处分权人的许可构成处分行为生效的一个特殊必要要件，vgl. Bork, BGB AT, 4. Aufl., 2016, Rn. 1713ff.

[18] Vgl. Leenen (Fn. 2), § 12 Rn. 19.

[19] 参见朱虎：《表见代理中的被代理人可归责性》，载《法学研究》2017年第2期，第58页；尹飞：《体系化视角下的意定代理权来源》，载《法学研究》2016年第2期，第49页。

以总而言之,代理人缔结的合同一共有三种生效特殊必要要件:"代理权授予"(约等于事前同意)、"事后追认""法相代理权"。只要达成其中一个,法律行为即可通过法秩序设置的第一道生效关卡。[20]

此时需注意的是,即便通过第一道关卡也并不意味着合同必然生效,因为此时依然有一般阻却要件这第二道生效关卡。一个获得被代理人授权或者事后追认的合同,同样可能因为其内容违反法律禁令或者违背公序良俗而最终无效,还可能因为其形式不符合法定要求而无效。

明确必要要件和阻却要件同样使得证明法上的难题迎刃而解:谁主张代理人缔结合同的生效,就须对生效特殊必要要件承担证明负担(代理权授予、事后追认、法相代理权);谁主张代理人缔结合同的无效,就须对生效一般阻却要件承担证明负担(违反法规禁令、违背公序良俗、要式缺乏)。综上,虽然代理人缔结合同的生效涉及相当多法律规则、判定环节,但只要以必要要件和阻却要件为主线进行整理和思考,这一法结果的判定流程完全可以变得易于理解又便于操作。总结图示如下:

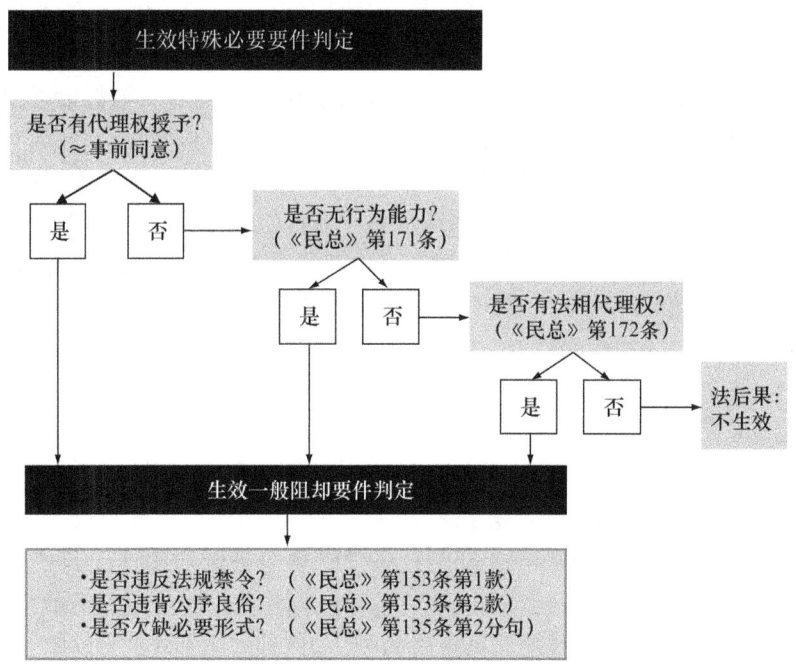

图2 代理人缔结的合同的生效判定

---

[20] 由此切入,法律行为的"效力待定"这一概念也可以得到准确地理解。"效力待定"现象只可能出现于法秩序为之设定了生效特殊必要要件的法律行为。如果这样一种法律行为已经成立,虽然未满足某一生效必要要件(如未获事前同意),但却依然可能基于满足别的必要要件(如获事后许可)而通过第一道生效闸门,那么停留于此种中间状态下的法律行为被描述为"效力待定"。

(四) 作为高阶法律思维方式范畴的"必要要件"和"阻却要件"

运用必要要件和阻却要件这一组思维范畴来判断某种法后果是否发生,这体现了一种高层次的法律思维能力。能否娴熟运用这套思维范畴来驾驭和运用所习得的法律知识,是法律的"高阶用户"与"初级用户"的重要区别。

一种初级的法律思维方式见于法学教育材料中(如教科书),即从"法前提(构成要件)"到"法后果"。比如,教科书往往先讲无行为能力的构成要件然后再讲无行为能力的法律后果。又如,先讲代理的构成要件再讲代理的法律后果。这种模式主要是为了满足对初学者进行教学的需要,在法律学习的初级阶段这是完全必要而且不可跳过的。

但是一旦进入学习的高级阶段(包括实际运用阶段在内),需要的思维方式刚好相反,因为无论在法学考试的案例分析还是在实务的司法裁判和法律咨询中,思考都需从"法后果"到"法前提"。也就是说,从一个具体的法律后果出发(如合同的履行请求权是否产生、侵权责任是否成立、所有物返还请求权是否存在),寻找到正确的请求权基础,回溯向上,一步一步判定法前提是否达成。可以说,法律知识就先天状态而言本就是以"法后果为中心"和以"从法后果到法前提"为顺序的,只是出于法律教育的需要才被人为颠倒过来。

由此可见,以法后果为中心,以必要要件和阻却要件为主轴的思维模式的最大价值在于启发法律人将习得的人为颠倒过的法律知识回复至"先天状态"。这种思维方式引导用法者,以判定某法后果为动因,全面检索规范库,将分散于库中各处的有关前提一个不落地拣选出来,然后以"必要要件和阻却要件"为线索分配和组装,生成一套逻辑严密而又结构清晰的判断流程,在这一流程中将必要要件和阻却要件检验个遍,直至寻获正确答案。可以说,只有在这种思维方式中,法律人才能将学到的法律知识从"训练状态"升级为"实战状态"。

三、法规范体系的"原则-例外关系"

(一) 基本功能:减轻规范负担和提供决疑指南

在民法典中,同一类型的规制场景往往会在不同地方重复出现。对此,法律不仅会准备多种备用规制方案,而且法律对这些备选项并非仅是毫无用心地、机械式地并列堆积,而是基于一定立场对它们作出一种有先有后的排序,即赋予其中一种方案"原则地位",同时将另外一种(或者几种)方案确定为"例外情形",由此建立起一种"规范性的原则-例外关系"(normatives Regel-Ausnahme-Verhältnis)。这种技术主要有两方面的作用。

第一种作用是减轻法律的规范负担。如果一类具有重复性的规范场景每次出现,法律就得专门说明适用哪种规制方案,这无疑是效率极其低下的。而运用这种规范技术,法律只要事先明确针对该规范场景拟定的多种规制方案中何种为原则,何种为例外,就可以激活一种"原则方案"的自动覆盖和填充机制,由此法律会大省气力,需要做的仅是对例外情形作出规定。形象地说,在这种规范技术的匠心独运之下,法律的"沉默"和"省略"都被赋予了一种规范内涵,即"沉默处"和"省略处"自动适用原则规定(见下文例Ⅰ);又或者法律可以将例外情形集中规制,在其他处则径直以原则情形为前提展开规范,以减少规范变量(见下文例Ⅱ)。

第二种作用是在疑难案件中发挥决疑定难的指南作用,即如果对某一具体规范场景的定性或者归类发生争议,则应以适用原则规定为优先选项。这主要是因为,按照法律的价值权衡,原则规定所服务的目的通常优先于例外规定所服务的目的(见下文例Ⅲ)。

(二)例Ⅰ:法律行为以形式自由为原则,以形式强制为例外

每种法律行为都有形式问题,这就属于前文所说的那种会反复出现的规范场景。[21] 法律为此预先拟定的两种规范方案是"非要式性"和"要式性"。[22] 这里的"原则-例外关系"非常明确:近代以来民法在这一问题上的立场是以"形式自由"(Formfreiheit)或者说"非要式性"为原则,以"形式强制"(Formzwang)或者说"要式性"为例外。[23]

既然法律行为以非要式性为原则,那么对数量繁多的种种非要式法律行为,法秩序就省下了一一明示其非要式性的工作。法秩序需要做的只是在例外情形即要式法律行为的场合中提出形式要求,由此法秩序的工作量将大大减轻。从上述"原则-例外关系"出发,如下现象可以得到正确的理解:在《合同法》分则关于各类合同的绝大多数章节中,人们根本找不到关于合同形式的专门规定。这并不意味着某种立法疏失或者规范漏洞,而是意味着这些合同类型被归入上述"原则-例外关系"的原则一端,故而自动适用作为原则规定的形式自由规则,无待另加规定。相对的,在《合同法》分则内就其形式问题获得专门规定的合同意味着它们处于"例外"一端,即法律为之设定了特殊的形式要求。[24]

(三)例Ⅱ:以完全行为能力为原则,以行为能力缺乏或者受限为例外

自然人的行为能力缺乏或者受限同样是一个会反复出现的规制问题。如

---

[21] 形式的常见类型依正式性和复杂度从低到高排序为:文字形式(Textform)、书面形式——更精确地说是文证形式(亲自签名或电子签名,Schriftform)、公证形式(notarielle Beurkundung)。

[22] 法史上的考察见 Meyer-Protzl, in: Historisch-kritischer Kommentar,§§ 125—129, Rn. 5ff;另见唐晓晴:《论法律行为的形式》,载《法学家》2016年第3期,第30页。

[23] 我国《民总》第135条也采取了这一立场,参见石宏主编:《中华人民共和国民法总则条文说明、立法理由及相关规定》,北京大学出版社2017年版,第324页。

[24] 如《合同法》第215条(6个月以上的租房合同)、第238条(融资租赁合同)、第270条(建筑工程合同)、第330条(技术开发合同)等。

果民法在规定每一种意思表示、每一种法律行为时都要考虑无行为能力人和限制行为能力人,那么就得处处加上对他们的特殊规定,这几乎是个填不满的规范黑洞。拥有千年经验的民法自然不会如此生硬笨拙,于是本节所论述的那种规范技术又派上了用场。

民法首先设定了以完全行为能力为原则,以无行为能力或者限制行为能力为例外的立场。[25] 然后在此基础上,民法将无行为能力和限制行为能力的特殊法律后果收拢规定于一处(现为《民总》第144、145条),在其他部分,民法则直接预设作为民事主体的自然人具有完全行为能力,并以此为前提展开规范。

所以人们才会看到,合同法可以径行宣示承诺和要约在到达相对方时生效(《合同法》第16、26条),而无须考虑表示人无行为能力的例外后果,即无行为能力人(如不满八岁的儿童)作出的要约和承诺表示即便到达相对方也不生效。[26] 同理,《物权法》第23条可以径行宣称动产物权的转让自交付时发生效力,这里同样排除了下述例外情形,如果转让人是限制行为能力人,那么他为转让物权实施的法律行为通常属于有待许可的法律行为,此时物权变动预设了法定代理人的同意或追认。这种技术带来的便利之处体现在,法律可以在设计规范时忽略行为能力缺乏或者受限的例外情形,避免这一特殊变量喧宾夺主,从而得以专注于主要规制任务并突出主要法律结果。

(四)例Ⅲ:限制行为能力人实施的法律行为以有待许可为原则,以无待许可为例外

有时候,多种规制方案间的"原则-例外关系"并无现成答案,这时就需要诉诸法律的目的来权衡和判断。一个典型的例子是《民总》第145条所规定的限制行为能力的法律后果。

限制行为能力人的法律地位有其特殊性:除了由法定代理人代理实施法律行为,他也可以自行实施法律行为(《民总》第19条)。[27] 但是,由于限制行为能力人不具备完全的意思自决和自我负责能力,所以法秩序作出特殊安排,这里需联系前文论述过的法律行为生效的两种规范模式。具体而言,在一定范围内(《民总》第145条第1款第1分句),法秩序对限制行为能力人实施的法律行为只做消极性审查;在这一范围之外(《民总》第145条第1款第2分句),法秩序对限制行为能力人自行实施的法律行为采积极规制模式,即为其设定了生效特殊必要要件——法定代理人的同意或者追认。由此可见,法秩序对限制行为能力人自行实施的法律行为准备了两套规制方案:一套是有待许可,一套是无

---

[25] Vgl. Schmitt, in: *MükoBGB*, § 104, Rn. 31.
[26] 参见上文第2部分第2节。
[27] 参见前注[22],第345页。

待许可。[28]

问题是,这两者之中何者应居于原则地位,何者应居于例外地位。解答这一问题的关键在于省思限制行为能力的制度目的。这一制度有三方面的目的,其一是保护限制行为能力人,使其不会因智识不足而在通过法律行为与外界交往时吃亏受害,即"保护目的";其二是使得限制行为能力人的法定代理人能够发挥教育(针对未成年的限制行为能力人)和监护功能(针对成年的限制行为能力人),即"教育和监护目的";其三是为限制行为能力人提供(有限的)在法律行为世界自由活动的便利,即"便利目的"。[29] 前两种目的合为一组指向法律行为的有待许可性,第三种目的自成一组指向法律行为的无待许可性,限制行为能力人自主实施的法律行为之所以有有待许可和无待许可这两种截然相反的前景,归根结底就在于法秩序试图兼顾这两组对立目的并作出一个平衡安排。

关键在于,这两组目的的分量并不相等,而是前者超过后者。法秩序大费周章地建立起限制行为能力制度,首要目的当然不是为限制行为能力人提供方便(否则大可以干脆取消这项制度),而是一方面为其本人提供保护,另一方面为其法定代理人实现教育和监护功能创造条件。[30] 这两种目的都要求法秩序令限制行为能力人自行实施的法律行为走"有待许可"这一加长生效通道;只有在不妨碍这两种目的的前提下,法秩序才基于便利目的开放"无待许可"这一通常生效通道。鉴于这两组目的的分量差别,限制行为能力人自行地实施法律行为应以有待许可为原则,以无待许可为例外。

上述"原则-例外关系"同时也提供了一种"决疑辅助论"。按照我国《民总》第 145 条,限制行为能力人自行实施的某一具体法律行为究竟属于无待许可还是有待许可,尤其易于引发疑惑,这是因为第 145 条实际上一共规定了三类无待许可的法律行为。第一类是法律上纯获利益行为(第 145 条文所谓的"纯获利益的民事法律行为"),第二类法条虽未明言,但按照法释义学上的共识,法律上中性的行为同样无待许可。这两类相对来说比较容易判断。麻烦的是第三类,即与行为人智识状况相适应的法律上非获利行为(第 145 条中所谓"与其年龄、智力、精神健康状况相适应的民事法律行为");在具体个案中经常难以判断,一个会带来法上不利后果的行为是否与限制行为人的"年龄、智力、精神健康状况"相适应。[31] 这时上述"原则-例外关系"能为判断者提供一种决疑指南,即如果限制行为能力人自行实施的行为会带来法上非利后果,那么只要发

---

[28] Vgl. Köhler, *BGB AT*, 41. Aufl., 2017, § 10, Rn. 11.
[29] Vgl. Klumpp, in: *Staudinger BGB*, 2017, § 107, Rn. 1 ff.
[30] Vgl. Schmitt, in: *MükoBGB*, Vor § 104, Rn. 4.
[31] 参见朱庆育:《民法总论》,北京大学出版社 2013 年版,第 242 页;另见前注[6],张芸:《单方法律行为理论基础的重构与阐释——兼论民法总则法律行为规范》。

生归类疑义,就应当基于上述"原则-例外关系",优先适用原则规定,以确保限制行为能力人能获得法秩序提供的安保措施以及确保其法定代理人能够发挥教护功能。

四、法律推定

（一）概说：推定的逻辑结构和功能概览

法律推定(gesetzliche Vermutung)同样是一种具有一般意义的民法规范技术,其逻辑结构是,当构成要件 A 存在时,即认定构成要件 B 达成,由此使得以 B 为前提的法律后果 B 得以发生。请参阅下图:[32]

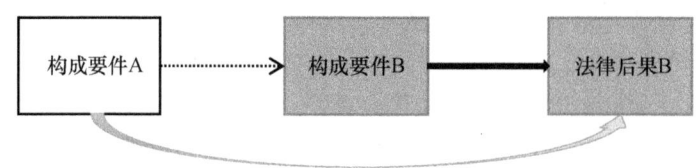

图 3　法律推定的逻辑结构

这里的要害在于,本来足以引发法律后果 B 的是构成要件 B,或者说直接关联本来只存在于这两者之间(图中实线箭头),构成要件 A 本来并不足以引发法律后果 B。但是由于自 A 到 B 的推定关系(图中虚线箭头),就结果看来,构成要件 B 这个环节具有了某种可略过性。可见,推定的实质是在不改变三者间基本关系的前提下,在构成要件 A 和法律后果 B 之间建立起一条"快捷通道"。从证明法的角度来讲,推定的效果体现于缩短到达法律后果 B 的证明链条。同时,法律也为从构成要件 A 到构成要件 B 的推定关系保留了弹性,即允许当事人通过证明推翻这一推定(wiederlegbar),如此构成要件 A 到法律后果 B 之间的快捷通道将失效,一切回归本来面目。这里构成要件 A 通常被称为构成要件 B 的"推定基础事由"(Vermutungsbasis)。[33]

---

[32]　此图改造自 Braun(Fn. 4), S. 724。

[33]　传统民法上尚有所谓的"不可推翻(反驳)的推定",这样一种构造在理论上有争议,在实证立法上踪迹罕见。民事实证法上能见到的例子几乎只有《德民》第 1566 条对婚姻破裂(作为判决离婚前提)的推定。其条文为:"(1)配偶双方自 1 年以来分居,且配偶双方申请离婚或被申请人同意离婚的,即不可驳倒地推定婚姻已破裂。(2)配偶双方自 3 年以来分居的,即不可驳倒地推定婚姻已破裂。"很多德国学者认为,与其说这是一种"不可推翻的推定",倒不如说这更接近于拟制,vgl. Wieczorek/Schütze, in: ZPO-Kommentar, § 292, Rn. 9。抛开这些争议不论,值得追问的是,这种情况下究竟有什么必要使用推定？法律完全可以将分居达到一定时长作为判决离婚的一类独立前提,我国《婚姻法》就直接规定,因感情不和分居满 2 年的,应准予离婚(《婚姻法》第 32 条第 3 款第 4 项)。如此则清楚明快。《德民》第 1566 条的做法既绕了不必要的弯路又带来了一种"不可推翻的推定"作为"副产品",在推定原本整齐的体系中硬生生塞进了一个反常现象,徒增困扰,不足为法。有鉴于此,本文将推定限定于可推翻的推定。

依凭这种逻辑结构,法律推定在民法中主要发挥两种功能,即作为基本功能的克服证明困境[本文四(二)]和作为衍生功能的为同类法律关系提供兜底规则[本文四(三)]。

(二) 基本功能:克服证明困境

这里预设的规范场景是,作为真正待证主题的构成要件 B 证明难度较大甚至为人力所不及,而由于构成要件 B 无法被证明,以之为前提的法律后果 B 也卡住无法发生。为了令法系统的运作不至于无限期地中断,也为了使得相关方的合理诉求不因物理性的证明困境落空,法律运用推定技术,将证明主题从构成要件 B 置换为与 B 有推定关系的构成要件 A。由于 A 通常远比 B 易于证明,所以这一置换会带来降低证明难度的显著效果。[34]

1. 以死亡宣告为例

一个例子来自"死亡宣告"(《民总》第 46 条以下)。[35] 这里真正待证的是自然人死亡这一事实,但若该人长期毫无音讯或者物理性地踪迹难寻,死亡事实本身极难证明。对此,《民总》第 46 条规定了两类替代性的条件作为推定基础事由,即要么该人失踪达到一定时间长度(《民总》第 46 条第 1 款),要么有关机关提供该人因意外事件生存概率可以被合理排除的证明(《民总》第 46 条第 2 款)。由此,法律将自然人死亡这一构成要件替换为上述推定基础事由,只要利害相关人能够提出相应证明,就有权要求法院作出死亡宣告的判决。随着该判决的作出,死亡推定将被激活,然后以自然人死亡为前提的一系列法律后果机制得以启动,最主要的如继承开始(《继承法》第 2 条)和婚姻关系消灭(《民总》第 51 条第 1 句)。[36]

2. 以侵权法中的过错推定责任为例

过错推定责任(《侵权责任法》第 6 条第 2 款)从名字上就表明了这类责任和法律推定这一规范技术的关系,同时还涉及前文已经论述过的必要要件和阻

---

[34] Vgl. Baumgärtel、Prütting, *Handbuch der Beweislast(Grundlagen)*, Aufl. 3., 2016, Kap. 12, Rn. 16.

[35] 以下参见前注[22],第 101 页。

[36] 另一类例子涉及对死亡顺序的推定。如果在同一事件中(如车祸、空难、水火灾害),具有法律上关联的多人丧生而又难以查明具体死亡顺序(作为推定基础事由),法律将选择推定那种最易于操作的死亡顺序。例如,彼此间互有继承关系的多人在同一事件死亡,法律使用"同时死亡推定"(Kommorientenvermutung),其目的在于减少继承次数(即避免死者相互间的继承),降低操作难度,我国实证法上的相关规定见最高人民法院《继承法意见》第 2 条第 2 句第 2 分句,以及《保险法》第 42 条第 2 款,后者规定:"受益人与被保险人在同一事件中死亡,且不能确定死亡先后顺序,推定受益人先于被保险人死亡。"基于这一死亡顺序推定,保险金无须再依照保险关系而是直接作为被保险人的遗产依继承法处理。

却要件的规范技术。[37]

我们以《侵权责任法》第85条第1句规定的物件致害责任为例来说明。该句内容为："建筑物、构筑物或者其他设施及其搁置物、悬挂物发生脱落、坠落造成他人损害,所有人、管理人或者使用人不能证明自己没有过错的,应当承担侵权责任。"按照过错责任的一般规则,致害方的"过错"属于责任成立的必要要件,由受害方承担证明负担。但是在建筑物物件致害案件中,致害方的过错体现在对建筑物未尽到管理维护义务,这对于外部受害者往往无从调查和证明。[38] 考虑到这一证明困境,法律在责任成立的前提中作出了一种变换,即将原本作为责任成立必要要件的"过错"变换为阻却要件,即"没有过错"(对应条文内容:"……所有人、管理人或者使用人不能证明自己没有过错的……"),由此将相关证明负担从受害方转移到致害方。现在致害方必须主动证明阻却要件,即证明自己在建筑物维护方面没有过错才能免责。

这一变换同时也伴随着对致害方过错的推定,推定基础事由即是责任成立的其他必要要件,包括"民事权益受损""建筑物物件脱落"以及两者之间的"因果性"。[39] 只要受害方证明推定基础事由,就能激活过错推定。[40]

(三)衍生功能:为同类法律关系提供兜底规则

如果说,克服证明困境作为法律推定的基本功能几近众所周知,那么推定的衍生功能却几乎尚未被人们意识到,即为同类法律关系提供兜底规则。这里的规范场景涉及某类法律关系范畴,这种范畴下又包含有不同子集。法律首先对该范畴整体设定一个兜底性的法律后果规则,然后又允许专门法或者当事人对某类子集关系作出特别规定。

兜底规则本来只在没有特别规则时才适用,但有无特别规定本身却是不确定的。这是因为一方面专门法数量繁多且可能因立法修法而变动,另一方面当事人在具体个案中会否作出个别约定更加无从预计。法律面临的难题是,既要坚持专门法规定和当事人意愿的优先性,又必须努力避免出现规制漏洞。这一

---

[37] 请回顾前文第二部分第(一)节。关于侵权责任成立的必要要件和阻却要件的一般性界定,参见王琦:《机动车交往安全义务人对交通事故的侵权责任——对立法、司法解释以及比较法资源的整合性建构》,载《政治与法律》2017年第2期,第102页。

[38] 参见王胜明主编:《中华人民共和国侵权责任法释义》,法律出版社2010年版,第462页;另见霍海红:《证明责任:一个功能的视角》,载《北大法律评论》第6卷第2辑,北京大学出版社2005年版,第616页。

[39] Vgl. BeRnau, in: *Staudinger BGB*, 2018, § 836, Rn. 105.

[40] 这种变换不限于过错,同样还可能发生于责任成立的其他必要要件。例如在作为无过错责任的环境污染责任中,按照《侵权责任法》第66条,污染者应当就其行为与损害结果之间不存在因果关系承担举证负担。此处变换的对象是因果性,也就是说,为了减轻受害方的举证任务,法律将通常以必要要件形式出现的"存在因果联系"转换为阻却要件("没有因果联系"),这也同时引发了对因果关系的推定,受害方只要证明责任成立的其他必要要件(相对方的排污行为、己方的权益受损)就可以激活这一推定,参见程啸:《侵权责任法》,法律出版社2011年版,第461页。

难题基于对推定技术的一种妙用而获得化解,即法律规定,只要具体法律关系属于该范畴(作为推定基础事由),即推定没有专门法规定的或者当事人约定的优先规则,由此该兜底规则获得自动备用性。

多数债务人法律关系中的债务平分规则就是这样一个运用实例,《民总》中的相关法条为第 177 条(按份责任)、第 178 条(连带责任)。[41] 这两条规制的是多数债务人法律关系的一个共通性问题,即债务如何在多个债务人之间分配。法律确立的兜底性规则是,各债务人平均承担债务份额,即"人头平摊原则"。[42] 在这一框架下,谁主张债务平均分配,谁就享有这一推定提供的便利,因为他只需证明推定基础事由,即证明具体法律关系属于多数人债务范畴,即可以激活推定,使得上述"债务平分规则"进入自动备用状态。但这一状态也是可以被排除的。为此,主张债务应该按照另一标准分配(打破债务平分推定)的一方,需陈述或证明存在相应的优先规则。[43] 这一优先规则既可以源自专门法[44],也可以源自当事人约定(《民总》第 176 条)。

基于这种衍生功能,推定的舞台远远超出了局部性的证明困境,上升到了规范体系整体建构的层面,其作用在于协调"一般/兜底规则"与"专门/优先规则"之间的关系。这是一个具有一般意义的问题,不仅会出现在民法典内部,也会出现在民法典和其他法律的外部联系中。推定提供的解决方案是,赋予兜底规则一种自动化的"让步"和"补位"机制:一方面,只要存在优先规则,那么兜底规则"自动让步";另一方面,只要欠缺优先规则,兜底规则就"自动补位"。由此兜底规则和优先规则之间可以实现平滑衔接,确保法律规制的灵活性和兼容性。而无论是衍生功能,还是基本功能,其内在机理都是共通的,即推定结果的可变更性。

五、拟制

(一)概说:拟制的典型逻辑结构

拟制技术呈现出这样一种逻辑结构:虽然构成要件 A 和构成要件 B 事实上并不等同,但法律依然令 B 的法后果扩展于 A。通过拟制技术,法律可以无视构成要件 A 和构成要件 B 在事实状态下的差异甚至是直接对立,将两者在

---

[41] 理论上的深入讨论见龙卫球:《债的本质研究:以债务人关系为起点》,载《中国法学》2005 年第 6 期,第 80 页。

[42] 《民总》第 177、178 条条文的对应内容为:"难以确定责任大小的,平均承担责任。"

[43] Vgl. Grüneberg, Baumgärtel/Laumen/Prütting(Hrsg., Fn.11), § 420, Rn.3.

[44] 最重要的一种源于专门法的优先规则涉及侵权责任的分配,即侵权责任在多个责任人之间应当优先按照彼此原因力大小和过失程度的比例分配,见《最高人民法院关于审理人身损害赔偿案件适用法律若干问题的解释》第 3 条第 2 款;另参见陈甦主编:《民法总则释义》,法律出版社 2017 年版,第 1264 页。

法律后果层面做一种等同对待。这一过程通常被描述为"将 A 视为 B"（A gilt als B）。[45] 请参阅下图：

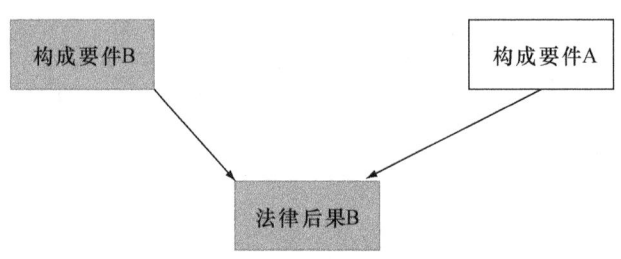

图 4 拟制的逻辑结构

拟制技术为法律开放了在必要时偏离甚至逆事实状态而动的可能性，形象地说，拟制使得法律能够"守正出奇"。在民法中，拟制技术被运用于彼此间差异极大的场景，例如用来为特定群体提供法律保护（下文例Ⅰ），抵制某种有违诚实信用原则的行为（下文例Ⅱ），体现了拟制的多用途性。

（二）例Ⅰ：经由拟制赋予胎儿民事权利能力（《民总》第 16 条）

《民总》第 13 条规定，自然人"从出生时起"具有民事权利能力。按照这一规则，处于已孕育但尚未出生状态的胎儿不具有民事权利能力，这意味着每位自然人在其必然经历而又尤其脆弱的胎儿期这一生命阶段反而陷入了法律保护的空白，这显然是不能令人满意的。为解决这个问题，民法上形成了多种保护机制。我国《民总》选择的做法是，（经由拟制）几近一般性地赋予胎儿民事权利能力。[46] 具体而言，依据《民总》第 16 条第 1 句，胎儿只要娩出时非死体就自孕育起被拟制为已出生的自然人，因此《民总》第 13 条的法后果（即"具有民事权利能力"）延伸至自然人出生前的阶段。这带来的直接效果是，《民总》第 5 章即"民事权利"一章所建立的权利赋予和保护体系得以全面覆盖胎儿这一生命群体，由此胎儿不仅可以获得财产权益，如可成为赠与合同的受赠人、第三人获利合同中的获利人（如人身保险合同的受益人），而且还享有人身权益上的保护，如身体权、健康权、名誉权、隐私权等。

（三）例Ⅱ：对条件成就或者不成就的拟制（《民总》第 159 条）

法律行为的附条件客观上给相关方创造了一种操纵可能性。相关方如果以不正当方式促使条件成就或者阻止条件成就，法律虽然无法改变这种既成客观事实，但却不会坐视行为人以有违诚实信用的方式牟利。对此，《民总》第 159 条使用了一种带来逆转效果的拟制技术，即将行为人操纵出现的结果直接拟制为它的对立状态。具体而言，法律将不正当阻止的条件拟制为已成就（该

---

[45] Vgl. Heinrich Honsell, in: *Staudinger BGB*, 2013, Einleitung zum BGB, Rn. 118.
[46] 参见前注[22]，第 35 页；另见前注[43]，第 103 页。

条第 1 分句),将不正当促成的条件拟制为未成就(该条第 2 分句),由此出现刚好相反的法律后果。借助这种拟制技术,法律强化了自身的行为引导功能,告诫当事人必须以正派诚信的方式行事,如果当事人无视这一告诫为了个人利益在条件成就方面上下其手,那么法律亦有相应的对策令其竹篮打水甚至搬起石头砸自己的脚。

(四)我国民法对拟制技术的不当使用及原因分析——兼论解释和立法建议

拟制本质上是一种"特事特办",这意味着,只有按照常规途径实现不了某种规制目的时,才需要考虑使用拟制这一"非常手段"。以此观之,我国民事法律很多地方对拟制的使用都是不恰当的,这些不当使用又可分为两类:一类是滥用,一类是错用,表现在外就是"视为"这一术语的泛滥。

1. 滥用的例子:《民总》第 140 条

滥用的一个例子是《民总》第 140 条第 2 款,该款规定:"沉默只有在有法律规定、当事人约定或者符合当事人之间的交易习惯时,才可以视为意思表示。"这里对"视为"的使用是没有必要的,因为此时基于法律规定、当事人约定或交易习惯,沉默(例外性地)具有了一种表示价值,即相对方可以合理地认为,该沉默传达了表示人实施(或不实施)某一法律行为的意愿。[47] 这时沉默就其表示价值而言和一个积极行为并无区别,自然而然地就构成意思表示,不需要绕个弯被"视为"(拟制为)意思表示。[48]

2. 错用的例子及原因分析:《民总》第 48 条、《合同法》第 211 条

无需用时用了顶多引发困惑,不该用时用了却会造成失衡甚至荒谬的结果。我国民法错用拟制最常见的原因是没有将推定和拟制这两种技术辨别清楚,因此往往在本该用"推定"时错用成了"视为"。

就表面看来,推定和拟制确有相似之处,即只要构成要件 A 达成,通常就能够引发法律后果 B,但这一相似表象的内在机理是完全不一样的。推定的作用仅仅是变更证明负担,即以构成要件 A 来推定构成要件 B 的达成,由此使得法律后果 B 能发生(请回顾上文图 3)。但由于这一推定关系是可推翻的,因此只要证明虽然出现了构成要件 A,但并未出现构成要件 B,就可以阻止法律后果 B 的发生。例如证明某人虽然下落不明满两年,但实际上依然存活,就可以推翻死亡推定。

---

[47] Vgl. Singer, in: *Staudinger BGB*, Vor § 116ff. Rn. 60.

[48] 类似的如《民总》第 18 条第 2 款,该条规定十六周岁以上的未成年人,以自己的劳动收入为主要生活来源的,"视为"完全民事行为能力人。这里同样无须使用拟制,因为完全行为能力人的范围由立法者划定,也就是说,完全行为能力并非必然专属于成年人。立法者可以将完全行为能力赋予满足特定条件(此处:"以自己的劳动收入为主要生活来源")的未成年人,此类未成年人——与成年人一样——直接获得完全行为能力,无待拟制。

拟制则不同。在拟制的场合，法律是明知构成要件 A 和构成要件 B 不一样，但依然令 B 的法律后果扩展至 A，所以这里不存在推定中的那种可推翻性。也就是说，即便证明构成要件 A 和构成要件 B 不同，也不妨碍法律后果 B 的出现（请回顾上文图 4），例如即便证明胎儿在被继承人死亡时尚未出生，也不影响胎儿的继承人资格。总结来说，在拟制中，构成要件 A 到法律后果 B 是一种可推翻的弹性关系；在推定中，从构成要件 A 到法律后果 B 是一种不可推翻的硬性关系。由于这一关键差别，两者一旦错用，表面失之毫厘，实则差之千里。

《民总》中错用拟制的一个例子涉及前文已讨论过的死亡宣告。[49]《民总》第 48 条称，被宣告死亡的人，人民法院宣告死亡的判决作出之日"视为"其死亡的日期；因意外事件下落不明宣告死亡的，意外事件发生之日"视为"其死亡的日期。这是一个令人遗憾的立法错误，要说民法中有一种制度应绝对避免和拟制扯上关系的话，那就是死亡宣告，原因很简单：如果一个虽失踪但却实际存活的人因为死亡宣告被无可推翻地拟制为死亡，这无异于从法律上断了他的活路，使其成为法律上的"活死人"。之前已经说过，死亡宣告制度完全建立在推定技术上，不仅死亡认定这一结果是可推翻的，而且所认定的具体死亡日期也是可推翻的。被宣告人和利害相关人可以在任何时候举证推翻，《民总》甚至还在第 49—53 条为死亡宣告被推翻预先做了规定。[50] 这一切都证明《民总》第 48 条所谓的"视为"其实不过是"推定"，而这一错误最好能在民法典整体编纂时修改过来。

另一例子涉及自然人间贷款合同对是否支付利息约定不明时法律的立场。《合同法》第 211 条第 1 款规定，自然人之间的借款合同对支付利息没有约定或者约定不明确的，"视为"不支付利息。按照此条，我国法律对自然人间贷款合同以无偿性（Unentgeltlichkeit）为原则立场。[51] 其背后考量也不难理解：现实中自然人间贷款通常基于亲情、友情发生，考虑到这一点并为了鼓励社会互助和维护亲友关系，法律倾向于将贷款作为无息处理。问题在于哪种规范技术能恰如其分地贯彻这种倾向。如果用拟制的话，效果就过头了，这首先是因为拟制的结果不可推翻，可是双方有争议并不排除，经过查明当事人意愿或者解释交易习惯最终认定，贷款合同其实包含有利息约定。此时基于合同效果，借款方自然负有支付利息的义务。其次，拟制还造成一种操纵可能性，即借款方只要辩称未约定利息或者约定不明，将水搅浑，就可以利用《合同法》第 211 条第 1 款白白使用借款，这与合同法的公平目的背道而驰。可见，如果规范技术选用失误，好心也可能办坏事。此处应用的规范技术其实是推定，由此生成的法

---

[49] 参见上文第 4 部分第 2 节第 2 小节。
[50] Vgl. Medicus/Petersen, *Allgemeiner Teil des BGB*, 11. Aufl., 2016, Rn. 1054.
[51] 参见崔建远主编：《合同法》（第五版），法律出版社 2010 年版，第 419 页。

律状态折中恰当：一方面，将合同关系推定为无利息贷款，实现了将自然人间贷款作为无息贷款处理的倾向性立场；另一方面，法律同时也为借款方（或者第三方）证明合同含有利息约定预留了余地。综上，建议在民法典合同法部分编纂时将现行《合同法》第211条第1款修改为"自然人之间的借款合同对支付利息没有约定或者约定不明确的，推定为不支付利息"。

3. 小结和建议

综上所述，拟制技术的正确适用表现外在而言是对"视为"术语的节制使用，内在而言有两方面的要求：一方面是慎用，即只要不存在将A的法后果扩展至非A之物这一法律上的独特运作，就无须使用拟制技术而应直陈其事；另一方面，即便确有某种特殊规制需要，也应当首先考虑，是不是推定比拟制能更恰当地满足这种规制需要？由于推定生成的法律状态具有可变更性，比拟制更灵活，因此如果在设计新法律条文时产生疑义，应当优先选用"推定"而非"视为"的表述方式。在解释现有法规时也需要注意，虽然一项法律条文使用了"视为"的表述，但有可能不过意味着"推定"。

六、转引

（一）概说：转引的作用、结构和类型

前文已经说过，摆在民法典这种巨型规范工程施工者面前的一个基本难题就是重复问题。如果说，制定"提取公因式"的总则是立法者在宏观整体层面为减少重复作出的结构性安排，转引则可成为立法者在细节微观领域去除重复的随身工具。[52] 通过转引，立法者追求的理想状态是，法律之前已经说过一遍的，就尽量不再说第二遍。[53] 同时，转引还有减少法典不同部分冲突或者矛盾的作用。当然转引也有一定的副作用，主要是增加了理解难度。因为转引使得单一法条的内涵无法一眼览尽，法典整体结构更加复杂，由此熟悉和适应转引技术也构成法律人专业素养的一部分。

转引呈现出的结构是，立法者并不将某条款全部写完，而是在条款中就有待填充之处提示适用另一条款的相关部分。前者作为有待填充的条款，属于法语句类型学上所谓的"非完全法语句"，可称为"转引条款"（verweisende Rechtsnorm）；后者作为填充质料的提供者，可称为"被引条款"（Bezugsnorm）。[54]

一个入门性的例子是《民总》第21条第2款对同条第1款的转引。该条的两款涉及因精神功能障碍（条文所说的"不能辨认自己行为"）而丧失行为能力的两类自然人年龄群体。第1款涉及成年人群体。该款规定，丧失行为能力的

---

[52] Vgl. Larenz/Canaris: *Methodenlehrer der Rechtswissenschaft*, 3. Aufl., 1995, S. 82.
[53] Vgl. Medicus/Petersen(Fn. 49), Rn. 31.
[54] Vgl. Leenen (Fn. 2), § 34, Rn. 114.

成年人由其法定代理人代理实施法律行为。第2款涉及未成年人群体,未成年人如果因精神障碍丧失行为能力,法律后果与成年人无异,该款就此直接转引第1款("适用前款规定")。此处转引条款和被引条款处于同一条文内,这一超近距离使得转引极为易行而且理解起来毫无难度。

如果要深入地理解转引技术,关键在于区分"宣示性转引"(下文第2节)和"构成性转引"(下文第3节)。

(二)宣示性转引

由于民法典的"总-分结构"自带一种规范的传导和填充机制,因此如若"被引条款"处于总则而"转引条款"处于分则部分,那么前者对后者的可适用性本来无须额外转引。可有时两者相隔过于遥远又或者有突出强调之必要,法律也可以加入转引提示,但此种转引只具宣示意义,因此可被称为"宣示性转引"。一个例子涉及《合同法》第62条,该条旨在为合同给付义务基本问题约定不明时提供法定补救规则,这使得第62条在合同法内扮演着某种"救火队员"的角色。该条位于《合同法》总则,因此本就对分则的各种合同类型具有可适用性,但《合同法》分则在买卖合同部分(第139、154、159条)又专门转引第62条,这就是一种宣示性转引。[55]

此类转引理解要点有二。其一,"宣示性转引"的真正作用类似于"指路牌"或"提词器",立法者可借此来随处提示法律适用,减轻用法者的记忆和辨识负担。其二,需强调的是,这种情况下即便删去或者缺乏专门的转引提示,"被引条款"对"转引条款"的可适用性也不受影响,因为这一适用性已经借由法典的"总-分结构"得到了保障。回到上面的例子,即便《合同法》分则多数章节并未作出对第62条的明确转引,这也丝毫不妨碍法官在这些合同给付义务约定不明时运用该条来填漏补缺。

(三)构成性转引

如果按照法典的体系结构,两项条款处于彼此隔离的结构部件当中,那么两者间本来并无基于"总-分关系"的适用关联,但鉴于这两者的规制对象之间具有一定程度的相似性或可比性,法律也可以通过转引技术在两者间建立起一种适用关联。与"宣示性转引"不同,这种转引具有一种实质上的构成性意义,因为此时"被引条款"对"转引条款"的可适用性完全基于法律作出的专门转引。

需注意的是,此时"转引规范"和"被引规范"规制对象之间的可比性终究

---

[55] 类似的例子还如《物权法》第207条。该条就最高额抵押权(宣示性地)转引一般抵押权相关条款,其条文为:"最高额抵押权除适用本节规定外,适用本章第一节一般抵押权的规定。"

是有限的(否则它们就会被直接纳入同一结构部件)。这意味着,后者对前者的适配性也是相对的、因个案而异的。考虑到这一点,构成性转引往往是一种"柔性转引"或者说"弹性转引",这表现在法律通常使用"参照适用"这一较为宽松、有预留余地的术语,其目的在于赋予法官裁量权,允许法官在两者明显不相适配的场合拒绝转引。在运用和解释"构成性转引"时尤其应当注意这种弹性。

《民总》中的一个例子是第4章("非法人组织")对第3章第1节("法人一般规定")的转引。虽然非法人组织与法人在民事主体地位尤其是责任承担方面有着根本性的区别,但同时它们又有不可忽视的相似性,因为两者都具备团体结构并因而有相当多的共通问题,如设立与解散、章程制定、组织机构和代理人、成员加入与退出等。考虑到这些共通性问题中的绝大部分已于《民总》第3章第1节对法人的一般规定中获得了处理,所以《民总》第4章首先对非法人组织的特殊性质作出概略规定,然后就未尽问题通过第108条直接转引《民总》第3章第1节。[56] 这种转引技术同样也被运用于民法的其他领域,《合同法》中的例子如第287条(就建筑施工合同转引承揽合同)、第359条(就仓储合同转引保管合同)、第423条(就行纪合同转引委托合同)以及第124条(一般性地就无名合同转引《合同法》分则或者其他法律最相类似的规定);《物权法》中的例子如第222条(就最高额质权转引最高额抵押)、第229条(就权利质权转引动产质权)。

总结而言,本来法典内部结构一旦确定,一项条款的适用领域也就基本划定。但是,通过构成性转引这种手段,法律可以对该条款作出一种"跨界运用",由此实现该条款适用范围的实质性扩展。可以说,构成性转引为法律提供了一种超越体系结构的限制来发挥现有条款规范潜力的途径。

七、结语

就像仅有石料建不成文明奇迹金字塔一样,只有种种零碎分散的规范原料也制定不出一部细节精确、体系严密、结构美观并经得起岁月考验的民法典。对此,作为民法千年智慧结晶的规范技术,地位上正如同民法典的建筑方法,浓缩了历代民法建筑大师们的匠心和技艺。上文已经详细展示,民法是如何运用这些规范技术将各类规范原料剪裁取舍、熔为一炉,以及如何富于技巧性地将一项项设计和施工难度极高的规范工程变为现实。理解和掌握这些规范技术

---

[56] 参见张新宝:《中华人民共和国民法总则释义》,中国人民大学出版社2017年版,第212页。

能为法律人带来极大益处。首先,善用规范技术能帮助立法者增强民法典的精确性、完整度,从而显著地提升立法质量和效率。其次,由于规范技术是民法内在规律的集中体现,因此它既具有"密码册"的地位,能帮助民法"读者"深入准确地领会法律条文,又可发挥"精炼炉"的功能,能帮助民法"用户"将法律条文的规范潜能全部释放出来。

(审稿编辑　洪国盛)

(校对编辑　王泓之)

我国惩罚性赔偿制度的体系

张 红[*]

The Punitive Damages System in China

Zhang Hong

内容摘要：我国惩罚性赔偿制度政出多门，六部法律和两个最高法院司法解释对其有明确规定，涉及消费者权益保护、食品安全、产品责任、商品房买卖、商标权、旅游合同、医疗产品责任和生态环境等多个领域。政出多门，导致不同规范之间交叉混同，相互冲突，适用困难，体系性缺失。笔者认为，应将我国惩罚性赔偿制度定位为一项独立的民事责任，以可罚性原则、客观损害原则、损害基数原则和过罚相当原则统领整个体系；建构基于合同引发的惩罚性赔偿和基于侵权引发的惩罚性赔偿的二元体系结构，当基于合同和基于侵权引发惩罚性赔偿相竞合时，用处理请求权竞合的规则来协调之，以调试法律适用的诸多矛盾。

关键词：惩罚性赔偿　填补性赔偿　体系构建　民事责任　竞合

惩罚性损害赔偿制度是相对于传统补偿性赔偿的一种特殊的民事赔偿制

---

[*] 法学博士，中南财经政法大学法学院教授。

本文系国家社会科学基金后期资助项目"损害赔偿与债法现代化"（13FFX008）的阶段性成果。

度,通过让加害人承担超出实际损害数额的赔偿,以达到惩罚和遏制严重侵权行为的目的。[1] 自 1763 年英国 Wilkes v. Wood 一案首创惩罚性赔偿以来[2],惩罚性赔偿在英美法上已经发展了两百五十余年,形成了其特有的规则体系。大陆法系国家一般不太接受该制度,认为允许平等主体之间的惩罚行为,存在"僭越"公法、侵蚀民法的危险。[3] 为维护市场经济秩序,遏制经营者的不法经营行为,我国在 1993 年《消费者权益保护法》(以下简称旧《消法》)中引入了惩罚性赔偿制度,在原则上肯定了其在我国的适用。经过二十多年的发展,适用范围逐步扩大,条文规定也日趋规范,但由于总体发展时间不长,理论基础薄弱,现行法律体系中惩罚性赔偿制度的一般性规定不足,各具体规定散见于多个部门法中,涉及领域十分广泛,法律法规处于零散甚至模糊的状态,现有的条文之间存在内容重叠、适用条件不明的情况,体系性严重缺失。2013 年新《消费者权益保护法》(以下简称新《消法》)第 55 条对惩罚性赔偿法律规则进行了调整,使现行法体系失衡的问题得到了局部修正,但仍不足以完全解决这一问题,还需进一步体系构建。

一、有关文献概览

在美国法中,惩罚性赔偿制度广泛运用于产品损害赔偿案件,这引起了社会各界的关注和质疑,而惩罚性赔偿制度并不能被大陆法系国家接受,例如德国和日本。[4] 惩罚性赔偿金目前饱受非议而亟须解决的问题主要有三个:其一,有无存在的必要;其二,适用范围;其三,惩罚性赔偿金的数额。

(一)功用

惩罚性赔偿存在的必要性与其自身的功能和作用密切相关,其主要有四大功用:一是损害填补功能。[5] 在英美法的视野下,这种功能主要是为了弥补受害人因加害人"恶意""粗暴""怀恨"的行为而遭受的精神损害及英美法上的"加重损害"(Cassell & Co. v. Broome 一案[6])。同时,惩罚性赔偿金适用的案件类型还包括:一方当事人利用信赖关系故意违背诚信而对另一方当事人实施的侵权行为(Coryell v. Colbaugh 一案[7]);商业保险关系中,保险合同约定的保险责任条件成就,保险人明知无合理理由,故意拒绝履行赔偿保险金义务,造成

---

[1] 张新宝、李倩:《惩罚性赔偿的立法选择》,载《清华法学》2009 年第 4 期,第 5 页。
[2] 98 Eng. Rep. 489 (K. B. 1763).
[3] 朱广新:《惩罚性赔偿制度的演进与适用》,载《中国社会科学》2014 年第 3 期,第 106 页。
[4] 陈聪富:《侵权归责原则与损害赔偿》,北京大学出版社 2005 年版,第 197 页。
[5] 同上注,第 203 页。
[6] [1972] All. Cas. 1027 (H. L.).
[7] 1 N. J. 90 (1791).

被保险人损害的案件。二是吓阻功能。[8] 一纸有关惩罚性赔偿金的判决将会成为"典型判例",避免类似的事件在不确定的未来再次发生。基于经济和效率的目的,为了有效地实现吓阻,惩罚性赔偿金的数额并不需要考虑加害人侵权行为道德上的可非难性,而是应当考虑受害人遭受的实际损害以及加害人逃逸的可能性。三是报复、惩罚功能[9],即依据不法行为的恶性进行的惩罚。报复理论认为,在民事侵权案件中,加害人相对于受害人存在着一种不适当的优劣关系,加害人对价值的判断存在一定的错误,加害人自认为其可以通过损害受害人的利益而满足自己的需求。报复与惩罚所要实现的效果在于公开纠正这种不当的价值错位,恢复加害人与受害人之间的价值状态。与吓阻原理不同,报复与惩罚理论对于惩罚性赔偿金额的度量,需要反映因加害人对受害人的损害行为造成的价值上的不平等,换而言之,惩罚性赔偿金的数额应当与侵权行为的恶性相当。四是私人执行法律功能。英美法中的惩罚性赔偿制度鼓励受害人扮演"私人执法者"的角色,有助于减少法律实施成本,提高经济效率,克服国家财政预算不足的限制。[10] 从个体角度看,惩罚性赔偿有利于抚慰受害人的创伤;从整体角度看,其有利于创造社会公共福利。

小结上述惩罚性赔偿的四种功能,即损害填补功能、吓阻功能、报复惩罚功能以及私人执行法律功能。其中吓阻、报复、惩罚是惩罚性赔偿制度的主要功能,通过对加害人判处高额的赔偿金来否定对侵权行为的价值,填补受害人遭受的损害,通过消除加害人因侵权行为可能获得的利益从而对其进行阻止,同时树立了"典型的判例",震慑其他"潜在的加害人"不敢从事类似的活动,稳定社会秩序。

(二) 适用范围

对适用范围的研究,就是要回答哪些行为可以苛责加害人惩罚性赔偿金,哪些行为则应当按照传统的损害填补原则处理的问题,这对平衡双方当事人之间的利益关系极为重要。

在英国法上,陪审团可以判决超过实际损害的赔偿金,以吓阻将来发生相同的恶性事件,同时也表达陪审团对该类行为的厌恶。英国法早期关于惩罚性赔偿金适用范围的争议,出现在英国 Rookes v. Barnard 一案上[11],当时的法官 Lord Devlin 对民事侵权案件是否能适用惩罚性赔偿存在疑虑,并认为其在侵权案件中的运用应当严格约束在以下范围内:

(1) 由于政府人员压迫、专断或违宪行为。此类案件不及于对私人公

---

[8] 陈聪富:《侵权归责原则与损害赔偿》,北京大学出版社2005年版,第207页。
[9] 同上注,第212页。
[10] 同上注,第217页。
[11] [1964] App. Cas. 1129 (H. L.).

司、工会或者个人的诉讼。(2)被告基于计算,其不法行为之获利超越该行为可能赔偿原告损害。(3)依据法令,明文承认得判决惩罚性赔偿金的规定。[12]

然而,英国法官并不赞成这样的见解,在 Cassell & Co. v. Broome 一案中[13],法官认为在民事侵权案件中,加入惩罚性的因素并无不当。英国法规委员会则建议,侵权事件的双方当事人具有不平等关系,并且加害人故意蔑视受害人权益的,可以扩大适用惩罚性赔偿[14],对于过失行为不宜适用惩罚性赔偿。现代英国法中,惩罚性赔偿适用的案件类型包括"恶意起诉、错误拘禁、攻击和殴打、诽谤、侵入他人土地或货物、私的污染妨害、侵权行为干扰他人商业活动等"。[15] 1997 年英国法《关于加重的、惩罚性的和剥夺性的损害赔偿改革报告》主张惩罚性赔偿可适用于任何法定民事不法行为,只要其目的与法令相同即可。[16]

美国法惩罚性赔偿的适用条件相对于英国法则宽松许多。在侵权法中,其适用范围几乎没有受到限制,可以作为一般性条款适用于所有基于侵权行为提起的损害赔偿诉讼,适用的案件类型包括且不限于:

> 人身伤害、不法侵占、毁损他人财产、滥用程序、错误逮捕和拘禁、欺诈和误导、带有犯罪性的性交易或性转让、干涉雇佣或合同或商业关系、侮辱和诽谤、恶意起诉、污染妨害、诱拐儿童、诱奸、不法传送或邮寄电报信息、侵害商业信誉、违反信托义务、故意或恶意重复侵害受联邦宪法保护的个人权利或特权。[17]

在合同法中,惩罚性赔偿一般不适用于合同案件,但是存在一些特殊情况,当违约行为同时构成一种独立的侵权行为,交易双方具有不对等的地位关系或者双方具有类似于银行、信托、医患、消费者等特殊信任关系,加害人在主观上存在"故意、任意、恶意、欺压、恶劣行为、贬损、侮辱、重大欺诈"[18]的过错对受害人进行侵害时,适用惩罚性赔偿,诸如违反婚约、故意不提供民生必需品、范围信托合同、保险公司恶意拒绝支付保险金的合同案件,可以判处惩罚性赔偿金。

在欧洲地区,欧盟对惩罚性损害赔偿的态度是模棱两可的,有时候甚至是

---

[12] 陈聪富:《侵权归责原则与损害赔偿》,北京大学出版社 2005 年版,第 219 页。
[13] [1972] All. Cas. 1027 (H. L.)。
[14] 陈聪富:《侵权归责原则与损害赔偿》,北京大学出版社 2005 年版,第 220 页。
[15] 金福海:《惩罚性赔偿制度研究》,法律出版社 2008 年版,第 108 页。
[16] 同上注,第 109 页。
[17] 同上注,第 110 页。
[18] 同上注,第 111 页。

相互矛盾的。[19] 在德国,基于不接受预防性罚金的目的,惩罚性损害赔偿一直不受德国法待见,1992年德国第九民事判决委员会作出的判决[20],拒绝承认美国高额的惩罚性损害赔偿金判决,对英美法上的惩罚性赔偿制度进行了坚决的抵制。

惩罚性赔偿适用的一个重要的问题是,是否能够适用于违约行为。普通法中惩罚性赔偿主要适用于故意的侵权行为,且整体上被纳入侵权责任的体系之中,因违约而进行惩罚性赔偿仅仅是特别例外的情形,主要是违约行为能够独立构成侵权行为。美国《合同法重述》(第二版)第355条规定:"受损方不得基于他方当事人的违约获得惩罚性的损害赔偿,除非该违约行为同时构成了应获得惩罚性赔偿的侵权行为。"[21]但即使是能够构成侵权行为,在部分州若以合同之诉提起,仍不得适用惩罚性赔偿。[22] 除违约行为等同于独立侵权行为的情形,违约行为有可能适用惩罚性赔偿的情形还有:

(1)合同关系因一方特殊地位使对方产生特殊信赖,该方利用滥用当事人信赖造成对方的损害,特别是雇佣关系和保险关系之中;(2)在缔约过程或违约过程有欺诈情形。[23]

有学者指出,美国司法部的研究表明惩罚性赔偿主要适用于合同案件。其在合同领域中的适用是侵权案件的3倍。[24] 然而这一观点实际是对美国司法部这份研究报告的误读,依这份报告,1992年美国72个最大的县的民事审判中授予惩罚性赔偿的案件共364起,而侵权案件为190起,合同案件为169起,这些合同案件的类型多为消费、雇员关系以及合同欺诈。虽从赔偿金额来看,合同案件高于侵权案件,但这主要是因为雇佣关系中适用的惩罚性赔偿几乎达到了所有案件类型的一半,而在侵权案件中,惩罚性赔偿对各类侵权行为都有所适用。[25] 当然更为关键的是,许多选择违约之诉的合同案件,其本身构成独立的侵权行为。

在英国法中,违约行为适用惩罚性赔偿更为保守。1909年 Addis v.

---

[19] 格哈德·瓦格纳:《损害赔偿法的未来——商业化、惩罚性赔偿、集体性损害》,王程芳译,熊丙万校,中国法制出版社2012年第1版,第117页。
[20] BGHZ 118, 312, 334 ff.
[21] RESTATEMENT (SECOND) OF CONTRACTS § 355.
[22] 加利福尼亚州、北达科他州、南达科他州、得克萨斯州等地区明确在合同之诉中不适用惩罚性赔偿。参见赫尔穆特·考茨欧、瓦内萨·威尔科克斯主编:《惩罚性赔偿金:普通法与大陆法的视角》,窦海洋译,中国法制出版社2012年版,第392页。
[23] 谢哲胜:《美国法上之惩罚性赔偿制度》,载《台大法学论丛》第三十卷第一期,第141页。
[24] 参见王利明:《惩罚性赔偿研究》,载《中国社会科学》2000年第4期,第116页。
[25] DeFrances, Carol et al., *Civil Justice Survey of State Courts, 1992 Civil Jury Cases and Verdicts in Large Counties Bureau of Justice Statistics*, at https://www.bjs.gov/index.cfm?ty=pbdetail&iid=555 (last visited Aug. 27, 2019).

Gramophone Co. Ltd. 案中，Atkinson 法官提出当出现违约责任、侵权责任竞合的情形下，若当事人主张侵权责任则"毫无疑问他可以获得惩罚性赔偿金"，但若选择违约之诉那么"他将获得在其合同得以继续情况下所得利益损失的足够金钱赔偿，并且不再有其他的了"。[26] 1993 年英国法律委员会在咨询文件中提出："惩罚性赔偿金只能适用于故意严重漠视原告权利的侵权案件，尤其是双方地位不平等，原告的人格权受到侵害的情况下，但不能适用于违约。"[27]

（三）量定因素

对量定因素的研究，就是要回答惩罚性赔偿金数额多少的问题。美国的惩罚性赔偿制度受到热议、质疑甚至批评的重要原因在于，对惩罚性赔偿金数额的确定问题，一直缺少统一、客观的计量标准，陪审团经常因"并未被告知应当考虑或者不应当考虑的事项为何"[28]，恣意进行判断，过分加重被告的责任。鉴于此，美国联邦最高法院为数额评判问题制定了指南，目的在于限制惩罚性赔偿金的额度，防止数额畸高。在惩罚性赔偿金的判断上，需要考虑三方面的因素："其一，加害人的过错程度；其二，实际损害和相应的补偿性赔偿额；其三，对同等侵权行为所施加的刑罚制裁程度。"[29] 在考虑惩罚性赔偿金与补偿性赔偿金数额的关系问题上，美国联邦最高法院对 1991 年的 Pacific Mutual Life Insurance Co. v. Haslip 一案[30]中判决了 4 倍的惩罚性赔偿金，大法官对该案件强调："该数额没有跨越到宪法认为不适当的范围，但 4∶1 的惩罚性与补偿性损害的比率，已经接近这个界限。"[31] 2003 年，美国法出台规定，"惩罚性赔偿金的数额不得超过实际损害发生额的 9 倍"[32]，对惩罚性赔偿与填补性损害赔偿的倍数关系又做了新的调整。

（四）综合评述

纵观当前惩罚性赔偿研究，可以得出以下结论：第一，惩罚性赔偿目前受到的争议比较多，传统大陆法系国家不接受惩罚性赔偿的理念，而英美法系国家对惩罚性赔偿的数额标准问题存在疑虑。第二，惩罚性赔偿制度的主要作用在于吓阻不法行为，对恶意的加害人进行报复，警示其他社会公民进行类似的侵

---

[26] 同前注[22]，第 206 页。

[27] 参见全国人大法制工作委员会民法室编，贾东明主编：《中华人民共和国消费者权益保护法解读》，中国法制出版社 2013 年版，第 272 页。

[28] Malcolm Wheeler, A Proposal for Further Common Law Development of the Use of Punitive Damages in Modern Product Liability Litigation, *Alabama Law Review*, vol. 40, no. 3, 1989, p. 940.

[29] BMW of North America, Inc. v. Gore, 517 U.S. 559, 575 ff. (1996).

[30] Pacific Mutual Life Insurance Co. v. Haslip, 449 U.S. 1 (1991).

[31] *Id.*, pp. 21-22; 111 S. Ct. 1032, 1045 (1991).

[32] State Farm Mutual Automobile Insurance Co. v. Campbell, 538 U.S. 408, 425 (2003).

权行为,同时安抚遭受损害的受害者,鼓励受害者主动要求维护法律权益。第三,惩罚性赔偿适用案件的类型。现行的英美法对惩罚性赔偿的适用总体上趋于扩大化,目的在于惩罚那些在主观上有明显的故意、恶意、贬损、侮辱、重大欺诈过错的加害者,特别关注具有特殊信赖利益的民事关系,以保护平等的民事权益,阻止恶性的侵权损害事故的发生,矫正错位的个体价值和社会价值。第四,关于惩罚性赔偿金数额的判断。现行的英美法虽然有一定的规定,但是总体上还缺乏明晰而细致的标准,这也是惩罚性赔偿金制度近十年来受到非议和质疑的重要原因。对于惩罚性赔偿金与填补性赔偿金数额的倍数关系上,美国法规定不得超过填补性赔偿金的9倍,而1991年美国联邦最高法院的判例认为"4∶1的比例已经临界违宪的界限"[33],说明在英美法上对于"惩罚性赔偿金到底以多少为宜"这个问题至今仍然是模糊的,这将是未来惩罚性赔偿制度适中、有效地发挥作用时所必须面临的问题。

二、惩罚性赔偿制度的立法演进

我国现行的惩罚性赔偿规则程序法,由《民事诉讼法》进行了规定,解决的是裁决迟延履行的问题;在实体法上,由五部法律和两个最高人民法院司法解释进行了规定,条款意图解决的问题分别存在于消费者保护领域、食品安全领域、产品责任领域、商品房买卖领域、商标权领域、旅游合同领域和医疗产品责任领域。从条款制定的内容和司法审判的难易度考察,程序法的规定清晰明确,在司法实践中基本上可以得到施行,不是争议的焦点。实体法上,条款分布较为松散,内容上没有英美法上的惩罚性赔偿规则细致全面,条文与条文之间亦存在着交叉、重叠和冲突。例如,《侵权责任法》第47条的产品缺陷侵权责任与《食品安全法》第148条"不符合食品安全标准"责任在适用范围上存在着交叉重叠关系;在判定标准上,《侵权责任法》第47条规定必须存在受害人"死亡或者健康严重受损"才可以判处惩罚性赔偿金,而《食品安全法》第148条中受害人的损害,包含了人身损害、财产损害和其他损害;在金额上,《食品安全法》规定了"10倍"的罚则,而《侵权责任法》回避了对数额的规定。又例如,在消费者保护领域,把过期食品、不合格食品以次充好、以假充真销售给消费者会造成在新《消法》第55条(旧《消法》第49条)与《食品安全法》第148条选择适用上的竞合问题,而该问题会导致惩罚性赔偿金倍数以及计算基数选择的问题。诸如此类交叉、重叠和冲突的问题,给我国的司法实践增加了难度,在裁判标准上难以形成统一的认识,不利于树立司法权威。这种复杂的惩罚性赔偿制度,其形成有特定的历史原因。

---

[33] *Supra* note[30], pp. 21-22; 111 S. Ct. 1032, 1045 (1991).

（一）1993年至2010年

1993年前后，为了应对当时我国市场不健全、假货横行的局面，旧《消法》第49条历史性地将惩罚性赔偿制度引入到我国民法的合同领域，该规则的核心在于如何理解经营者对消费者"欺诈行为"的概念，该概念的含义直接关乎惩罚性赔偿能否适用的问题。一种观点认为，经营者行为足以误导消费者即构成条款中的"欺诈行为"[34]；另一种观点认为，该条款中的"欺诈"与《合同法》第58条应当具有相同的含义。[35] 经过数年的司法实践，法院多采取第二种观点。最新的研究成果认为，旧《消法》第49条中规定的"损失"是一种缔约上信赖利益损失；惩罚性赔偿所增加的其实是一种特殊的缔约过失责任，而无法归于违约责任。[36]

从我国法律发展的过程来看，旧《消法》第49条对之后其他法律规则多多少少产生了一定的影响。规制商品房买卖领域的《最高人民法院关于审理商品房买卖合同纠纷案件适用法律若干问题的解释》（以下简称"法释〔2003〕7号"）第8条、第9条明确了两种不同类型的惩罚性赔偿制度，第9条规定了对于商品房买卖合同中的欺诈行为承当的赔偿责任。从法解释的思路上看，该条文是对旧《消法》第49条的延伸，可以看作是对旧《消法》第49条在商品房买卖合同领域的特殊规定，在对责任的认定方面与旧消费者权益保护法相协调，而对金额的确定在第49条1倍价款的基础上调整为"不超过已付购房款的1倍"，而不僵化为商品价款的1倍。而对于"法释〔2003〕7号"第8条的规定，有人研究认为第8条并无"可解释的法律"[37]，该条文规制的是商品房买卖合同中房地产开发商的根本违约行为，实际上属于最高法院"创制法律"。

2009年，旧《食品安全法》第96条第2款在立法技术上吸收了旧《消法》第49条、"法释〔2003〕7号"第8条和第9条的规范要素，将惩罚性赔偿从合同责任扩展到食品加害给付的侵权责任，但是由于第96条沿用了旧《消法》以"购买商品或者服务的价款"作为计算基数的思路，尽管将食品惩罚性赔偿金的倍数提高到10倍，但日常的食品单价通常较低，导致10倍价款通常也无法弥补损害，更不能体现出惩罚性赔偿金原有的"惩戒、吓阻"之意，这也使得该条款备受学界批评。侵权责任下的惩罚性赔偿在2010年《侵权责任法》第47条得到进

---

[34] 董文军：《论我国〈消费者权益保护法〉中的惩罚性赔偿》，载《当代法学》2006年第2期，第72—73页。

[35] 梁慧星：《消费者权益保护法第49条的解释与适用》，载《人民法院报》2001年3月29日，第三版。

[36] 朱广新：《惩罚性赔偿制度的演进与适用》，载《中国社会科学》2014年第3期，第106页。

[37] 李胜利：《购房者利益保护与惩罚性赔偿责任——最高人民法院一则司法解释相关条款之评析》，载《法商研究》2006年第5期，第57页。

一步的明确,并且将适用的对象扩展到产品责任,但是关于惩罚性赔偿数额的问题在《侵权责任法》第47条中被模糊了,法条只笼统表示被侵权人有权主张惩罚性赔偿金,至于赔偿金数额的确定,立法者回避了这一法律难题,使得我国惩罚性赔偿制度得以发展的同时,进一步造成了我国各法之间关系的失衡,导致法律竞合与选择适用的问题变得更加复杂。

(二)2013年至今

2013年可谓我国惩罚性赔偿法发展的新起点,《消法》《商标法》和《旅游法》中均对该制度做了新修订。新《消法》第55条分为两款,分别可以看作是对旧《消法》第49条和《侵权责任法》第47条、《食品安全法》第96条的延伸,第一款套用了旧《消法》第49条的基本思路,主要修订在三个方面:一是在惩罚倍数上由原先的1倍提高到3倍,二是规定了欺诈类案件惩罚性赔偿金的下限为500元,三是规定了援引其他法律的依据。新《消法》第55条第1款解决了原先金额过低、惩罚畸轻的问题,但对于惩罚畸重的问题会更加突出。新《消法》第55条第2款对商品或服务的加害给付进行了规定,调整了《消法》与《侵权责任法》《食品安全法》之间的失衡问题。有学者研究认为:其重大意义为汲取了以往的立法经验,确立了一种相当典型的惩罚性赔偿制度,首次将"损失"规定为了惩罚性赔偿金的确定基础。[38] 新修法较之先前的条文更具有规范性,对赔偿的适用条件进行了更为严格的限定,仅限于"受害人死亡或者健康严重受损",即产品加害给付造成的人身轻伤害、财产损害和其他损害不适用惩罚性赔偿,填补性赔偿就已足够解决纠纷;惩罚性赔偿金最高为损失额的2倍,这种规定赋予了法官根据案情的具体需要确定金额的自由度,同时也限制了受害人因侵权行为"暴富"的可能性。《消法》修改表明了立法者对惩罚性赔偿持谨慎保守态度的立场,拒绝适用范围的宽泛化,坚持以填补性赔偿为民事赔偿原则,以惩罚性赔偿为例外。

2013年,《旅游法》第70条对旅行社拒绝履行合同造成旅游者损害的惩罚性赔偿做了规定,该条文既包含了"造成旅游者滞留等严重后果"的根本违约责任,也包含了"造成旅游者人身损害"的侵权责任,也就是说该款一文规定了两种不同类型的民事责任,在处理纠纷时应当区别对待。

2015年新《食品安全法》修订,原第96条第2款修改为第148条。将原来的赔偿数额计算方式"价款10倍"改为"价款10倍或损失3倍",这一改变结合最高人民法院近来的态度,似乎在10倍赔偿是否需要造成实际损害这一问题上有了较为明确的转变,仍待进一步解释、说明。

---

[38] 朱广新:《惩罚性赔偿制度的演进与适用》,载《中国社会科学》2014年第3期,第110页。

2017年最高法颁布了《关于审理医疗损害责任纠纷案件适用法律若干问题的解释》（法释[2017]20号），其中第23条规定医疗产品侵权的惩罚性赔偿，条文直接照搬了新《消法》第55条第2款的措辞，解决了以往医疗产品责任纠纷不适用《消法》第55条惩罚性赔偿的规定，更好地保障了患者的合法权益。2018年最新提交审议的《民法典各分编（草案）》第六编侵权责任编生态环境损害责任一章将惩罚性赔偿的规定扩展到环境侵权领域，进一步扩大了其在侵权责任中的适用范围。

《商标法》则经历了两次修改：在2013年的修改中，该法规定了恶意侵犯商标权的惩罚性赔偿，这是侵权责任里对严重故意侵权行为引入惩罚性赔偿的新类型，该条文亦采用了较为规范的法律要素，将赔偿金与实际损失联系在一起，但是责任认定方面，何为"情节严重"，法律并未做更多的说明；在数额的确定方面，惩罚性赔偿的倍数为实际损失、实际收益或许可费用的1—3倍，并且可以在难以确定实际损失、实际收益或许可费用的情形下由法院判定三百万元以下的赔偿。在2019年的修改中，赔偿的倍数被进一步扩大为1—5倍，最高赔偿额扩大至500万元。对此，值得注意的是，商标权侵权案件无疑是一种财产侵权案件，法律规定最高倍数5倍，比《消法》第55条要高出3倍，也就是说对于财产侵权案件《商标法》立法者之态度与新《消法》立法者之态度有一定区别，这是往后建立完整的惩罚性赔偿体系需要考虑的地方。

（三）综合评述

经过二十多年的发展，我国的惩罚性赔偿制度基本上形成了基于合同责任的惩罚性赔偿和基于侵权责任的惩罚性并存的格局，所涉及的范围也从之前的消费者权益保护、商品房买卖、食品安全和产品责任领域扩展到了旅游服务、商标侵权、医疗产品责任，生态环境损害责任等其他领域，各法律的条文规定也受新《消法》第55条的影响而日趋规范。但是纵观整个立法演进的过程，会发现我国的惩罚性赔偿制度的立法是零散式和渐进式的，这也是造成我国现行惩罚性赔偿制度体系如此混乱的一个重要原因，不仅各条文所涵盖的范围交叉重叠，层级不清，其责任构成要件也是相互借鉴，不甚明晰。因此，亟须对惩罚性赔偿制度进行一般性标准即顶层原则的设计和体系的梳理，以指导立法与司法。

三、构建惩罚性赔偿制度体系的原则

我国惩罚性赔偿之于合同责任和侵权责任在法律要素上有各种规定，无论各个法律规范如何千差万别，其立法、司法和执法之目的均须与惩罚性赔偿的功能相联系，即吓阻、惩罚严重恶意、蔑视他人权益之行为。由于惩罚性赔偿并非以填补受害人损害为主，其制度打破了民事损害赔偿制度与不当得利制度的平衡,使得原本应当由国家独享的惩罚个人的公权力赋予受损害的民事主体享有,这使得惩罚性赔偿存在着僭越刑法、破坏民法的潜在危险,有鉴于此,必须对其适用严格加以限制。现行的惩罚性赔偿法散布于合同和侵权领域中,构成要件存在较大差异,然而,就惩罚性赔偿发展最为发达的美国法来看,无论构成要素的差异与否,总存在一些共通的适用标准。我国的惩罚性赔偿法体系的建构亦需要遵从一定的一般性标准以谨防惩罚性赔偿的泛化或者滥用,本文将各具体条款所必须遵循的一般性标准称之为惩罚性赔偿法体系的顶层原则,同时将顶层原则归纳为四个方面:可罚性原则、客观损害原则、损害基数原则和过罚相当原则。

(一) 可罚性原则

可罚性原则是指被判处惩罚性赔偿金的责任人必须是"可罚"的,其"可罚性"体现在主客观两个方面。主观方面的"可罚性"是指责任人主观上具有故意、恶意或蔑视他人权益的态度。客观方面的"可罚性"是指具有故意、恶意或蔑视他人权益态度的责任人客观上实施了法定的损害他人权益的行为,造成了较为严重的后果。客观的"可罚性"不仅仅强调责任人的行为会造成严重的损害后果,更强调行为的法定性,即惩罚性赔偿法规制的"可罚行为"必须严格遵循法律的规定,不得恣意进行不利于被告人的类推适用,禁止在法定事项之外扩大惩罚性赔偿金的适用范围,造成惩罚性赔偿的滥用,破坏民事法律体系中最基础的损害填补原则和不当得利制度。

强调惩罚性赔偿法的可罚性原则是由惩罚性赔偿金具有可能恣意侵害被告财产权潜在威胁的特质所决定的。在欧洲法学者的研究中,有学者明确提出反对惩罚性赔偿进入民事赔偿法体系。欧洲大陆法系的学者经常指出,原则上大陆民法体系不赞成惩罚性赔偿金,可谓是"根本的拒绝"。[39] 譬如在法国法中,惩罚性赔偿"完全不存在于法国民法典或者法国的一般立法中……法国法院从不允许授予惩罚性赔偿金"[40]。欧洲大陆法系学者反对惩罚性赔偿的理由在于:"惩罚性赔偿金违反了惩罚性法律的原则,在侵权法下授予惩罚性赔偿金违背了刑法与私法的分离。"[41]在没有刑事诉讼程序保障的情况下,很难保证被告人的财产权不会因个人请求惩罚性赔偿而遭受侵害,并且会把民事被告置于因一个民事行为而遭受双重惩罚的不利局面中。

尽管惩罚性赔偿饱受非议,该制度的支持者认为:惩罚性赔偿金的出现,满足了私法补充刑法、充分预防与惩戒的不法行为的需求,并且有学者通过经济分析研究发现:补偿性赔偿金可能并不足以弥补受害人的真正损失,并且受害

---

[39] 同前注[22],第355页。
[40] J. S. Borghetti, Puntitive Damages in France no. 1. 转引自前注[22],第356页。
[41] 同前注[22],第383页。

者可能遭受法律经济分析中所认识到的"理性的冷漠"。[42] 正因为这样的理由,惩罚性赔偿金恰恰可以帮助受害人克服"理性的冷漠",使得侵权人受到应有的制裁。我国 1993 年旧《消法》第 49 条也正是基于这样的目的,是为了打击当时市场上假货泛滥的现象而出台的。

我国现行法表明了立法者对惩罚性赔偿持谨慎态度,2013 年我国惩罚性赔偿法确有较大突破,然而在此基础上,仍然要坚持损害填补是赔偿法的基本原则,而惩罚性赔偿则是法定的例外规定。因此,在惩罚性赔偿法体系顶层原则中首先强调可罚性原则是尤为必要的,限定被告的行为必须具有可罚性,是保证被判处惩罚性赔偿金的被告确实应当受到惩罚的前提,也是谨防"不当类推"、甚至滥用惩罚性赔偿的不可僭越的"红线"。

(二) 客观损害原则

客观损害原则是指惩罚性赔偿金的判决以受害人客观上遭受损失为前提,惩罚性赔偿金的判决必须以补偿性赔偿金得到法律确认之后,才得以进行量定,即惩罚性赔偿不可脱离补偿性赔偿金单独提出。美国法通说认为:"惩罚性赔偿依附于补偿性的损害赔偿,从而并不是独立的损害赔偿请求权。"[43] 惩罚性赔偿作为损害填补原则的例外,是一种特殊规则,亦须遵循无损害则无赔偿的基本原则。如果被告的恶意行为并未造成客观实际损失,那么求偿的基础是不存在的,如果在没有客观损失的情况下只针对被告行为而判决惩罚性赔偿会导致原告不当得利。美国程序法的规定,要求填补性赔偿与惩罚性赔偿分段审理,保证了受害人确有损失才可能涉及惩罚性赔偿,并且美国程序法如此设计还因为惩罚性赔偿金之数额与填补性赔偿金有直接关联,这与美国惩罚性赔偿法的规范性密切相关。

从我国现行法来看,如新修订的《消法》第 55 条第 2 款,该条文在立法技术上趋于美国法上较为规范的立法模式,以客观造成消费者或者其他人"死亡或者健康严重损害"为请求惩罚性赔偿之前提;又譬如,"法释〔2003〕7 号"第 8 条:"商品房买卖合同订立后,出卖人又将该房屋出卖给第三人",房地产商根本违约行为造成相对人的合同利益受损;第 9 条:"故意隐瞒没有取得商品房预售许可证明的事实或者提供虚假商品房预售许可证明",导致合同相对人在缔约过程中付出了不必要的成本并丧失合同的可期待利益。由此可见,惩罚性赔偿需要有客观损失为请求前提。

目前我国法律尚不能完全按照立法要素的规范性,将惩罚性赔偿金与填补

---

[42] "理性冷漠"是指当花费与预期的审判结果相比较的时候,受害人可能会发现它太昂贵以至于不能对侵权行为人提起诉讼。同前注〔22〕,第 278 页。

[43] 徐海燕:《我国导入惩罚性赔偿的法学思考》,载《杭州师范学院学报(社会科学版)》2004 年第 2 期,第 102 页。

性赔偿金——挂钩,有相当一部分惩罚性赔偿金额之确定需要与产品价格或服务费用相挂钩,我国民事诉讼程序尚不能像美国法那样把填补性赔偿与惩罚性赔偿分为两段程序审理,然而,2013年的修法已经表明未来我国法律的发展趋势,因此法官在司法裁判时要有意识地将补偿性赔偿与惩罚性赔偿分立开来,在量定补偿性赔偿金的数额之后根据具体案情考虑判处惩罚性赔偿金的正当性及量定因素。

(三)损害基数原则

损害基数原则是指在计算惩罚性赔偿金数额时,应当以受害人实际受损害的数额作为计算基础。实际受损害的数额表现为两种:一是在侵权之诉中,固有利益遭受的损失;二是在合同之诉中,落空的价金。损害填补作为惩罚性赔偿的辅助功能,将金额与损害关联是对弥补损失功能的认可。新《消法》第55条第1款对惩罚性赔偿之计算以商品价款或者服务费用作为计算基础,此外,"法释〔2003〕7号"第8条和第9条都遵循了这一基本思路。可以肯定的是,在竞合的场合,如受害人提起的是合同之诉,这种立法技术便利了法官的司法裁判,法官在各种案件中并不需要费心审查和衡量受害人实际损失与惩罚性赔偿金之间的关系问题,只需要将购买的商品、食品的价格或者已付购房款乘以法定的倍数,即可得到惩罚性赔偿金的数额,这样简单的计算方式有便于执法之利。

当然为了防止我国惩罚性赔偿法体系之失衡,当事人有可能选择侵权之诉。譬如,在不符合安全标准的食品致人损害类的案件中,有毒食品致人死亡或者严重受损,通常固有利益损失数额巨大,而日常的食品价格通常较低,10倍食品价款通常抵不上消费者所受到的固有利益损失,与生产经营者违法的机会成本相比更是相差甚远,为了防止惩罚性赔偿制度从根本上丧失其惩戒、吓阻违法行为的功能,受害人的选择权也应更为开阔,食品被侵权人可以选择在《食品安全法》第148条第2款中选择损失的3倍作为请求权基础。

从法律的规范性角度考虑,美国法上的惩罚性赔偿金之所以与受害人实际损失相联系,除了发挥其吓阻、惩戒、补偿之功能外,还有利于计算违法者因不法行为而导致的"获利"(或者节省的"机会成本")与受害人实际损失的比例系数[44],这样的计算模式可以使得惩罚性赔偿金与违法者的损害后果相联系,使得各地区判决从横向对比的角度更加公平合理。由此可见,要保证我国惩罚性赔偿与加害人损害后果呈现出横向公平的关系,既需要坚持在侵权之诉中,以受害人实际损失为基数的立法模式,也需要坚持在合同之诉中,以商品价款或服务费用为基数的立法模式。

(四)过罚相当原则

过罚相当原则是指惩罚性赔偿金与补偿性赔偿金之间比例要适当,既要足

---

[44] BMW of North America, Inc. v. Gore, 116 S. Ct. 1589(1996).

以吓阻、惩戒违法者的作用,同时又不能使违法者承担过重的赔偿责任,即吓阻功能不以被告破产为代价。台湾学者在研究美国法对惩罚性赔偿金的量定因素时总结出,美国的惩罚性赔偿金在衡量罚金数额是否恰当时,除了要审查受害人实际损害,同时要考虑"被告财产状况、被告不法行为性质的可归咎程度、被告是否有意图隐匿不法行为、被告是否因不法行为获利、被告不法行为导致严重后果的可能性"[45]等多方面因素,以判定罚金是否过罚相当。

从我国现行的立法来看,"法释〔2003〕7号"第8条、第9条规定"不超过已付购房款的1倍";《食品安全法》第148条规定"食品价款的10倍"和"损失3倍";新《消法》第55条第1款规定"商品价款或者服务费用的3倍,最低下限为500元",第2款规定"所受损害2倍以下";《商标法》第63条规定"所受损失的1倍至5倍",《旅游法》第70条规定"旅费的1倍至3倍";《侵权责任法》第47条则回避了惩罚性赔偿金的计算问题,绝大多数法条赋予了法官判案时自由确定比例系数的权利,从侧面反映出在数额的量定标准上,法律还存在大量的空白。

在权衡过罚相当时,不仅要考虑私法上的惩罚性赔偿金与补偿性赔偿金的比例系数关系,还要考虑到加害人是否已经受到公法的制裁。如果行政部门已经对违法者进行了罚款,或者刑法已经对加害人判处徒刑和罚金,那么应当综合考虑对不法行为的威慑、吓阻程度,相应削减惩罚性赔偿金。正如美国判例指出,惩罚性赔偿之目的不以被告的经济毁灭来实现。[46] 惩罚性赔偿作为私法中的例外,在面对公法裁决时,应当优先遵守公法的裁决,严格遵循过罚相当原则,保持应有的克制。

(五)各原则之联系

惩罚性赔偿法体系顶层原则之间的关系问题:可罚性原则作为四个顶层原则之首,决定着惩罚性赔偿法适用范围的边界,坚持主观恶性的"可罚性"与客观事由的"法定性"是保证惩罚性赔偿制度审慎性和克制性的前提,是维护民法体系均衡、谨防惩罚性赔偿金滥用、侵害民事权益的底线。客观损害原则是判断惩罚性赔偿金是否公正的尺标,只有客观存在损害的情形下,才可以动用惩罚性赔偿金作为震慑责任人的经济工具。损害基数原则是计算赔偿金数额的基础,只有将惩罚性赔偿金与实际损害程度相联系才有利于各类案件的横向公平,也是未来我国惩罚性赔偿法体系的发展趋势。过罚相当原则是判断惩罚性赔偿金的合理性的标准,其数额与不法行为人所造成的实际损害之间的比例要适当,综合考虑被告受到法律的非难程度,考察法律吓阻、震慑不法行为之效果,避免被告在公法和私法的双重打击下承受过重的经济负担。

---

[45] 陈聪富:《侵权规则原则与损害赔偿》,北京大学出版社2005年版,第230—231页。
[46] 22 Am. Jur. 2d Damages § 559.

四、惩罚性赔偿作为独立的民事责任

惩罚性赔偿与传统民事赔偿制度的主要区别在于目的和性质上的不同,补偿性赔偿一般局限于填补损害的功能,而惩罚性赔偿则纳入了对违法行为的制裁和惩罚以及鼓励提起诉讼等多重目的,被认为是对于传统民法完全赔偿原则或者说补偿性原则的一种突破,甚至有学者提出惩罚性赔偿是一种介于刑事与民事的混合制度。[47] 惩罚性赔偿作为特殊的责任制度,只应考虑是否适用于侵权责任领域或合同责任领域,而不应单纯将其纳入侵权责任或合同责任之中。

侵权责任、合同责任的种类归属意味着特定的责任来源、归责原则,如合同责任是债务人违反清偿债务之义务所引起的法律责任,其归责原则一般情况下为无过错原则,若无法律明文规定的例外则在责任来源、归责原则乃至于举证责任、赔偿范围、赔偿数额等因素上与其他承担违约责任的情形保持相对一致。反观惩罚性赔偿,多在归责原则、举证责任、赔偿数额认定等因素上都各自作较为完整、独立的规定,无论相较于违约责任还是侵权责任,都不能直接纳入这些责任体系之中。新《消法》第55条第1款所规定的惩罚性赔偿主要适用于合同责任领域,然而该条文在归责原则上并非是无过错原则而是要求有欺诈之故意,赔偿数额的认定也采用独立的"价款3倍"标准,与传统的违约责任理论差异过大。基于惩罚性赔偿法律条文相对完整、独立的构成要件,虽通常可将特定条款之适用范围局限在合同责任或侵权责任的范围之内,但特定的惩罚性赔偿制度法律条文在适用上并非必然归属于合同或侵权中的某一领域,而是要依据其构成要件具体判断。

《旅游法》第70条中惩罚性赔偿的适用范围既可能基于合同责任(滞留等严重后果)也可能基于侵权责任(人身损害)而产生请求权,存在竞合的情形。同样在新《消法》第55条第2款规定的经营者提供存在缺陷的商品和服务造成消费者死亡或健康严重损害的情形中,纠纷双方间往往也是存在欺诈行为的,即同样满足新《消法》第55条第1款所规定的合同责任之惩罚性赔偿。

《合同法》在违约责任一章规定经营者欺诈行为适用《消法》,但是,经营者欺诈行为造成惩罚性赔偿并不一定就是违约责任。根据新《消法》第55条第1款的规定,惩罚性赔偿认定的关键是经营者欺诈消费者。那么,欺诈的法定含义是什么?最高人民法院《关于贯彻执行〈中华人民共和国民法通则〉若干问题的意见(试行)》(以下简称《民通意见》)第68条的规定对欺诈进行了定义,并指出欺诈行为应与消费者意思表示的作出(承诺)具有因果关系,要求合意的达

---

[47] 林德瑞:《论惩罚性赔偿》,载台湾《中正大学法学集刊》第1期,第34页。

成。那么,《消法》的"欺诈行为"是否就是这一规定上所谓的欺诈呢?实务上有认为既然《消法》没有明确,就当然地适用上述规定。[48]

《消法》规定的经营者的告知义务贯穿于合同缔结、履行以及终止后的全部过程,并未将告知义务限定于缔约阶段,因而消费者权益保护法法律关系中的欺诈就可能在消费全过程中都存在。消费者首先依据知情权"知悉其购买、使用的商品或者接受的服务的真实情况"(可能随之产生效果意思),进一步"自主选择商品或者服务"(作出意思表示行为),这一过程中的知情权与选择权实际仍是围绕意思表示机制来构建的。[49]《消法》通过明确和细化经营者的告知义务达到维护知情权的目的,使得在意思表示机制的基础上能够一定程度地弥补消费者所处的信息劣势。具体可见于《消法》第18条第1款经营者的说明和警示义务、第19条的召回制度、第20条对告知义务的一般性规定(真实、全面的告知义务)、第21条经营者"标明真实名称和标记"的义务等。《消法》中的经营者告知义务实际是在其整个经营过程中均须履行的一种状态,并不与特定合同的成立直接关联。

《民通意见》出台于1988年,当时并不存在1994年施行的《消法》。根据特别法没有规定即适用一般法的法理,《民通意见》对欺诈之法定定义也应当适用于《消法》第55条第1款中之欺诈的认定。《合同法》里之所以在违约责任一章里规定引致规范并不是为了否定其他合同责任类型的惩罚性赔偿,否则按此逻辑,于商品房买卖合同解释中规定的合同无效、撤销、解除时要求惩罚性赔偿就违背上位法。[50] 合同强调合意,"欺诈"不仅侵害了意志自由,亦损害了"合同履行利益的期待"。依常理可知,当事人可直接主张缔约过失责任的同时附带主张惩罚性赔偿。综上,立法者着重有害于市场秩序的"欺诈行为",因而既可能附带适用于缔约过失责任;也可能附带适用在合同履行阶段产生违约责任中。《消法》所规定的惩罚性赔偿是法定赔偿,具有独立性,无论合同进展到何种阶段,无论合同如何终了,均不影响其独立性。申言之,无论合同是否具备无效、被撤销、被解除的情形,都与惩罚性赔偿责任的成立毫无关系,其独立于其他民事责任。

虽是一种独立的民事责任制度,但根据上述客观损害原则,惩罚性赔偿的适用一般而言应以补偿性赔偿的存在为前提。[51] 因此,惩罚性赔偿的适用存

---

[48] 广西壮族自治区百色市中级人民法院(2015)百中民一终字第923号民事判决书。

[49] 陆青:《论消费者保护法上的告知义务——兼评最高法院第17号指导性案例》,载《清华法学》2014年第4期,第164页。

[50] 李胜利:《购房者利益保护与惩罚性赔偿责任》,载《法商研究》2006年第5期,第59页。

[51] 在美国承认惩罚性赔偿的州还将补偿性赔偿请求与惩罚性赔偿请求分为两个诉讼程序,惩罚性赔偿诉讼必须以补偿性或名义性损害赔偿判决为条件。参见朱广新:《惩罚性赔偿制度的演进与适用》,载《中国社会科学》2014年第3期,第118页。

在能够以何种补偿性赔偿作为基础的问题,即特定条文是适用于侵权责任领域还是合同责任[52]领域的问题。从程序上来看,主张惩罚性赔偿还存在在侵权之诉或违约之诉中是否适用的问题。根据惩罚性赔偿具体条文的构成要件,就合同/侵权责任的划分各惩罚性赔偿条文必然存在于实践中主要适用的领域,部分条文可能不适用于某一领域(主要针对合同责任领域)。因此,依据合同责任和侵权责任的划分来分析惩罚性赔偿的具体规定能够在一定程度上明确各惩罚性赔偿规定所适用的范围,降低法律适用错误的可能,故下文将尝试就我国惩罚性赔偿相关条文在合同责任与侵权责任中的适用分别进行论述。

五、惩罚性赔偿制度体系的二元结构

(一) 基于合同引发的惩罚性赔偿

在我国法律体系中,涉及合同责任之惩罚性赔偿的规定远多于侵权责任之惩罚性赔偿,如在一般的商品买卖合同和提供服务合同、特殊买卖合同(商品房买卖、食品买卖)、旅游合同、劳动合同等;因合同责任存在缔约过失、违约责任和瑕疵担保责任等多种责任形态,并在合同上存在合同不成立、合同被宣告无效、合同被撤销和合同被解除等多种可能的法律后果;又因现行法律在多种合同中设定了惩罚性赔偿,上述三种因素相互交织,使得合同责任上的惩罚性赔偿制度变得异常复杂。

合同类型	独立请求权基础	赔偿数额	产生事由
提供商品和服务	《消法》55条第1款	3倍赔偿	欺诈
商品房买卖	《商品房买卖合同解释》第8条和第9条	已付价款1倍	隐瞒许可证、已抵押、已卖给第三人或为拆迁补偿安置标的;一房二卖、又抵押
旅游	《旅游法》第70条	旅游费用1—3倍	有履行条件,经要求仍拒绝,造成人身损害、滞留等严重后果的
食品、药品购销	《食品药品解释》第15条	价款10倍赔偿金或者依照法律规定的其他赔偿标准	生产不符合安全标准的食品或者销售明知是不符合安全标准的食品
	《食品安全法》第148条	支付价款10倍或者损失3倍的赔偿金,至少为1000元	同上

---

[52] 此处的"合同责任"指合同上的民事责任,包括违约责任和缔约过失责任等。参见韩世远:《合同法总论》,法律出版社2004年版,第686页。

我国合同责任上之惩罚性赔偿责任有如下特点：(1)违背了民事合同义务的同时违背了行政法上的义务。立法政策上将部分本应由行政机关行使的职责有选择地留给了受害人，实质上授予私人一种惩罚特权，并给予一定的回报做奖励。[53] (2)一方对另一方有信息披露义务，《消法》第28条有明文规定。金融消费者接受金融服务的过程中，《保险法》第116条、《证券法》第63条对经营者的告知义务进行了细化。(3)惩罚性赔偿制度核心目的是威慑与惩罚，并不专以补偿受害人的损失为目的，构成惩罚性赔偿金责任不必具备损害事实的要件，惩罚性赔偿的数额在基数的选择上不必然与填补性赔偿数额挂钩，比如已付价款、商品和服务价格等。[54] (4)惩罚性赔偿请求权一般由消费者向经营者主张，导致法院需要认定原告是否是消费者，但《商品房买卖合同解释》并未将购房者限定为消费者，这不必然与《消法》第55条矛盾[55]，法院也不应以不符合消费者的定义为由一律驳回惩罚性赔偿的请求。(5)一般与"填补性赔偿责任"产生的时间一致，合同责任领域中惩罚性赔偿请求权与合同无效责任、合同解除责任等同时产生。(6)由于合同之诉中难以支持非财产损害以及部分财产损害，惩罚性赔偿可以弥补被害人补偿不足之缺。惩罚性赔偿责任补偿的并非一般意义上的损失，而是其无法证明的，或一般规则所不支持的损失，如律师费及其他成本等。[56]

如上文所述惩罚性赔偿是法定赔偿，具有独立性，无论合同进展到何种阶段，无论合同如何终了，均不影响其独立性。违约责任、缔约过失责任都可以附加惩罚性赔偿。本文建议以《消法》第55条第1款为原则性条款，同时将合同责任之惩罚性赔偿分为缔约过失责任和违约责任两大类型，以此来协调食品购销合同、商品房买卖合同、保险合同和旅游合同等合同中涉及合同责任之惩罚性赔偿的法律适用，进行体系化整理，以期形成整体性的、协调性的合同责任之惩罚性赔偿体系，既能解决现行法之适用的扞格之处，又能保持开口吸纳新型的合同责任之惩罚性赔偿。

《消法》第55条第1款规定的欺诈行为要件与1988年《民通意见》规定的缔约欺诈要件有出入。以最高法院指导案例17号和23号为典型，对《消法》第

---

[53] 朱广新：《惩罚性赔偿制度的演进与适用》，载《中国社会科学》2014年第3期，第124页。

[54] 杨立新：《〈消费者权益保护法〉规定惩罚性赔偿责任的成功与不足及完善措施》，载《清华法学》2010年第3期，第10页；陈承堂：《论"损失"在惩罚性赔偿责任构成中的地位》，载《法学》2014年第9期，第141页。

[55] 钱玉文：《论商品房买卖中惩罚性赔偿责任的法律适用》，载《现代法学》2017年9期，第65页。

[56] 陈承堂：《论"损失"在惩罚性赔偿责任构成中的地位》，载《法学》2014年第9期，第142页。

55条进行欺诈认定时,应对故意要件予以缓和,其不与意思自治发生直接联系,并且可以结合经验法则。《消法》上的"欺诈行为"构成需经营者具备欺诈之故意;"欺诈行为客观要件"即存在经营者告知消费者虚假情况,或者隐瞒真实情况的行为。

《食品安全法》第148条规定的"10倍赔偿",既可选择侵权诉因,亦可选择合同诉因。请求10倍赔偿时,应实质审查是否有"食品安全问题","但书"部分要求消费者对于"食品安全"或者标识具有的"误导性"举证。与《消法》55条第1款竞合时,虽然消费者的举证不符合10倍赔偿的要件,如果经营者构成欺诈,法院应该在合理范围内依处分原则释明可主张《消法》3倍赔偿,不应直接驳回其10倍赔偿的惩罚性赔偿的请求。

在商品房买卖合同中,不宜直接肯定司法解释适用上的优先性,《消法》第55条"商品"用语涵盖了"商品房",不宜仅仅以《产品质量法》中的"产品"不包含"建筑工程"为由简单地、轻易地否定《消法》第55条的适用。《商品房买卖合同解释》中的"购买者"应做限缩解释为《消法》意义上的"消费者";同时肯认购买者有权选择《消法》第55条的3倍赔偿作为请求权基础,以全方位地遏制欺诈行为。同时,在解释上认可法官对3倍赔偿的进行司法酌减以防利益失衡。商品房购销合同无效、被撤销、被解除原则上不能左右惩罚性赔偿请求权,但因购房者一方的原因导致合同被解除的除外。

保险产品消费者能否主张惩罚性赔偿应区分情形,当保险产品具有保障功能和投资功能双重属性时,符合《消法》第55条所规定的"生活消费"之文义。《消法》将金融消费者接受金融服务过程中遭受欺诈、因金融产品存在瑕疵引致的瑕疵担保责任两种情况纳入了惩罚性赔偿制度中具有积极意义。但为了防止打击泛滥、动摇经济命脉,应对《消法》第55条作限缩解释,具体量定赔偿金时,不宜以全部保险费做计算基数,否则将会不当地涵射财务投资的风险损失。同时,排除金融机构的惩罚性赔偿责任应从保险产品是否备案、是否履行缴纳保费等义务以及消费者是否领取红利、举证程度是否达到法定的证明标准这四个因素入手;而不应拘泥于金融产品是否具有保障功能、购买者是否为了"生活消费"的角度。

旅游纠纷中,旅游者可视情况选择《旅游法》第70条、《消法》第55条第1款或者第2款作为惩罚性赔偿的请求权基础。旅游纠纷中欺诈缔约的构成,应考虑旅行社故意告知虚假情况、隐瞒真实情况的内容对于整个旅游过程的重要性。仅当欺诈行为所针对的内容对于旅程的进行、体验有重要影响时,才可能导致陷入错误的旅客据此作出意思表示。若旅程时间较长,旅行社仅就其中一天行程作出欺诈行为,应以欺诈行为所针对的服务内容之费用为基数计算赔偿数额。

(二) 基于侵权引发的惩罚性赔偿

相关规定散见于不同法律中,各条文之间缺乏关联性,体系性缺失,给法律适用带来很多困难和不确定性。对此本该作出一般性规定的《侵权责任法》仅在产品责任一章进行了规定,难以统合整个侵权责任之惩罚性赔偿体系,并指引其他条文的适用以及新领域惩罚性赔偿制度的设立。因此有必要在民法典侵权责任编之总则部分建立新的一般条款以统合整个基于侵权责任而引发的惩罚性赔偿制度,同时厘清现有条款(主要规定在消费者权益保护领域),即《消法》第55条第2款和《食品安全法》第148条、最高人民法院《关于审理医疗损害责任纠纷案件适用法律若干问题的解释》(以下简称法释〔2017〕20号)第23条和《旅游法》第70条之间的关系,以构筑一个逻辑严密协调的制度体系。

本文建议依据上述惩罚性赔偿制度四原则在《民法典各分编(草案)》侵权责任编"责任承担"一章中设置侵权责任之惩罚性赔偿的一般条款,作为一般规则,构建一个"一般条款+其他法律"的法之适用公式,以弥补现行《侵权责任法》第47条作为侵权责任之惩罚性赔偿一般性条款的不足。适当扩大对于"商品""消费者"和"经营者"的解释,以《消法》第55条第2款作为商品及服务侵权之惩罚性赔偿的一般规定,在食品侵权责任之惩罚性赔偿上构建《食品安全法》第148条+《消法》第55条第2款"的法律适用公式,在医疗产品侵权责任之惩罚性赔偿上构建"法释〔2017〕20号第23条+《消法》第55条第2款"的法律适用公式,在旅游服务侵权责任之惩罚性赔偿上构建"《旅游法》第70条+《消法》第55条第2款"的法律适用公式,使一般规定与特别规定相互补位,保持法律体系的协调一致,实现法之安定性与开放性的统一。

《消法》第55条第2款规定的"明知"要件不等同于"直接故意",在解释上应包含"应知",以缓和严苛的构成要件;"所受损失"一词是指包含精神损害赔偿金在内的"全部损失"。《食品安全法》第148条规定的惩罚性赔偿既有可能适用于违约之诉,也有可能适用侵权之诉,如此会造成适用上的困难,应该参照《消法》第55条第2款分别规定,食品侵权之惩罚性赔偿的规定应将"食品安全标准"替换为"食品安全",同时同样以"明知"作为生产者的主观归责要素,赋予生产者以抗辩权以防赔偿漫无边际。

对于因医疗产品缺陷导致惩罚性赔偿之诉时,应在《消法》第55条第2款法之适用的基础上来做具体案件事实认定和利益衡量。医疗产品缺陷的认定应沿用《产品质量法》第43条之规定,无行政前置程序的要求,不应过分行政处罚认定书以及鉴定意见等文书,应围绕治疗时产品"存在危及人身、他人财产安全的不合理的危险"来认定,不应肯定生产者和医疗机构的"产品流转次数多、不能确定具体侵权人"的抗辩理由。解释法释〔2017〕20号第25条的"医疗产品"时,宜将血液包含在内,而不限于药品、消毒药剂、医疗器械。对"明知"要件的理解和适用要与《消法》第55条第2款保持一致,判定销售者是否"明知"时,应该从查验义务履行得是否细致、问题是否过于明显等思路处理。同时,医患关系不宜在现阶段当然地、一律排除《消法》适用;为周密保障被害人利益,应肯认选择侵权之诉时,有权选择欺诈类型的惩罚性赔偿制度。

《旅游法》第70条规定要造成"人身损害、滞留等严重后果的"才能主张惩罚性赔偿,但计算基数却是与实际损害无关联的"旅游费用",使得责任比例失衡,应将旅游费用改为"损失",从而与体系保持一致。应肯认旅游者可以根据其具体情况选择有利的请求权基础,结合《消法》第55条的第1款或者《消法》第55条第2款,来主张其中一种惩罚性赔偿。法官不应以不符合《旅游法》第70条规定的要件直接驳回惩罚性赔偿请求。如果当事人依据侵权之诉主张基于旅游法律关系所产生的惩罚性赔偿,则《消法》第55条第2款应成为解释《旅游法》第70条的指引性规则,二者可以结合使用。

(三)对竞合问题的处理

如前文所述,惩罚性赔偿责任是一种独立的民事责任,不能够被单纯归入合同责任或侵权责任的范围内,而只存在能否以合同责任或侵权责任中的补偿性赔偿为基础的问题。因此,严格意义上所谓合同责任之惩罚性赔偿应是指能够以违约责任中的补偿性赔偿为基础而请求的惩罚性赔偿;侵权责任之惩罚性赔偿即能够以侵权责任的补偿性赔偿为基础而请求的惩罚性赔偿。

然而,我国惩罚性赔偿体系中部分主要适用于侵权责任之上的惩罚性赔偿同样存在合同关系,如《消法》第55条第2款规定的经营者提供存在缺陷的商品和服务造成消费者死亡或健康严重损害的情形中,纠纷双方及经营者和消费者间存在买卖合同关系;《旅游法》第70条规定的旅行社拒绝履行合同造成旅游者损害的情形中,旅行社与旅游者间存在旅游合同关系。而本文仍将此类条文归入基于侵权行为而引发的惩罚性赔偿分支,理由在于:这些条文中责任构成要件所要求的"损害"和"后果"有可能超出合同责任中履行利益的范围[57],在此种加害给付的情形下,人身损害的赔偿通过侵权责任来解决。在某些情况下,合同责任并不能对受害人的人身伤亡提供救济,并且我国在立

---

[57] 所谓履行利益,是指法律行为(尤其是合同)有效成立,但因债务不履行而发生的损失,又称为积极利益或积极的合同利益。参见韩世远:《合同法总论》,法律出版社2004年版,第724页。

法上不承认违约责任中的精神损害赔偿[58],因此主张侵权责任的情形更多。[59] 此类将合同责任不能覆盖的损害作为要件的惩罚性赔偿,即使可能有合同关系的存在,依《合同法》第122条构成违约责任和侵权责任的竞合,但在实践中以选择主张侵权责任者居多。

但此种划分并不意味着在加害给付的情形之下,若当事人选择主张违约责任则必然不适用本文所述的侵权责任之惩罚性赔偿。惩罚性赔偿的适用是否应与当事人选择的请求权相关?从域外司法实践上看,在英国 Addis v. Gramophone Co. Ltd. 案中,阿特金斯法官认为在此种请求权竞合的情况之下,若选择侵权之诉作为救济手段,"毫无疑问他可以获得惩罚性赔偿金";但若选择违约之诉,"他将获得在其合同得以继续情况下所得利益损失的足够金钱赔偿,并且不再有其他的了"。[60] 此种观点即认为惩罚性赔偿金的适用于当事人选择的请求权相关。在美国法中,惩罚性赔偿同样在传统上不适用于合同责任,除非对合同义务的违反同时构成侵权行为[61],部分州至今仍不允许惩罚性赔偿在合同之诉中的适用。[62] 不过,若违约同时构成欺诈的侵权行为时,有违约诉讼适用惩罚性赔偿的判例,如著名的 BMW of North America, Inc. V. Gore 案。[63]

然而,必须注意到我国惩罚性赔偿体系与英美法的重大不同。在英美法中,惩罚性赔偿主要适用于侵权责任领域,合同领域的适用是例外情形,而在我国惩罚性赔偿体系中合同责任之惩罚性赔偿与侵权责任之惩罚性赔偿呈现出"各据半壁江山"的态势。在英美法中,因为惩罚性赔偿主要适用于侵权责任领域,故一般情况下当事人选择侵权作为诉因时才能够适用惩罚性赔偿,在程序上和实体上能够形成一致。但考虑到我国惩罚性赔偿体系的特殊性,若将惩罚性赔偿的适用与当事人选择的请求权严格对应,那么若合同一

---

[58] 汪世虎:《合同责任与侵权责任竞合问题研究》,载《现代法学》2002年第4期,第111—112页。

[59] 部分合同中的人身损害可以通过主张合同中保护义务的未履行来请求赔偿,《合同法》中许多条文明确规定了与给付有关的保护义务,涉及人身权保护的有第282条、第290条、第302条等,因此许多情形下人身损害往往可以在违约责任中主张,请求权竞合较为突出的问题是我国违约责任不可主张精神损害赔偿,侵权责任不能主张履行利益。参见谢鸿飞:《违约责任与侵权责任竞合理论的再构成》,载《环球法律评论》2014年第6期,第5页。

[60] 同前注[22],第21页。

[61] A. Mitchell Polinsky, Steven Shavell: Punitive Damages: An Economic Analysis, *Harvard Law Review*, vol. 111, no. 4, 1998, p. 869.

[62] 加利福尼亚州、北达科他州、南达科他州、得克萨斯州不允许在合同之诉中适用惩罚性赔偿。而俄克拉荷马州、威斯康星州在违约相当于独立的、故意的侵权行为的情况下,选择合同之诉可以适用惩罚性赔偿。参见前注[22],第392页。

[63] 同前注[59]。

方存在欺诈行为符合合同责任之惩罚性赔偿的要件,虽未造成固有利益的损害,在合同责任中合同相对方可以请求惩罚性赔偿;但在同样情况下若造成了严重损害,在立法上又无侵权责任之惩罚性赔偿与之对应或是不符合相应领域侵权责任之惩罚性赔偿的要件,则相对方选择侵权之诉,就不能够主张惩罚性赔偿了。举例而言,若某甲与旅行社乙签订旅游合同,旅行社乙在签订时构成欺诈订约,符合《消费者权益保护法》第55条第1款的适用条件,某甲可以以此为依据请求惩罚性赔偿;但乙旅行社在合同履行时还同时因为履约不当造成某甲身受重伤,此种情形既不符合《旅游法》第70条中"旅行社具备履行条件,经旅游者要求仍拒绝履行合同"的要件,也不符合新《消法》第55条第2款"经营者明知商品或者服务存在缺陷,仍然向消费者提供"的要件,考虑到精神损害的请求,某甲主张侵权责任,《旅游法》第70条和新《消法》第55条第2款的侵权责任之惩罚性赔偿均不能适用,而本可适用的新《消法》第55条第1款在侵权之诉中也无法适用了,某甲反而不能主张惩罚性赔偿了。此种情形会造成法律适用上的失衡、僵化。造成此种情况的原因是:我国惩罚性赔偿体系特殊,既有基于合同责任而产生的又有基于侵权责任而产生的,因基于不同的立法目的,各法律条文比较散乱,所规定的要件也不尽相同,如在旅游纠纷领域,为了保护消费者的知情权,合同责任之惩罚性赔偿要求"欺诈"之要件,而为了保护消费者的人身利益,侵权责任之惩罚性赔偿则要求旅行社拒绝履行合同且造成严重后果或者明知服务存在缺陷仍然提供,并不考虑"欺诈"[64]的情况。此外,若将惩罚性赔偿的适用于当事人所选择的请求权严格对应,在责任竞合的情况下,即使有侵权责任之惩罚性赔偿相对应,也有可能出现赔偿额认定上的失衡。

在竞合情形之下,本文认为不宜将惩罚性赔偿的适用与当事人所选择之请求权严格挂钩,而应在审理时独立地考虑案件是否符合惩罚性赔偿要件,因为惩罚性赔偿责任本就是一种独立的法定民事责任,只要符合惩罚性赔偿法条之要件即可适用。由于我国违约责任中不承认精神损害赔偿,并且采用请求权竞合模式,这就使得当事人往往要在精神损害赔偿和履行利益之间做选择,若将惩罚性赔偿的适用进一步与请求权的选择挂钩,则会使得我国的损害赔偿制度更加失衡。细查我国合同责任之惩罚性赔偿的各条文,也均未明确排除在侵权责任案件中适用的可能性,除《侵权责任法》第47条外本就没有建立起与合同责任/侵权责任的强制联系;相反,《消法》第55条在同一条文中的两款分别规定了合同责任之惩罚性赔偿和侵权责任之惩罚性赔偿,《旅游法》第70条同时

---

[64] 在美国法中,欺诈(fraud)作为不当表述(misrepresentation)的一种,构成侵权。参见许传玺等译:《侵权法重述第二版:条文部分》,法律出版社2012年版,第227页。

包含侵权责任之惩罚性赔偿和合同责任之惩罚性赔偿,这些立法例更加印证了在请求权竞合时惩罚性赔偿的适用应更为灵活。

综上,若符合惩罚性赔偿适用条件,无论诉由是违约还是侵权,都应当适用相应的惩罚性赔偿。[65] 在侵权之诉中,若符合合同责任之惩罚性赔偿要件,也应依据当事人的选择适用惩罚性赔偿。

六、体系总结

我国惩罚性赔偿体系的顶端应由四个顶层原则统领全局,顶层原则是我国惩罚性赔偿法律法规必须遵从的一般性准则,贯穿惩罚性赔偿立法、司法和执法的全过程,具体分为:可罚性原则、客观损害原则、损害基数原则和过罚相当原则。在顶层原则之下,我国惩罚性赔偿分为合同责任之惩罚性赔偿和侵权责任之惩罚性赔偿两条线,当基于合同和基于侵权引发惩罚性赔偿相竞合时,用处理请求权竞合的规则来协调之。案件审理时,首先应当分清案件类型,将合同纠纷与侵权纠纷区别对待,以适用不同的责任认定要件,进而对纠纷被告是否应当承担惩罚性赔偿金加以判断,再对赔偿金之数额予以衡量。

合同责任之惩罚性赔偿分为缔约欺诈与违约两大类型,缔约欺诈类型对应的现行法条款为:2013年《消法》第55条第1款和法释〔2003〕7号第9条;根本违约类型对应的现行法条款为:法释〔2003〕7号第8条和2013年《旅游法》第70条。

侵权责任之惩罚性赔偿分为产品和服务、商标以及生态环境侵权三种类型,其中产品和服务领域又细分为食品安全、医疗产品和旅游服务。建议在《民法典各分编(草案)》侵权责任编"责任承担"一章中规定侵权责任之惩罚性赔偿的一般条款以统领整个侵权责任之惩罚性赔偿体系。在产品或服务领域以《消法》第55条第2款作为一般条款统领《食品安全法》第148条、法释〔2017〕20号第23条和《旅游法》第70条。商标侵权及生态环境侵权领域则较为简单,对应的现行法条为《商标法》第63条和《民法典各分编(草案)》第1008条。

小结上文对我国惩罚性赔偿体系之表述,现拟我国惩罚性赔偿体系架构图如下页所示。

---

[65] 同前注[59]。

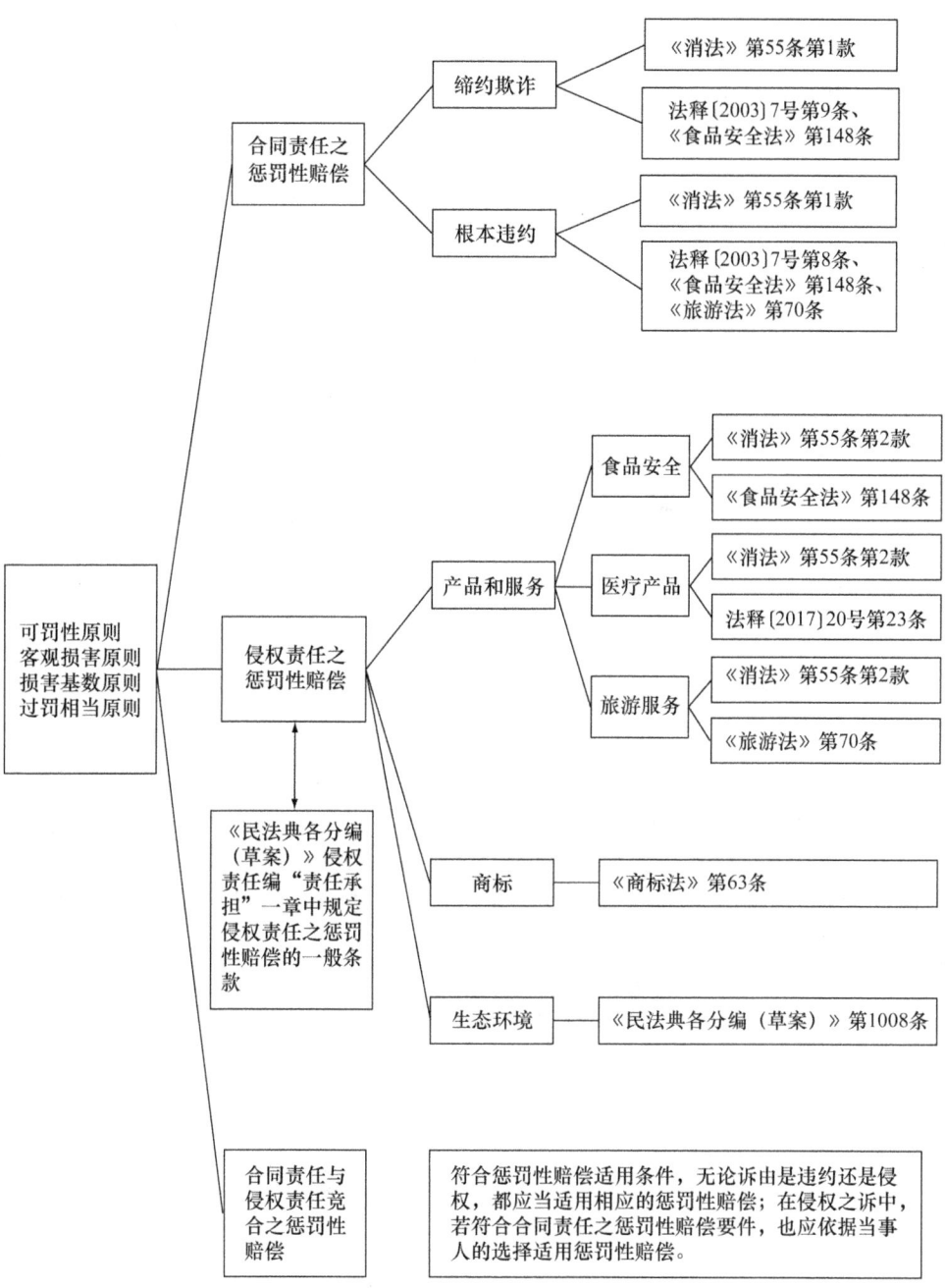

我国惩罚性赔偿体系架构图

权力概念的变迁与反思

苏 宇[*]

The Vicissitude and Reflection of the Concept of Power

Su Yu

内容摘要：现代公法中的权力概念系由 potestas 和 potentia 两条脉络经过复杂的历史演变形成的。相比 16 世纪以前的公法学概念框架，以权力为基础的框架更具系统性，更能诠释公法制度的正当性来源，也更能适应民主代议制时代制定法日益增长的需要。但是，19 世纪以来，权力概念的发展趋于迟缓，在结构上欠缺与时代同步的革新，导致新兴的权力现象难以与旧的公法学框架兼容。对此，开拓更具包容性的认知框架、发展权力的一般法律形式理论、形塑公权力固有的品质要求，应成为现代公法学的重要使命。

关键词：权力　理论基础　概念史

权力现象正在发生变化。公法学者们发现，公权力的运行图景已经开始产

---

[*] 苏宇，法学博士，中国人民公安大学法学院讲师。感谢浙江大学郑春燕教授、厦门大学陈鹏副教授、国家发展和改革委员会经济体制综合改革司阮征女士对本文提出的宝贵修改建议。当然，文责自负。

本文系 2015 年度教育部哲学社会科学研究重大课题攻关项目"法治中国建设背景下警察权研究"（15JZD010）的阶段性成果。

生重要的变革:在风险规制和社会治理中,政府权力正在不断扩张[1];公众参与和治理的兴起引起了治理权力的分散和重构[2];"轻推"(nudge)的盛行、转介行政(Vermittelnde Verwaltung)[3]等非高权手段的不断运用、"行政软权力"的出现和发展[4],更是让权力似乎更加无所不在,而又突破了传统的约束框架。每一个失信人名单上的记录、每一个日夜运转的视频监控设备、每一条由行政机关披露或转发的信息、每一个通过网络服务平台或信息服务运营商对普通用户作出的决定,都潜藏着权力不断变化和延伸的触角。随着传统公法学对于权力的制约与规范已经日显不足,学界的思考已经开始直指权力概念这一基础问题。不解决这一根本性的理论问题,公法及公法学发现、认识、理解和规范权力现象的能力就难以应付应接不暇的新挑战。

在21世纪以降的中国公法学研究中,透过种种权力现象的新变化,对权力本身的深入反思与追问渐成热潮。学者们为了"深刻地理解法律实践",对权力概念展开了公法学、社会学、经济学、政治学等视角下的考察。[5] 例如,有学者主张以法律制约权力不过是法治的外观,权力自身的分立与制衡才是法治的实质和内核[6];有学者主张为了研究权力制约与监督,还需要在既有学说的基础上重新定义权力[7];更有学者主张在将权力关进制度的笼子里之前,就需要对什么是权力、权力是否等同于公权力等问题进行再思考。[8] 更有学者主张,应当因应法治实践的现实,承认"社会公权力"等不同于传统公法学上权力内涵的概念[9];又或者需要把传统公法学著作中未曾出现的新型权力加入权力的类型学框架之中。[10] 这些思考不同程度地指出了研究权力本身对于法治、对于公法理论而言的重要意义,也对权力理论进行了多方面的有益思考,但对"权力"这一概念仍然欠缺深入的、历史性的考证和反思。

---

[1] 参见于兆波、刘银平:《风险社会视角下的立法决策观念转变——以权力和权利为中心展开》,载《地方立法研究》2017年第1期,第80—89页。

[2] 参见王锡锌:《公众参与和行政过程——一个理念和制度分析的框架》,中国民主法制出版社2007年版,第90页。

[3] 参见施密特·阿斯曼:《秩序理念下的行政法体系建构》,林明锵等译,北京大学出版社2012年版,第160页。

[4] 参见门中敬:《行政软权力的特征和价值与功能》,载《法学论坛》2009年第1期,第104—108页。

[5] 参见周尚君:《权力概念的法理重释》,载《政法论丛》2012年第5期,第25—30页。

[6] 参见范进学、夏泽祥:《认真对待权力——法治视野下法律与权力关系的反思》,载《浙江社会科学》2004年第4期,第68—73页。

[7] 参见谢佑平、江涌:《论权力及其制约》,载《东方法学》2010年第2期,第64—90页。

[8] 参见孙国华、孟强:《权力与权利辨析》,载《法学杂志》2016年第1期,第1—7页。

[9] 参见徐靖:《论法律视域下社会公权力的内涵、构成及价值》,载《中国法学》2014年第1期,第79—101页。

[10] 参见陈云良:《国家调节权:第四种权力形态》,载《现代法学》2007年第6期,第15—22页。

现代社会的权力概念从何而来？它为何在如此晚的年代才被最终塑成，又何以成为现代政治体制和公法制度中的核心概念和基本要素？它是如何被发现、被建构、被界定、被规范的？如果我们能进一步关注权力概念本身的生成与演变，关注它的深层法理基础，也许能够在权力现象及其规范定位的探索基础上，更加深刻地使权力理论能回应政治社会的发展变化，推动公法学原理的深层变革。

一、17世纪初以前的权力概念

在概念的"亲缘关系"上，现代意义上的权力概念实际上是一个有着双重概念基因的"后代"。[11] 就英语中的 power 而言，它主要有两个前身：一是 potestas，就其作用而言可译为"支配"，指的是法律上能够支配某种对象的能力[12]；二是 potentia，常译"力量"或"潜能"，通常指的是事实上能够影响其他对象的能力。在法学中，potestas 的起源和广泛使用较之 potentia 要早，但直至两个概念最终实现结合之前，并不存在一种统一的权力概念，现代公法学中的权力概念对于古人而言仍然是陌生的。

（一）potestas 在法学中的演变

在古代公法中，权力概念的前身之一 potestas 已经被使用，但却并不作为一种支撑公法理论体系的核心概念存在。在罗马共和国时期，它和治权（imperium）、威权（auctoritatem）、支配（potestatem）、主权（maiestatem）[13] 等概念被并列使用。当时罗马法习谚曾言："治权在执政官，威权在元老院，权力在平民，主权在全体民众。"（Imperium in magistratibus, auctoritatem in Senatu, potestatem in plebe, maiestatem in populo）[14] 这一习谚所刻画的概念关系与当今公法学理论体系中的概念关系有着显著的区别。Potestas 在此仅仅作为一种具体的权力形态存在，而不是所有权力形态的共同内核。这一概念在罗马帝国时期就能够贯通公私法、广泛刻画各种具体支配关系，为其日后演化为现代的权力概念奠定了重要的基础。

受罗马法的此种定位影响，在中世纪，potestas 不仅自身就可以表达权力现象，而且被广泛用以刻画其他的公私法概念。就它自身表达权力现象的作用而言，它曾与 auctoritas 并列为政治学说的基础概念之一，auctoritas 是不实际

---

[11] Nancy Struever, "Fables of power", *Representations*, vol. 4, autumn, 1983, p. 108.

[12] 罗马帝国时期的法学家保罗认为 potestas 是一种支配关系；它不宜被简单理解为现代的"权力"，参见徐国栋：《元首制时代的罗马宪法文本研究——以〈韦斯巴芗谕令权法〉为依据》，载《现代法学》2013年第2期，第27—41页。

[13] 译法据韩潮：《博丹对混合政体学说的批评》，载《政治思想史》2014年第4期，第52页脚注2。上述用语与现代汉语中的相应概念有差异，由于篇幅所限，详细的考察与对比从略。

[14] 同前注[13]，第52页。

行使的权力,而 potestas 是可以实际行使的权力,由此衍生出王权与政权(il Regno e il Governo,或译王国与政府)这两个相互合作而统治世界的原则。[15] 就它对其他概念的刻画与阐释而言,它的运用非常广泛,例如,imperium 被解释为"potestas regia"(君主支配权)[16];iurisdictio 被解释为"potestas de publico introducta cum necessitate iuris dicendi et aequitatem statuendae"(为确立公正及宣告正义的必要而生成的权力)[17];ius(法权)被解释为 potestas licite utendi(合法运用的支配)或 potestatem iuris(合法的支配)[18];dominium(所有权)被认为是依照法律(lex)对人对物主张的支配[19];potestas absoluta(绝对权力)、potestas ordinata(既立权力)[20]、potestas plenitudo(充分权力)、potestas suprema(最高权力)、potestas summa(总权力)等概念组合已经开始在 imperium 主导的框架下广泛参与公法理论框架的建构[21],potestas condendi leges(立法权)等具体权力类型也已经得到一定程度上的讨论[22];等等。

但是,potestas 在当时并没有取得现代权力概念的独立性。在广泛地支撑公法理论框架的同时,potestas 经常被当作法理上的一个义素(seme)使用,也就是基本上被当作某种最基本的法理单元使用,它和 ius 并不处于同一概念层级。在这一点上,potestas 与 ius 之间的关系,并不是 right 与 power 那种能够于同一层级并列且一定程度上相对峙的关系。尽管 potestas 和今天的 power(权力)概念存在很多相似之处,但 potestas 能够作为跨越公法和私法的一个基础法理单元存在,而 power 却不能。例如,potestas 能内置于 ius 的法理内涵之中,作为 ius 的法理构造内容的一部分、作为 ius 的一种法理作用存在;而 power 在法理上却不能内置于 right(权利)之中;我们可以说某些限定条件下的 potestas 就是 ius(例如前文的 potestas licite utendi)、ius 里包含有各种 potestas,但却很难说某些条件下的 power 是 right、right 内包含有各种

---

[15] Agamben, *Giorgio. Il Regno e la Gloria*, Bollati Boringhieri(2009).

[16] M. I. Henderson, "Potestas Regia", *The Journal of Roman Studies*, vol. 47, no. 1—2, 1957, p. 82.

[17] M. P Glimore, *Argument from Roman Law in Political Thought*: 1200—1600, Harvard University Press, p. 30.

[18] 参见李中原:《Ius 和 right 的词义变迁——谈两大法系权利概念的历史演进》,载《中外法学》2008 年第 4 期,第 533—551 页;另参见方新军:《权利概念的历史》,载《法学研究》2007 年第 4 期,第 69—95 页。

[19] 参见方新军:《权利概念的历史》,载《法学研究》2007 年第 4 期,第 69—95 页。

[20] See J. Canning, *Ideas of Power in the Late Middle Ages*: 1296—1417, Cambridge University Press, 2011, p. 142. 对这两个概念的进一步解释,参见苏宇:《行政权概念的回溯与反思》,载《行政法论丛》第 17 卷(2015),第 89—121 页。

[21] *Id.*, p. 150.

[22] *Id.*, p. 126.

powers;除非一项 power 在制定法上被赋予一定程度的 right 的属性,那也是针对不同的主体与事项,实质上属于不同的法律关系。[23] 如果说 right 只有"权利"而没有"法"的含义,不能简单地和 ius 类比,我们不妨继续观察德语中的 Recht 与法语中的 droit(同为法权),它们也同时具备权利和法的内涵,但是,Gewalt(德语的"权力")和 pouvoir(法语的"权力")也不能内置于 Recht 或 droit 的法理结构中。因此,potestas 更应当作为一种带有支配力的法理作用而非现代意义上的权力获得解释。Potestas 在某种情况下可以被称为法权[24],但在逻辑上却没有法权的完备性,而且在17世纪末以前,对于斯宾诺莎以外的法学家(或哲学家)而言,potestas 必须附着于某种法权,才能发挥要求服从的作用。[25] 由于 potestas 在法理上的完备性还不能和 ius 相提并论,它经常附着于 ius 被使用,而 ius 中也包含了今天纯粹属于权力的内容。[26] 由于 ius 和 potestas 定位于不同的法理层面,从罗马帝国到16世纪,公法的理论结构中都没有出现权利和权力概念的对立关系;权力自身也无法作为一个核心概念去构筑整个公法或政治制度的主体框架。

公法理论在当时呈现出一幅与现代公法学说颇为不同的图景。在当时,刻画权力现象的概念颇为丰富:maiestas、imperium、auctoritas 甚至 iurisdictio(管辖)、dominium(所有权)[27]、ius[28] 都被使用,而其间的法理结构与现代公法学中基于权力建立的框架大相径庭。在中世纪晚期的公法学说中,这些概念的分工大体上呈现这样的一幅图景:maiestas 表明最高统治权的性质与归属,auctoritas 表述不在实际执行层面的权力,potestas 表述能被实施的权力[29];imperium 刻画统治权的范围及其内容,iurisdictio 包括 imperium 和单纯的管辖权(iurisdictio simplex)[30],也就是整个决定正义和主持公道的权力[31];

---

[23] 例如对于大学自治权,有学者认为它同时兼具权利与权力的属性,相对于政府、教会或其他社会机构而言是权利,而相对于学校内部关系而言又体现为权力。参见湛中乐、韩春晖:《论大陆公立大学自治权的内在结构——结合北京大学的历史变迁分析》,载《中国教育法制评论》第4辑(2006),第49—72页。

[24] 同前注[19],第69—95页。

[25] Charles McIlwain, "Sovereignty Again", *Economica*, vol. 18, no. 11, 1926, p. 253.

[26] 例如皇帝的流放权(ius deportandi)就属于这种情况。Digesta, 1.19.3pr. 大量属于 imperium 的其他内容也被放在 ius 概念下处理。

[27] M. P Glimore, *Argument from Roman Law in Political Thought*: 1200—1600, p. 115; See J. Canning, *Ideas of Power in the Late Middle Ages*: 1296—1417, p. 122.

[28] 例如,在中世纪晚期公法中,ius regendi(统治之法权)也被广泛使用,它就包含了现代视角的权力要素。

[29] *Supra* note [15], p. 118.

[30] *Supra* note [17], p. 38.

[31] *Id.*, p. 30.

administratio 也有所使用,用于表述具体的管理事务职能。[32] 这样一种繁复的概念架构很容易造成混乱,从注释法学派开始,学者们就尝试发展出一套较成体系的、能够诠释统治关系及权力现象的概念架构。在 17 世纪以前的学说发展中,在《学说汇纂》第一卷中频繁出现的 imperium 被选中作为核心概念,它在当时的公法学理论中占据了举足轻重的地位。Merum imperium(纯粹治权)和 mixtum imperium(混合治权)、有时也包括 iurisditio simplex(简单管辖权)在当时有关统治关系及权力现象的法学理论中发挥着枢纽性的作用。[33] 例如,巴托鲁斯(Bartolus)和巴尔德斯(Baldus)等人文主义法学家所建立的公法学理论架构,就是先将整个广义上的 iurisdictio(相当于统治者的整个管辖权)划分为 imperium 与 iurisdictio simplex,再将 imperium 划分为 merum imperium 与 mixtum imperium;随后将 merum imperium 划分为从最大到最小的六个等级,再在其中填充具体的权力内容。[34] 在这个体系中,merum imperium 专属于王,从王开始传递到其他公职人员,为公共利益而运作,形式自由,不需要拟制司法裁判的过程;mixtum imperium 则为私人利益而运作。[35] Merum imperium 在公法中具有基础性的地位,其六个层次依次为:最大(maximum),专属于王、元老院和执政官,可以制定普遍性的法律;甚大(maius),可以判处死刑或丧失群体成员;大(magnum),可以决定公民资格存废;小(parvum),可以决定公民权利的剥夺;甚小(minus),包含更弱的一些权力,例如对侮辱执事者的强制权;最小(minimum),施加小额罚款的法权。[36]在其中,很多层面的 merum imperium 并不是用 potestas 而是用 ius 加以界定的。Potestas 并没有处于与 imperium、iurisdictio 等概念相并列的层次,虽然它广泛地作为一个诠释性的基础概念存在,却很少被用于直接界定权力架构,在整个政治和公法理论中的角色也不如在现代政治社会中突出。易言之,在这种公法学体系中,potestas 尚未得到作为组建理论体系的基础概念的机会,但它能够解释各种基础概念,贯穿于广泛公私法概念的解释层面,并且已经有一系列以 potestas 为基础的概念组合进入到政治和公法理论的重要探讨中,预示着它完全拥有担纲公法理论基础概念的潜力。

尽管如此,potestas 仍然不能被当作一个统一的、具体的权力概念来对待。在这样一种公法理论框架下,权力概念尽管已经得到了相当引人注目的发展,也参与到神权与君权关系、立法权归属、治权内容之界定、主权的性质

---

[32] 参见苏宇:《行政权概念的回溯与反思》,载《行政法论丛》第 17 卷(2015),第 90—91 页。
[33] *Supra* note [17], pp. 30, 38, 40, 56, 86, 90.
[34] *Id.*, pp. 37-41.
[35] *Id.*, pp. 38-39.
[36] *Id.*, pp. 40-41.

等重要主题的讨论[37],但却无法一力支撑公法对于整个政府体制的界定与规范。

(二) potentia 的加入与磨合

如果没有基于宗教和物理学之上的 potentia 概念的加入,potestas 恐怕不一定会演化为当代羽翼丰满的 power 概念。有学者认为,potestas 是刻画法权性质的权力,而 potentia 是刻画事实性质的权力。[38] 这一说法不完全正确,应当认为,potentia 在使用时是具备混合色彩的,但它更强调力而不是法权的属性[39],并且可以及于私人的力量。[40] Potentia 对 potestas 的补充,最主要的作用是将 potestas 抽离纯粹的法理作用层面,而使之成为一个能够完整地描述一种支配现象的概念。像前文那样将 potestas 置于 ius 中进行思考的主要问题,在于无法实证性地独立进行权力系统的建构。Potestas 的分配和调整需要依赖于 ius 的变化,权力结构的任何细微调节,都需要法权结构首先发生实质性的变动,这是一个比较复杂的过程。如果需要建立可以不断灵活调整的权力系统,就需要首先实现 potestas 系统的相对独立化,而基于 potentia 之上的动力学思考刚好可以弥补这一点,它在中世纪神学中本身就是独力支撑整个宇宙推动力论证的概念。

Potentia 原先仅在神学中得到一定的关注,自中世纪晚期以降,随着亚里士多德思想的盛行和近代物理学的兴起,它才受到日益热烈的系统性探讨。例如,阿奎那(Thomas Aquinas)基于亚里士多德的物理学体系,试图运用基于 potentia 概念的推动力链条论证上帝的存在性、无限性和不变性[41],为这一概念的广泛使用奠定了基础。阿奎那以后的法学家逐渐开始关注 potentia 在法学中的位置,potestas 和 potentia 在法理系统逐渐开始相互影响、进行磨合。这场磨合的进展可谓一波三折。Potestas 主要存在于法学的讨论,而 potentia 则长期存在于神学内部。在宗教影响力强大的中世纪中晚期,由于法学的体系经常参考神学和教会法的宗旨,可以认为,至少在概念形成的早期,更主要的是 potestas 的内容受 potentia 的体系之影响。例如,上帝所拥有的、无限的 potentia 被神学家们划分为 potentia absoluta(绝对之力)和 potentia ordinata

---

[37] See J. Canning, Ideas of Power in the Late Middle Ages: 1296—1417, pp. 21-25, 87.

[38] *Supra* note [25], p. 253.

[39] Richard Tuck, "Power and Authority in Seventeenth Century England", *The Histsorical Journal*, vol. 17, no. 1, 1974, p. 43.

[40] *Id.*, p. 49.

[41] Theologica Summa, I^a q. 2 a. 3 co. 2.; I^a q. 3 a. 1 co.; I^a q. 8 a. 3 ad 3.; I^a q. 9 a. 2 co.

(既定之力)[42],对这一组概念的探讨可以追溯到 11 世纪。而到了 13 世纪,神学家们对上帝的绝对权力(potestas absoluta)[43]和既定权力(potestas ordinata)进行了广泛的思考。这场思考的最初起源已不可考,目前我们仅知道这一主题的讨论热潮于 1230 年前后兴起。[44] 稍晚一些的著名法学家霍斯廷西斯参考神学家的定义,对这组概念进行了深入的探索。[45] 他将此组概念引入对教宗权力的研讨[46],而在 13 世纪末法学家安规索拉(Giovanni Anguissola)将这一组概念引入了对君主权力的刻画,从而使这一组概念进入了世俗政治和公法的层面。讨论 potentia absoluta/ordinata 的人主要涉及阿奎那、司各脱(Duns Scotus)、大阿尔伯特(Albertus Magnus)、达米安(Petrus Damianus)等神学家或经院哲学家;讨论 potestas absoluta/ordinata 的人则主要涉及霍斯廷西斯、阿尔贝利古(Albericus de Rosate)、安德烈(Johannes Andreae)等相对稍晚的法学家或神学家,一直影响到霍布斯在《利维坦》中建立他的权力框架。Potestas 与 potentia 最初的融汇,就源于这一组概念下的学说同构性发展过程。

类似的,从 13 世纪起,potestas 和 potentia 的概念开始产生更多的相互影响,但仍经常处于各行其道的状态。在这场磨合的过程中,奥卡姆的威廉(Gulielmus Occamus)进一步延续了阿奎那的讨论,深入亚里士多德对 actus(行为)和 potentia(潜能)的区分,接入到对法权体系的讨论中来:奥卡姆将 ius 理解为一种被允许的能力(potestas licita),而不是合乎正义的能力(potestas iusta)。这种被允许的能力就是 potentia。[47] 由此,这两个概念第一次被如此紧密地联结起来,并且形成了富有影响的区分:potestas 比 potentia 的内涵更为完备,包含了法权的各种能力在内。因此,更多学者将 potestas 用于法权概念的法理支配作用之讨论;而 potentia 仅仅表明法权概念的基础,不被进一步

---

[42] 在当时的神学理论中,绝对权力是指上帝可以超越于既有规律而采取一切行动的能力,既定权力是指上帝在其建立的规律和准则限度内(或在已经建立的当前世界之内)采取一切行动的能力。See Francis Oakley, "The Absolute and Ordained Power of God and King in the Sixteenth and Seventeenth Centuries: Philosophy, Science, Politics, and Law", *Journal of the History of Ideas*, vol. 59, no. 4, 1998, pp. 437-461. 亦有以 potestas 连接二者的论述,see Kenneth Pennington, *The Prince and the Law, 1200—1600: Souveignty and Rights in the Western Legal Tradition*, University of California Press, 1993, pp. 54-55.

[43] 此处的 potestas 更准确地是指上帝的能力。

[44] see Kenneth Pennington, *The Prince and the Law, 1200—1600: Souveignty and Rights in the Western Legal Tradition*, University of California Press, 1993, p. 55.

[45] Id., p. 55.

[46] Id., p. 106.

[47] 参见李猛:《自然社会》,生活·读书·新知三联书店 2015 年版,第 244 页脚注[5]。李猛将 potestas licita 译为"许可的权力",为区别于现代行政法中的"许可",笔者在此处译为"被允许的权力"。此处的"被允许"约相当于不被禁止,其主语是"自然法"。

展开为具体的法理作用。自奥卡姆的威廉以后，potestas 与 potentia 越来越多地共同出现在对世俗权力的公法理论研讨之中，potentia 的法理一面也在逐渐充实，但始终保留着法理上的某种不完备性，与 potestas 的完整法理属性保持着一定距离。直至 17 世纪初著名法学家格劳秀斯的法权体系中，potestas 和 potentia 仍未完成彻底的融汇。它们都被整合在 ius 的体系之中：ius moralis（道德意义上的法权）包括 faculty（能力）和 aptitudo（潜能）。Aptitudo 即为 potentia，它与分配正义相关，只是一种"应得"（άξίας），还没有上升为真正意义上的法权[48]；faculty 包括 potestas、dominium 和 creditum（债权），其中 potestas 又包括对他人的支配（例如父权）和对自己的支配（自由）。[49] 这种体系显然与奥卡姆的威廉之体系有所相似，而与现代法学中权利与权力之体系有明显的时代差异。格劳秀斯的契约论和自然法学说虽然已经开始突破旧体系的藩篱，但在概念体系上仍然没有实现根本性的变革。

（三）旧体系的缺点

让我们简要检视一下至 17 世纪初为止公法学体系的状况。这种体系缺乏统一的权力概念，而是通过前述 imperium、iurisdictio、auctoritas、ius、dominium 以及 potestas、potentia 等概念搭建起公法理论的框架。在这种公法理论体系中，现代权力的两个来源均已被某种程度的纳入，但却缺乏整合和提升——potestas 和 potentia 分属不同的法理脉络，而这两个概念都不能独立地表述和界分权力现象，这一定程度上导致现代公法的思考方式未能诞生。此种公法理论体系虽然能够在相当程度上处理权力现象，但很难应对更加复杂、精致的公法制度建设的需求。以前文中自 13 世纪开始流行、巴托鲁斯学派集其大成的 imperium-iurisdictio 体系为例，这一体系存在以下缺点：

第一，理论架构叠床架屋，而又界定不清，容易产生认知上的混乱，也欠缺必要的精确性。究竟 merum imperium、mixtum imperium 与 iurisdictio（simplex）之间是何关系、各自应当如何界定，数百年间一直争议不断，甚至是否存在无 imperium 的 iurisdictio 也还存在重大争议[50]；merum imperium 的内部等级划分也缺乏清晰的标准。Merum imperium 与 mixtum imperium 的内容亦不固定，缺乏逻辑上的严格推演，任由理论家发挥。例如，与巴托鲁斯学脉

---

[48] Grotius, De Jure Belli ac Pacis, I, i, VII。格劳秀斯在此直接引用了亚里士多德在《尼各马可伦理学》第五卷中使用的原词。在大半个世纪以后，莱布尼兹为 potentia 的含义充分整合到 ius 的内容中作出了突出贡献，参见罗杰·伯科威茨：《科学的馈赠——现代法律是如何演变为实在法的？》，田夫、徐丽丽译，法律出版社 2011 年版，第 78—79 页。

[49] 参见李猛：《自然社会》，生活·读书·新知三联书店 2015 年版，第 251 页；Grotius, De Jure Belli ac Pacis, I, i, IV—VIII。李猛在书中未说明 potentia 的内涵，笔者根据格劳秀斯《战争与和平法》原文译补。

[50] Supra note [17], p.86.

相承的巴尔德斯（Baldus）在谈论绝对纯粹治权（merum imperium absolutum）时列举了十六种权力，把巴托鲁斯及其他学者归之于 mixtum imperium 的多项内容也并入其中。[51] 由此，这一体系欠缺必要的清晰性与确定性，难以产生精致而稳定的理论与制度体系。Imperium 与 iurisdictio 概念直接联结于各种权力现象，但由于权力概念本身欠缺基础性的界定和划分，merum imperium 与 mixtum imperium 的划分也就流于表象，整个理论体系的建构与推演就缺乏稳定性与严密性。当需要讨论和调整具体权力安排的时候，学者们直接从 imperium 或 iurisdictio 的有无及类型去论证某种具体职权的存在、范围及归属，绕过了 potestas 等更为基础的概念层级，这就很难产生严谨而确定的结果。至于权力的体量、范围、强弱，旧体系更未提供任何衡量的尺度，它既无法从事实层面进行刻画，也不能从规范层面进行说明。

第二，旧体系所设想的权力安排是相对静态的，无法胜任制定法迅速增长的背景下权力结构变动的要求。民主代议制的兴起和制定法的大幅增长，使得实证性的权力架构设计与变动变得普遍而频繁。在中世纪的旧体系下，如果要调整具体的 potestas，就需要首先变动相应的 imperium、iurisdictio 以及其中的 ius，这是相当不便的。Imperium-iurisdictio 体系本就很难应对精细的、复杂的权力配置要求，当具体的权力结构不断发生局部变动时，权力范围调整和内容变革更无法从 imperium 或当时的 iurisdictio 概念出发进行论证。不仅如此，imperium-iurisdictio 体系的论证带有浓厚的学院气质，它建立在注释与评论罗马法的学理基础上，无法预见尚未到来的现代社会中权力结构随着大量制定法的不断变动而频繁调整、变化的情况。对此，传统理论的小修小补无济于事。

第三，旧体系的政治理论基础与近现代国家的政治体制及其思想基础不相适应，它既无法充分说明政府权力来源的正当性，也不能适应分权制衡的权力架构。Imperium 体系延续了罗马法中的一次性权力转移观念，将统治权的来源一劳永逸地追溯到最初人们向统治者一次让性渡 potestas 的行为[52]，但这一主张没有充分解释几个关键的理论问题：(1) 学者们按照最初的《霍尔滕西法》（Lex Hortensia，公元前 287 年制定）进行解释，人们将全部的 potestas 和 imperium 让渡给统治者[53]，但在让渡之前，人们自己的 potestas 和 imperium 何以存在？它们又从何而来、呈何关系？(2) 为什么这一次让渡可以自动形成永久性的、代代相传的 imperium？(3) 各种层次、各种类型的 imperium 是否能

---

[51] Id., p.42.

[52] 此学说的现实根源是公元前 287 年制定的《霍尔滕西法》（Lex Hortensia）。《学说汇纂》第一卷（Digesta 1.2.2.9；1.2.2.11）对此有概括性的论述，成为后世学者论证统治权起源的经典依据。

[53] Supra note [17], p.19.

从最初那个由让渡形成的 imperium 一路衍生而来、一直传递到最末端的公职人员？(4) 此种让渡在法理上的有效性如何？人们基于什么而让渡，统治者给予的对价是什么？能否构成有效的约定？对于 imperium—iurisdictio 体系，还需要追问：(5) 既然人们让渡了全部 potestas 与 imperium 而形成统治者的 imperium，抽离 imperium 的 iurisdictio 又从何而来？对于这些问题，旧体系或许可以勉强给予答案。但旧体系给出的答案未必能满足资产阶级革命及近代民主政制建设的需要。卢梭在《社会契约论》中对格劳秀斯让渡自由以赎命之学说的逐层批判就是一个侧证。[54] 这种古老的学说中并没有为臣民保有政治权利，或者对统治者给予法理上的有效约束；最初的让渡看起来只是第一代人面对最强者的权宜之计，它无法构成一个具有自由意志基础的、能够获得充分正当性基础的社会契约假定。此外，我们也难以设想从此种一揽子的让渡中产生分权制衡的权力结构，因为它没有清晰区分统治权和具体的权力，而统治权本身是一次性让渡全部形成的，自形成以后就缺乏分化、制衡与约束，这些都与资产阶级政权的需要不符。

因此，公法学基础概念及基本理论架构的改造势在必行。在一系列的理论变革和制度实践以后，以权力概念为重要基础的公法学理论架构开始了新的征途。

二、现代权力概念的成型

16世纪至17世纪的一系列理论思考与制度实践，深刻地推动了现代权力概念的成型，使得权力概念成为公法中最重要的基础概念之一。这一过程较为复杂，但简要地了解其中的关键之处是很有必要的。

（一）权力概念的整合：potestas、potentia 与 ius 的整合

Potestas、potentia 与 ius 的整合，导致现代"权力"概念诞生并成为公法学的核心概念之一，是公法学史上的一次里程碑式的变革。这一变革的开启者是霍布斯。霍布斯试图以一元的 power 概念来整合从物理上之"力量"到政治上之"权力"的双重含义，这个框架主要是在 potestas 的基础上完成的，但也吸收了 potentia 的概念[55]，最终使 potestas 与 potentia 的二重奏汇流于统一的权力概念之下。

早在《论公民》中，霍布斯就明确地将 potestas 与 potentia 整合到一起：每

---

[54] Rousseou, Du Contrat Social, I, IV.

[55] 霍布斯从《论公民》(De Cive)开始同时使用这两个概念从不同的面向表述从力量到权力的 power 概念。《论公民》有54处使用了 potentia 的概念，对 potestas 概念的使用则更为丰富；由于其中对权力概念理解与《利维坦》接近，且《利维坦》是霍布斯在政治哲学上更具代表性的作品，本文对霍布斯政治哲学思想的分析以《利维坦》为主。

个公民将自己的 potentia 转让给拥有最高治权（summen imperium）的人或会议，就是 potestas 的来源。[56] 这是霍布斯对两个概念进行连接与整合的突破性尝试，但更系统的整合工作是由《利维坦》完成的。《利维坦》将 potestas 与 potentia（甚至包括 ius 的部分内容）整合成为形象饱满的 power，建立了崭新的政治哲学和公法理论基础。《利维坦》中的概念线索较为芜杂，霍布斯日后出版的拉丁文版本与早先的英文版本因为种种现实原因在内容上有显著的不同，但他对概念关系的处理仍然比较清晰：(1)《利维坦》中使用的 potestas，通常与 summa（总、全）连用，对应 sovereignty 或 sovereign power，即主权或者主权权力[57]；小部分情况下 potestas 也单独指向 power，但明确地指向经由缔约形成的共同体的整体政治权力。[58] Dominio 则与 imperium 作了一定的整合，已经在某些主题的讨论中被等同于 summa potestas[59]，一定程度上完成了概念的汇流。(2)《利维坦》中使用的 potentia，在英文版一般对应单独使用的 power，主要是指事实上或物理上的 power，特指各人所拥有的自然力量或权势（natural power）。[60] 这些力量是可转移、可加总的，但一旦从各自然人转移到主权者处，离开自然状态、形成政治共同体，就产生 potestas，而 potestas（potestas summa）则拥有各自然人所集中的全部事实上的权力（potentia）和力量（vis）。[61] 这一概念的使用也延续了中世纪晚期以来使用 potestas summa 讨论 imperium 的做法，并且将 potentia 的含义排斥在进入政治社会以前。一旦成为政治社会的权力，就使用 potestas 主导下的 power 概念，保证了政治社会中权力概念的一元性。(3) 在政治社会中，在 potestas 之下，各种具体的权力形态，如战争权、立法权、财政权等，在英文版本用 power 表述，在拉丁文版本则用 ius 表述。[62] 例如，ius iudicandi 即（the power of）judicature（司法权），iure militiae 即（the power of）militia（军事权），iure exigendi pecuniam 即 the power of raising money（举债权）[63]，jus（ius）legum ferendarum 即某种意义上的 the legislative power（立法权）[64]，等等。这种处理主要是因为在稍早前爆发的英国资产阶级革命中，由于国王阵营与革命阵营的争辩，power

---

[56] Hobbes, De Cive, II, 5, 11.
[57] See Hobbes, *Leviathan（the English and Latin Texts）*, edited by Noel Malcolm, Clarendon Press, 2012, pp. 19, 267. 271, 277, 285, 321, 331, etc.
[58] *Id.*, pp. 283, 289.
[59] *Id.*, p. 307.
[60] *Id.*, pp. 65, 133, 153, 163, 199, 325.
[61] *Id.*, p. 261.
[62] *Id.*, pp. 279, 343.
[63] *Id.*, pp. 279, 343.
[64] *Id.*, p. 317.

概念已经被政界广泛用来讨论政府权力的安排[65],但漫长的学理传统使得政府具体的权力形态仍然只是处于统治权的某种具体法权之下,即从 imperium 或 potestas summa 之下分离出来的某种 ius,这导致霍布斯乃至洛克都还在法权的框架下讨论权力的来源、归属及正当性等问题。这种连接于 ius 的具体权力和由 potestas summa 所表述的主权权力在法理上是有着严格区分的。此种区分一直延续到日后统治权力与一般权力的区分[66],延伸到现代公法理论中。

由此,新的 power 概念就连通了三大领域:从自然的个体力量或权势,到缔约后形成的共同体的主权,再到每一种具体形态的权力,已经完全打通现代公法理论框架中的主要模块。和 imperium 体系不同,power 的体系连通了整个理论与实践,从自然状态的起点到共同体的主权,直到实证化的权力架构,再到最微观的具体权力配置,一以贯之,尽除叠床架屋之弊。此外,霍布斯至少还在三个要点上奠定了 power 作为现代公法学核心概念之一的基础:(1)从人的联合中发现权力现象,用人的天然禀赋作为权力的基础,将人的联合作为权力的扩张途径,并将大多数人的自愿联合力量作为最大的权力[67],这样就实现了权力概念法理一面与事实一面的彻底融汇。(2)通过契约,将权力的转移与汇集作为建构政治体的核心过程之一。[68]这一点虽然本质上来源于《霍尔滕西法》以降的罗马公法传统,但却被建构为一种理论上的必然性,而不仅仅是诉诸历史过程或天意神旨,这就为公法上的主权与权力建构了理论上可以完全诉诸逻辑过程的正当性基础。(3)在国家按约建立的过程中,将集中的全部权利与权力统一于一个主体,产生共同权力(common power)[69],并以一系列自然律约束之,使主权者的权力有一定的边界或限度,而此种边界或限度的源头正是个人的自由(liberty)与自卫权(the right to protect themselves)。[70]这三点给政治学和法学带来了翻天覆地的变化。政治权力来自自然权力的联合,完成了祛魅的过程,它的有无和大小已经可计算、可衡量,它可以基于意志进行转移和集中,可以从理论上推论集中的程度及其运行的边界。在法理体系内部,权力

---

[65] 英国资产阶级革命期间,查理一世《对十九主张的答复》中明确提到司法的权力(judicatory power),这是现代司法权概念的一个重要开端。此后几年间,随着革命的爆发与政局的变化,亨利·爱雷顿(Henry Ireton)、查尔斯·达利森(Charles Dallison)、约翰·萨德勒(John Sadler)等学者纷纷提出分权主张,这是欧洲历史上第一次对分权制度的大讨论。参见苏宇:《尊重历史的过程:行政权与司法权关系之反思》,载《北航法学》2016 年第 1 卷,第 109—130 页。

[66] 参见耶利内克:《主观公法权利体系》,曾韬、赵天书译,中国政法大学出版社 2012 年版,第 191 页。

[67] Supra note [57], p. 132.

[68] Id., p. 260. 关于这一点对现代国家理论的一个影响,可参见齐佩利乌斯:《德国国家学》,赵宏译,法律出版社 2011 年版,第 73 页。

[69] Supra note [57], p. 260.

[70] Id., p. 326.

已经不再需要依托法权而存在,可以相对独立地勾画一种政府体制。

这种大幅度实证化的权力概念,较之于中世纪掩藏在法权之下的支配概念更加适合于推进富于现代性的政治制度设计,承载着各种对社会契约和分权制衡的讨论。由此,权力概念开始独立承当公共支配关系的整个架构,推动旧架构的拆除与新体系的架构,促进了公法理论的历史转型。霍布斯的理论获得了广泛的传播和接受,很多著名学者采取了与他相似的理解方式,其中一个典型的例子就是略晚于霍布斯的斯宾诺莎。在斯宾诺莎的哲学理论中,potestas 意味着可以接受影响的能力,而 potentia 是一种积极的、现实的、去实现这种影响的能力。[71] 从更现代的视角看,按照奈格里(Antonio Negri)的理解,potestas 指中心化的、间接的、先验的支配性能力,而 potentia 则指局部的、直接的、实际的构造性能力。[72] 但是,他在政治哲学方面吸收了霍布斯的影响,将作为自然力量的 potentia 与政治社会中的规范能力的 potestas 区分得很清楚。这两个概念在他的法权学说中发挥着根本性的作用。他认为,在自然状态下,个体的 ius 以其 potentia(自然的力量)为最大限度[73],但此种状态下的生活不如遵从理智和道德的生活好。在后者之中,人们要遵循全体的力量(potentia)和意志。因此,每个人要将自然的力量转让给共同体,这样就形成了共同体的主权(summa potestas)。[74] 这样一种思考方式在 17 世纪的政治哲学文献中并不鲜见。它预示着通过 potestas、potentia 的二元概念结构或其结合体对政治及公法理论进行思考将开始对旧体系形成巨大的冲击。

(二)权力概念的独立:旧架构的拆除与新体系的建构

如果我们以权力概念为基本法理单位支撑整个公法理论框架的建构,权力概念还需要进一步深入到分权框架中。权力概念必须能够直接贯穿于各种权力的划分、流转与制衡过程。现代公法中的权力概念既可以是像英美法系国家一样被直接整合为一个词——power;也可以是像法国那样保留两个关系密切、一定程度上可以通用的词——pouvoir(沿袭 potestas 的内涵)、puissance(沿袭 potentia 的内涵)[75];还可以是像德国那样主要以 Gewalt 一词中构筑国

---

[71] See Gilles Deleuze, Spinoza: *Practical Philosophy*, Translated by Hurley R. City Light Books, 1988, pp. 97-99.

[72] A. Negri, *The Savage Anomaly: The Power of Spinoza's Metaphysics and Politics*, University of Minnesota Press, 1991, p. 69; 转引自韩东晖:《当代西方斯宾诺莎哲学研究述要》, 载《哲学动态》2003 年第 7 期, 第 34 页。

[73] Spinoza, *Tractatus theologico—politicus*, p. xvi.

[74] *Id.*, p. xvi.

[75] 例如孟德斯鸠基于 puissance 的表述提出的三权分立主张,也通用 pouvoir 的表述,孟德斯鸠自己在《立法的精神》的同一章(第十一章)中就既用 pouvoir 也用 puissance 来表述三权。关于 pouvoir、puissance 与 potestas、potentia 的关系,see A. Negri, *Trilogy of Resistance*, translated by Murphy, T. S. University of Minnesota Press, 2009, p. vii.

家权力,而对细分的不同职权与权限再使用 Befugnis 和 Zuständigkeit 加以表述。但是,无论作为基础概念的权力呈现出何种形态,权力概念都已经能够深入到具体的分权设计之中,接替曾经表述具体权力形态的法权概念。至于 merum imperium、mixtum imperium、iurisdictio simplex、ius regendi 等权力概念之上的法理架构则基本上完成了拆除或转换,权力架构直接从属于国家主权,形成了与中世纪迥异的公法理论框架。

17 世纪 40 年代的英国资产阶级革命是现代权力学说的"助产士"。自 1642 年英国国王查理一世《对十九主张的答复》起至 1649 年其被处决止,英国爆发了第一波对政府权力之划分及归属的讨论。[76] 1653 年,英国政治家克伦威尔(Cromwell)实行了第一次政府分权的实际尝试。[77] 16 世纪以来广为流传的对立平衡理论(der Lehre von Gleichgewicht)将权力平衡理论引入宪法学说中,成为孟德斯鸠分权制衡理论的先驱。[78] 随着博林布鲁克(Bolingbroke)、洛克、孟德斯鸠等思想家对分权的讨论持续深入,权力概念自身的制度建构功能已经日益丰满,他们为各种类型的权力在现代政治与公法体制中的兴起奠定了基础。

对于现代权力概念之最终成型而言,最值得关注的是我们耳熟能详的英国启蒙思想家洛克。在霍布斯之后,洛克给权力概念带来的转变是又一划时代的事件。洛克对权力概念的重要贡献主要有四:一是确立了政治权力相对于社会中存在的其他权力的特殊性;二是在权力概念之上完成了系统的分权理论,从而使得权力成为构建现代政府体制的基本概念;三是完成了权力与权利之间联系且对立之关系的理论构建;最重要的是,洛克压制了(但没有取消)权力中 potentia 的一面,使得权力概念重新开始向纯粹法理的向度收缩,这对现代权力概念的形成是很关键的。

我们可以首先简要地一览洛克对权力概念的思考框架,整个《政府论》的下篇即以洛克对政治性权力(political power,与自然权力相对)的思考开始。洛克认为,与父亲对孩子的权力、丈夫对妻子的权力等不同,政治性权力是为保护 property(通常译为"财产权")[79] 而行使的一种只为公共利益而存在的权利(right)。[80] 基于这一点,洛克展开了他的政治哲学结构。在其中,所有旧体系中的概念都得到了重新地安置,它们在原初状态和政治社会中有着不同的定位。这一结构颇为复杂,但主要部分的框架如下:

---

[76] 同前注[65],第 109—130 页。
[77] Vgl Carl Schmitt, Verfassungslehre, Duncker & Humblot, 2003, S. 183.
[78] Ebd., S. 184.
[79] 洛克《政府论》中的 property 含义较为宽广,包括了 lives(生命)、liberties(自由)和 estates(财富),see John Locke, *Two Treatise of Government*, II, 123.
[80] *Id.*, pp. 2-3.

1. 在原初状态，所有人的 power 与 jurisdiction 都是相当的，没有人天然地拥有 dominion 与 sovereignty。[81] 为了约束所有人不侵犯他人的 right，自然法赋予每个人惩罚违反自然法者的 right，这就是执行自然法的 power。[82] 此时没有人拥有超越于他人的 power[83]，但人人都拥有执行自然法的 power。[84] 受害人基于自我保存的 right，有将侵犯者的物品或劳务占取的 power；每个人基于保护全人类的 right，都有惩戒犯罪和防止犯罪再次发生的 power。[85] 注意，个人在此实际上有两种自然的 power：一是在自然法允许的范围内做其任何所认为合适的事情，二是惩戒犯罪。[86]

2. 政治权力仅起源于契约和协议，以及构成生活的人们的相互同意。[87] 在形成政治社会时，每个人都放弃了此种天然的自我保护的 power，而将保护生命、自由与财产的权力交给共同体[88]，并将惩罚侵害者的权力交由指定的人专门行使[89]，这就是国家的 power 的基础。[90] 第一种 power 就成为立法（权）的基础[91]，第二种 power 就成为执行权的基础。[92] 这两个方面内容的权力加起来，恰好相当于巴托鲁斯体系中 merum imperium 的内容。[93] 此外，共同体的形成，也就意味着共同体需要处理其与外部共同体及个人的纠纷，这些纠纷原本也是由个人的自然 power 去处理，现在则由共同体解决，此即为对外权的基础。[94]

3. 在国家中，多数者享有以包括少数者在内的名义行动的 right[95]，亦即多数者享有全体的 power[96]；政府必须基于 right 行使 power，而行使任何人都没有 right 的 power 则属于暴政。[97]

4. 关于其他概念的处理：对于 authority，洛克没有多加分析，但他似乎认为 authority 是政治权力的一种附属作用，因为只有个人从属于某一政治权力

---

[81] *Id.*, p.4.
[82] *Id.*, p.7.
[83] *Id.*, p.8.
[84] *Id.*, p.13.
[85] *Id.*, p.11.
[86] *Id.*, p.128.
[87] *Id.*, p.171.
[88] *Id.*, p.87.
[89] *Id.*, p.127.
[90] *Id.*, p.88.
[91] *Id.*, p.129.
[92] *Id.*, p.130.
[93] *Id.*, p.58.
[94] *Id.*, p.145.
[95] *Id.*, p.95.
[96] *Id.*, p.96.
[97] *Id.*, p.199.

才会面临该权力的权威(authority)。[98] 对于 jurisdiction,洛克认为,父权中的管辖权不能简单移植到政治社会中。经过契约或协议建立的政府则对所有人有普遍的管辖权(jurisdiction)。[99] 对于 dominium,原初状态中一个人对他人的私人统辖权(private dominion)并不存在[100],政府的绝对统辖权(absolute dominion)也不存在。[101] Dominion 已经不被用于描述人与人、政府与臣民之间的所有或统辖关系,而仅仅是用于描述国家对土地的管领关系。

从整个《政府论》所构筑的理论体系看,right 与 power 毫无疑问是这一体系的基石,jurisdiction 与 dominion 在政治哲学基础理论中已经被边缘化了,中世纪的 imperium 则已经完全被新体系整合和改造,以至于对旧体系若没有了解,就无法寻找它的去向。

在前述概念架构中,power 概念仍被分为自然的和政治的两个部分,但洛克采取了不同的处理方式:自然的 power 已经被当作一种理论上的权力,在所有人中间相互对等[102],与个人自我防卫的自然权利紧密伴随;政治的 power 也是法理上的权力,而强力(force)则被与之区别开来。有学者认为,洛克用强力的概念吸纳了 potentia 的内容,从权力概念中分离出去。[103] 这种理解是不完整的。细考自 potentia absoluta/ordinata 以降的整个概念史,potentia 无论在神学还是政治哲学中都远不等于一种物理性的实际强力,它只是一种积极地促成和实现的能力。洛克的权力概念及其相关结构也远较此种简单分离的图式更为精巧,他在每一个层次上都采取了一种类似于 potestas/potentia 的"支配-实现"二分法:首先,洛克划分出的两种权力——立法权和执行权,即通过立法作出规定的权力和通过惩戒使法律得以实行的权力,正好对应了 potestas 和 potentia 的划分。其次,洛克在权力与强力之间进行划分,也相似于 potestas 与 potentia 的分野,洛克一方面制造了(不正当的)强力与(正当的)权力的对立[104],另一方面又将个人的强力作为执行权运行之必要辅助部分[105],从而在权力的相关外部结构中将强力安置下来。再次,洛克其至在强力内部也实行了二分,它一方面是以"同意"的数量计算其大小的一种政治力量[106],另一方面

---

[98] *Id.*, p. 11.
[99] *Id.*, p. 120.
[100] *Id.*, p. 25.
[101] *Id.*, p. 174.
[102] *Id.*, II, p. 4.
[103] *Id.*, II, 16—19, and see R. Tuck, "Power and Authority in Seventeenth—Century England", *The Historical Journal*, vol. 17, no. 1, 1974, p. 43.
[104] *Id.*, p. 126.
[105] *Id.*, pp. 88, 96, 130, 131.
[106] *Id.*, p. 96.

是辅助执行权运行必不可少的自然强力(natural force)。[107] 正是这种层峦叠嶂式的二分使得 potestas 与 potentia 的双重脉络在洛克的学说中最终失去了明确的定位,从而在此后的权力学说中不再可追踪,但却又深深地潜藏在现代权力概念之中,使得规定和实现的能力都成为权力概念的一部分,强制力与权力有所区分但长相伴随。权力概念形成了一套更加有层次性的外部结构,这看起来比单纯在内部容纳两条脉络更为清晰而完备,但是也削弱了权力概念内部的法教义学构造。

与此相比,一个更加影响深远的变化是:power 概念与 right 概念形成了全方位的关联,形成了中世纪公法理论中不曾出现的新型概念关系。政治意义上的 power 本质上就是一种 right。[108] 如前所述,它一开始就是为了保护 right(部分情况下以 property 加以具体化)不受侵犯,也只基于 right 才具有正当性;与 right 相冲突的 power 是应被否定的。基于这一点,right 就形成了对 power 的支撑和制约关系,构成了现代公法理论的一个核心。公法学的一些新近发展,例如英国学界热议的"以权利为基础的行政法"(right—based administrative law)或"以权利为基础的审查"(right—based review)[109],亦以此为最终的理论根基。权利与权力之间这种既支撑又制约的关系的形成,在中世纪晚期以前的公法理论中是陌生的。Ius 与 potestas 从未处于一种制约甚至对立的关系之中,这主要是因为在中世纪直至文艺复兴时期,ius 更多地呈现出客观法(正义)的内涵,而其主观的个人权利一面形成较晚[110];但个人权利的兴起并不是这种转变的唯一原因甚至主要原因。权力概念的形式化和实证化使这一概念本身不再依托于某种直接表述正义的法理结构,而仅仅依赖于各种各样拟制或实际存在的转让和授予,才使得它最终脱离于权利概念而独立。即使是在洛克的体系中,政治权力的形成也是基于同意和协议,它仅仅受制于那种宽泛的自我保存或惩戒犯罪的权利,而各种具体权力不再需要由具体权利衍生出来。只有这样具备独立性的权力概念才能直接架设现代政制中的分权架构,从而完成政府体制的实证化、系统化构设。独立的权力概念接管了此前叠床架屋而又含混不清的旧体系,权力的自然状态、自然权力向政治权力的转变、政治权力的类型、边界与相互关系皆可以通过统一的权力概念得到说明,政治理论及公法学说也就没有必要增添过多的实体。自此,公法学也就逐渐形成了以权利体系、权力体系及其相互关系为核心的现代公法学版图。

---

[107] Id., pp.88, 130. 131.
[108] Id., p.3.
[109] See Jason Varuhas, "The Reformation of English Administrative law? 'Rights', Rhetoric and Reality", Cambridge Law Journal, vol.72, no.1, 2013, pp.369-413.
[110] 同前注[19],第 69—95 页。

三、权力概念发展的停滞

现代权力概念及其理论的生成,是17—18世纪思想史的一个重要事件。与福柯(Michel Foucault)对17—18世纪所关注的几个重点领域——一般语法、自然史及价值分析的发展相比,权力概念的有关理论在构型(configuration)上也有着异曲同工之妙[111];它具备归因(attribution)、表述(articulation)、指称(designation)和衍生(derivation)的完整结构。具体而言,在被归因于获取未来好处的现有手段(present means)[112]之基础上,各种现实的权力现象被识别,部分现存的权力类型逐渐获得了专门的命名(指称):立法权、执行权、司法权、对外权,等等。通过刻画权力的现实表达——拥有、支配、裁决、执行等,权力在理论中被赋予了某种类似于财富理论的表述。权力的"衍生"方式——放弃、委托、让予、转让和集中等颇有商业意味的术语则与财富理论的"衍生"方式——流通与贸易中的各种交易行为几乎呈现出共通的形态;借此形成的主权、社会契约、政府权力及其分权结构,正是权力理论的衍生结构。它与财富理论的衍生结构也颇有共通之处。例如,社会契约本身就非常类似于使财富理论中所有价格成为可能的那个拟制共识基础。[113] Power,类似于一个货币单位可以表象多种等价物,或者一个分类学特征有能力表象多个种属[114],已经可以作为一个基本符号,表象过去由 imperium、auctoritas、dominium、iurisdictio 等众多具体的支配性关系,这就使得整个权力理论具有了与当时自然史、财富理论及一般语法学相似的知识型(l'épistémè)。似乎还有一点是未尽明朗的:权力学说似乎缺乏像自然史中的结构与特性、财富分析中的价值与价格这样的因素,能贯穿整个理论体系并奠定理论内部的连续性。不过,如果我们仔细分析17—18世纪权力学说,可以发现霍布斯和洛克在不同的方向上已经建立了此种基础性的要素。霍布斯给权力赋予的"获取未来好处的现有手段"的内涵完全可以承担此种角色:权力的所有运用是基于优势获得好处的行为,而其宣称放弃(renounce)、转让(transfer)、托付(confer)、授予(authorise)等则是为了某种好处(例如自我保全)而向共同体让渡与集中个体优势的行为,通过权利或权力的变动形成了它的衍生结构。洛克的权力概念,如前所述,被界定为保护权利的一种特殊的权利,此种权利经由放弃(quit)、让予(resign)与转移

---

[111] 关于这一构型的基本图式,see Michel Foucault, *The Order of Things: An Archaeology of the Human Sciences*, Routledge, 1970, p.219. 译法部分参考福柯:《词与物——人文科学考古学》,莫伟文译,上海三联书店2001年版,下同。

[112] *Supra* note [57], p.132.

[113] See Michel Foucault, *The Order of Things: An Archaeology of the Human Sciences*, Routledge, 1970, p.197.

[114] *Id.*, p.201.

(transgression)等变动方式则同样形成了权力的衍生结构,其中"保护权利之权利"的特性也维系着贯穿洛克政府权力学说的连续性与一贯性。由此,权力理论也借助和一般语法、自然史及财富分析相类似的构型,完成了自身的基本框架。

但是,权力理论最终没有走向更为复杂而精致的体系,权力理论本身的精度和复杂度与19世纪以后的语法理论、生物学及经济学日益拉开距离。这一结果也许是由两种原因造成的:一是权力现象并不像自然史或价值分析那样有清晰可见甚至可精确测量的经验现象作为基础,从而能够支持复杂而精致的理论结构;二是权力概念体系的各种主张带有较强的建构色彩,甚至本身就属于某种政治主张,它在本质上就没有走认知思维和经验科学的思路,采取此种思路认知权力现象的社会学在19世纪才兴起。这使得17—18世纪的权力概念体系及其法理结构没有走上林奈(Carl von Linné)式的分类学路线。随着现代主权国家建构的基本完成,权力概念的体系又恰逢基于表象整理经验的笛卡尔秩序(Cartesian order)衰落[115];语言离开了表象的层面,而知识的纯粹形式获得了相对于所有经验知识的自治性和主权,催生了一次又一次将所有具体对象加以形式化(formalize)进而构建纯粹科学的进程。[116] 自洛克以降,在公法和政治理论中,既是由于权力概念中 potestas 一面的强势,也是由于制宪及议会立法对权力形成了较为明确而具体的配置,使得形式化建构进程偏向了宪法规范和法律关系方面,像霍布斯那样辨识现实世界中的权力现象的尝试已经在公法学中逐渐消失。17世纪以后公法理论更多地转向了在思维形式中设想、构建和反思权力的努力,而不是具体地发现和勾勒事实上的权力。例如,19世纪著名的行政法学家杜克洛奇(M. Ducrocq)认为:"思维只能设想两种权力:制定法律和执行它的权力,此外没有第三种权力存在的余地。"[117]这也许可以成为权力概念发展史的一个注脚。

然而,进一步地深入思考揭示的答案也许还不止这样简单。实际上,自19世纪上半叶开始,权力概念的发展开始趋于停滞,但其他一些概念却恰恰迎来了迅速发展的繁荣时期。在法学的知识体系内部,纯粹科学和形式化的努力也在发生:学者们对法律、权利、义务、国家、行为、法人等一系列基础概念所作的努力,尽管也没有从经验科学的路线出发,也构筑了繁复而精巧的体系,但这一系列概念分析的努力在很大程度上绕过了权力概念。20世纪公法学中的权力理论相比18世纪至19世纪初所形成的关于权力之学说并没有实质性的进展。

---

[115] Id., p.235.
[116] Id., p.270.
[117] F. Goodnow, *Politics and Administration: A Study in Government*, Macmillan, 1900, pp.12-13.

这种停滞在三个方面给人留下了深刻的印象:

第一,权力的谱系学发展几近完全停滞,权力概念在很大范围内失去了识别新型权力现象、建构新框架的能力。在英国,霍布斯曾经发现和归纳多种多样的权力。然而,随着资产阶级革命的继续进行和新政府的建立,到洛克的时代,权力的描述就成为纯粹的理论构思,再往后就进一步转变成规范上的刻画和研讨[118],对外权(federative power)等设想更是几乎从后来的公法学中消失了。在法国,大革命期间曾经涌现过多种关于权力类型的主张[119](行政权的概念也是在此期间提出的[120]),但随着资产阶级统治的逐渐确立,在基佐(Guizot)将法国的行政权与执行权概念直接联结起来后[121],权力类型理论就此定型,缺乏新的有意义的进展。在美国,由于建国较晚,立法权、执行权与司法权的划分在建国伊始就在制宪中成为"正统"的权力分类,直到舶来的行政权概念冲击公法学界,出现了至今争辩不息的议题。[122] 在德国,黑格尔时代关于权力类型的一些设想,也随着各邦国的制宪和德国的建国逐渐消散于历史舞台。已经建立的权力类型开始"收编"各种各样的权力现象,曾经纷繁复杂的权力描述和权力类型构思被不断任意收纳进既有的权力类型内。[123] 由于立法权和司法权的形态相对确定——它们主要出于对历史上既存权力形态的归纳,而行政权概念是18世纪末人为构想的结果[124],大量旧存或新兴的权力现象被收纳于行政权概念中,这导致当代的行政权概念已经很难作出正面的清晰界定,甚至不得不寻求所谓"除控"的定义方式。[125] 像孙中山提出的"五权宪法"这样革新权力类型的努力,在世界范围内的主流公法学知识体系内相对地处于边缘化的位置。权力的谱系学图景,早早走入了一种徘徊不前的状态,导致公法学的理论发展空间被一定程度上封闭了,新的权力现象不断产生,却又很难塞进权力概念的旧架构之中,出现了种种问题。例如在美国,当行政机构像政府中

---

[118] 在英国,自光荣革命完成以后,18世纪早期的作品已经有此种趋势,一个例子是马修·赫尔(Matthew Hale)对法律上权力的讨论。See J. Berman, *Law and Revolution II*, The Belknap Press of Harvard University Press, 2003, p.296.

[119] Stein, Lorenz. Die Verwaltungslehre, I, Stuttgart, 1865, S. 11.

[120] 同前注[32],第90—91页。

[121] Charles Seignobos, La Séparation des pouvoirs, La Revue de Paris, année 2, tome 1, 1895, II, 12.

[122] 同前注[32],第90—91页。

[123] 同前注[32],第118页。

[124] *Supra* note [113], p.270.

[125] 不少法学家主张只能运用排除法界定"行政"和"行政权"的范围,例见奥托·迈耶:《德国行政法》,刘飞译,商务印书馆2004年版,第8页;盐野宏:《行政法总论》,杨建顺译,北京大学出版社2008年版,第2页;陈新民:《中国行政法学原理》,中国政法大学出版社2002年版,第14页。

无头的"第四部门"(a headless "fourth branch" of the Government)出现时[126]，长久存在于公共想象中的"过分简单化的"三权分立原理便无从解释此种权力的法律地位及正当性基础。[127] 行政权还是一个已经在许多欧陆国家已经成型的权力类型，对于真正的新兴权力形态，权力概念在当前主流公法理论的范围内已经难以提供新的容纳空间，这对于公法学弥合理论与现实的裂痕是不利的。尤为重要的是，如果对于丰富多样的"社会公权力"还沿用基于社会契约论的政府三权框架去分析[128]，将很可能构成权力认知的过度同构化，难以准确认识和把握各种社会权力的真正特性及其规范方法。

第二，权力概念的内部法理构造迟迟未得到深入挖掘，离法学家们在权利概念内部取得的法理学成就渐行渐远。或许是由于罗马私法更为发达的历史影响，与权利概念相比，权力概念的内部法理构造相对薄弱。相对于广义权利(Berechtigung)中由权利(Recht)、权能(Befugnis)、权限(Zuständigkeit)、取得期待(Erwerbsaussichten)等概念组成的多层复杂结构[129]，权力概念的法理层次较为单薄，也没有一个被正式承认的广义权力概念将主权、治权、权力、职权等包含有权力属性的概念整合到一起。与狭义的权利(Recht)概念相比，狭义权利概念之下发达的支配权、请求权、形成权及抗辩权等组成的权能体系相比，权力概念下的法理支撑结构显得较为薄弱。相应于私法中的权能和权限概念，公法中也有相应的职权(Befugnis)和权限(Zuständigkeit)之术语，但远远未发展出私法那样层次鲜明、结构清晰的体系。判断、评价、决定、裁量、强制执行等作用形态在理论架构上被和权力概念割裂开来，似乎这一切只和行为的样式有关。近代法学家曾经作出的一些努力已经难以为继，例如孟德斯鸠曾经为权力的概念发展出创制、反对、批准、否决等类似于权能的作用(faculté)[130]，但没有被现代公法加以充分发展。曾经被整合进权力概念的丰富资源——potestas、potentia、ius 等，在洛克以降的时代一直没有发挥其完整的法教义学潜能。

获得议会立法的合法性支持的种种权力已日益不需要以权利作为其法理基础，而可以更加独立地诉诸某种直接乃至间接的民主意志之正当性。19 世纪欧陆行政法制度发展及理论争鸣中出现的一系列现象——巴黎学派对普瓦

---

[126] See James Freedman, "Crisis and Legitimacy in the Administrative Process", *Stanford Law Review*, vol. 27, no. 4, 1975, p. 1048. 美国宪法中的"三权"是立法权、执行权(the executive power)及司法权，学界对行政机构及行政权的法律地位曾有长期争议。另参见前注〔32〕，第 106—107 页。

[127] *Id.*, p. 1075.

[128] 同前注〔9〕，第 79—101 页。

[129] 参见申卫星:《对民事法律关系内容构成的反思》，载《比较法研究》2004 年第 1 期，第 42—54 页。

[130] Montesquieu: De l'Esprit des lois, Livre XI, Chapitre VI.

捷学派的优势[131]、撤销之诉及形式合法性审查在大陆法系行政法中占据的重要地位、德国行政诉讼的南德方案与北德方案之争[132]，都可以看作权力及其合法性基础而非主观权利及其保障体系作为行政法基点的某种体现。其中，意大利的早期行政诉讼制度更是直接排斥了主观权利作为行政诉讼的基础——在行政诉讼中，公权力侵害的对象并不是主观权利，而是与公共利益有关的某种法律利益。[133] 形式法治国的思潮在19世纪高涨，在德国19世纪末的通说中，立法权不受制约，所谓法治国家仅仅意味着依法律行政与依法律司法。[134] 这一时期本应是权力概念及其法理发展的鼎盛时期，然而理论思考的重点只是权力的形式合法性基础，而不是它本身的法理结构。一个很重要的原因是，在19世纪晚期以前，代议民主的权威并未受到真正的挑战，"除将男人变成女人又将女人变成男人外，巴力门（Parliament）无一事不能为。这是英国法家所共同主张的基本原理"。[135] 人们只关心权力的合法性基础，而似乎忽略了权力本身的品性及理由。在一个权力中的意志因素对理性因素取得巨大优势的年代[136]，我们似乎无法期待权力概念本身的思考取得多大突破。

二战结束至今，《世界人权宣言》的诞生、《欧洲人权公约》等一系列国际条约的制定、基本权直接拘束力的确立与第三人效力的产生[137]、英国《人权法》等重要立法的通过，更使权利概念在公法学中日益"显赫"。权利概念在公法中占有越来越重要的地位，而对权力概念的思考深度和内部解剖则实质上停滞了。相比起20世纪社会学和文化理论对于权力的丰富研究，公法学上的权力概念没有深入检视内部的尺度和结构。它在外部法理结构方面也缺乏深入的研究，反而是来自权利概念的思考顺便帮助权力概念获得了某种广为人知的法理定位，或者甚至回过头来从权利的角度着手处理了本属于权力理论的问题。霍菲

---

[131] 巴黎学派主张创建一门独立于宪法学之外的行政法学，认为行政法就是这种追求作为社会性作用的行政所进行的公益的法律，具体分为管理人的行政（警察行政）和管理物的行政（各种服务行政）；普瓦捷学派则坚决反对巴黎学派关于将行政作用法从宪法中分离出来的观点，它将行政规范理解为对个人自由的限制，以尽可能地与人权研究相结合。在19世纪，巴黎学派占据了优势地位。参见关保英主编：《外国行政法编年史》，中国政法大学出版社2009年版，第3页；何勤华：《法国行政法学的形成、发展及其特点》，载《比较法研究》1995年第2期，第170—179页。

[132] 北德方案主要致力于客观合法性审查，南德方案则强调对个人的保护，强调以主观权利受侵害为行政诉讼的前提。北德方案在历史上有更大的影响力。Vgl Friedhelm Hufen, Verwaltungsprozessrecht, 6. Aufl., 2005, S. 31.

[133] 参见 Giampaolo Rossi：《行政法原理》，李修琼译，法律出版社2010年版，第272页以下；同时感谢意大利卡拉布里亚大学达尼罗·帕帕诺（Danilo Pappano）教授对此问题作出的解答。

[134] 王贵松：《依法律行政原理的移植与嬗变》，载《法学研究》2015年第2期，第80—98页。

[135] 戴雪：《英宪精义》，雷宾南译，中国法制出版社2001年版，第119页。

[136] 参见苏宇：《理由的浮沉：透视公权力合法性基础的变迁》，载《清华法治论衡》第18辑（2013），第303—327页。

[137] 参见陈新民：《德国公法学基础理论》（增订新版·上卷），法律出版社2010年版，第335页以下；张巍：《德国基本权第三人效力问题》，载《浙江社会科学》2007年第1期，第107—113页。

尔德关于权利概念的法律关系所作的结构性思考[138]、基本权对私法关系的辐射[139]、"特别权力关系"的消亡和"重要性理论"的兴起[140]等,都是典型的例子。

第三,权力概念的基础理论欠缺强有力的更新,导致新兴公共权力的合法性基础面临难以获得充分解释和证立的危机。在 20 世纪的大部分时间的主流学说里,公共权力的基础仍然局限于某种主权者意志的逻辑中。公共行政的合法性基础一度被局限于一种"传送带"(transmission—belt)式的图景,行政机构被假定为像传送带一样执行由选举而获得正当性的立法机关的意志[141],当此种"传送带"式的假定已经力不从心,仅仅将政府权力限于制定法的边界并保证最低限度的形式正义,并不足以检视政府行为的有效性[142],尤其当行政过程中隐藏的政治过程本质得到揭示,行政法理论便深感有重构的需要。法律中明确有授权基础的行政权之兴起已经使美国行政法学感到面临危机和有重构的必要;法律中尚未有明确授权基础的其他权力的生成与发展,更使公法学面临许多崭新的挑战。

不幸的是,权力的法理学知识已经完全与社会学过程割裂开来,与经验及表象世界割裂开来;公法学视野中的权力仍然是基于社会契约之假说一次性全部转移和集中、然后再基于第二重契约或委任(emploi)而再转授的产物[143],它只能通过类似新增"插件"的方式解释公法中那些不断新增的权力内容——基于局部的同意而形成的协商性治理权力、从笼统而含糊的法律授权中广泛滋生的行政裁量权[144]、强大的垄断性企业对个人数据、信息及言论所拥有的处置权力,等等。在公法学中,权力概念已久未重返表象世界以接上经验秩序的"地

---

[138] See Wesley Hohfield,"Some Fundamental Legal Conceptions as Applied in Judicial Reasoning",*Yale Law Journal*,vol. 23,no. 1,1913—1914,pp. 16-59.

[139] 基本权作为整体法秩序的价值基础,并约束所有的国家机关,深刻影响到整体的法律秩序,并获得法的普遍适用。德国学者称这样的法律效果为基本权的扩散作用。这就使得基本权利渗入到整个权力的运作秩序中,为权力系统的运作提供了价值导引。参见赵宏:《作为客观价值的基本权利及其问题》,载《政法论坛》2011年第 2 期,第 57—70 页。

[140] 德国公法曾将某些具有内部管理色彩的社会关系视为"特别权力关系"而非法律关系,排除司法审查。自 20 世纪中叶开始,随着基本权利日益受到重视,涉及基本权利的重要事项被纳入司法审查的范围,而特别权力关系理论逐渐遭到弃用。有关特别权力关系理论的衰落及重要性理论兴起的复杂变化,参见湛中乐:《再论我国公立高等学校之法律地位》,载《中国教育法制评论》第 7 辑(2009),第 30—73 页。

[141] See Richard Stewart,"The Reformation of American Administrative Law",*Harvard Law Review*,vol. 88,no. 8,1975,pp. 1675-1676. 译法参考斯图尔特:《美国行政法的重构》,沈岿译,商务印书馆 2002 年版。

[142] *Id.*,p. 1759.

[143] 在近代契约论者中,维多利亚、普芬道夫支持双重契约,即所有人先缔约组成共同体,共同体再与政府缔约,形成具有正当性的政府权力。卢梭反对此种说法,他认为政府的产生并不是一项契约,而只是一项任用(emploi)。Rousseau,Du contrat social,Chapitre 3.1.

[144] *Supra* note [141],p. 1677.

气","躲进小楼成一统"的理论反思也不能保证知识的纯粹形式性——它已经放弃了体系法学那种纯粹形式性的哲学演绎,满足于在社会契约论和传统分权理论的基础上不断"打补丁"。各种各样新增的"插件"或"补丁"与原有的体系仍然勉强衔接了起来,但却日益难以实现内部的体系化。随着社会的发展和各种新兴力量的形成,许多现实存在的力量已经隐约具有了权力的色彩:行业协会的制定标准与披露业内信息的力量、传媒机构审查和删帖的力量、信用体系的各方维护者对失信者进行联合惩戒的力量、公安机关与群众组织进行治安联防的力量、多方参与社区治理形成的力量等,都形成了潜在的现实权力;它们不仅完全能够满足霍布斯式的"获取利益之优势"的权力定义——可以直接成为获取某种利益的优势,或如《利维坦》第一卷第十章列举的种种例子那样,影响到此种优势的获取;而且在相当程度上具备或可以转化为一种威胁性的乃至支配性的力量,但却没有被赋予充分的规范内涵。因为权力概念在规范层面的法理构造很大程度上借鉴了权利概念,只有当它以某种高权性的公法主体的意志行为(甚至是意思表示)的形式体现时,规范才会充分地关注和定位它们。对于丰富多样的新兴力量,公法学只能通过"挂靠"现存规范中已经清晰可辨的某种权力才能把握和处置它们。近几十年兴起的多元治理(plural governance)研究,在建构理论基础时更是基本上绕开了权力概念的变革,然而多元治理正是权力架构在国家与社会中经历意义深远的变革与调整的结果。如果权力概念本身没有能力对此提供充分的法理阐释,治理理论与行政法学教义学体系就很难真正衔接和融汇。

不仅如此,更重要的是,权力概念的基础理论停滞在国家或政治共同体的层次,仅限于谈论几种最重要的权力类型及其关系,被抽空了下位法理结构和基础理论的大量具体权力,在大量的制定法中几乎是任由立法机关随意配置,公法中像次生丛林一样任意生长的权力只是立法者的某种偏好,许多具体权力的配置只需要立法机关在某一特定时期的多数票,公法理论体系在具体层面的建构与证成日益困难。对立法机关随意配置权力的限制来自宪法,并且越来越多地是来自于宪法中的基本权利规范;基本权利的效力体系日益完备,相反,基于现行的权力概念却已经很难提供某种教义学体系对这些实证性的具体权力配置进行系统性的规范与指引。权利概念的复杂内部结构已经在一套由历史长期演化而成的、盘根错节的规范与理论体系中得到塑造,权利与利益的具体样态在规范空间内不断生长和演化,立法(包括制定法典和进行汇编等)则不断对新的社会生活经验、新的规范需求与既有体系之间的各种关系进行梳理与整合。相比之下,公法制度的发展已经开始更多地走向了实用性的制度设计,而不是依托成熟的法理体系进行系统的演化与拓展。如果权力的具体配置彻底倒向制度设计或许也是好事,至少权力系统在效能上会得到优化和提升,问题是,机制设计理论(mechanism design theory)等真正能够指导此种设计的理论在公法学中声音甚微[145],也没有为权力的内涵带来新的东西。

权力概念发展的停滞与权利概念的高歌猛进形成了鲜明的对比。自18世纪末、19世纪初开始,在权力概念开始陷入停滞的时期,正是法权——尤其是其中的主观权利——得到迅速发展的时候。权利概念的迅速发展,并不仅仅是因为罗马私法提供了雄厚的历史积淀,更是因为人类的知识型正在发生深刻的变化:"18世纪的最后几年被一种与17世纪初摧毁文艺复兴思想的东西相对称的不连续性所打断……知识移居于新空间内。"[146]"这个事件以其视野、其所影响到的层面的深度、其成功解离并重组的所有实在性(positivities),使它在仅仅几年以后拥有席卷我们整个文化空间的主权性权力(sovereignty power)"。[147] 在这场知识型的变迁中,"人在19世纪初被建构起来"[148],"在知识中创立人这个可能性,这个新形象在知识型领域的出现,暗含着一个从思想内部萦绕着思想的命令",这个命令的形式并不重要,重要的是"这一思想本身既是知识,又是对所知内容的变改(modification);既是反思,又是反思对象之存在方式的转化(transformation)"[149]。此种思想必然超出了以客观性知识为基础的知识型及其精神结构。在19世纪初,有关人本身的思考的主体性哲学高歌猛进,自由意志在近代法哲学中取得了如同基石的地位,在这场对人本身的反思中,法律人格、权利能力以及主观权利的整套理论被从主体性观念的内部建构起来,这一切为权利概念的迅速发展奠定了良好的基础。学者们将主观权利(或至少是其中的形式要素)视为个人的意志之力(Willsmacht)[150],它奠基于"自为地自由的意志"。[151] 在19世纪,自康德和黑格尔开始,权利的知识直接从人的主体性出发而得以生成,这和17、18世纪学者们认识权力的方式全然迥异。基于此种面向人本身的知识型,现代权利概念所取得的种种成就,并

---

[145] 机制设计理论本质上是博弈论的逆向展开,即设定博弈的理想均衡目标和参与者结构,倒推博弈的初始条件设置。在美国,已经有学者基于机制设计理论探讨行政法的问题,但此种尝试在全球范围内仍属鲜见。有关这方面探索的一些实例, see E. Fisher, "Drowning by Numbers: Standard Setting in Risk Regulation and the Pursuit of Accountable Public Administration", *Oxford Journal of Legal Studies*, vol. 20, no. 1, 2000, pp. 109-130; B. Richman & C. Boerner, "A Transaction Cost Economizing Approach to Regulation: Understanding the NIMBY Problem and Improving Regulatory Responses", *Yale Journal on Regulation*, vol. 23, no. 1, 2006, pp. 29-76.

[146] *Supra* note [113], p. 235.

[147] *Id.*, p. 239.

[148] *Id.*, p. 359.

[149] *Id.*, p. 356.

[150] 同前注[66],第39页以下。黑格尔将主观权利视为意志之力,而耶利内克仅将意志之力视为权利的形式要素。

[151] 参见黑格尔:《法哲学原理》,范扬、张企泰译,商务印书馆2016年版,第50页。

不是权力概念可以轻易达到的。

在新兴法哲学思潮的冲击下,权力概念也曾试图通过某种公法人的人格(例如国家)进行阐释。但是,一个更根本的障碍出现了。学界对权力的归属产生了分歧。一种曾经相当流行的意见是:"不是国家而是法律拥有权力。"[152]现代行政法的奠基者之一奥托·迈耶(Otto Mayer)的法治理论似乎也印证了这一说法。在他的学说中,国家意志是以公权力为其后盾的,它不等于公权力,而只有以法律形式所表述的国家意志才会被赋予相应的作用力,"这个作用力就是立法权力"[153];而"合乎宪法的法律最重要的特征是包含于其中的权力,即作为法律规定施行的能力……"[154]问题是,权力被包含于法律之中,而法律并不具备公法或私法上的人格,它自身不是某种主体。既然如此,权力概念也缺乏人格性的法哲学基础,难以从主体性的基础获得充分的阐释和展开。也许是出于对人格性权威及极权统治的恐惧,在19世纪到20世纪的公法学著作中,鲜见明确将国家作为某种法律人格并将权力作为体现此种人格之体现的主张,这就使得权力概念很难重复权利概念所经历的发展过程。它的根依然深扎在17、18世纪的社会契约论之中,极为细腻的人格性内涵丰满了权利概念的血肉,但并不能温暖权力概念的灵魂。如果权力的"战争-镇压"图式不能成为一种规范理论的话,"契约-压迫"图式仍然是现代政治理论乃至公法理论中权力分析的唯一图式。[155] 这种图式不单在知识型上缺乏19世纪"人之科学"(the human science)那样的深度,也缺乏丰富的历史素材——在罗马法之中,尤其是在《法学阶梯》与《学说汇纂》中,能够支撑此种图式的内容加起来大约仅有《学说汇纂》五十卷之中一卷左右的篇幅,相比起罗马私法在19世纪对德国民法学说发展所提供的大量素材(以及中世纪以来的各种注释和评论),权力概念的发展颇有"无米之炊"的困惑。不仅如此,随着规范实证主义的兴起,在法学的视野中,人们越来越习惯从规范体系内部去掌握和展开权力的概念,权力概念越来越难重返表象世界和经验秩序并从中吸取灵感。它的停滞或许是无可避免的事情。

---

[152] 施米特:《政治的神学》,刘宗坤等译,载施米特:《政治的概念》,上海人民出版社2004年版,第16页。这是施米特抨击的观念,并非施米特本人的主张。

[153] 奥托·迈耶:《德国行政法》,刘飞译,商务印书馆2004年版,第66页。

[154] 同前注[153],第68页。

[155] 关于"战争——镇压"图式(将政治看作战争中表现出来的力量不平衡的确认和继续,将权力看作这场"通过其他方法继续的战争"中建立起来的镇压力量)和"契约——压迫"图式(权力由政治契约建立,在超出契约时有变为压迫的危险),参见福柯:《必须保卫社会》,钱翰译,上海人民出版社1999年版,第14页。

四、权力概念的变革:关于重塑权力概念的设想

权力概念在公法学中的发展似乎迟滞了。面对这一局面,我们也许需要深入反思过这样一个问题:权力概念需要一场大的变革吗? 如果变革,又应当如何改变呢?

从现有的公法学理论看,权力似乎已经得到比较妥善的安身之所:宪法通常规定其基本框架及整体配置;宪法以下的各种法律规范通常进行具体授权并规定权力行使的前提、范围、方式、程序等内容;司法审查、行政复议、行政监察、公众参与等制度为权力的运行提供各种内部或外部约束;权利(尤其是基本权利)通过"以权利为基础的审查"(right—based review)[156]、客观价值秩序或制度性保障等方式对权力实行更深层次的制约,各种权力运行的说明理由制度也得到日益发展,等等。在这一系列公法制度构筑的框架之中,权力似乎已经在很大程度上受到约束和控制,公法学的基础理论——至少在权力概念这一领域——似乎不必再画蛇添足了。

然而,空洞而陈旧的权力理论在应对前述种种问题特别是处理新型权力上的困难,迫使我们不得不反思这一概念的法理结构。在我们的时代,权利理论已经开始了全面的革新:"新财产权"(new property)和"新新财产权"(new new property)概念的诞生对此前未由主体性法哲学衍生出的社会福利形成了保护[157];"权利伴影"(Penumbra)理论的出现扩展了权利概念在个人隐私等领域的涵盖范围[158];第三人权利(Drittrechte)及事实上利益保护说的兴起也使得主观公权利的保护范围延伸[159];等等。这一切变化难道在权力领域就没有相应的体现吗?每一种新型权利或延伸范围的保护,以及新型权利或延伸范围背后社会经济关系的维持,都隐含着大量实际存在的新兴权力形态。前文所列举的例子甚至包含混合了公私法内容的、复杂而精致的权力,它们应当如何得到准确的定位和把握?对于检察权、审判权、监察权、考试权等20世纪以后被主张和实践的权力形态,以及对外权、警察权、市政权(Pouvoir municipal)[160]等相对较早被主张或实践的权力形态,我们是否可以寻求一种新的理论体系将其纳入

---

[156] See Jason Varuhas, "The Reformation of English Administrative law? 'Rights', Rhetoric and Reality", *The Cambridge Law Journal*, vol. 72, no. 2, 2013, p. 369; see Poole, Thomas. "Legitimacy, Right and Judicial Review", *Oxford Journal of Legal Studies*, vol. 25, no. 4, 2005, p. 702.

[157] See Charles Reich, "The New Property", *The Yale Law Journal*, vol. 73, no. 5, 1964, pp. 733-787; David Super, "A New New Property", *Columbia Law Review*, vol. 113, no. 7, 2013, pp. 1773-1896.

[158] 参见张千帆:《西方宪政体系》(上册),中国政法大学出版社2004年版,第287页。

[159] 参见王和雄:《论行政不作为之权利保护》,台湾三民书局1994年版,第59页。

[160] Vgl Lorenz von Stein, Verwaltungslehre, S. 11.

某种系统化的框架之中?是否可以通过权力概念法理构造的重塑,完成公法学基础理论的重大突破?这些都是引人深思的问题。

进一步看,权力现象是政治社会中最活跃的现象之一,它不停地伴随着每一种政治及社会经济文化活动生成、运作。对权力概念寻求更为深刻的理解,使得规范世界能够不断准确认识和恰当切入经验世界,对权力形成有效的规范与治理,始终是公法学的一个重要任务。本文对此无法提供某种一蹴而就的总体方案,但至少以下几个方面的努力仍然是值得探索的:

第一,重新认识权力现象,开启更宽阔的视野,观察国家和社会中实际运行着的权力框架与秩序,革新权力的基础理论。当规范上的权力与实际社会生活中的权力日益相去甚远,我们就必须重新检视我们认识权力的方式。从前,公法学的基础理论以对待财产的方式去认识权力,用拥有、放弃、转让、集中、委托等方式把握权力的变迁(更进一步的则是用信托的方式[161]),但此种认知对于现代的权力现象而言已经滞后,它们已经不能表达社会影响力与支配力的实际形态,造成权力认知上法理层面与事实层面的脱节。

权力的产生和运行方式几乎永远深嵌在同一时空的社会之中,和语言秩序、生产秩序及生活方式融为一体。对于当前乃至未来社会而言,基于信息系统而非财富理论的话语或许能够更好地刻画新的权力现象:它不只是简单的拥有、放弃、转让、集中,更是了解、渗透、影响、传播、封锁、污名化等,"轻推"的规制方式、转介行政(Vermittelnde Verwaltung)[162]和基于规划的间接调控日益成为重要的权力运作形态;"通过信用的治理"也已经成为政府规制工具的重要组成部分。[163] 这要求我们更深入地革新有关权力概念的基础理论,为现实中新的权力事实形态匹配合理的法理结构。基于信息生成、发布与传播的确认、评价、宣示和影响已经成为权力秩序中不可或缺的一部分,权力的内涵正越来越多地吸纳信息传播结构与影响力的内容。对于现代国家和社会中的权力,同意、转让和集中未必适合仍然作为公权力理论来源及正当性基础的唯一依据;类似于信息安全属性的可靠性(reliability)、可用性(availability)、持正性(intergrity)与负责性(accountability)等[164]或信用经济上的风险评价、杠杆作

---

[161] See Fox Decent, *Evan. Sovereignty's Promise*, Oxford University Press, 2011: 93.

[162] 参见施密特·阿斯曼:《秩序理念下的行政法体系建构》,林明锵等译,北京大学出版社2012年版,第160页。

[163] 参见王瑞雪:《政府规制中的信用工具研究》,载《中国法学》2017年第4期,第158—173页。

[164] 这方面的一个例子是美国政府问责办公室,它需要恪守的基础价值包括负责性、持正性(integrity)、可靠性等,这些价值又细分为诸多子价值,参见曹鎏:《美国专门问责机构研究》,载《行政法学研究》2013年第3期,第129—137页。此种价值尽管在某种程度上也可以认为是基于契约论,但却较之单纯的拟制同意要精致得多,而且吸收了信息系统及信息安全的属性,更为贴近现代社会对公共系统属性的需求。

用对权力概念及其法理构造的影响应当得到全面的审视。在此,整体的社会契约假说需要与个案中个体的认知、需求、反馈与评价结合起来,打开认识权力的新维度,特别是在行为方式或作用方式维度以外加上认知(信息)维度和价值(评价)维度,将一维的权力内涵转化为多维的权力内涵,为权力概念的法理结构革新拓展足够的空间。

第二,革新权力概念的内部法理结构,从理论到制度上重新梳理和构造权力的法律形式。权力在事实层面的每一种作用形态及法理认知都需要在规范层面得到相应的承载。权利理论的结构性更新同样需要在权力领域展开。权力的形式不能被直接缩减为行政行为的形式。我们需要形成贯穿所有领域的一整套权力形式系统,将调查、审议、遴选、决策、协调、指挥、宣示等权力的作用形式与行政命令、行政处罚、行政许可、行政强制等行政行为形式全面衔接起来,形成覆盖整个行政过程的权力形式系统,由此形成一般性的权力作用形式理论,并将其应用到政治和社会权力,使所有的公权力都受到权力运行一般原理的规范化约束。

不仅如此,我们还可以根据权力的不同作用类型,深入梳理权力的不同层次与程度,为行政法律关系理论等其他公法学重要原理的精细化发展奠定基础。既然现代社会已经形成较为灵活的权力概念以及"权利-权力"的对位结构,此种概念系统就应当充分发挥它应有的功能,形成与私法中法律关系相当的精度与广度。例如,在当前的德国公法学界,行政法律关系对行政行为理论的补充甚至替代已经成为一种值得关注的主张[165],但行政法律关系的内容仍然是较为粗疏的,较为精致的私法权利体系、公法请求权体系与相对粗放的权力概念无法形成有效的对应关系、进而为精确的法律关系分析提供强有力的支撑。又如,公众参与和多元治理导致一定范围内权力框架的重塑,中国学者在"社会公权力"和"行政软权力"等相关研究中观察到权力外延、形态及结构在实践中不断扩展,也有了不同于传统权力形态的更多内涵[166],仅仅基于传统公法学对权力概念的简单处理也不足以把握它的精细划分与延伸。风险规制过程中不同主体所享有的不同权力——包括专家的评估权、公民对部分规制事项的表决权、媒体的议题引导权和政府的信息发布权等都难以为公法学传统上的权

---

[165] 参见赵宏:《法律关系取代行政行为的可能与困局》,载《法学家》2015年第3期,第32—54页。

[166] 前文已有部分研究实例,其中最具代表性的是门中敬关于"行政软权力"的论述:"软权力是一种通过其潜在的影响力、理性的说服力和内在的吸引力发挥效能的权力形态,它深刻地揭示了现代国家权力的内在品格和基本属性……在构建多元民主与和谐社会的大背景下,硬权力运用所体现的核心价值和功能开始衰减,在公共治理和维护社会秩序中无法占据垄断性地位,而软权力的引入和运用回应了这种变化……"同前注〔4〕,第104—108页。

力理论所涵盖,也不能为所谓"以权利制约权力"的参与型行政理论[167]所完全兼容,因为风险规制与治理过程中的部分权利实际上已经包含着权力的性质,不引入新的权力概念及多元化的认知维度就无法深入阐释。软法的研究者已经敏锐地意识到公权力外部存在一个介入方式和介入程度不同的谱系,进而导致了公法规范的公共性和刚性"平滑递升"的法规范谱系。[168] 如果将视角进一步延伸到公权力内部,就将看到更为复杂的公法法律关系谱系。在此,应当根据法律授权中包含的权力作用类型与作用程度,对权力概念进行解剖式的细分,区别出不同层次与程度的权力,将现代公法中的权力内容依据其判断、确认、评价、宣示、传播等作用的范围及程度归类整理,在梳理多维权力概念的基础上,与公法上的权利及请求权体系共同建构新的"法锁",形成能够连接整个公法学基础概念的理论版图,并为整理更深入、精致的公法法律关系提供原则性的指引。

第三,根据权力概念的内在基础与法理构造,形成公权力自身的品质要求。权力概念需要形成自己的普遍品质要求及衡量尺度,而不是将所有希望寄托在合法性基础的限制、公民权利的制约或者其他权力的制衡上。在现代社会,公权力需要公正、理性、严谨、节制、文明等品质,社会对公权力的这些品质的需求,是推动公权力行使法治化的重要动力,也是对公权力进行监督与审查的深层价值基础。在权利领域,自由意志与(实践)理性作为权利理论的内在价值基础,在19世纪前期一度推动整个法体系的理论建构。其后,随着近代代议制国家的强化,权利理论中实证性的因素大为加强,但这些价值依然是权利的法理底色,推动着私法体系的不断发展。类似地,权力理论也需要发现社会对权力概念内在品质的根本诉求,这些品质在法律层面的表述和展开,需要一定的法理构造加以承载,也需要一般性的某种衡量尺度,如何根据权力概念的理论基础塑造具有普遍意义的品质要求,进而形成关于权力运行的一般准则,是当代权力理论面对的深刻挑战。

结语

权力概念背负着跌宕沉浮的历史,徘徊在纷繁复杂的当代,面对着需要变革的未来。权力永远在不断生长、变迁和运行,权力的形态也不断发生扭曲与变异。权力概念一旦僵化,就未必能有效地约束极为活跃的各种权力。权力概

---

[167] 参见金自宁:《风险规制与行政法治》,载《法制与社会发展》2012年第4期,第60—71页。

[168] 参见罗豪才、宋功德:《软法亦法——公共治理呼唤软法之治》,法律出版社2009年版,第282—283页。

念也许需要一场自内而外的革命,使它保持蓬勃的生命力,使公法学中的各种法律关系能够得到更加精致、深入的认识和发展。深入发展权力概念的法理构造和自身品质,推进公法基础理论的发展,是值得当代公法学人思考的一个重要课题。

(审稿编辑　康　骁)
(校对编辑　康　骁)

德国网络平台责任的嬗变与启示

王华伟[*]

The Development of Online Platform's Liability in Germany and Its Enlightment

Wang Huawei

内容摘要：德国网络平台的责任规则经历了三个不同的发展阶段。1997年通过的《电信服务法》奠定了网络服务提供者责任模式的基本框架。出于对信息经济和互联网产业的促进和保护，该法为网络服务提供者建立了初步的法律免责框架。其后，受《电子商务指令》的影响，在欧盟法律协调化的要求下，《电信服务法》被2007年通过的《电信媒体法》取代，德国为网络服务提供者建立了更为完善和体系化的免责法律结构。随着仇恨犯罪和刑事违法内容在网络的泛滥，2017年德国议会通过了《网络执法法》，这部法律强化了社交网络平台提供者对违法内容的管控义务。以上立法脉络反映了德国强化网络平台责任的发展趋势，但是网络服务提供者的基本免责体系仍然没有动摇。适度强化网络平台责任符合信息社会的发展进程，但是应当坚持类型化思维，谨慎推进，

---

[*] 德国弗莱堡大学（马普刑法研究所）刑法学博士，北京大学法学院刑法学博士，北京大学法学院博士后研究人员。

本文系司法部2018年国家法治与法学理论研究项目中青年课题"信息刑法的基本原理与理论建构"的阶段性成果。

同时全面考虑平台运营者权利义务关系调整过程中可能产生的附随后果。

关键词：网络平台　服务提供者　免责体系　责任强化　类型划分

一、引言

随着信息社会的深度发展和互联网技术的广泛运用，人类社会迎来了平台革命。网络平台时代的到来，极大地改变了人类社会的经济组织形式，也重新形塑了人们的生活协作模式。与传统管道型企业所创造的线性价值链不同，平台结构型企业创造出复杂的平台价值矩阵，借助规模化逐步消除"守门人"角色[1]，在商业领域极为迅速地"攻城略地"。然而，在网络平台带来诸多生活便利、创造新型就业岗位、促进信息沟通的同时，网络平台的责任也引发了越来越多的争议。著名网络社交平台脸书（Facebook）公司因为数据泄露丑闻，市值蒸发百亿，并且陷入公众的信任危机；百度作为搜索平台，为相关病症关键词设置了"莆田系"医院的链接，魏则西的死亡将这家网络公司推向了舆论的风口浪尖；作为国内打车软件的龙头，滴滴出行公司因为使用该软件的司机性侵、杀害乘客而进行整改。可见，平台的责任成了与人们生活越来越息息相关的问题。

虽然我国的电子商务和平台经济发展极为蓬勃，但是，对在何种程度和范围内来设定平台的责任，各方远未达成共识。2018年8月31日，历经5年4审的《电子商务法》终于通过，但是，其中核心责任条款仍然保持了高度的开放性。《电子商务法》第38条第2款就是最鲜明的例证。该条规定的责任经历了"连带责任""相应补充责任""相应责任"的转变，这充分体现了各方利益之间的博弈与平衡。尽管争议非常之大，但是不断强化平台责任是我国相关立法的基本趋势。值得注意的是，近年来，德国的立法也体现了同样的趋势，并且引起了较大争议。法治发展程度较高的德国如何设计网络平台提供者（包括网络服务提供者）[2]的责任框架，为何以及如何强化这种平台责任，是比较法中值得研究的问题。本文将着眼于此，对德国网络平台责任的发展脉络和动态加以梳理，探讨其中的分歧，以求为我国网络平台责任的思考提供一些助益。

二、制度初创：《电信服务法》与信息产业保护

1997年8月1日，德国《电信服务法》正式生效，这标志着德国在网络服务

---

[1] 参见帕克等：《平台革命：改变世界的商业模式》，志鹏译，机械工业出版社2018年版，第6页以下。

[2] 较于网络平台提供者，网络服务提供者是更为上位的概念。二者常常互相关联，密不可分。因此，网络平台提供者的责任往往被放在网络服务提供者的责任框架中探讨。本文第二、三部分关于德国《电信服务法》和《电信媒体法》的内容，主要介绍网络服务提供者的责任模式，第四部分关于德国《网络执行法》的内容则主要围绕平台服务提供者的责任展开。

提供者(包括平台提供者)责任模式的立法建构上迈出了极为重要的第一步。

(一) 基本内容

《电信服务法》(Teledienstegesetz, TDG)是一揽子立法规划《信息与通信服务法》(Informations-und Kommunikationsdienste—Gesetz, IuKDG)中的第一部法律。《电信服务法》仅有6条规定,其中第5条设立了电信服务提供者的责任,这一核心条款建立了长久以来德国法中网络服务提供者责任体系的雏形框架。

《电信服务法》第5条:

1. 服务提供者对于自己所提供的内容,按照一般的法律承担责任。

2. 对于他人提供的内容,只有当服务提供者对这些内容具有认识,并且阻止提供这些内容在技术上是可能的且具有可期待性时,他才承担责任。

3. 对于他人提供的内容,服务提供者如果仅仅提供了接入通道,则不承担责任。基于用户请求而自动、短暂提供他人内容的行为,被视为接入通道提供行为。

4. 如果服务提供者在维护通讯秘密过程中,按照《电信通讯法》第85条的规定,对违法内容具有了认识,并且其对该内容进行封锁在技术上是可能且可期待的,那么按照一般法律产生的封锁违法内容的义务不受影响。

(二) 立法背景

20世纪90年代后期,信息产业、互联网经济在西方国家逐渐兴起,这一背景成为理解《电信服务法》的关键因素。随着信息经济的崛起,在网络运营中扮演基础性角色的服务提供者的法律责任成了关键性的问题。在《电信服务法》通过以前,学者们已经就此议题展开了激烈的探讨,而德国的CompuServe案件因进一步涉及服务提供者的刑事责任而引起了国际性的关注,这更使得一种具有法律明确性的立法解决方案成为必要。

在《电信服务法》的法律草案说明中我们可以清楚地看到,信息技术变革、新经济的发展、市场竞争力的维护成了论证立法议的关键词。立法草案充分考虑了信息和通信技术带来的深刻变革和人类社会向信息社会的转变。在此背景下,信息经济和信息服务成了经济的重要分支,并且具有巨大的增长潜力和动能,也可能带来优质的和具有前景的工作岗位。因此,信息和通信技术带来的信息经济发展成了一种独立的经济利益,它在国内和国际的位置竞争中具有越来越重要的意义。[3] 鉴于此,德国的立法者希望通过明确的立法,消除市场力量在新的通信服务领域自由发展的障碍,为电子通信服务的不同使用可能性建立一套统一的经济性框架条件。这一点被开宗明义地规定在《电信服务法》第1条之中。

(三) 立法评价

整体来说,《电信服务法》的通过得到了德国学界的积极评价。该法首要的优点在于,在网络服务提供者的责任设置上提出了先创性的规则框架,开了这一领域规则之治的先河。例如,有学者虽然对具体规则的可行性存有疑问,但是仍然整体肯定了这一立法,认为它在欧洲范围内对这一责任问题首先作出了回应。[4]《电信服务法》为服务提供者创立了法的确定性,而这种法的确定性是信息社会发展的一个重要条件。[5] 有学者甚至指出,尽管过去立法者常常因为制定过于复杂、晦涩的法律而被指责,但是《电信服务法》显然克服了这一问题。通过为数不多的几个条款,立法者就在极为复杂的教义学丛林中开辟出一条道路。[6] 而且,从更高的层次来看,面对国际范围内对电子商务越发强化的探讨,德国的法律框架是有益的,它为这个领域国际性的法律定位设立了一个良好的出发基点[7];它为承载不同功能的网络服务提供者的责任,设立了一个清楚而具有说服力的构想,不仅被欧盟层面的指令所吸收,而且也成为欧洲的典范。[8]

该法除具有立法先创性优点之外,立法者还非常妥当地对各方利益进行了平衡,创设了一个较为均衡的责任结构,这使得《电信服务法》在之后不断演进的立法进程中为网络服务提供者和平台提供者建立了以免责为导向的基本责任框架。《电信服务法》的立法材料表明,该法试图为信息和通信服务的蓬勃发展提供一个可靠的基础,在自由竞争、正当用户利益、公共秩序利益之间求得一

---

[3] Vgl. Bundestag—Drucksache, 13/7385, S. 16.

[4] Vgl. Bortloff, *Neue Urteile in Europa betreffend die Frage der Verantwortlichkeit von Online-Diensten*, ZUM Heft 3, 1997, S. 169, 175; Wimmer, *Die Verantwortlichkeit des Online-Providers nach dem neuen Multimediarecht—zugleich ein Überblick über die Entwicklung der Rechtsprechung seit dem 1.8.1997*, ZUM Heft 6, 1999, S. 443.

[5] Vgl. Moritz, *§ 5 TDG im deutschen Recht—die wissenschaftliche Diskussion ist eröffnet*, MMR Heft 12, 1998, S. 625; Schaefer/Rasch/Braun, *Zur Verantwortlichkeit von Online-Diensten und Zugangsvermittlern für fremde urheberrechtsverletzende Inhalte*, ZUM Heft 6, 1998, S. 451—452.

[6] Vgl. Spindler, *Dogmatische Strukturen der Verantwortlichkeit der Diensteanbieter nach TDG und MDStV*, MMR Heft 12, 1998, S. 639.

[7] Vgl. Engel-Flechsig, *Das Informations-und Kommunikationsdienstegesetz des Bundes und der Mediendienstestaatsvertrag der Bundesländer*, ZUM Heft 4, 1997, S. 239.

[8] Vgl. Sieber, *Die rechtliche Verantwortlichkeit im Internet, Grundlagen, Ziele und Auslegung von § 5 TDG und § 5 MDStV*, MMR-Beilage Heft 2, 1999, S. 31.

个平衡。立法材料指出,扩展的个人通信可能性,以及其他经济上所认可的形式,在信息和通信服务中都应当予以考虑;运行良好的竞争应当被保障,用户的需求应当被重视,公共利益应当被维护;而只有当信息社会道路上的障碍被清除时,德国才能在国际竞争中立足,才能充分利用增长和就业机会。[9] 出于对自由竞争、用户利益、公共秩序的均衡考虑,立法者为服务提供者创设了一套条件性的保护免责机制,这既充分保障了新兴信息经济的发展空间和法律稳定性,同时又设置了必要的限制条件,不过度放纵其野蛮、失序生长。在《电信服务法》第 5 条架构的责任框架中,内容提供者以外的服务提供者仅在满足特定条件时才承担责任。纯粹的接入提供者对他人的内容不承担责任;而非自有内容的提供者,也只在对内容具有明确认识的前提下才承担责任。这种限缩型责任架构的出发点在于,网络上的沟通本身并不构成一个危险源,这被认为是具有说服力的。[10] 精明的读者一定能够发现,这里实际上已经描述了之后被人们所熟知的"通知删除"规则的基本模型。[11]

此外,《电信服务法》实际上在立法层面开启了服务提供者类型化的进程。《电信服务法》第 5 条第 1 至 3 款分别针对不同情形服务提供者的责任作出了规定:第 1 款适用于提供自己内容的服务提供者,第 2 款适用于提供他人内容的服务提供者,第 3 款适用于纯粹提供接入通道的服务提供者。这种分类处置的责任条款,实际上对服务提供者的类型化作了初步探索。尽管有个别学者对这种区分处置的做法抱有疑义[12],但是多数学者还是肯定了这种类型化立法模式。例如,有学者按照这一条文将提供者区分为内容提供者(Content Provider)、服务提供者(service provider)和接入提供者(access provider)。[13] 此外,还有学者跳出实定法的限制,以控制可能性为标准将网络服务提供者划分为网络提供者(network provider)、接入提供者(access provider)和存储提供者(host service provider)。[14] 今天,这种类型化的思路已经被各国学者充分认可,这足以看出《电信服务法》在这方面所具有的划时代意义。

三、体系成熟:《电信媒体法》与法律结构协调

2007 年德国通过了《电信媒体法》(Telemediengesetz,TMG),以此取代了

---

[9] Vgl. Fn. 3, 13/7385, S. 16.

[10] Vgl. Koch, *Zivilrechtliche Anbieterhaftung für Inhalte in Kommunikationsnetzen*, CR Heft 4, 1997, S. 201.

[11] Vgl. Sieber, *Die Verantwortlichkeit von Internet-Providern im Rechtsvergleich*, ZUM Heft 3, 1999, S. 201.

[12] Vgl. Altenhain, *Die gebilligte Verbreitung mißbilligter Inhalte—Auslegung und Kritik des § 5 Teledienstegesetz*, AfP Heft 5, 1998, S. 464.

[13] Vgl. Wimmer (Fn. 13), S. 439.

[14] Vgl. Sieber (Fn. 11), S. 197.

原来的《电信服务法》,后者由此完成了它的历史使命。

(一) 基本内容

《电信媒体法》

第7条(基本原则):

1. 服务提供者对自己提供的内容按照一般性的法律来承当责任。

2. 第8至10条意义上的服务提供者,没有义务监督其所传输和存储的信息,也没有义务根据提示违法活动的情形去调查这些信息。

第8条(信息传输):

服务提供者为他人信息在通信网络上进行传输,或者为其提供接入通道,对该信息不承当责任,只要其:

1. 没有发起这一传输;

2. 没有选择信息接收者;

3. 没有选择和改变传输信息。

如果服务提供者与用户故意共同实施违法行为,那么第一款无法得到适用。

前两款的规定也适用于通过无线局域网为用户提供互联网接入的服务提供者。

第9条(为了加速信息传输的缓存):

对自动性和限时性的缓存,如果其仅仅服务于更为有效传输信息的目标,那么服务提供者只要满足以下条件就不承担责任:

1. 没有更改信息;

2. 遵守信息接入的要求;

3. 遵守(被广泛认可和适用的行业标准所确认的)信息更新规则;

4. 不损害(被广泛认可和适用的行业标准所确认的)数据收集技术的合理使用;

5. 一旦获知该信息在信息源头被删除或者其接入通道被封锁,以及法院或管理机构发布了删除或封锁的命令,立即删除存储的内容或封锁其接入通道。

第8条第2款同样适用。

第10条(信息存储):

对为用户存储的信息,只要满足以下条件,服务提供者就不承担责任:

1. 对违法行为或违法信息没有认识,并且在损害赔偿请求的情形中没有认识到明显存在违法行为和违法信息的事实或情形;

2. 一旦获得了这些认识,立即删除这些信息或封锁其接入通道。

如果用户隶属于服务提供者或受其监督,那么第一款规定不适用。

(二) 立法背景

虽然《电信媒体法》于 2007 年施行,但是该法中关于网络服务提供者核心责任的内容(第 7—10 条),在修改后的《电信服务法》中就已奠定。1997 年《电信服务法》通过以后,在欧洲范围内产生了积极的示范效应,它进一步影响了之后欧盟层面的立法。1998 年,美国通过了《数字千年版权法案》,该法案在全球范围内产生了影响。2001 年,欧盟吸收了二者的经验,通过了更为完善和体系化的《电子商务指令》(ECRL)。由于《电子商务指令》是欧盟层面的指令,德国具有将其转换为国内法的义务,这反过来促成了《电信服务法》的修改。修改后的《电信服务法》在网络服务提供者责任方面的规定与《电子商务指令》基本趋同。原本单一的责任条款被进一步细分为四个具体条款,这些条款对网络服务提供者的责任进行了更为细致和体系化的规定。而这些条款被《电信媒体法》"照单全收",这一网络服务提供者的责任体系由此沿用至今。

除了受《电子商务指令》的影响之外,《电信媒体法》施行的另一个重要原因在于实现国内法的进一步整合。早在 1997 年德国联邦层面的《电信服务法》颁布时,州的层面同时通过了《媒体服务国家条约》(Mediendienste-Staatsvertrag, MDStV)。二者主要的责任条款和表述几乎如出一辙,核心的区别除了立法层级不同之外,主要就是规制的服务对象不同。《电信服务法》第 3 条规定该法适用于电信服务(Teledienste),而《媒体服务国家条约》第 3 条则规定该条约适用于媒体服务(Mediendienste)。然而,法律文献已经多次表明,《电信媒体法》中的"电信服务"和《媒体服务国家条约》中的"媒体服务"的区分是不清楚的。二者之间的区分难题,降低了法律的确定性。[15] 尤其是随着信息技术的发展,电信和媒体之间的融合逐渐加深,对二者进行区分是不切实际的,多数学者都呼吁应当尽快消除二者之间的不一致。[16] 为了回应这些质疑,适应信息服务的融合性发展趋势,德国的立法者决定通过一部统一的《电信媒体法》,用"电信媒体"这一概念来整合"电信服务"和"媒体服务",以此来统一规制上述不同类型的网络信息服务,简化法律适用。[17]

(三) 基本评价

《电信媒体法》可以说是网络服务提供者责任体系建构的集大成者。与 1997 年《电信服务法》第 5 条所确立的责任条款不同,《电信媒体法》对网络服

---

[15] Vgl. Bonin/Köster, *Internet im Lichte neuer Gesetze*, ZUM Heft 11, 1997, S. 828.

[16] Vgl. Waldenberger, *Teledienste, Mediendienste und die „Verantwortlichkeit" ihrer Anbieter*, MMR Heft 3, 1998, S. 124, 129; von Heyl, *Teledienste und Mediendienste nach Teledienstegesetz und Mediendienste-Staatsvertrag*, ZUM Heft 2, 1998, S. 120; Engel-Flechsig (Fn. 7), S. 239; Sieber (Fn. 8), S. 4, 10; Hilgendorf/Valerius, *Computer-und Internetstrafrecht*, 2. Aufl., 2012, S. 16, Rn. 53—55.

[17] Vgl. Fn. 3, 16/3078, S. 11.

务提供者的责任规定更加类型化、体系化、具体化。首先,在《电信服务法》中,服务提供者的类型区分尚不够清楚,而《电信媒体法》中内容提供者、接入提供者、缓存提供者和存储提供者的四分模式就已非常成熟。其次,《电信媒体法》以事实的控制可能性为标准,形成了不同的责任层次,为网络服务提供者构建了一般原则与具体规则相结合的责任体系。最后,在具体免责条件的设置上,《电信媒体法》也更加明确和具体。[18]

虽然《电信媒体法》意味着德国网络服务提供者责任体系趋于完善,但我们很难说它是完美的。在一些责任条款的具体运用上,由于这些条款表述模糊,学界的争议较大。例如,在基本原则第 7 条第 2 款中,第 1 句整体性地规定了服务提供者对其传输和存储的信息不负有监督和调查义务,但是第 2 句又规定,按照一般法律产生的删除或封锁信息的义务,在按照本法第 8 至 10 条规定不承担责任的情形中不受影响。这里"按照一般法律产生的删除或封锁信息的义务"表述非常模糊,容易与第 1 句所确定的基本原则相冲突。[19] 再如,与《数字千年版权法案》不同,修改后的《电信服务法》和目前的《电信媒体法》没有就 P2P 网络运营者、搜索引擎(信息定位工具)运营者、链接设置者的责任作出规定。立法者认为,相关的问题非常复杂,最好先密切关注其在经济上和判决中的进一步发展,一般性的原则尽量留待欧盟层面解决。[20] 然而,上述类型的服务提供者及其责任认定问题在实践中十分常见,司法者只能比照甚至类推适用现有的责任框架来解决这类争议,这也制造了诸多法的不确定性。

四、争议再起:《网络执行法》与平台责任强化

2017 年,德国议会通过了争议极大的《网络执行法》(Netzwerkdurchsetzungsgesetz,NetzDG),该法明显强化了作为网络服务提供者类型之一的网络平台的责任。立法的天平开始从强调自由向保障安全一端倾斜,该法为平台提供者增设了一系列义务和处罚条款。

(一)基本内容

《网络执行法》

第 2 条第 1 款:报告义务

社交网络提供者有义务每季度制定一份处置平台违法内容投诉情况的德语报告,同时最晚将其在季度结束一月之内在联邦司法部公告以及自

---

[18] 关于《电信媒体法》中网络服务提供者责任规定之特点的详细探讨,可参见王华伟:《网络服务提供者的刑法责任比较研究》,载《环球法律评论》2016 年第 4 期,第 42 页以下。

[19] Vgl. Hoffmann, in: Spindler/Schuster(Hrsg.), *Recht der elektronischen Medien*, 3. Aufl., 2015, TMG §7, Rn. 40.

[20] Vgl. Fn. 3, 14/6098, S. 37.

己的主页上发布。在自己主页上发布的报告必须清晰可见、直接可达、持续有效。

第3条：对违法内容投诉的处置

1. 社交网络提供者必须建立有效和透明的违法内容投诉处置程序。提供者必须为用户提供一个清晰可见、直接可达、持续有效的违法内容投诉的传递程序。

2. 这一程序必须确保社交网络提供者：

（1）及时了解投诉，检查这些内容是否违法，并及时删除这些内容或封锁其接入通道；

（2）在收到投诉后24小时内删除明显违法的内容或封锁其接入通道；但社交网络与主管的刑事追诉机关为删除和封锁明显违法内容商定了一个更长的时间除外。

（3）在收到投诉后7天内删除其他违法内容或封锁其接入通道；

（4）在删除的情形中，保存用于证明目的的内容，并且为了这一目标将其在国内保存十周；

（5）每个决定都应及时通知投诉人和用户，并且对决定予以论证；

（6）对存在于平台之上的违法内容的全部复制件，同样应及时删除或封锁。

3. 这一程序必须规定，每个投诉及其相关救济措施都应在国内记录在案。

4. 对投诉的处理必须由社交网络的领导层通过月度的管控来监督。在处理投诉的过程中出现的机构性障碍，必须及时清除。受委托处理投诉的人员，必须由社交网络的领导层定期（至少半年一次）提供以德语进行的培训和指导。

5. 这一程序可以由第4条提及的管理机构所委托的部门来监督。

第4条：罚款规定

1. 故意或过失实施以下行为，属于违反秩序行为：

（1）违反第2条第1款第1句的规定，没有或者没有正确地、完整地、及时地制定报告；没有或者没有正确地、完整地、以规定的方式、及时地公布报告；

（2）违反第3条第1款第1句的规定，没有或者没有正确地、完整地建立违法内容投诉处置程序；

（3）违反第3条第1款第2句的规定，没有或者没有正确地提供该规定提及的程序；

（4）违反第3条第4款第1句的规定，没有或者没有正确地监督投诉

处置;

(5)违反第3条第4款第2句的规定,没有或者没有正确地清除机构性障碍;

(6)违反第3条第4款第3句的规定,没有或者没有及时地提供培训和指导;

2. 以上违反秩序的行为可以被处以不超过500万欧元的罚款。《违反秩序法》第30条第2款第3句的规定在此援引适用。[21]

(二)立法背景

《网络执行法》的立法理由主要体现在以下两个方面:

其一,加强对网络仇恨犯罪和其他刑事违法内容的打击。所谓仇恨犯罪(Hasskriminalität),是指按照人种、宗教、国籍、民族、性取向、精神或身体障碍、性别、年龄等因素进行选择、攻击的暴力行为。[22] 立法草案认为,目前网络(尤其是社交网络)中充斥着大量的仇恨犯罪内容,网络的交谈文化变得具有攻击性、侵害性,人们很容易因为各种原因受到诽谤。由于仇恨犯罪和其他刑事违法内容未能得到有效打击和追诉,自由、开放的民主社会中的共同安宁生活面临着巨大的危险。因此,以美国大选为鉴[23],德国应当重视对社交网络虚假新闻的打击,改善社交网络中的法律执行,及时删除那些刑事违法的内容。[24] 尤其是近年来德国陷入难民危机,大批来自中东与北非的难民涌入德国而无法真正融入德国社会,难民治安事件时有发生,挑动公众敏感神经,这引发德国社会舆论撕裂,乃至德国右翼势力逐渐抬头,以德国选择党为代表的右翼保守政党成为议会第三大党。这些因素进一步加剧了网络仇恨言论的发酵,也成为这部争议性法律出台的社会背景。

其二,强化社交网络平台运营者的义务和责任。鉴于网络交谈文化不断恶化,政府和立法者对网络平台提供者的态度正在悄然发生变化。立法草案指出,针对仇恨犯罪的不断泛滥和刑事违法内容的传播,德国联邦司法和消费者保护部早在2015年就会同网络运营者和社会代表建立了特别行动组。参与其中的企业承诺,采取积极措施改善仇恨犯罪和刑事违法内容的处置。然而,一项来自名为"青少年保护"网站所进行的调查显示,普通用户对仇恨犯罪和其他

---

[21] 按《违反秩序法》第30条(对法人和协会的罚款)第2款第3句,如果其他法律援引本规定,则该法律中规定构成要件的最高罚款额度翻十倍。这意味着,对法人的罚款最高可达5000万欧元。

[22] Vgl. Schneider, *Hasskriminalität: eine neue kriminologische Deliktskategorie*, JZ Heft 10, 2003, S. 498.

[23] 西方的许多媒体都认为,美国2016年总统大选受到了社交网络中假消息的影响。

[24] Vgl. Fn. 3, 18/12356, S. 1, 11.

刑事违法内容提出的投诉一直没有被社交网络平台及时、充分地处理过。虽然在油管（YouTube）上有90%的刑事可罚内容被删除，但是这一比例在脸书（Facebook）上只有39%，在推特（Twitter）上竟然仅有1%。立法材料还指出，社交网络的透明度不够，平台违法内容处置清理的信息公开状况并不让人满意。[25] 正是在这样的背景下，德国的立法者希望通过强化网络平台服务提供者违法内容的处置义务和相应责任来遏制网络环境恶化的趋势。

（三）评价

这部《网络执行法》受到了整体性和近乎一致性的猛烈批判和否定。[26] 不论是德国的实务界还是理论界，大多对这部法律持负面评价。从现有文献来看，批评主要体现在（但并不限于）以下几个方面：

首先，《网络执行法》所依据的前提存有疑问。一方面，"青少年保护"网站所做这项的调查，对其数据基础以及调查方法都没有进一步的详细阐述。[27] 另一方面，作为《网络执行法》必要性的唯一认识基础，该报告仅仅调查了2项犯罪（《德国刑法》第86a条"使用违宪组织的标志"和第130条"煽动民众"）涉及的违法内容的情况。然而，《网络执行法》第1条第3款规定，该法所指的违法内容涉及20余个《德国刑法》的罪名。[28] 换言之，90%以上被该法规制的刑事违法内容，对于其在社交网络中的现状、频度、增长情况都缺少牢靠的认识。[29] 立法者对制定法律时所假定的基本事实状况不清楚，网络违法内容是否真的已经泛滥到需要如此激进修改法律的地步让人怀疑。

其次，《网络执行法》在立法权限的正当性上也存在问题。立法草案指出，由于《网络执行法》和青少年保护相关，该法的立法权限来源于《德国基本法》第74条第1款第11项（"经济法律"）和第74条第1款第7项（"公共救济"）。《网络执行法》的目的在于"对抗社交网络讨论文化的粗野化"，以及对青少年的媒体保护，促进儿童和青少年的健康发展。[30] 然而，许多学者指出，《网络执行

---

[25] Vgl. Fn. 3, 18/12356, SS. 1—2, 11.
[26] Vgl. Nolte, Hate-Speech, Fake-News, das „Netzwerkdurchsetzungsgesetz" und Vielfaltsicherung durch Suchmaschinen, ZUM Heft 7, 2017, S. 554. 为数极少整体性肯定这部法律，并且为其合宪性辩护的观点 vgl. Schwartmann, Verantwortlichkeit Sozialer Netzwerke nach dem Netzwerkdurchsetzungsgesetz, GRUR-Prax Heft 14, 2017, S. 317ff.
[27] Vgl. Koreng, Entwurf eines Netzwerkdurchsetzungsgesetzes: Neue Wege im Kampf gegen „Hate Speech"? GRUR-Prax 2017, Heft 9, S. 203.
[28] 这些罪名分别是《德国刑法典》第86,86a,89a,90,90a,90b,91,100a,111,126,129—129b,130,131,140,166,184b,184d,185—187,241,269条。
[29] Vgl. Liesching, in: Spindler/Schmitz (Hrsg.), Telemediengesetz mit Netzwerkdurchsetzungsgesetz Kommentar, 2. Aufl., NetzDG, §1, Rn. 6.
[30] Vgl. Fn. 3, 18/12356, S. 13.

法》并没有经济利益上的目标,更多涉及的是删除社交网络上违法内容传播的。[31] 社交网络中的交流属于《德国基本法》第 5 条第 1 款第 1、2 句所保护的言论自由的内容,将其归入第 74 条第 1 款第 11 项规定的经济法的范畴违反了基本法上的立法权限定位。[32]《网络执行法》以删除内容的方式逾越了《青少年保护法》中接入的相对性限制,同时也排除了成年人的接入,因而从"公共救济"中来推导是值得怀疑的。而且,相同内容的青少年保护规则已经存在于《青少年保护法》,《网络执行法》的重复规定会带来规范上的重合和立法上的割裂。[33]

而且,《网络执行法》与《电信媒体法》中规定网络服务提供者(包括平台提供者)责任的条款存在冲突。《网络执行法》的立法草案指出,删除违法内容的合规义务的出发点在于《电信媒体法》第 10 条为服务提供者确立的责任规则。[34] 然而,《网络执行法》第 3 条所规定的及时注意和检查义务已经逾越了《电信媒体法》第 10 条的规定,因为后者仅仅要求服务提供者在对违法内容获得实际和明确的认知后及时采取行动。《网络执行法》第 4 条对不够迅速的认知获取行为规定了罚款,这里实际上建立了一种"应当知道"的义务,而这与《电信媒体法》第 10 条的规定及欧盟《电子商务指令》第 14 条的免责规范都产生了抵牾。[35] 而且,《网络执行法》规定的 24 小时和 7 天的删除时限,已经明显偏离了《电子商务指令》所设定的规则。[36] 按照《网络执行法》的规定,时限计算的起点是提供者获知投诉时,而不是认识到违法内容之时。[37]

再次,《网络执行法》在立法目标的合理性上也遭到强烈质疑。许多学者指出,《网络执行法》会导致一种"刑法的私有化"(Privatisierung des Strafrechts),因为对违反《网络执行法》第 1 条第 3 款涉及的刑法构成要件行为的追诉,本来应当由刑事司法机关来负责。[38] 决定一个行为的刑事可罚性,不仅是一种国家性的任务,而且也属于司法保留的范围。《网络执行法》实际上

---

[31] Vgl. Nolte (Fn. 27), S. 561; Wimmers/Heymann, *Zum Referententwurf eines Netzwerkdurchsetzungsgesetzes (NetzDG)—eine kritische Stellungnahme*, AfP Heft 2, 2017, S. 97.

[32] Vgl. Gersdorf, *Hate Speech in sozialen Netzwerken, Verfassungswidrigkeit des NetzDG—Entwurfs und grundrechtliche Einordnung der Anbieter sozialer Netzwerke*, MMR Heft 7, 2017, S. 439.

[33] Vgl. Liesching (Fn. 30), § 1, Rn. 10; Koreng (Fn. 28), S. 204.

[34] Vgl. Fn. 3, 18/12356, S. 12.

[35] Vgl. Liesching, *Die Durchsetzung von Verfassungs- und Europarecht gegen das NetzDG, Überblick über die wesentlichen Kritikpunkte*, MMR Heft 1, 2018, S. 29.

[36] Vgl. Wimmers/Heymann (Fn. 32), 2017, S. 95.

[37] Vgl. Spindler, *Der Regierungsentwurf zum Netzwerkdurchsetzungsgesetz—europarechtswidrig?*, ZUM Heft 6, 2017, S. 479.

[38] Vgl. Liesching (Fn. 30), § 1, Rn. 8.

是通过罚款的方式将检查、删除违法内容的义务转移给平台运营者,这使得受害人将他们的诉求转而诉诸平台中介。[39] 违法内容的处置以违法内容的判断为前提,因此我们可以预见,在这一过程中,刑事违法性认定的权力实际上被部分赋予私有化的网络社交平台。

最后,也是最让人诟病的一点,《网络执行法》对受宪法保护的一系列基本权利造成侵犯。从规则的法律后果来看,对普通用户来说,《网络执行法》所设定的违法内容删除规则对《德国基本法》所保护的言论自由和信息自由构成很大威胁。因为《网络执行法》实施后,许多有价值的言论和表达会被平台运营者删除。这里实际上创设了一种"在存疑案件中进行删除"的体系,因为从经济角度考虑,不当删除内容的成本相比于高额罚款而言显然是小的,这就在社交网络中造成寒蝉效应(Einschüchterungseffekte)。[40] 而且,国家规定删除义务,可能会导致与用户的关系变得紧张,影响可能并不弱于限制言论自由。[41] 对平台运营者来说,其媒体自由(Medienfreiheit)受到了侵害,因为硬性和过度的检查义务被强加给他们。[42] 而从公法规制的角度来看,这里平台运营者的经营自由(Gewerbefreiheit)也受到不当影响。[43]

与此相关,许多学者指出,《网络执行法》的规则表述与宪法所要求的法律明确性原则存在冲突。何为"违法内容"本身就并不清楚,《网络执行法》的语义表述和立法草案的说明存在一定出入,前者仅指内容,而后者则将其扩展到行为。[44] 而"明显违法的内容"中的"明显"则更是难以把握,与明确性产生了抵牾。[45] 更严重的是,按照《网络执行法》的字面意思,第4条的罚则并没有覆盖违反第3条第2、3款的行为,但是立法材料却将其纳入处罚范围之内[46],这显然破坏了规范接受者的行为预期。[47]

---

[39] Vgl. Wimmers/Heymann (Fn. 32), S. 98.

[40] Vgl. Liesching (Fn. 36), S. 27; Wimmers/Heymann (Fn. 32) S. 99; *Koreng* (Fn. 28), S. 204; *Guggenberger*, Das Netzwerkdurchsetzungsgesetz in der Anwendung, NJW Heft 36, 2017, S. 2581; *Papier*, Rechtsstaatlichkeit und Grundrechtsschutz in der digitalen Gesellschaft, NJW Heft 42, 2017, S. 3030; *Nolte* (Fn. 27), S. 558.

[41] Vgl. Frenzel, *Aktuelles Gesetzgebungsvorhaben: Verbesserung der Rechtsdurchsetzung in sozialen Netzwerken (NetzDG)*, JuS Heft 5, 2017, S. 415.

[42] Vgl. Gersdorf (Fn. 33), S. 439.

[43] Vgl. Köbler, *Fake News, Hassbotschaft und Co.—ein zivilprozessualer Gegenvorschlag zum NetzDG*, AfP Heft 4, 2017, S. 283.

[44] Vgl. Fn. 3, 18/12356, S. 19.

[45] Vgl. Liesching, *Was sind „rechtswidrige Inhalte" im Sinne des Netzwerkdurchsetzungsgesetzes*, ZUM Heft 11, 2017, S. 810, 813.

[46] Vgl. Fn. 3, 18/12356, S. 25.

[47] Vgl. Wimmers/Heymann (Fn. 32), S. 101.

五、启示与思考

以上梳理了德国平台责任的三个发展阶段。《电信服务法》出台于20世纪的最后几年,彼时正是作为新兴事物的信息产业和互联网经济准备起飞的时点。这一时代背景决定了对信息产业和媒体自由重点保护是该法的最大特色。因此,我们可以清晰地看到,《电信服务法》的责任架构着眼于一种免责体系的创设,而非一种义务模式的建构。德国《电信服务法》的出台在欧洲乃至世界范围内都产生了重要影响,它与美国的《数字千年版权法案》共同成为网络服务提供者的法律责任模式规定的先驱典范。这两部法案推动了《电子商务指令》的出台,而这一指令反过来又促成了德国《电信服务法》的大幅修改,这一修改最终形成了沿用至今的《电信媒体法》。在此过程中,网络经济和信息产业方兴未艾、蓬勃发展,《电信服务法》《电信媒体法》无疑为网络服务提供者(以及平台服务提供者)及其所代表的信息产业的成长提供了统一、明确、开放的法律和制度环境。然而,互联网经济和信息产业发展到今天,网络社会生态已经产生了非常深刻的变革,网络空间滋生的违法、失序现象与当初已不可同日而语。在许多人看来,这类问题不仅扰乱网络秩序、败坏交谈文化,甚至威胁民主制度这一社会基础,这促成了法律规制模式的转变。上述德国平台责任的转变过程触发了笔者以下几点启示与思考。

(一)合理强化平台规制

随着互联网经济的不断发展与壮大,网络平台的性质与特征逐渐产生了深刻的转变。在互联网经济发展的初级阶段,网络平台的运营者常常以单纯提供技术的中立身份出现。彼时,互联网经济及其重要代表网络服务提供者(包括平台提供者)属于充满希望的新生事物,而且资金往往非常有限,技术尚存在许多障碍,因此理所当然地被国家重点扶持,这一点体现在法律领域就是法律免责模式。在判例中,美国索尼案确立的技术中立原则(或实质性非侵权用途原则)[48],以及德国CompuServe案最终的无罪判决[49],是这一阶段性特征的鲜明写照。

然而时过境迁,今天我们再度审视这一命题时,首先会惊叹,信息社会到来的速度之快,信息产业和互联网经济的发展规模之大,网络对社会方方面面的渗透之深,远远超出许多人的想象。20年前,世界企业五百强榜单完全被来自

---

[48] 参见王迁:《"索尼案"二十年祭——回顾、反思与启示》,载《科技与法律》2004年第4期,第59页以下。然而,随着信息技术(尤其是P2P这种争议性技术)的发展,技术中立原则在Napster案、Grokster案等重要案例中被不断修正。参见王迁:《新型P2P技术对传统版权间接侵权责任理论的挑战》,载《电子知识产权》2011年第10期,第136页。

[49] Vgl. *Verbreitung pornografischer Inhalte im Internet—Freispruch im CompuServe-Prozess*, ZUM Heft 3, 2000, S. 247ff.

石油、能源、房地产、零售等基础、传统行业的企业占据；20年后，一些互联网企业不断挤入榜单，而且几乎全都属于平台型企业，如美国的脸书（Facebook）、谷歌（Google）、亚马逊（Amazon），中国的阿里、腾讯和京东。而且，在那些充满潜力、代表未来经济希望的独角兽公司中，互联网企业占更高的比例。换言之，较之于20年前，现在的经济产业格局已经发生了质的转变，信息产业和互联网经济的体量和实力已经极大地增长。这一点不仅仅通过诸多统计数字体现出来，而且也是人们在日常生活中能够切身感受到的。网络服务提供者尤其是大型平台提供者所拥有的资金、技术、人力资源都已经发展到一个前所未有的规模。

与此同时，平台企业绝对中立性的主张已经越来越难得到人们的认同。不论是从技术架构，还是小盈利模式上来看，纯粹以中立性中介身份来从事经营活动的平台已越来越少。提供媒体播放器的快播公司，虽然曾一度提出"技术无罪"的辩解，但是事后的证据表明，它的营业模式远非提供完全中立的媒体播放器那么简单，它还在全国架构了多台服务器为视频文件提供缓存服务，而且在明知服务器存在大量违法内容的情况下仍然不及时采取措施予以删除。而对于电子商务平台来说，平台经营者对商务经营者的信息登记、记录、报告等义务已经被明确写入了新通过的《电子商务法》第27—31条之中。在此之前，修订后的《食品安全法》第62条也对网络食品交易第三方平台提供者作了类似的规定。换言之，对于绝大多数的平台运营者来说，中立性的程度在不断限缩，介入性的程度在逐渐增强。

伴随经营体量和经济实力的迅速扩大，网络平台运营者的身份特征和法律形象也在逐渐转变。越来越多的有识之士认识到，今日的平台提供者具有复杂而非单一的身份特征。在刑事责任领域，学者们注意到，网络服务提供者在一定条件下同时具有市场经营主体和监督主体的双重法律形象。[50] 而这种身份的复杂性、复合性，加剧了构建法律责任模式的困难。德国学者指出，社交平台在媒体法律规制上的困难源于目前其媒体角色定位的不确定性。不论是社交平台还是搜索引擎，都类似于一个仅仅提供消息接入通道的"数据化小亭"（digitaler Kiosk），这些消息是由他人生成和选择的。但是与此同时，社交平台又是"守门人"，因为它们通过算法对信息进行了选择，在此意义上像脸书（Facebook）这样的社交平台类似于出版和广播领域的传统媒体；不过，它们又并没有进行编辑性的选择，这种选择程序只是以每个用户可能的偏好为导向来

---

[50] 梁根林：《传统犯罪网络化：归责障碍、刑法应对与教义限缩》，载《法学》2017年第2期，第11页；王华伟：《网络服务提供者刑事责任的认定路径——兼评快播案的相关争议》，载《国家检察官学院学报》2017年第5期，第16页。

设立的。[51] 社交网络不仅仅为用户构建了一个中立的技术基础设施,而且也将其与分享、传播内容为导向的商业模式和技术功能特征深入地融合在一起。技术构成、用户行为以及二者结合的商业模式,这三者之间的复杂关系使得平台提供者的责任很难厘清。[52]

与网络平台身份去中立化、复杂化趋势相伴而来的,是平台控制力的明显增强。平台提供者在社会中扮演了越来越不可或缺的角色,掌握了极大的社会资源,在此语境中一种有别于传统公权力的事实性权力已经成型。以电商平台为例,阿里巴巴制定了一系列的平台交易规则和行为规范,经营主体如果不遵守这些规定,那么可能面临诸如信用降权、下架等一系列程度不同的惩罚性措施。这种规则的制定和执行形成了实际的权力[53],有学者称其为"私权力"。[54] 正是出于这种观察,有德国学者指出,网络媒介形成权力(Macht)是不可避免的。他们甚至认为,《网络执行法》的问题恰恰不是平台责任过宽而是不够宽,删除决定权不应当被取消,而应当成为一种公开性的法律义务。[55] 权力总是伴随着制约和责任,在这个意义上来看,放任网络平台成为法外之地或不承担相应的义务已经不再可能。

不论是《电信服务法》《电子商务指令》还是《电信媒体法》,它们所创设的平台(网络服务提供者)责任体系都是特定社会背景、特定技术条件、特定经济环境下的利益平衡。如今,信息产业演化到全新的发展阶段,它不仅不再是新生、孱弱且需要被格外保护的经济形式,而且甚至在很大程度上挤压了传统经济的生存空间。与此同时,网络平台具有前所未有的经济、技术和社会优势,而不法分子借助平台更加便捷、低成本甚至链条化、产业化地实施违法行为。由此观之,《网络执行法》不仅仅是对仇恨言论这一具体社会问题的政治反应,也体现了社会在政治和法律层面对互联网的态度所发生的改变。[56] 可以说,在产业格局深度变革、网络主体力量对比翻转的当下,对原有平台责任规则背后的利益关系进行再平衡是势在必行的。

(二) 谨慎探索义务范围

虽然《网络执行法》为网络社交平台提供者创设了一系列义务,但是,如果

---

[51] Vgl. Drexl, *Bedrohung der Meinungsvielfalt duch Algorithmen,Wie weit reichen die Mittel der Medienregulierung*, ZUM Heft 7, 2017, S. 536.

[52] Vgl. Eifert, *Rechenschaftspflichten für soziale Netzwerke und Suchmaschinen,Zur Veränderung des Umgangs von Recht und Politik mit dem Internet*, NJW Heft 20, 2017, S. 1450.

[53] 对平台提供者权力的深入剖析,可参见薛虹:《论电子商务第三方交易平台——权力、责任和文责三重奏》,载《上海师范大学学报》(哲学社会科学版)2014年第5期,第40页以下。

[54] 参见周辉:《平台责任与私权力》,载《电子知识产权》2015年第6期,第39—40页。

[55] Vgl. Eifert (Fn. 53), S. 1451.

[56] Vgl. Eifert (Fn. 53), S. 1450.

与中国近年来所推进的立法相比较,《网络执行法》仍然是相当谨慎和保守的。

首先,《网络执行法》并没有将新设的义务"一刀切"地附加给所有的平台提供者。一方面,这部法律只适用于社交平台,社交平台仅仅是网络平台提供者的一个分支。直白地说,该法主要针对网络违法内容的处置,规制面并不算太宽泛。另一方面,该法第1条第2款规定,如果社交网络在本国的注册用户少于200万,那么运营者可以免于第2、3条所规定的义务。事实上,德国境内用户规模达到200万以上的网络社交平台屈指可数。可见,德国的立法者在这里引入了分类处置、区分对待的思路。不过,德国学界有观点认为,这种做法违背了平等原则。[57] 而且,以用户数量作为分类处置的标准并不妥当。因为,互联网时代盛行免费经济,用户的数量并不是平台资源和实力的准确衡量指标,拥有相对较少用户的平台却具有更大营收规模的情况完全可能存在。[58] 笔者认为,尽管我们在具体分类标准上可以再探讨,但是这种分类处置的基本方向是必要且可行的。因为,那些规模和体量都较小的网络平台由于资金、技术、人员等资源相对有限,对平台第三方行为和内容的管控能力相对薄弱;而大型的网络平台基于其雄厚的资金、技术和广泛的受众,事实上形成了基础性的流量入口,其"守门人"的角色尤为突出,这些平台具有较高的实际支配地位,形成了事实性的权力。二者不可同日而语。

应当注意,这里的区分实际上是对存储服务提供者和社交平台提供者这一下位身份类型的再次细分。因为,《网络执行法》的立法草案已经清楚地说明,该法所规定的合规义务的来源是《电信媒体法》第10条关于存储服务提供者(hosting provider)的责任规则。[59] 换言之,《网络执行法》仅对极小范围内的平台运营者(小部分的经营体量极大的存储服务提供者)强化了违法内容管控的义务和责任。《电信服务法》奠定的,并被《电子商务指令》和《电信媒体法》进一步发展完善的网络服务提供者免责体系并没有被根本动摇。至少如《网络执行法》立法草案所声称的那样,《网络执行法》仍然属于网络服务提供者责任体系框架内的产物,仍然维护了网络服务提供者责任的体系性和一体性。

其次,《网络执行法》从多个维度强化了平台运营者的法律义务和责任,尽管该法在条文具体表述上饱受争议,受到明确性方面的违宪非议,但是整体来评价,该法对义务的描述仍然是相对明确和具体的。这些义务包括事前创设违法内容处置程序,事中根据投诉及时删除违法内容,事后对处置情况监督和通报等。相比而言,近年我国法律为网络服务提供者设定的义务却仍未达到这样明确的程度。例如,在《刑法修正案(九)》增设的拒不履行信息网络安全管理义

---

[57] Vgl. Liesching (Fn. 30), § 1, Rn. 37.
[58] Vgl. Liesching (Fn. 30), § 1, Rn. 38.
[59] Vgl. Fn. 3, 18/12356, S. 12.

务罪中,何为"法律、行政法规规定的信息网络安全管理义务"并没有得到进一步的明确,这可是比行政处罚更为严苛的刑罚条款。再如,《食品安全法》第62条规定,网络食品交易第三方平台提供者应当对入网食品经营者进行实名登记,明确其食品安全管理责任;依法应当取得许可证的,还应当审查其许可证。这里的"实名登记"和"审查许可证"具体是何种含义,对相关信息是做形式审查还是实质审查,规定并不清楚。而更成问题的是,原国家食品药品监督管理总局2016年制定的《网络食品安全违法行为查处办法》第10条规定,网络食品交易第三方平台提供者应当建立入网食品生产经营者审查登记、食品安全自查、食品安全违法行为制止及报告、严重违法行为平台服务停止、食品安全投诉举报处理等制度,并在网络平台上公开。这一部门规章中的"食品安全自查""违法行为制止及报告""严重违法行为平台服务停止"等要求,显然大大超越了上位法《食品安全法》所设定的义务范围。而且,这实际上已经要求网络平台提供者承担主动监控、调查的义务,这与世界范围内的普遍做法是背道而驰的。[60]

最后,尽管《网络执行法》为社交网络运营者不履行义务的行为设置了巨额的罚款,但是这种行为在定性上仍然是违反秩序的行为,属于行政处罚的范围而非刑事处罚的范围。可见,与我国大幅修改《刑法》相关条文为网络服务提供者设置统括性义务和独立罪名的做法相比,德国的立法者仍然是相当谨慎的。而且,从我国《刑法》第286条之一的表述来看,这里的"信息网络安全管理义务"显然并不仅限于违法内容的删除义务,其语义涵盖范围极为宽阔。而反观德国法律体系,不论是《电信服务法》还是《电信媒体法》,都被定位为一种"横截面规则"(Querschnittsregelung)[61],对诸多法律领域都有统摄效力,因而可以对按照原有刑法条款所认定的平台提供者的刑事责任发挥很大的限缩作用。两相对比,我国刑事立法对平台提供者义务和责任的扩张是否过急、规定范围是否过宽仍然需要进一步评估。而从我国现有司法实践来看,拒不履行信息网络安全管理义务罪的适用极为稀少,该罪名实际上有沦为"象征性立法"的趋势。

网络平台本身具有多样性。从技术属性上来看,内容提供者、接入提供者、缓存提供者、存储提供者都可能构成;从经营内容上看,网络平台也存在社交平台、电商平台、餐饮平台、打车平台等不同的形式。网络平台本身的多样性决定,相关法律不宜对平台提供者设定过于笼统、"一刀切"式的责任规则。相反,在信息技术变革极为迅速的当下,类型化的分化处置模式是应当遵循的基本思路。同时,处罚措施应当尽量谨慎,过于激进的义务扩张应当避免。而让内容

---

[60] 参见赵鹏:《超越平台责任:网络食品交易规制模式之反思》,载《华东政法大学学报》2017年第1期,第63页以下。

[61] Vgl. Spindler (Fn. 6), S. 643; Wimmer(Fn. 13), S. 443.

缺乏充分明确性的刑法规则"一马当先"的做法则更需要我们深刻省思。

（三）全面考虑附带效应

面对乱象丛生的网络空间，对日益壮大且扮演更重要社会角色的网络平台进行法律规制，科以适度强化的义务，无疑是合理的。而且，网络平台属于网络空间的关键节点、信息交流的瓶颈，如果从技术功能的角度来考虑，无疑在规制效率上是非常有吸引力的。[62] 但是，权利义务关系的调整，往往牵一发而动全身，在考虑目标设定实现的同时，还需要统筹考虑、调整可能带来的附随效应。事实上，对强化互联网违法内容的管控这一目标，学者大多并不反对。因此，《网络执行法》所追求的立法目标，还是得到多数德国学者的肯定。然而，尽管合规模式的引入是必要的，但是立法者必须尽量避免那些威胁到自由交流的效应。《网络执行法》的立法者忽视了在这种模式制定中考虑基本权利性的兼容问题，这事实上导致对言论自由的过度限制，逾越了规制的目标。[63] 为了有效对抗互联网上尤其是社交网络中的仇恨言论、虚假新闻，人们不应忽视这里涉及多种基础性自由的权衡，不应仓促、草率决定。[64]

平台运营者、用户、执法机关处在一种复杂的互动关系之中，信息产业发展、公共利益、网络空间秩序互相影响、联动，提升平台运营者的义务和责任需要统筹考虑以上各方的主张和诉求，努力达成各方利益的相对平衡。单方面强化社交平台运营者的内容管理义务和违法成本，很可能会导致运营者将这种法律风险成本以损害公民言论自由的形式进行转嫁。而删除违法内容义务以确定违法内容性质为前提，这就间接地将对刑事违法内容判断的权力部分赋予私人企业，这导致了所谓的"刑法私有化"现象，这是德国立法者没有给予统筹考虑的。同时，虽然信息经济和互联网产业已经走出了初生、脆弱的成长期，但是它们仍然代表着人类经济发展的基本走向，而且成为经济增长的重要引擎。莽撞地对其进行过度规制可能带来边界模糊、内容审查过载和难以承受的运营成本，这不利于其继续蓬勃发展，甚至会在一定程度上制约国家未来的国际竞争力。这种利益平衡、统筹兼顾的思维已经在我国《电子商务法》艰难的立法过程中初步体现出来，未来更多部门法的立法实践也应当予以采纳。

（审稿编辑　邵博文）
（校对编辑　徐　成）

---

[62] Vgl. Eifert (Fn. 53), S. 1450.

[63] Vgl. Holznagel, Das Compliance—System des Entwurfs des Netzwerkdurchsetzungsgesetzes, Eine kritische Bestandsaufnahme aus internationaler Sicht, ZUM Heft 8/9, 2017, S. 622.

[64] Vgl. Spindler (Fn. 38), S. 487.

自书供述运用的实证研究

——从《刑事诉讼法》第 122 条展开

梁 坤[*]

An Empirical Study of Written Statements:
Extending from Article 122 of Criminal Procedural Law

Liang Kun

内容摘要：对 121 份裁判文书的实证研究表明，自书供述在部分刑事案件中的运用十分普遍。自书供述的运用有着重要的实践价值，但是在多数案件中却被不当地用于遏制翻供以及规避适用于讯问程序的若干限制。由于当前关于供述合法性的收集与审查规则主要针对讯问，掩藏于自书供述背后的非法取证可能较为严重地存在，这导致对这种证据的合法性审查难以有效地开展。就自书供述的真实性而言，一方面存在被人为不当拔高的问题，另一方面则由于侧重使用言词证据进行印证而存在明显弊端。导致自书供述的运用呈现困境的主要原因是现有的供述程序出现了"结构性失衡"，这需要通过正当法律程序加以完善和规制。

关键词：自书供述 合法性 真实性 结构性失衡 正当法律程序

---

[*] 法学博士，西南政法大学刑事侦查学院副教授。

一、问题与视角

现行《刑事诉讼法》第 122 条规定,"犯罪嫌疑人请求自行书写供述的,应当准许。必要的时候,侦查人员也可以要犯罪嫌疑人亲笔书写供词。"据此,在侦查程序中,供述除了可以通过常规的讯问方式获取以外,也可以经由嫌疑人自行书写的方式生成。[1] 自书供述并非中国的独创,不仅德国、日本这样的具有大陆法传统的国家认可这种特殊的书面供述存在[2],而且美国这样的英美法国家的侦查活动中也允许这种形式的供述使用。[3] 自书供述也并非自现行《刑事诉讼法》才规定的,现行《刑事诉讼法》的规定实际上完全是对 1979 年、1997 年和 2012 年版本的《刑事诉讼法》相应规定的继承。[4] 长期以来,自书供述在我国的侦查实践中有着广泛的运用。早在解放初期,侦查机关就曾将日本战犯嫌疑人的"笔供"作为重要证据加以使用。[5] 而在如今,自书供述在贿赂等类型的案件中的运用已经十分普遍。然而与实践中的情况不同的是,根据相关文献的检索结果来看,一个令人备感困惑的现实在于,理论界自 1979 年至今对这个问题的研究却可谓相当有限。

从较早的一些为数不多的研究来看,相关文献一方面从公安机关侦查的角度出发,较为有限地对自书供述的功能与价值等问题有过一定程度的阐释,但普遍并不深入。另一方面,相关研究重点关注的是如何在侦查程序中对自书供述加以固定,触及的主要是具体操作层面的问题。[6]

而近年来与此相关的同样有限的研究,则主要是根据"自书材料"这个关键词展开的,关注的问题基本上都是职务犯罪诉讼程序中运用的"自书材料"。[7]

---

[1] 出于行文的方便,下文除直接引用法条原文表述而外,更多的是采用与题目一致的"自书供述"这一表达。

[2] 参见克劳思·罗科信:《刑事诉讼法》(第 24 版),吴丽琪译,法律出版社 2003 年版,第 228 页;松尾浩也:《日本刑事诉讼法》(上卷),中国人民大学出版社 2005 年版,第 74 页。

[3] 例如在 1963 年发生的著名的米兰达强奸案中,后来被美国最高法院认定为非法的重要证据恰恰就包括嫌疑人在侦查初期亲笔写下的供认书。See Mirandav. Arizona, 384U. S. 436 (1966).

[4] 《刑事诉讼法》(1979 年)第 66 条规定,被告人请求自行书写供述的,应当准许。必要的时候,侦查人员也可以要被告人亲笔书写供词。《刑事诉讼法》(1997 年)第 95 条规定,犯罪嫌疑人请求自行书写供述的,应当准许。必要的时候,侦查人员也可以要犯罪嫌疑人亲笔书写供词。后一规定只是将"被告人"改成了与现行《刑事诉讼法》一致的"嫌疑人"。

[5] 参见范传贵:《5 份战犯笔供揭露侵华日军反人类暴行》,载《法制日报》2014 年 7 月 4 日,第 1 版。

[6] 部分文献会在本文第三部分的脚注当中展现,这里不再一一列举。

[7] 代表性的研究参见钟朝阳:《"双规、双指"期间自书材料的证据法分析》,载《证据科学》2016 年第 2 期,第 167 页;秦晔:《职务犯罪侦查中自书材料的作用不可忽视》,载《人民检察》2016 年第 16 期,第 78 页;龙宗智:《薄熙来案审判中的若干证据法问题》,载《法学》2013 年第 10 期,第 3 页。

具体而言,相关研究主要涉及两种类型的"自书材料"。第一类是形成于纪检监察程序而后移送给检察机关职务犯罪侦查部门的"自书材料",第二类则属于检察机关在办理职务犯罪程序中直接获取的"自书材料"。从第二类"自书材料"来看,按刑事立案与否,还可以将其划分为立案前"自书材料"[8]和立案后"自书材料"[9]。这些研究由于定位于职务犯罪,基本上忽略了检察机关之外其他侦查机关办案程序中生成的"自书材料"的问题;由于基本不关注刑事立案之后嫌疑人自书的供述,因此也与上述《刑事诉讼法》第122条规定的内容没有太大的关系。

与理论研究的关注度显著不足相比,根据笔者的观察,嫌疑人在各个侦查机关办案程序中自行书写的供述已经在许多案件中暴露出大量的问题,尤其是与此相关的嫌疑人权利保障、侦查权的制约、证据的合法性及真实性方面的审查认定等问题已经突显出来。例如,这其中需要回答的一个最为基本的问题是,既然供述可以通过讯问方式获取,为何立法要专门规定嫌疑人自书供述这种类型?顺着这个问题出发,还有一些附带的问题需要厘清:实践中一些侦查人员为何会倾向于在讯问程序之外交由甚至强制要求嫌疑人自行书写供述?此外,由于涉及供述的立法和多年来的研究主要是从讯问的角度展开,那么对自书供述的审查认定是否应当完全照搬与讯问程序相同的规则?

为了令研究主题集中,本文只根据现行《刑事诉讼法》第122条规定的内容展开,只关注侦查程序中生成的自书供述的相关理论和实务问题。当然,需要说明的是,本文的分析将不局限于某一侦查机关办案程序中获取的自书供述,还主要针对职务犯罪侦查和公安机关开展的侦查展开。虽然检察机关的职务犯罪侦查部门已经陆续转隶到新组建的监察委员会,但监察委员会的职务犯罪调查在实际运行过程中也必定会大量运用被调查人的自书供述。于是,本文部分内容中关于2013年以来检察机关职务犯罪侦查程序中运用嫌疑人自书供述的分析仍具有重要价值,对监察委员会相关供述制度的运行和完善可以提供重要的理论和实务参考。

二、自书供述运用的统计分析

(一)取样方法

为了实际把握自书供述以及这种证据的司法运用的具体情况,笔者主要采用了案例研究法,以"中国裁判文书网"为分析对象,并从中搜集案例样本进行定量数据统计,并在此基础上进行典型案例分析。具体而言,首先以实务中经

---

[8] 如相关人员投案自首时抑或在初查阶段向检察机关递交的供认犯罪的自书材料。
[9] 即侦查立案后由嫌疑人自行书写的供述。只有这种类型才是本文所关注的对象。

常称谓的"自书供述""自书供词"为关键词进行精确检索,并根据《刑事诉讼法》第122条规定的关键词"自行书写"寻找案例。去除民事案件中的自书材料、证人自书证言、纪检监察办案程序及刑事初查程序中的自书材料等与本文研究内容无关的案例外,自2013年《刑事诉讼法》施行后截至2017年5月1日的近四年半的时间内,笔者从上载该网的裁判文书中总共搜集到121个样本。[10] 客观地说,这些有限的裁判文书并不能反映实践中自书供述运用的全貌,但由于严格按照上述关键词检索而无人为加工的问题存在,命中的样本作为本部分实证研究的基础应当具有较强的分析价值。

(二) 样本概况

统计分析发现,该121份裁判文书来自25个省级行政区的人民法院,覆盖面广泛。其中,一审判决书91份,二审判决书28份,驳回申诉通知书2份。[11] 从裁判文书生成的时间来看,2013年15份,2014年45份,2015年33份,2016年28份。从总体上看,分布较为均衡。考虑到裁判文书的实际生效到上载互联网通常有一定时间间隔,这样的样本数据分布是较为合理的,而且应当说具有较佳的代表性。

(三) 证据概况

从这些裁判文书中自书供述的称谓来看,除了本文选取的关键词"自书供述""自书供词"外,还包括"悔过书""情况说明""交代材料""亲笔供词"等。由此可见,这类证据总的来说在实践中并无规范统一的名称,一定程度上也反映出其在运用过程中较为混乱。从自书供述的两种生成方式来看,121份裁判文书中只有3份明确载明系侦查机关要求嫌疑人书写,有1份系嫌疑人自行请求书写,其余案件中自书供述的生成方式并不明确。从这些自书供述的具体内容来看,全部系有罪供述,不存在任何形式的无罪或罪轻辩解。

(四) 罪名分布

从所有这些裁判文书来看,全部是有罪判决或裁定,涉及32种共计143个罪名。[12] 根据中国裁判文书网刑事案由的分类,这些罪名的数量及相应占比具体统计如下:

---

[10] 虽然嫌疑人自行书写供述在裁判文书中也经常以"自书材料"的形式呈现,但是由于命中的裁判文书数量达5000以上,且大量包含与本文无关的内容,加之人工筛查的难度极大,只能放弃。

[11] 样本案例的具体地域分布为(括号内数字代表裁判文书数):黑龙江(4),吉林(1),辽宁(2),天津(1),四川(4),河北(4),内蒙古(1),山东(8),山西(9),河南(14),重庆(2),陕西(4),宁夏(1),上海(1),浙江(6),云南(2),安徽(14),江苏(8),湖南(5),湖北(3),贵州(6),福建(4),广东(7),广西(5),海南(2),江西(3)。

[12] 一些裁判文书涉及的罪名并不只有一个,因此罪名数据统计总数超过了121。例如在卞某受贿案中,嫌疑人在侦查阶段就自行书写了6份供述,参见河南省内黄县人民法院(2015)内刑初字第106号刑事判决书。

表 1 运用自书供述的案件的具体罪名分布情况

案由	具体罪名	数量	占比
危害公共安全(4份)	放火	1	2.80%
	交通肇事	2	
	危险驾驶	1	
破坏社会主义市场经济秩序(5份)	非国家工作人员受贿	2	3.50%
	合同诈骗	1	
	非法经营	1	
	骗取贷款、票据承兑、金融票证	1	
侵犯公民人身权利、民主权利(13份)	故意杀人	1	9.09%
	故意伤害	8	
	强奸	3	
	非法拘禁	1	
侵犯财产(31份)	抢劫	3	21.68%
	盗窃	5	
	诈骗	6	
	职务侵占	3	
	走私、贩卖、运输、制造毒品	11	
	容留他人吸毒	2	
	挪用资金	1	
妨害社会管理秩序(6份)	引诱、容留、介绍卖淫	1	4.19%
	伪造公司、企业、事业单位、人民团体印章	2	
	非法捕捞水产品	1	
	聚众斗殴	1	
	组织、利用会道门、邪教组织、利用迷信破坏法律实施	1	
贪污贿赂(78份)	贪污	22	54.55%
	挪用公款	2	
	受贿	46	
	行贿	5	
	单位行贿	2	
	私分国有资产	1	
渎职(6份)	滥用职权	4	4.19%
	玩忽职守	2	

从上述运用自书供述的案例数据来看,排前 3 位的分别受贿、贪污及毒品类犯罪。而从案由分布来看,很明显这类供述在职务犯罪中最为多见,贪污贿赂及渎职类案件总共出现了 84 份自书供述,占总数的 69.42%。[13] 其中,受贿

---

[13] 正是因为这样的原因,下文在分析自书供述的合法性和真实性等问题的时候,将主要从职务犯罪的典型案例展开进行论述。

犯罪(46 份)占到了总数的 32.16%。如果加上行贿(5 份)和单位行贿(2 份),运用自书供述的贿赂类犯罪更是占到了案件总数的 37.06%。考虑到职务犯罪案件在所有刑事案件中占比数极其有限,因此自书供述在公安机关侦办的为数众多的案件中的运用相对而言是较少的。

(五) 质证与认证

在上述 121 个样本中,总共有 13 起案件的自书供述在法庭质证过程中不为被告方所认可,比例超过了 1/10,可见这种证据在实践中是较容易遭受质疑的一种类型。从质证内容来看,这些案例中被告方提出的 16 个质证意见主要是从以下三个方面展开的[14]:

一是从证据合法性角度展开质证,提出自书供述不属于法定证据形式,此类情况涉及 1 个案例[15];自书供述是在没有具体告知诉讼权利后形成的,此类情况涉及 1 个案例[16];自书供述是在侦查人员采用刑讯逼供等非法取证方法后形成的,此类情况涉及 9 个案例。[17] 二是从证据真实性角度展开质证,主要针对的是自书供述内容矛盾、有误或虚构,此类情况涉及 4 个案例。[18] 三是从较为特殊的角度展开质证,此类情况只涉及 1 个案例。如某案质证意见认为,嫌疑人文化水平接近文盲,不明白自己供述的内容,其供述笔录不能作为证据使用。[19]

从人民法院对自书供述的认证来看,没有提出质证意见的自书供述全部获得了采纳。而从上述提出了质证意见的 13 起案例来看,11 起案例中的自书供述全部获得采纳,1 起案例的自书供述遭到排除[20],另有 1 起案例中的自书供

---

[14] 因自书供述的内容都系有罪供述,与案件事实具有密切的关联性。因此所有案例中的质证及认证意见均不涉及证据的关联性问题。

[15] 参见四川省广安市中级人民法院(2015)广法刑终字第 45 号刑事判决书。但是,这种质证意见明显站不住脚,必然无法获得法院认可。原因在于,自书供述作为一种特殊形式的供述,早已在立法和实务中获得认可,而且其本身就属于一种法定证据形式。

[16] 参见浙江省宁波市中级人民法院(2014)浙甬刑二终字第 764 号刑事判决书。

[17] 参见山西省太原市迎泽区人民法院(2014)迎刑初字第 445 号刑事判决书、福建省龙海市人民法院(2013)龙刑初字第 571 号刑事判决书、安徽省高级人民法院(2014)皖刑终字第 00405 号刑事判决书、湖南省高级人民法院(2016)湘刑终 39 号刑事判决书、浙江省宁波市中级人民法院(2014)浙甬刑二终字第 764 号刑事判决书、山西省太原市中级人民法院(2015)并刑终字第 00795 号刑事判决书、广东省惠州市中级人民法院(2014)惠中法刑二初字第 37 号刑事判决书、安徽省六安市中级人民法院(2014)六刑终字第 00136 号刑事判决书、广东省珠海市中级人民法院(2014)珠中法刑二终字第 28 号刑事判决书。

[18] 参见安徽省高级人民法院(2014)皖刑终字第 00405 号刑事判决书、浙江省宁波市中级人民法院(2014)浙甬刑二终字第 764 号刑事判决书、辽宁省盘锦市中级人民法院(2014)盘中刑二终字第 00005 号刑事判决书、广西壮族自治区隆安县人民法院(2013)隆刑初字第 74 号刑事判决书。

[19] 参见安徽省合肥市中级人民法院(2015)合刑终字第 00073 号刑事判决书。

[20] 参见山西省太原市迎泽区人民法院(2014)迎刑初字第 445 号刑事判决书。

述的内容受到了部分否定。[21]

三、自书供述运用的原因探究

开篇提到,既然供述可以通过讯问犯罪嫌疑人的方式获取,那么为何《刑事诉讼法》会同时容许自书供述存在,为何某些类型案件还广泛地运用自书供述,这样的问题值得深思。然而,法律和相关的司法解释均不明确,实务界对此问题的认识也并不一致。综合相关研究和上述案例样本中的实际做法,运用自书供述的原因大致体现在如下几个方面:

(一)讯问笔录不足的弥补

典型的情形是,侦查人员已经通过常规的讯问程序固定了供述,但由于讯问笔录的内容因种种原因存在不足之处,于是嫌疑人采用自书供述的方式对讯问笔录存在的相应不足加以弥补,这对侦查机关和司法机关全面查明和认定案件事实是具有重要的意义的。而且,当嫌疑人在这种情况下请求书写供述对讯问笔录加以补充之时,应当认为这是法律赋予他们的诉讼权利,应当得到肯定。正是基于此,《刑事诉讼法》第122条才会规定,嫌疑人请求自行书写供述的,"应当"准许。

实践中,讯问笔录的内容经常会出现诸多不足之处。例如,有论者认为,在讯问过程中,有时侦查人员存在过失,或者嫌疑人自己口头表达不清,不能畅所欲言;有时嫌疑人讯问时没有想起,事后记起来需要补充;有时嫌疑人当时没有认识到,后来认识提高了,需要坦白交代、认真悔过;等等。在这些情况下,被告人请求自行书写供述,是应当被准许的。[22] 我国香港特别行政区的《查问规则及指示》中关于"书面供述"部分的具体规定更是明确要求,执法人员在讯问嫌疑人及记录口供期间,还必须时刻提醒嫌疑人是否需要就其所作的陈述自行记录;如该嫌疑人提出他不能亲自书写或希望某人替其书写,执法人员则应告知嫌疑人可替其书写。[23] 从该规定来看,这实际上也是侦查人员为了避免讯问笔录可能存在的不足,而通过提醒嫌疑人自行书写供述的方式来对讯问笔录加以补充的具体表现。

然而,根据笔者在各地公安机关和人民检察院的调研,我国(不包含港澳台地区)当前司法实践的现实则是,自书供述极少是基于嫌疑人自行请求书写而

---

[21] 参见湖南省高级人民法院(2016)湘刑终39号刑事判决书。
[22] 参加许康定、张剑波、李鸿元:《刑事诉讼中讯问被告的几个问题》,载《法学评论》1990年第4期,第83—84页。
[23] 参见杨先恒:《香港特区对防止违法取得认罪供述机制及认定之研究》,陈光中、江伟主编:《诉讼法论丛》(第11卷),法律出版社2006年版,第69页。

生成的。[24] 从上文的统计分析发现，121起案件中只有一起案件的判决书明确说明其中有1份自书供述系嫌疑人请求书写的。令人尴尬的统计数据表明，嫌疑人请求自行书写供述以弥补讯问笔录的情况在实践中几乎可以忽略不计。而从侦查人员要求嫌疑人自行书写供述角度而言，其主要的目的也并不是为了对讯问笔录查漏补缺，弥补其可能存在的不足。[25] 因此，从总体而言，尽管用自书供述来弥补讯问笔录具有重要的实践价值，但是这并不是目前运用自书供述的主要原因。

（二）特殊情形供述的固定

在侦查实践中，在一些特殊情况下，通过常规讯问获取供述并不是一个可行或明智的方案，而最好的方案就是以嫌疑人自行书写的形式来固定供述。正因如此，《刑事诉讼法》第122条规定在"必要的时候"，侦查人员也可以要犯罪嫌疑人亲笔书写供词。

有论者具体认为，当出现犯罪嫌疑人口头表达能力差、供述内容难以启齿、供述内容复杂短时间内无法表述清楚、供述内容涉及专业领域、需要从书面供词上提取侦查线索等情形时，侦查人员可以要求犯罪嫌疑人亲笔书写供词。[26] 除了这些具体的情节外，当需要由亲历案件的嫌疑人勾画现场和物品时，当嫌疑人属于聋哑人时，由其自行书写供述都十分必要。本文的样本案例也存在类似的情形。例如，在黎某等人盗窃案侦查过程中，民警在第一次讯问过程中发现两名嫌疑人均系聋哑人，因此为二人聘请了专业聋哑老师在场指导甄别。由于二人均有一定文化，有识字、写作能力，故讯问记录的作答，均由二被告人自行书写，并签字予以确认。[27]

由此可见，从侦查实践的角度而言，当这些实际上为数不多的特殊情形出现时，确实有必要由嫌疑人自书供述，否则就无法顺利地获取供述。但问题在于，法律、司法解释对所谓的"必要的时候"并未具体说明，而且也不要求自书供述的内容对该"必要的时候"予以明确。于是在实践中，当嫌疑人在侦查人员要求下自书供述时，相应的内容普遍都不会具体说明采用这种方式生成供述的理由。这种状况实质上导致运用自书供述的正当性存在着很大的疑问。

---

[24] 实际上，笔者在许多公安机关和人民检察院调研发现，实践中绝大多数嫌疑人并不清楚法律规定了其可以通过自行书写的方式来呈现供述，在侦查程序中一般都只是被动地等着接受讯问；侦查人员一般也不会提醒嫌疑人拥有自书供述的权利。于是，自书供述通常都是嫌疑人被侦查人员要求的情况下书写而成的，甚至从内容来看即使是由嫌疑人"请求"书写的但实际上也是被"要求"书写的。

[25] 侦查人员要求嫌疑人自书供述的原因，将在下文得到详细分析。

[26] 参见冀祥德主编：《最新刑事诉讼法释评》，中国政法大学出版社2012年版，第114页。

[27] 参见湖南省邵阳县人民法院(2016)湘0523刑初173号刑事判决书。

（三）讯问笔录内容的比对

自书供述可以用于同其他证据进行比对，以此判断证据之间是否能够印证抑或是否存在矛盾。但是，这样的论证与讯问笔录同其他证据的比对并无实质区别，因此这里仅仅从本文的关注点出发，只对运用自书供述比对讯问笔录的角度展开分析。毫无疑问，自书供述和讯问笔录相结合，可以丰富供述的表现形态及数量。在获取这两种不同形式的供述之后，可以方便地对其内容进行比对，这对发现供述矛盾是有重要意义的。[28]《最高人民法院关于适用〈中华人民共和国刑事诉讼法〉的解释》（以下简称《最高法解释》）第80条规定，对供述和辩解应当着重审查的内容中第（5）项，即"被告人的供述是否前后一致，有无反复以及出现反复的原因"。由于讯问笔录和自书供述作为供述的两种不同的表现形式，必然存在时间上的先后关系，因此对两者的内容可以方便地进行细致的比对。

如果自书供述的内容与讯问笔录在细节方面高度一致，那么嫌疑人供述内容的真实性也就有了更为坚实的保障。与此相对的是，如果经比对发现自书供述与讯问笔录之间存在矛盾，那么这就有助于揭示自书供述抑或讯问笔录的内容存在的误差、失真、虚假等问题，并且在此基础上判断两者之间的矛盾到底是冲突性矛盾还是差异性矛盾，根本性矛盾还是非根本性矛盾、自相矛盾还是相互矛盾等[29]，并为下一步获取新的供述或深挖供述细节提供基础。

（四）后续程序翻供的遏制

如果自书供述在实践中都是因上述三个原因而生成的，那么相应的证据在实践中的运用显然是具有积极意义的。而从规范分析的角度讲，侦查人员要嫌疑人自行书写供述，根据《刑事诉讼法》第120条规定，前提是出现了"必要的时候"。换言之，基于上述原因运用这种证据确实具有必要性，是符合立法的目的的。不过，司法实践的现状表明，侦查人员并不全是基于这三个原因来运用自书供述的。例如，当这种证据被人为地用于"遏制"嫌疑人或被告人在后续程序中的翻供时，显然不是因为出现了"必要"的情形。

有论者明确提出，运用自书供述主要就是为了遏制翻供，甚至认为这是遏制翻供的有效措施。[30] 从笔者在各地公安机关的调研访谈来看，这实际上就是目前侦查实践中运用自书供述的主要原因。然而，有了自书供述，到底是否就真能起到遏制翻供的效果？从词义来看，遏制意指"强迫使停止"[31]。换言

---

[28] 参见陈闻高：《论"以静制动"侦讯法》，载《铁道警察学院学报》2015年第1期，第47页。
[29] 参见龙宗智：《试论证据矛盾及矛盾分析法》，载《中国法学》2007年第4期，第94页。
[30] 参见陈国梁：《如何收集嫌疑人亲笔供词》，载《检察日报》2008年5月17日，第3版；江赞：《辩护人介入导致翻供且出现反证的预防、应对和证据审查——以韦某受贿案为视角》，载《中国检察官》2017年第2期，第61页。
[31] 夏征农、陈至立主编：《辞海》（第六版缩印本），上海辞书出版社2010年版，第442页。

之,如果认为自书供述能够遏制翻供,那么只要有了自书供述,嫌疑人或被告人在后续程序中便无法翻供,抑或翻供就不再有任何意义。

实际上,自书供述属于供述一种特殊的表现形式。如果认为自书供述是"遏制翻供的有效措施",那么供述的另外一种表现形式即讯问笔录也理应具有这样的作用。那么,自书供述或其他的讯问笔录是否具有这样的重要作用?笔者持否定意见。从《最高法解释》第83条的内容来看,被告人翻供后,到底是采信庭前供述还是庭上辩解,关键是看庭前供述或庭上辩解是否与"其他证据"相印证。[32] 按司法解释的文义理解,这里的"其他证据"应当是除"供述与辩解"而外的物证、书证等其他7种法定证据形式。也就是说,要确认包括自书供述在内的庭前有罪供述的真实性,关键就在于案件中是否有其他证据形式提供的"印证性直接支持"[33],而不取决于嫌疑人是否曾经自行书写过供述。因此,该司法解释的条文其实隐含着对供述(含自书供述)遏制翻供之作用的否定。换言之,既然自书供述本身就是一种供述,因此根本谈不上用这样一种有罪供述来遏制或否定翻供。况且,如果认为只要嫌疑人自行书写了供述就能遏制其翻供,而不论这种供述是否是在外力强迫之下而生成的,这将导致其极难在后续的诉讼程序中作出符合案件客观真相的翻供。这显然不利于保障嫌疑人或被告人应有的诉讼权利。

因此,自书供述目前在实践中所发挥的这种所谓作用应当得到抑制甚至明确的否定。上述观点之所以倾向于用自书供述来遏制翻供,很大程度上是人为地赋予了这种证据本身并不绝对具有的真实性,进而也过度且不当地拔高了它的证明力。

(五)法定讯问程序的规避

从侦查实践来看,运用自书供述还有一个非常重要的原因,那就是用于规避法定的讯问程序的若干限制。同用于遏制翻供类似的是,基于规避法定讯问程序的目的而运用自书供述,也属于对这类证据的不当运用。

通过多年的治理,非法讯问已经得到了很大程度的限制。特别是在职务犯罪侦讯过程中,由于法律强制性地要求每一次讯问的过程都要进行同步录音录像[34],

---

[32] 该条规定:"被告人庭审中翻供,但不能合理说明翻供原因或者其辩解与全案证据矛盾,而其庭前供述与其他证据相互印证的,可以采信其庭前供述。被告人庭前供述和辩解存在反复,但庭审中供认,且与其他证据相互印证的,可以采信其庭审供述;被告人庭前供述和辩解存在反复,庭审中不供认,且无其他证据与庭前供述印证的,不得采信其庭前供述。"

[33] 龙宗智:《印证与自由心证——我国刑事诉讼证明模式》,载《法学研究》2004年第2期,第111页。

[34] 《监察法》第41条规定,调查人员在进行讯问工作,应当对全过程进行录音录像,留存备查。这使得在讯问录音录像制度方面,监察委员会对职务犯罪被调查人的讯问与人民检察院曾经的侦查讯问保持了一致。

这使得非法取证至少在镜头下讯问的时候基本上无处遁形。[35] 然而,当下的制度并非尽善尽美,非法获取的供述仍未杜绝。由于供述并非只有通过讯问才能获取,采用嫌疑人自书供述的形式,便可以巧妙地规避目前适用于规制常规讯问程序的若干限制。[36] 这恰好可以佐证上文的案例统计分析中反映出来的现象,即在职务犯罪侦查过程中越是强调要强制性地通过同步录音录像等方式规制讯问程序,侦查人员则越是倾向于在开展讯问的同时要求嫌疑人自书供述。据笔者在重庆市某区人民检察院的调研,自书供述在其侦查的90%以上的职务犯罪案件中都存在。正如下文所言,目前的侦查程序基本上不存在针对自书供述合法性和真实性的保障机制,这导致掩藏于其后的非法取证可能较为严重地存在,而且极难查实。由此可见,为了规避讯问程序的限制而运用自书供述,恰如钻法律规定的空子,这导致这种证据的生成与法律正当程序的精神背道而驰。

四、自书供述的审查认定

就刑事证据审查的具体内容而言,一般涉及证据能力和证明力两个方面。而从证据能力和证明力的考量标准来看,主要是从合法性、关联性和真实性三个方面加以评价,但一般而言很难绝对地认为"三性"标准属于证据能力标准抑或证明力标准。[37] 例如,不能简单地认为不具有合法性的证据便不具有证据能力。这是因为,非法言词证据当然不具有证据能力,但违法取得的瑕疵证据一般只影响证明力的大小。同理,绝对不真实或与案件事实绝对不关联的证据当然不具有证据能力,但真实性存疑或关联性较弱的证据通常也不会轻易被排除而也只是影响证明力。正基于此,本部分将从刑事证据"三性"的角度综合分析自书供述的证据能力和证明力问题。需要指出的是,上述统计分析已经显示,样本案例中自书供述的内容均系嫌疑人认罪,从而与涉案事实具有密切的关联性,因此关于这种证据关联性审查认定方面的问题在理论和实践中并不突出。[38] 于是,本部分的分析仅从自书供述的合法性与真实性这两个角度展开。

---

[35] 参见梁坤:《同步录音录像环境下职侦审讯的合法性问题》,载《西南政法大学学报》2016年第2期,第63页。

[36] 参见梁坤:《三方面准确把握亲笔供词的实践价值》,载《检察日报》2017年9月22日,第3版。

[37] 参见何家弘主编:《证据的审查认定规则——原理与释义》,人民法院出版社2009年版,第4页。

[38] 从《最高法解释》第四章第四节"被告人供述和辩解的审查与认定"的规定来看,对这种证据应当着重审查7个方面的内容,其中前4点属于合法性审查,后3点属于真实性审查,至于关联性审查则未提及。由于法条文字较多,这里不再列出。

(一) 自书供述的合法性

1. 合法性规则呈现严重缺位的面貌

虽然侦查程序中的供述可以分为讯问笔录和自书供述这两种形式，但一个明显的问题在于，目前刑事法律程序关于供述合法性的收集与审查规则主要是针对通过讯问获取的供述的。一方面，《刑事诉讼法》第二章"侦查"第二节"讯问犯罪嫌疑人"部分，结合《公安机关办理刑事案件程序规定》（以下简称《程序规定》）第八章第二节"讯问犯罪嫌疑人"以及《人民检察院刑事诉讼规则》（以下简称《最高检规则》）第九章第二节"讯问犯罪嫌疑人"的内容，确立了关于讯问犯罪嫌疑人的详细程序。另一方面，《最高法解释》第80条关于被告人供述和辩解的合法性审查，前三项均是围绕"讯问"是否合法展开的，而只是在第(4)项笼统地指出要审查"供述有无以刑讯逼供等非法方法收集的情形"。与此相对的是，《刑事诉讼法》在第122条简单地规定了自书供述之后，几乎完全忽视了这种供述形式的收集及审查方面的合法性问题。《程序规定》及最高人民法院和最高人民检察院的司法解释也没有对自书供述的收集及审查规则予以细化。

(1) 合法性规则缺位的具体表现

自书供述的合法性规则严重缺位，已是一个不争的事实，这从而导致对这种供述形式进行合法性审查的时候几乎找不到依据。结合《刑事诉讼法》《程序规定》《最高检规则》《最高法解释》及《最高人民法院关于建立健全防范刑事冤假错案工作机制的意见》等规范，笔者在下表中梳理出相关规定对讯问（笔录）及自书供述在合法性规则上极为不对等的要求：

表2 相关规范对讯问（笔录）及自书供述的不同要求

规定内容	讯问（笔录）	自书供述
取证主体	讯问嫌疑人由侦查人员负责进行且不得少于二人。	必要的时候，侦查人员可以要犯罪嫌疑人亲笔书写。
供述时间	经传唤、拘传的讯问有明确的时间限制。	无规定
供述地点	在规定的办案场所外讯问取得的供述，应当排除。	无规定
供述具体程序	讯问的顺序；对嫌疑人进行讯问权利告知；讯问同案嫌疑人应当分别进行。	无规定
供述同步录音录像	未依法对讯问进行全程录音录像取得的供述，应当排除。	无规定

(续表)

规定内容	讯问(笔录)	自书供述
特殊嫌疑人供述	讯问聋、哑人及不通晓当地通用语言、文字的嫌疑人,应当提供通晓聋哑手势的人员或翻译人员;讯问未成年人应当通知其法定代理人或有关人员到场。	无规定
非法供述	严禁刑讯逼供等非法方法收集;讯问嫌疑人,应当保证其饮食和必要的休息时间。	严禁刑讯逼供等非法方法收集。
瑕疵供述	经补正、解释后视情况使用或排除。	无规定
供述补充或改正	讯问笔录应当交嫌疑人核对;嫌疑人可以提出补充或者改正。	无规定
供述结束注意事项	嫌疑人核对、确认;拒绝签名、捺指印的,侦查人员应当在笔录上注明。	侦查人员收到后,应当在首页右上方写明"于某年某月某日收到",并签名。

从上表来看,关于自书供述合法性规定的第一点和最后一点属于一般性的程序规定或形式要求,实质上的规范主要涉及"非法供述"这一种类型。实际上,这种类型的合法性并非仅仅针对自书供述,而是同样适用于讯问笔录。根据《最高法解释》第80条第(4)项规定,应当着重审查的是"供述有无以刑讯逼供等非法方法收集的情形",可见该规定并没有区分两类不同供述形式的合法性问题。由于多数针对讯问笔录合法性的要求并没有明确地适用于自书供述,被告人及其辩护人简单套用讯问程序合法性规则而进行的质证注定不容易获得成功[39],法官通常也不会据此来对自书供述进行认证。于是,嫌疑人、被告人在实践中翻供抑或辩护人提出质证也只能是主要根据非法供述这一种情况展开。从上文的统计数据可以发现,针对自书供述提出的质证意见,在总共13个案例中便有多达9个案例是针对刑讯逼供等非法取证问题展开的,关于自书供述的合法性规则的大量缺位带来的实际影响由此可见一斑。

(2)基于同步录音录像制度的进一步分析

由于同步录音录像制度乃是我国近十余年来在刑事诉讼中用于保障供述合法性的代表性措施,因此这里有必要进一步探讨。根据《刑事诉讼法》第123条,侦查人员在讯问犯罪嫌疑人的时候,可以对讯问过程进行录音或者录像;对

---

[39] 例如在上文提到的一个案例中,辩方提出自书供述是在没有具体告知诉讼权利后作出。由于法律根本没有要求侦查人员对自行书写供述的嫌疑人宣告相应的诉讼权利,这样的质证意见也就不可能得到法官的认可。参见浙江省宁波市中级人民法院(2014)浙甬刑二终字第764号刑事判决书。

于可能判处无期徒刑、死刑的案件或者其他重大犯罪案件,应当对讯问过程进行录音或者录像。据上文所言,现行法所规定的同步录音录像只是适用于讯问程序,而并未对自书供述的程序提同样的要求。公安部与最高人民检察院同于2014年发布的《公安机关讯问犯罪嫌疑人录音录像工作规定》《人民检察院讯问职务犯罪嫌疑人实行全程同步录音录像的规定》也均只是将同步录音录像用于规范讯问程序。除此之外,《监察法》第41条也只是要求,调查人员在进行"讯问"时,应当对全过程进行录音录像。

从这个角度来看,本文实证样本中柴某诈骗案的自书供述被排除,便显得极不平常。该案庭前会议过程中播放的录像显示,被告人书写供词的过程受到了侦查人员的指导,法院据此认定该供述不具有证据资格,应予排除。[40] 实际上,侦查机关在该案中已经"超越"了法律的要求,对嫌疑人自书供述的过程进行了录像,但是在此过程中因不当引导露出了马脚。换言之,如果侦查机关对此过程并未录像抑或即使录像但是并不承认进行了录像,这实际上并不违背现行法的要求。据此,自书供述的合法性尚无法通过同步录音录像来加以保障。

2. 生成环境易隐藏难以查实的非法取证

如前所述,嫌疑人自书供述可以分为请求书写及侦查人员要其书写这两种情况。但在封闭的侦查环境中,嫌疑人到底是基于哪种情况书写供述,在后续的刑事诉讼中其实很难查清,而两种类型的自书供述的背后都容易隐藏非法取证。于是,在与自书供述的生成环境相关的合法性规则严重缺位的情况下,在嫌疑人不享有沉默权和律师在场权的情况下[41],这种供述形式极容易受到侦查人员的操控,如果嫌疑人或被告人在后续的刑事司法程序中翻供,基本上也很难提供明确的线索或证据供司法机关查实。

一方面,如果嫌疑人无意自行书写供述,而是在侦查人员采用非法方法后明令要求其书写,这应当被视为典型的非法取证,但问题是这极难查明。例如在桂某贪污、行贿、串通投标案中,被告人称侦查人员采用了指供、诱供、逼迫手段迫使其认罪并自书供词。[42] 在某非法经营案中,被告人也称其供述是"办案人员让其那样写"。[43] 这两起案件最终均未被法院认定取证非法,毕竟被告人所谓的非法取证情形难以为外界所发现。另一方面,如果以"请求"自书供述为

---

[40] 参见山西省太原市迎泽区人民法院(2014)迎刑初字第445号刑事判决书。

[41] 上文提到,德国的刑事侦查程序也允许自书供述存在。但是,侦查机关获取自书供述的前提乃是犯罪嫌疑人享有不受限制或剥夺的沉默权。因此,自书供述的合法性问题注定不会成为一个突出的问题。参见左卫民、赵勇:《中、德刑事侦查中人权保障之比较研究》,载《四川警官高等专科学校学报》2001年第3期,第15页。

[42] 参见浙江省宁波市中级人民法院(2014)浙甬刑二终字第764号刑事判决书。

[43] 参见辽宁省盘锦市中级人民法院(2014)盘中刑二终字第00005号刑事判决书。

名而行实际强制"要求"自书供述之实[44],这实质上也应当被视为违背了供述自愿性而属取证违法,但问题同样在于难以查实。例如,在蔡某受贿案中,被告人后来翻供称,其所谓"请求"自书的供述是在侦查人员非法取证即引诱、恐吓、欺骗的情况下形成的。[45] 虽然法院也未采纳翻供的内容,但一个不容忽视的事实是,侦查人员在类似案件中通过非法方法强制"要求"嫌疑人书写供述,而在供述内容中实际上很容易操作成嫌疑人"请求"自行书写供述。在并未强制要求进行同步录音录像而且缺乏其他外部监督机制的情况下,这种形式上由嫌疑人"请求"书写因而似乎具有很高证明力的供述极容易掩盖背后可能存在的非常严重的非法取证。

3. "真实故合法"的认证思路导致合法性审查徒有虚名

易延友教授在《非法证据排除规则的中国范式》一文中,提出了非法证据排除实践中存在的"真实故合法"的困境。该文援引的一份裁判文书认为,被告人刘某在侦查阶段的自书供述与讯问笔录及其他证据相互印证,"足以证实"其贩卖毒品的事实,故不存在违法取证的情形。作者认为,这是典型的"真实故合法"的认证模式,它实际上是以证据内容真实性的内心确信来证成取证程序合法性的内心确信。[46] 而在本文收集的案例中,也存在诸多这样的情况。例如,法院认为李某受贿案供述收集程序合法,其中一个理由也在于其包括自书供述在内的所有供述得到了案件中证人证言及其书证的印证。[47] 而在汤某受贿案中,法院认定不存在违法取证,一个重要的理由也是在于,"汤某的有罪供述能够与佘某某等证人证言相吻合"。[48]

"真实故合法"的认证思路显然混淆了刑事证据的合法性与真实性,实质上是用真实性判断替代了合法性审查。这种认证思路所带来的一个严重的实践后果便是,裁判者实际上主要关注的是自书供述的真实性;即使辩护方提出的质证意见是针对合法性展开的,裁判者也会漠不关心。这种局面导致对自书供述的合法性审查可能完全被架空。

(二)自书供述的真实性

1. 自书供述的真实性存在被人为拔高的问题

作为供述的一种表现形式,自书供述之所以在实践中受到侦查机关和司法机关的青睐,一个重要的原因在于,很多人认为既然它是嫌疑人自行书写的,那

---

[44] 这在相当多的案件中已经成为一个普遍的潜规则。侦查人员即使是要求嫌疑人书写供述,但呈现出来的内容却往往是嫌疑人请求书写供述。
[45] 参见福建省龙海市人民法院(2013)龙刑初字第571号刑事判决书。
[46] 参见易延友:《非法证据排除规则的中国范式——基于1459个刑事案例的分析》,载《中国社会科学》2016年第1期,第156页。
[47] 参见山西省太原市迎泽区人民法院(2014)迎刑初字第445号刑事判决书。
[48] 湖南省高级人民法院(2016)湘刑终39号刑事判决书。

么相较讯问笔录便更能真实反映嫌疑人对案件事实的认识,是其自由意志的实际反映。由于具有真实性,那么这种证据的证明力当然也比较强。有研究者具体提出,由于犯罪嫌疑人是犯罪行为的策划人或直接参与人,特别是在故意犯罪中,其对犯罪预谋比较清晰,对犯罪行为又有明确的认知能力,因此在犯罪行为结束后,其仍能对犯罪过程"记忆犹新",让其重复回忆犯罪过程并书写下来,势必"有血有肉",最能反映客观的全过程,证明力很强。[49] 也有论者认为,这种证据"最大的优势,是内容无记录人员的主观取舍,是真正意义上的自白。"自书供述"更加符合口供任意性规则"[50],其证明力自然更强。而在综合运用供述证据的情况下,"坚持亲笔供词、讯问笔录、视听资料三对照",以文字和声像两种方式固定证据,增强了证明力。[51]

不过,本文对此不敢苟同,上述观点实际上人为地拔高了自书供述的真实性,其必然的后果便是预先假定嫌疑人、被告人在后续刑事司法程序中的翻供或辩解的内容的是虚假的、不可信。于是,在辩方提出了对自书供述内容真实性的否定意见的时候,控方或裁判者会很容易这样认为:既然被告人不承认犯罪,当初为何在侦查过程中要通过自书供述来承认罪行呢?特别是当自书供述的内容系"请求"书写时,其真实性似乎更能得到保证,其证明力也往往被认为比被"要求"书写时更高。在这种状况下,司法实践对自书供述证明力的青睐是不言而喻的。从上述实证分析的情况来看,所有 121 份判决书均系有罪判决或裁定,尽管有 1 份自书供述受到排除,但其他 120 起案件中的所有自书供述实际上都对这些的裁判结果提供了或多或少的支撑。

实际上,上述观点都忽视了一个不容回避的问题,那就是自书供述要体现其应有的证明力,必须建立在它是客观反映嫌疑人真实意思表示的基础之上的。如果内容不真实,又遑论证明力。考虑到实践中多数嫌疑人、被告人都被采取了未决羁押措施而被限制了人身自由,因此包括自书供述在内的庭前有罪供述在自愿性上是具有天然的缺陷的[52],甚至有时候就是在侦查人员施加强制外力的影响下"制造"出来的[53],相应的证据内容的真实性显然不应当被人为地过度拔高。

---

[49] 参见毛建岳、李忠强:《亲笔供词的证据价值及其固定》,载《贵州警官职业学院学报》2007 年第 4 期,第 102 页。

[50] 同前注[28],第 47 页。

[51] 参见李忠诚:《论犯罪嫌疑人、被告人的供述和辩解》,载《国家检察官学院学报》2001 年第 3 期,第 68 页。

[52] 参见陈瑞华:《刑事证据法学》,北京大学出版社 2012 年版,第 126 页。

[53] 参见左卫民:《"印证"证明模式反思与重塑:基于中国刑事错案的反思》,载《中国法学》2016 年第 1 期,第 162 页。

2. 侧重使用言词证据印证自书供述存在明显弊端

对于自书供述的真实性判断,目前较为突出的问题在于翻供的处理。如前所述,根据《最高法解释》第 83 条的内容,主要的审查方法便在于判断翻供前的供述和翻供后的辩解是否有相应的证据加以印证,印证规则可谓是具体指引包括自书供述在内的所有供述的真实性审查的核心规则。

实际上,这也是《最高法解释》第 80 条所要求的对被告人供述和辩解的真实性应当着重审查的具体内容的体现。具体而言,该条第(5)项要求审查被告人的供述是否前后一致,有无反复以及出现反复的原因。这便要求审查人员去判断多次供述是否能够相互印证,强调的是同一种证据形式之间的印证。例如,在吴某引诱、容留、介绍卖淫案中,法院对供述真实性的判断便属于这种类型。在被告人翻供后,法院采纳了之前的有罪供述,其重要的理由在于,吴某在其多次供述(含自书供述)中,对其容留黄某卖淫的时间、地点、次数、非法所得数额前后稳定一致。[54] 而根据《解释》第 80 条第(7)项的规定,在审查被告人的供述和辩解时,要注意与同案被告人的供述和辩解以及其他证据能否相互印证、有无矛盾。换言之,特别是对于审查供述、辩解与其他证据能否相互印证而言,实际上强调的是不同证据形式之间的印证。例如在李某受贿案中,被告人后来翻供,但法院对其自书供述予以采纳,因该供述得到了证人刘某、肖某、郑某、张某、黄某等证人的证言及其他书证的印证。[55]

由此可见,无论是强调自书供述与其他供述即讯问笔录的印证还是与其他证据形式的印证,从而以此对这种证据的真实性予以审查,目前的司法实践主要就是依据印证规则开展具体的工作的。但是,在具体运用印证规则来审查自书供述的真实性的时候,实践中存在着一个较为突出的问题,那便是侧重使用言词证据来印证自书供述。

实际上,理论上一般认可这样的观点,即"用以印证口供的证据的可靠性越高,该口供的可靠性也越高"。[56] 如果从证据的理论分类来看,通常认为,实物证据的可靠性相较言词证据更高,因此在选择其他证据对自书供述加以印证的时候,最好是选用实物证据,辅之以言词证据,这样才能有助于使自书供述的真实性得到更好的保证。但是,司法实践的现状却与此并不相符。一方面,法院在进行同种证据审查的时候,实质上就是在将作为一种言词证据的自书供述与作为另一种言词证据的讯问笔录进行印证性比对。另一方面,法院在进行不同种证据审查的时候,在很多案件中也侧重关注于自书供述与诸如证人证言这样

---

[54] 参见安徽省合肥市中级人民法院(2015)合刑终字第 00073 号刑事判决书。
[55] 参见四川省广安市中级人民法院(2015)广法刑终字第 45 号。
[56] 何家弘主编:《证据的审查与认定——示例与释义》,人民法院出版社 2009 年版,第 126 页。

的言词证据之间是否能够印证。[57]

于是,相较于实物证据而言,在用以印证的言词证据本身就在真实可靠性方面不占优势的情况下,自书供述的真实性也相应地得不到坚实的支撑。正如本文第二部分的统计分析揭示的那样,实践中大量的自书供述都在职务犯罪特别是贿赂类犯罪中出现,而由于言词证据在这类犯罪的证明中往往至关重要,因此司法实践中也只能是主要依靠言词证据来对自书供述进行印证。例如,在温某玩忽职守、受贿案中,被告人翻供后,法院对侦查阶段自书供述的真实性予以认可,只是强调该"证据的内容与证人庞某、杨某甲等多名证人的证言相互印证"。[58] 如果在这类案件中只是强调自书供述与本身并不可靠、稳定的其他言词证据能够印证,而同样作为言词证据的自书供述又因前文所述的那样容易受到非法取证的影响而本身便不可靠,这样一来对这种证据的真实性审查便很可能沦为过场,从而导致据此证明出来的所谓案件事实也容易背离案件的客观真相。

五、供述程序的结构性失衡与调整

(一)供述程序呈现出严重的"结构性失衡"现象

上文以实证的方式展现了自书供述运用的现状、原因及审查认定这几个方面的问题。不难看出,作为供述的一种重要的表现形式,自书供述在中国的刑事司法中实际上扮演着非常重要的角色。长久以来,在证据运用实践中"口供中心主义"的背景之下,自书供述连同讯问笔录在许多案件的事实塑造方面无疑居于核心地位。不过,与通过讯问程序获取的供述相比,关于自书供述的研究、立法、实践却至少表现出三个方面的现状:

其一,从学术研究来看,关于讯问笔录的研究多,关于自书供述的研究少。从多年来的研究成果来看,刑事诉讼法学界关于侦查程序中讯问笔录的研究不胜枚举,而几乎不怎么关注自书供述。学理研究的欠缺,导致自书供述在运用过程中存在的问题没有得到充分暴露,从而也未受到更多人的关注。

其二,从程序规制来看,关于讯问程序的规制多,关于自书程序的规制少。虽然侦查程序中的讯问程序目前仍不完善,但我们不应否定多年来的立法及司法解释在这方面进行规制的努力。然而,相关的改革无疑都主要是将视角瞄准了讯问程序,而极大程度上都忽视了自书供述的相关程序也十分有必要得到规制。

---

[57] 相对而言,在上述罗某受贿案中,法院对自书供述予以认可,不仅强调该证据得到了作为言词证据的诸多证人证言的印证,而且也得到了作为实物证据的书证的印证。这样一来,自书供述内容的真实性便更能够得到更好的保证。

[58] 广东省珠海市中级人民法院(2014)珠中法刑二终字第28号刑事判决书。

其三,从证据评价来看,关于讯问笔录的排除多,关于自书供述的排除少。从法律规定的层面上讲,讯问笔录及自书供述都有可能因此侦查人员采取刑讯、威胁、引诱、欺骗等方式而成为非法供述,进而遭到排除。然而现实则是,从实践中被排除的侦查程序中生成的非法供述来看,总体上还是属于讯问笔录这一种类型。上述关于案例统计分析的数据也表明,虽然被告方经常对自书供述提出否定证据能力的辩护意见,但是真正被排除的案例实在是屈指可数。

笔者认为,造成以上三个怪现状的原因无疑是多方面的,但是最为重要的原因在于,现有的研究、立法及实践很大程度上混同了供述的这两种基本的表现形式,而没有真正厘清讯问笔录和自书供述实际上存在着很大的差异,进而误认为对讯问相关问题的研究和立法规制就可以一箩筐地解决所有的与供述相关的问题。[59] 从程序的角度而言,这就导致立法、司法解释及近年来的司法改革对侦查中供述程序的规制和改造基本上都是定位于讯问程序,而对自书供述程序没有给予基本的、应有的关注,从而导致目前刑事侦查程序中的供述程序呈现出明显的"结构性失衡"现象。供述程序的"结构性失衡"直接导致与自书供述相关的程序规则严重缺位。于是,非法供述在自书程序中可能更加严重地存在,侦查人员也很可能利用自书供述程序的大量空白有意规避讯问程序。而当自书供述的内容存疑而需要进行合法性、真实性审查的时候,司法人员往往也会无从下手。

(二) 自书供述的运用需得到正当法律程序保障

要改变供述程序"结构性失衡"的现象并消除相应的困境,最为简单易行的办法就是将目前适用于讯问程序的若干规则明确地强制适用于自书供述,从而使两种供述形式的程序规制达致平衡。这对目前几乎一片空白的自书供述程序的完善而言具有十分重要的意义。毕竟,"缺乏完备的程序要件的法制是难以运作的"[60]。以讯问时同步录音录像制度为例,公安部发布的《公安机关讯问犯罪嫌疑人录音录像工作规定》就有必要在修订的时候改成《公安机关获取犯罪嫌疑人供述录音录像工作规定》。同理,《监察法》第41条规定的调查人员在进行"讯问"时应当对全过程进行录音录像,实际上也应当在未来调整为"调查人员在获取被调查人供述时对全过程进行录音录像"。当然,考虑到自书供述的特殊性,不能将一些特别适用于讯问程序的规则全部移植到自书供述的程序当中。例如,由于自书供述本身就出自嫌疑人,因此没有必要比照讯问程序

---

[59] 以2017年6月27日施行的《关于办理刑事案件严格排除非法证据若干问题的规定》来看,其中的第1—5条都规定的是"口供"或"供述"的排除问题,然而全文只字未提自书供述的问题。换言之,这一处理非法证据排除的最新规定是将侦查程序中供述的两种形式即讯问笔录和自书供述是混同对待的。

[60] 季卫东:《法律程序的意义——对中国法制建设的另一种思考》,载《中国社会科学》1993年第1期,第84页。

也机械地要求其通过逐页签名或捺手印的方式对供述进行核对、确认。

不过,对自书供述程序的空白进行简单填补并不可能一劳永逸地解决这种证据目前存在的所有问题。原因在于,即便有了相应的程序,这也并不意味着程序就是正当的。如果建构起来的自书供述程序与公认的程序价值背道而驰,抑或相应的程序没有得到严格遵守,那么我们可能只是解决了一个旧问题,而无意间又创造出了一个新问题。因此,为了令这种证据在司法实践中得到恰当地运用,未来建构起来的应当是完备且能够切实落实的正当法律程序。从理论上讲,法律制度的正当性一般而言是指其所具有的价值合理性,是人们对它予以接受和信任的主要基础和根据。而法律程序本身的公正性、合理性、人道性便是程序优秀品质的具体体现。[61] 于是,在围绕自书供述构建、完善具有公正、合理、人道特性的侦查程序并致力于切实落实相应程序的时候,至少可以从以下几个方面加以努力:

第一,自书供述程序的理念应彰显嫌疑人诉讼主体地位。长久以来,在具有显明职权主义特征的中国侦查程序当中,嫌疑人只是被追诉的对象,与部分国家被明确赋予其诉讼主体地位的状况不能相提并论。赋予嫌疑人主体地位,历来是刑事诉讼法研究的一个重要的课题。毕竟,确立司法之主体性价值观很大程度上关乎着中国司法和诉讼制度的现代化。[62] 就自书供述程序的运行而言,只有令嫌疑人享有诉讼主体地位,才能使这种证据得到妥善的运用。为此,从理念上应当认识到,自书程序由于不属讯问程序,因此应采任意侦查的基本原理,而不能复制强制侦查的制度建构。无论是嫌疑人请求书写供述还是侦查人员要其书写供述,都不应容许侦查人员在整个流程中采用任何非人道的强制手段,而是应当将自己置于与嫌疑人平等的位置,为这个程序的顺利开展提供必要的保障。更为具体地讲,当嫌疑人请求书写供述时,应当认为这是其行使诉讼权利的具体表现,是其基于诉讼主体地位、基于意志自由而以此方式进行案情陈述或辩解的体现;当出现上文所述的"必要的时候"时,《刑事诉讼法》第122条中所谓的"侦查人员也可以要犯罪嫌疑人亲笔书写供词"中所谓的"要"也不能理解为"要求"[63],而应当基于嫌疑人享有主体地位的考虑而理解为"交由",或者是民法意义上的提出"要约",从而令侦查人员能够在讯问程序无法进行或不便进行的时候通过这种方式顺利地获取嫌疑人供述。

---

[61] 参见陈瑞华:《程序正义论纲》,陈光中、江伟主编:《诉讼法论丛》(第1卷),法律出版社1998年版,第52页。

[62] 参见左卫民、朱桐辉:《谁为主体,如何正义——对司法之主体性理念的论证》,载《法学》2002年第7期,第11页。

[63] 对于该条文中为何只用"要"而未用"要求"一词,笔者并未检索到相关的立法或学理解释。这里只是基于立法目的学理推敲的视角认为,这两个词应当加以区分,也即条文中的"要"并不等于"要求"。

第二，自书供述程序的启动应尊重嫌疑人尊严。"尊严理论"是实现程序正义的一个重要原因。按照该理论，程序参与者各方的利益应当受到关注，人的尊严应得到尊重。[64] 如前所述，自书供述在实践中是基于多种不同的原因而加以运用的，而某些情况下启动这种程序的原因本身就具有正当性、合理性。特别是就弥补讯问笔录的不足、特殊情形下固定供述而言，侦查人员通常都是在尊重、听取、征询嫌疑人意见的情况下由其自愿书写的。而对于嫌疑人请求自行书写供述的情况，立法规定"应当准许"，这实际上也就是对嫌疑人程序尊严的具体落实。但与此相对的是，就遏制翻供以及规避适用于讯问程序的若干限制而使用这种证据而言，很多案件中的自书供述往往却是嫌疑人在遭受侦查人员的强制之后书写的，嫌疑人在此情形下显然毫无尊严可言。换言之，基于这些原因而强制要求嫌疑人自书供述，本身就不具有正当性和合理性。为此，自书供述程序的启动应当基于上文所述的正当、合理的原因，从而避免侦查人员因不当目的而启动。对此，笔者认为，未来的侦查程序应当明确要求嫌疑人在自书供述中写明自书原因以备查，以此尽可能避免侦查人员基于不当目的而强制要求嫌疑人书写供述。如果嫌疑人不是基于正当、合理的原因而书写供述，抑或供述内容完全没有反映出自书原因，相应证据的证明力有必要得到严格限制，甚至因此而被排除。

第三，自书供述程序的运行应落实嫌疑人的诉讼权利。嫌疑人在侦查程序中享有一系列的权利，但是如果在程序运行过程中这些权利无法加以落实，那显然这样的程序不可能是公正、合理的。于是，就嫌疑人自行书写供述的程序运行而言，充分落实嫌疑人的诉讼权利十分必要，这是正当程序原则的必然要求。因此，在比照讯问程序充实嫌疑人在自书供述程序中的必要权利之后[65]，更为重要的是切实落实这些权利。前文提到，强制性地在自书程序中推行全程录音录像制度十分必要。只有这样，才能够在目前的制度框架下尽可能地保证嫌疑人书写供述的整个过程的确是表现自然且契合本心，而不至于是在镜头下演戏。同时，应当规定关于自书供述过程的同步录音录像材料必须像讯问录音录像那样得到妥善保存，而且在后续的诉讼程序中能够为检察官、法官及辩护人所查阅。但是需要深刻地认识到，中国目前在侦查讯问程序中推行的讯问同步录音录像制度从性质上属于"权利主导模式"而非"权利保障模式"[66]，因此

---

[64] 参见陈瑞华：《刑事诉讼的前沿问题》（第二版），中国人民大学出版社2005年版，第249页。

[65] 例如，未来的立法可以相应规定侦查人员应当告知嫌疑人有自行书写供述的权利、对与案情无关的事项无须供述的权利、文盲聋哑嫌疑人由他人代书的权利、自书过程不过干涉和影响的权利等等。

[66] 参见董坤：《侦查讯问录音录像制度的功能定位及发展路径》，载《法学研究》2015年第6期，第156页。

不能期望仅仅通过这个制度就能落实嫌疑人在自书供述程序中的诉讼权利。比较研究发现,为了令嫌疑人的相应诉讼权利能够得到切实落实,国外一些国家通过赋予嫌疑人沉默权、律师在场权来以及推行同步录音录像制度等方式综合加以实现。这也是中国未来更为深度地改造供述程序且将自书供述程序推向正当化的必然发展方向。

第四,自书供述程序的评价应确保有效的外部监督机制。一般而言,健全监督机制是侦查活动法治化的重要保障。[67] 虽然前述三点对自书供述的良性运用至关重要,但是如果程序的启动是否尊重嫌疑人的尊严、程序的运行是否落实嫌疑人的基本权利都无法得到有效的外部评价和监督,那么相应的制度建构便会沦为空谈。比较研究表明,英美国家的正当程序原则通过法官具体的阐释,借助于严格的证据排除规则与其他程序制裁后果,赋予了程序合法性原则实质意义与执行效能。[68] 我国未来规制自书供述程序应当有针对性地建构而不是完全照搬目前主要针对讯问笔录的证据排除规则,同时强化非法证据排除规则及制裁机制的适用,从而确保外部监督机制能够有效地用于对自书供述的治理。例如上文主张,无论是基于什么原因而由嫌疑人自行书写供述,都应当由立法明确规定需在供述中由嫌疑人注明抑或由侦查人员补充注明原因,从而尽可能地避免侦查人员出于非"必要情况"的考虑而强制要求嫌疑人自行书写供述。在非法证据排除程序中,对嫌疑人自行书写供述之原因的审查便可以成为是否排除供述的一个重要的考量因素。相对而言,对讯问笔录的排除显然不用考虑这样一个特殊的问题。

(审稿编辑　方柏兴)
(校对编辑　崔　斌)

---

[67] 参见何家弘:《从相似到同一——犯罪侦查研究》,中国法制出版社 2008 年版,第 476—479 页。

[68] 参见陈卫东:《程序正义之路》(第一卷),法律出版社 2005 年版,第 71 页。

为什么是法教义学?
——中国经济法学的方法论选择

尹亚军[*]

Why the Legal Dogmatics?
The Choices about Methodology of Economic Law of China

Yin Yajun

内容摘要:社科法学与法教义学的争论已进入部门法学之中,中国经济法学被认为具有突出的社科法学特性,这一判断在表达中国经济法学在方法论上的成长历程之同时,也暴露出中国经济法学发展的困境与误区所在。经济法问题的社会性、动态复杂性需要借鉴相关学科的知识、理论与方法,这是中国经济法学方法论选择的意识基础,社科法学被视为当然选择,法学与相关学科之间关系的处理成为紧要问题。随着中国经济法学发展的经验积累和理论推进,法教义学方法的回归和强化思路逐渐清晰,即在社科法学与法教义学之间,应以法教义学为首要和基础。这不仅因为法教义学是法学的核心方法论,更在于中国经济法学在研究范式、价值立场和法律思维方面的谨慎选择。

---

[*] 法学博士,深圳大学理论经济学博士后(在站)。
本文系国家社科基金重大项目"民生视野下食品安全治理的法治化:问题嬗变与机制创新"(014ZDX028)的阶段性成果。

关键词：中国经济法学　法教义学　价值立场　法律思维

一、引言

在以法治为治国方略的当下，"法律"是社会治理之中最为活跃的要素，法学也由此成为众学科的交汇点，经济学、社会学、管理学、历史学与文学等均将法律视为其研究的常量。然则，每一学科都有自己的基本假设、研究方法与价值判断，有时相互之间差异巨大，而当这些知识汇聚于法学之时，法学的内在紧张就可想而知了。社会学家贝尔特曾说："20世纪社会理论中最有意义的创新都借用了其他学科中得来的见解。"[1] 这一认识对于法学的发展与创新也不失准确，在此意义上，法学如何处理其与其他学科之间的关系便成为关键问题。

本质上讲，社科法学与法教义学之争所面对的正是法学与其他学科之间在知识、理论与方法上的分歧，当然，不同的部门法对此的体现有明显差异。上述争论在宪法、法理学、民法、刑法中较为集中地展开，双方各执己见。中国经济法学则因"各领域的立法发展很不均衡、新兴学科发展阶段对基本理论的偏重、理论基础研究中对其他学科成果的借鉴"[2] 而具有了突出的社科法学特性。而随着中国经济法学发展各阶段的总结回顾，强化法教义学方法的倾向愈发坚定，与经济法学的社科法学形象有较大出入。这意味着，中国经济法学也开始了社科法学与法教义学选择的自主追寻，其根本仍在于中国经济法学与经济学、社会学等相关学科之间的关系处理。

鉴于此，笔者拟首先梳理中国经济法学研究中的方法论意识，包含方法论地位的认识、方法论知识来源以及相应的反思与争论。其次，总结中国经济法学研究方法论的理想图景描述，探知经济法学人在法教义学与社科法学之间的立场选择及其理由。最后，尝试回答为什么中国经济法学的方法论应注重法教义学，并从学术研究范式、法律价值立场、法律思维的塑造三个维度做详细论证。

二、中国经济法学研究中的方法论意识

法学的发展历程中，有一个基本的结论：法学方法的每次变革，都在不同程度上带来了法律理论的突破和变革。[3] 可能正缘于此，"社会学的方法论

---

[1] 贝尔特：《二十世纪的社会理论》，瞿铁鹏译，上海译文出版社2002年版，第267页。
[2] 张守文：《经济法研究的"合"与"同"》，载《政法论坛》2006年第3期，第13页。
[3] 李昌麒主编：《经济法学》，中国政法大学出版社1999年版，第8页。

学说"[4]曾是德国经济法学的一种代表性学说;而经济法学天然地与消费者主权、社会结构、市场与政府关系原理、管制政策、治理理论等相关学科的核心议题高度重合。由此,中国经济法学的知识、理论与方法的主要取材途径并非法学的基础理论,尽管中国经济法理论的组成部分均参照传统法理论而构造,但所构建的中国经济法理论品性独特,在解释力方面尚不足以满足现代经济问题分析的需求。这引发了经济法学对法学之外相关学科的知识运用的深刻反思,某种程度上类似于邓正来先生提出的需构建"中国法律理想图景",抵制"西方现代性范式"对中国法学的支配地位。

(一)社科法学方法运用的具体考察

方法论在中国经济法学的研究中占据重要地位,一直以来都有高频度的关注和研究,相关的专门研究成果已有足够规模。如,李昌麒教授认为,经济法理论的生命力在于与现实经济关系相结合,重视经济法理论与哲学、政治学和经济学理论的相互作用,坚持适合性与移植性相结合的研究路线,遵循实证性与假设性相结合的研究方法[5];张守文教授则提出经济法学研究的方法论重构,认为经济法学的研究应建立在二元结构基本假设的基础上,科学运用系统分析、政策分析、博弈分析、本益分析等方法论[6]。此类研究均表明,与既有的法学方法论注重法律解释和法律推理所不同的是,中国经济法学的方法论偏重法学之外的相关学科知识的引入,相应的,经济法问题的思考与解决更多采取经济解释和实质推理,并不以既有的立法为最终限制。

经济法学的此种开放性意味着其方法论的知识来源极其丰富多元。从经济法研究既有成果中方法论的实际使用情况来看,哲学、语言学、历史学、经济学、社会学、人类学、心理学、政治学、管理学、生物学、数学、物理学、金融学等相关学科应有尽有,如实质正义、社会整体利益、效率与公平、人本主义等经济法学价值与理念研究中的哲学方法;国家干预正当性分析中的管理学、政治学、历史学方法;实证研究中的结构—功能分析、社会调查、社会分工与统计、角色理论、风险交流等社会学方法;经济法理论与制度评估中的社会成本理论、博弈论、信息失灵理论等经济学方法;采用进化论、整体主义观念研究经济法问题的生物学方法;以及消费者概念的模糊数学分析、经济法的社会力学原理分析、经济法学异域发展的人类学分析等。无疑,经由这些学科的知识、理论与方法,中

---

[4] 参见丹宗昭信、伊从宽:《经济法总论》,吉田庆子译,中国法制出版社2010年版,第39页。该学说认为,经济法是与经济生活相关联的法律,具有通过法律社会学方法进行考察的特征。换言之,针对时代的转换期或战后经济转换期所出现的社会经济现象,有必要采用法律社会学的方法进行分析和研究。

[5] 参见李昌麒:《经济法——国家干预经济的基本法律形式》(修订本),四川人民出版社1999年版,第1—22页。

[6] 参见张守文:《经济法理论的重构》,人民出版社2004年版,第1—193页。

国经济法学获得了认识问题的不同视角与立场,其中不乏深刻洞见。而从发展趋势来看,这些方法论知识的引入已逐渐进入精细化发展阶段,即注重新型理论对经济法现象的解释及其法律对策,如行为经济学的禀赋效应、跨期选择与心理账户理论在消费者决策与权益保护方面的应用。

上述内容表明中国经济法学对其他相关学科知识的高程度重视,但如此多的知识来源充斥于经济法学的理论框架之中,在缺乏持续性、系统性研究的约束条件下不免遁入"繁而不荣"的境地。例如,构成中国经济法理论的经济原理运用仅局限于理性经济人假设、交易成本、信息不对称和制度变迁等范围,这似乎使得中国经济法学的社科法学特性名不副实,既有研究对此的总结和批判大致可归为如下四类:

第一,空有方法之名而无方法之实,即借鉴相关学科的理论和方法时"大多停留在对语词、概念的抽象讨论和略显'口号式'的新概念之借用和罗列,以及对社会科学理论与范式的介绍和套用、交叉学科视角的拼接"[7],这事实上使得"法学沦为其他学科的话语、理论和方法的输出地和试验田"[8];第二,忽视方法论内含的不同价值立场,效率、公平、秩序、安全、自由等价值在不同学科内的序列是有着实质差异的,应有对理论与方法内含的价值立场的审视;第三,对相关学科的知识、理论与方法须有深入、系统的认知,典型的例证是,社会科学中比较深入、技术性较强的内容,法学论文的使用很低[9];第四,不应偏离经济法学的语境和立场,部分研究"过多地、重复谈论被补充的智识、被援引的方法和被转换的视角,而对它们的经济法学本体化则涉及不够,往往语焉不详,甚至一笔带过"[10]。

可以说,中国经济法学的外部形象是典型的社科法学,即更加关注经济法背后的原理和根据,注重经济法现象与社会事实之间的因果关系,力求探讨真实之法(law in action)而非书本之法(law in book)[11]。在经济法理论与单行法律文本中也随处可见相关学科的专业术语,尽管这提升了我们对经济法问题的认知水平,但从理论的解释力、司法与执法中的确定性需求等方面而言,既有研究成果还有较大的空间需要改进,而实质上这正是法教义学的内在要求。换言之,中国经济法的理论发展中偏重对社科法学方法的使用,在成果方面并没

---

[7] 《中外法学》编辑部:《中国经济法学发展评价(2012—2013)——基于期刊论文的分析》,载《中外法学》2015年第6期,第1442页。

[8] 黄文艺:《对中国法学的反思的再反思》,载《现代法学》2007年第3期,第65页。

[9] 成凡:《是不是正在发生?——外部学科知识对当代中国法学的影响,一个经验调查》,载《中外法学》2004年第5期,第608页。

[10] 邱本:《在变革中发展深化的中国经济法学》,载《政法论坛》2005年第6期,第42页。

[11] 孙海波:《论法教义学作为法学的核心——以法教义学与社科法学之争为主线》,载《北大法律评论》第17卷第1辑,北京大学出版社2017年版,第202页。

能满足法教义学对法律概念体系、司法裁判推理、法律解释等规范性期待。至此,才真正产生社科法学与法教义学之间的分歧。

(二)社科法学与法教义学之间的基本争议

苏力先生提出"政法法学、诠释法学与社科法学"三种理想类型来描摹中国法学的基本格局,每一类型的范围和品格在当时并没有清晰界定,只是基于中国的社会问题和法律实践隐约感到这一趋势"也许正在发生"。[12] 其中,被寄予厚望的是社科法学,也是最复杂、最多元、最难以厘清内部关系的一类。这一判断当时已经发生,却沉寂了十年有余。十多年之后,社科法学终于在与法教义学的论争中活跃了起来。对此,苏力先生总结说:"曾以为会倾于消亡的政法法学有浴火重生之势;而预期与社科法学鼎立的诠释法学则演变为边界模糊的法教义学;社科法学则在部门法学研究中盛行起来。"[13]实际上,在上述三者之外,尚还有自然法学[14]、阐释性方法[15]等其他理想类型,而在以问题为导向的法学实践中,它们之间的分歧似乎并不那么显而易见。

社科法学的含义与它的思维特征一样,不会有统一的界定,或可称之为"借鉴社会科学的经验研究方法、试图发现制度或规则与社会生活诸多因素之间的相互影响和制约"[16]。与之类似,法教义学也并没有严格和专门的恰当界定,这似乎不符合法教义学的品性。有学者总结其具体特征为:以现行有效的实在法为研究对象;信奉现行法规范及法秩序的合理性;以法律规范的解释和体系化为中心任务;为实践中的个案提供解决方案。[17] 法教义学以实定法规则为核心限制因素,以此表明其"教义"特征。部分源于名称的缘故,法教义学不经意地被施加了不少莫须有的罪名,在讨论中也逐渐有了其他称谓,如诠释法学、概念法学、注释法学、法解释学、法释义学、法律信条论等。然而,名称的更替并没有减少分歧,反而增加了误导性,例如有学者将法教义学等同于饱受批评的概念法学,可是,"概念法学和我们有什么关系啊?我们的问题真的是因为拘泥于法律概念或者迷信所谓的法律体系的封闭性所造成的吗?"[18]

在法教义学的反思和批判中,我们可以窥见社科法学的立论依据。这正是

---

[12] 苏力:《也许正在发生——中国当代法学发展的一个概览》,载《比较法研究》2001年第3期,第5页。

[13] 参见苏力:《中国法学研究格局的流变》,载《法商研究》2014年第5期,第58—66页。

[14] 雷磊:《自然法学如何进入法教义学与社科法学之争》,载《中国社会科学报》2016年7月20日第五版。

[15] 参见金自宁:《〈公法与政治理论〉:阐释性方法的一个样本》,载《北大法律评论》第5卷第2辑,北京大学出版社2003年版,第556—568页。

[16] 同前注[13],第58页。

[17] 同前注[11],第208—209页。

[18] 黄卉:《法学通说与法学方法:基于法条主义的立场》,中国法制出版社2015年版,第3页。

法教义学和社科法学之间在看待法律和世界的方式上的尖锐对立,即它们各自将对方的核心考量因素仅仅作为自己的考量因素之一[19],亦即在法教义学方法的运用过程中,实定法规则是其核心考量因素,尽管它并不认为固守法条主义是应予赞许的立场,但在以司法为中心的规范解释和适用中,法教义学对法律文本的批判是次要的,社会现实和法律实践后果也是其考量的因素;社科法学方法的适用范围几乎没有限制,其致力于揭示法律规则背后的利益关系、运作原理与社会效果,有效的实在法规则并非其核心考量因素,确定的规则也不构成社科法学方法思维的限制。就法教义学在中国的发展而言,因有"沿袭概念法学的积习、依赖于国外法学理论的法学继受"[20]而应予批判;而社科法学在中国的出现毋宁是"一种知识社会学现象"[21],它形成了一种学派、组织、知识生产模式或者其他可能解释得通的共同体,而它的对手——法教义学本是毫无存在的必要的。两种方法论之间的关系并不存在非此即彼的针锋相对,它们也无须对立,法教义学的出现,或许是社科法学需要一个对手,仅此而已。

如此一来,法教义学与社科法学方法之间的争议似乎得以消解。如果法教义学方法的发展未受到社科法学的挑战,它自身的试错与反思也会将其引向现代化的法教义学,即"一个独立、开放的理论系统,坚持教义、语ій甚至词典定义的进路,并不排斥有关法律的法社会学、法政治学乃至法哲学等多学科研究的知识和成果"[22]。

那么,法教义学与社科法学方法的讨论要进入到部门法中才有实质意义。民法、刑法、宪法、行政法等传统法学已形成了相应的部门法教义学体系,社科法学方法的兴起促使传统法学自觉反思并产生了新的内涵,也将相关学科的理论原理、经验知识与事后推理等引入作为参考因素以弥补其明显缺陷。与此相反,在经济法、社会法等现代性法律中,由于还没有完成"自治化"过程,没有完全析离紧裹在身的外部知识——意识形态的胎衣;缺乏法教义学的传统,法学家们普遍轻视实在法;所探究的法学方法论也没有真正进入法学的领地[23]。概而言之,在传统部门法中,与其说是法教义学与社科法学之间存在争议,还不如说是经济社会发展对法律提出的需求或挑战;而在经济法、社会法等现代法中,囿于现代性问题的社会性、复杂性和动态性特征,相关的法律文本体系尚难

---

[19] 同前注[13],第61页。
[20] 凌斌:《什么是法教义学:一个法哲学追问》,载《中外法学》2015年第1期,第224页。
[21] 孙少石:《知识生产的另一种可能——对社科法学的述评》,载《交大法学》2016年第1期,第34页。
[22] 张继恒:《法教义学的勃兴对经济法意味着什么》,载《现代法学》2016年第1期,第185页。
[23] 舒国滢:《并非有一种值得期待的宣言——我们时代的法学为什么需要重视方法》,载《现代法学》2006年第5期,第6—8页。

建立,社科法学方法的影响自然成为主导。

就中国经济法学而言,真正的法教义学是紧缺的,即缺乏由中国立法条文和司法案例中的法规范构成的实定法秩序作出体系化解释的法学方法,其立场在于信奉由一国立法条文和司法案例中的具有约束力的法规范组成的实定法秩序;其方法是从真实案例出发,在本国实定法秩序的体系限度内,寻找和解释适合于司法裁判的法规范[24]。社科法学与法教义学方法的争议之于中国经济法学而言,与其说是在法教义学复兴的语境之下在两种方法论之间作出选择,还不如说是在两者之间排序,或者从各自的视角审视中国经济法学的发展成果。然而,从现有的研究来看,上述问题并未有盖棺定论的结论,有学人在肯认法教义学之理论和方法的同时,却认为未来的中国经济法学研究不宜走法教义学的立场[25],理由是法教义学与经济法理论之间的格格不入。笔者对此有不同意见,此处暂时按下不表,而是先关注中国经济法学人对方法论的理想图景构思。

三、中国经济法学研究的方法论图景构想

上述方法论意识的考察表明,经济法学人一直对方法论的思考与反思保持着高度的理论自觉,此种重视程度直接表达了研究者期望从方法论进路找到中国经济法学理论解释力的出路。正如王全兴教授所言:"经济法学以往的成就、突破、纷争和遗憾,都可在研究方法的得失上觅求原因;经济法学未来的发展,关键也在于如何选择和运用科学的研究方法。"[26]

作为新兴的部门法学,中国经济法学对方法论的研究和运用显得不够自如。在参照传统法学理论进行相应的理论版块构造时,很难推论出自身的独立地位;而在引入法学之外相关学科知识、理论和方法时则又难以转化成法律理论的组成部分。这是中国经济法学一直以来的"心病",也警示中国经济法学理论发展应避免的两种误区[27]:一是以炫博而非解决问题的心态植入经济学、管理学等知识,二是片面强调回归传统法学分析方法。我们可以基于哪些因素而提出方法论选用和改善的标准呢?是其他学科在中国经济法学理论研究中运用的成果评价,还是它们本身在理解和分析问题上的认知能力?是中国经济法具体问题分析对方法的需要,还是经济法理论构建中的方法论形式要求?抑或

---

[24] 同前注[20],第226—231页。
[25] 同前注[22],第192页。
[26] 王全兴、陈虹:《经济法学研究方法的总结和反思——简评相关学科的研究方法》,载《北京市政法管理干部学院学报》2000年第1期,第1页。
[27] 参见李昌庚:《走出经济法学方法论误区》,载漆多俊主编:《经济法论丛》(第22卷),武汉大学出版社2012年版,第1—16页。

是方法论与中国经济法学之间的关联度[28]？总之，到目前为止，中国经济法学研究的方法论出路仍扑朔迷离，那么，经济法学人对此的构想又会将我们引向何处？

(一) 逐渐清晰的法教义学进路转向

中国经济法学的成长初期，研究以经济法问题为导向，因而在方法上偏重实证与综合的研究方法，社科法学成为首选；但社科法学方法的运用并没有起到期望的效果，导致出现上述所列的不足、反思与批判。当然，对社科法学方法运用的批判所指向的并非法教义学的直接转向，而首先是社科法学方法自身的完善，对法教义学的重视则是对中国经济法学本质认识的必然回应。

由于相关立法的缺失较为严重，但需要解决的现代性问题则又足够具体，如经济危机、不正当竞争、垄断、食品安全事件等，这些"问题"本身即构成独立的组织中心，以此指示我们的认识方向、探索范围和思维视角，亦即从具体问题出发寻得问题中的主义、在个案中尝试确立一些理论意见的实用主义方法一直以来备受推崇，也被寄望于中国问题的解决与提升中国经济法解释力[29]。与此相应，中国经济法立法也表现出了较强的"问题导向式"特征[30]。因此，在问题导向式的思维牵引之下，研究的整体品格是趋于实证的，在知识、理论与方法上的选择并不以学科划分、部门法划分为界限，而相较于从法学理论、立法文本中获取问题解决方案，社会学、经济学等相关学科对社会性的经济问题的理论与经验有更强的说服力和解释力。这一方面解释了中国经济法学在方法论上的社科法学特性，另一方面也预示着追求实证的、综合的研究方法运用成为中国经济法学方法论的当然选择。

综合运用相关学科的知识、理论与方法来探究经济法律现象及其规律似乎是一种隐而不宣的共识。因为视角的多元和丰富，我们能更准确地理解经济行为在社会中的相互关联，也更能理解经济法主体的行为及其规制。这既是经济法学研究方法的开放性特征使然，同时也是整个法学研究的发展趋势。当今的时代是一个综合的时代，在这里，对于社会综合性、复杂多层次性、动态性等现代问题，不能指望用单一的传统法学的研究思路去解决。因此，有必要对各种方法的整合归类、综合协调运用进行深入研究，使其融为一体形成新的方

---

[28] 如按照"最密切联系"原则确定法学、非法学方法论的取舍，同前注[6]，第6页。
[29] 李友根：《经济法学的实证研究方法及其运用》，载《重庆大学学报》(社会科学版)2008年第5期，第126—129页。
[30] 尹亚军：《"问题导向式立法"：一个经济法立法趋势》，载《法制与社会发展》2017年第1期，第68页。

法。[31] 亦即,此种"创造的综合"[32]本身即构成一种全新的研究方法,它要求各学科知识的综合与协调,进而形成系统化、体系化的理论工具。

事实上,这是对中国经济法学方法论提出的更高要求,也是对简单追求方法的丰富性而提出的警醒;它不拒绝任何一种方法在提供多一面认识可能中的作用,但也不赞同仅停留于此。同时,中国经济法学人也希冀以此贡献于中国乃至世界。与此形成强烈反差的是,"经济法学界内部对经济法学研究成果与贡献持肯定态度,而其他部门法学者、法外学人却认为中国经济法学无所作为,吝于掌声或给予差评"[33]。个中缘由肯定是多方面的,从知识输出上来看,经济学、社会学等相关学科之于法学研究几乎是单向的,即法学研究成果对其他社会科学的回馈极小,相互之间也未建立起有效的协作机制,没有实现同步发展,法学研究明显地滞后于其他相关学科的研究。严格说来,要实现真正的社科法学,对相关学科的充分研究应是基本前提,这也是当下对社科法学反思的重要理据。而社科法学对法教义学的批判也并不当然地引向社科法学的强化,而是指向法教义学的更新和完善路径。由此不难理解为何中国经济法学方法论的研究讨论越来越偏重对法教义学方法的补强。

作为法学的部门之一种,中国经济法学对法教义学方法的注重是其题中应有之义。也就是说,"中国经济法学研究的基本立场应是法学;而法学之外学科的理论如何恰当地用于法学研究,至今仍然是个见仁见智的问题"[34]。这一基本立场的呼吁一直存在,如"经济法的理论研究不能建立在想当然的基础上,它必须立足于已经颁布的法律和法规之上,其中既包括现行的,也包括废止的"[35];"经济法学在贴近经济理论与经济政策的同时,应坚持自己的独立品性,经济法学只应当研究需要用法律手段解决的经济问题,并依据以这类经济问题为对象的经济理论和经济政策提出法律对策"[36];尽管经济法学有非传统性的特征,但归根结底,经济法学是一种法学的理论[37],经济法学必须完成从其他学科语境到经济法语境的转换。

按理说,中国经济法学对法教义学方法的谙熟是自然之事,但此处对法学专有方法的强调则别有深意,因为这并不被认为是经济法学的立身之本,其隐

---

[31] 张守文:《经济法学方法论问题刍议》,载《北京大学学报》(哲学社会科学版)2004年第4期,第76页。相关内容亦同前注[6],第3—29页。
[32] 刘水林:《经济法基本范畴的整体主义解释》,厦门大学出版社2006年版,第32页。
[33] 李国海:《论中国经济法学的价值》,载漆多俊主编:《经济法论丛》(第25卷),法律出版社2013年版,第17—18页。
[34] 同前注[7],第1449页。
[35] 同前注[5],第18页。
[36] 同前注[26],第6页。
[37] 参见应飞虎:《问题及其主义——经济法学研究非传统性之探析》,载《法律科学》2007年第2期,第86页。

含了应恰当处理法学研究的自有资源与外部视角之间关系的问题。对法教义学方法的声援,表明中国经济法学在研究方法上已经与自身基础离得太远。而对于社科法学的偏爱缘于相关学科的知识、理论与方法在认知上的开放性和问题导向性,但中国经济法学从这些学科汲取有益资源的同时,其受到的冲击也是显而易见的,典型如对效益价值目标的认识分歧,即我们需要把效益目标置于法律的整个价值目标体系中去研究,而不是认定效益优先甚至唯一。而随着2011年《中国特色社会主义法律体系》白皮书的颁布,中国经济法已有60余部法律和一大批相关行政法规、地方性法规,这为法教义学方法的运用提供了现实的文本支撑,由此,"法解释学等法学传统方法应当是未来中国经济法学的主流研究方法"[38]这一判定正逐渐被验证和发展。

(二)是否是值得期待的转变?

前述分析表明:中国经济法学的研究正在或已经向法教义学方法回归,即在追求交叉学科方法的同时坚持法学的应有品性。如此一来,那个停留在大多数法律学人脑海中的、以社科法学为核心方法论的中国经济法学之形象可能要一去不复返了。尚存的疑问是:"社科法学"在中国经济法学中的发展该何去何从?或者换一个角度理解,"社科法学"是否已经成为中国经济法学的"底色"?如此的转向是否会出现矫枉过正的结局?为什么被认为是最反法教义学的中国经济法学仍然希望尽可能多地重拾法教义学传统?

在上述问题提出之后,有必要再回过头来考察社科法学在中国经济法学的实际运作情况了。前已述及,社科法学的倾向是探寻法律关系背后的基本原理,目前初具规模的是法律经济学、法律社会学、法律认知科学,即通过"法律+"的方式开展学科交叉研究,进行法律的社会科学研究。从既有关于社科法学与法教义学的文献统计来看,对社科法学的研究总结之关注对象主要是法学界的研究成果,而经济学、社会学、认知科学、人类学、政治学等相关学科对法律制度的定性与定量研究却未纳入评价,尽管那是实质意义上的社科法学方法运用。这意味着,我们对社科法学的区分标准变得越来越模糊,因为标准定然不能是参考法学研究者引用相关学科文献的多少来判定,也不能是实质地判断研究者是否像经济学家、社会学家、人类学家一样思考法律问题。这一问题十分紧要,它可能导致对社科法学的重新理解和定位,也或许将证成根本就没有所谓的"社科法学",有的仅仅是一些碎片化的认识和发现而已。

显然,与法教义学相比,社科法学存在的问题更为明显。如果社科法学与法教义学是对应的关系,那么两者都应属于法学方法论的分支,但似乎不宜如

---

[38] 冯果:《法解释学等传统法学方法——未来中国经济法学的主流研究方法》,载《重庆大学学报(社会科学版)》2008年第5期,第130页。

此理解,恐怕会有违推崇社科法学之初衷,即借鉴相关学科知识而"准确解释社会法律生活中提出的经验问题"[39],这并不是法学的基本任务。那么,在中国经济法学的新发展时期,我们无论如何强调转型,仍然可能会出现另一种格局,即产生对社科法学方法的路径依赖,而不会沿着既定的路线前进。因为中国经济法学在吸收借鉴其他学科的理论工具时,不可避免地引入了这些学科的价值立场与文化传统,研究者自然会注意到此种立场的冲突,像"中体西用"那样以中国经济法学为体、其他学科的有效成果为中国经济法学所用;但可能也正如"中体西用"理念所形成的经验一样,即伴随西方技术而引入的,是西方的制度、文化、价值等一整套知识结构,而不可能全面地保存好中国经济法学或法学的价值立场与思维方式,所谓的"中体"或"中国经济法学为体"在西方先进的技术面前也就很难岿然不动了[40],要不触动这个"体",那么引入的知识就不能说"融入"了中国经济法学。

这着实是一个紧要的问题,它指出了方法论在中国经济法学理论体系构建中深层意义与特别警示。这也是前述的分析没有专门提出和厘清的问题。例如,法外学科如何影响法学的自主性与自足性,是理论知识的内容、方法、观点,还是价值立场、文化传统、话语逻辑?这些要素中,哪些更容易识别和追踪?进而可以通过考察这些要素来展示法学与相关学科的融合是如何发生和相互影响的。也只有这样,我们才能真正回答为什么中国经济法学的基础方法论选择应是法教义学。

四、以法教义学为基础方法的基本理由

有学者曾说,如果中国经济法学在不久之后成熟起来,它一定是首先解决了方法论的问题。[41] 这表达了方法论在中国经济法学理论发展中的重要地位,也隐含了该盛行的社科法学方法尚未成为基本共识。在已有的方法论体系中,法教义学可以说是最传统、最经典的法学研究立场,或从来都是法学学科的基本研究立场[42],中国经济法学当然也不例外[43];但给法学研究面貌带来焕然一新的,更多还是来自经济与社会诸理论的援引和拓展。那么,为什么中国经济法理论的基础方法论选择仍旧应是法教义学?这是对中国经济法学理论发展出路的反思结论,也算得上是法学对经济学、社会学、政治学诸学科的知

---

[39] 侯猛:《社科法学的研究格局:从分立走向整合》,载《法学》2017年第2期,第87页。
[40] 王人博:《中国的近代性(1840—1919)》,广西师范大学出版社2015年版,第13页。
[41] 邓峰:《方法论、体系化和学术共同体》,载史际春、邓峰主编:《经济法学评论》(第5卷),中国法制出版社2005年版,第3页。
[42] 同前注[11],第201页。
[43] 叶姗:《经济法学研究的方法论问题》,载张守文主编:《经济法研究》(第15卷),北京大学出版社2015年版,第63—64页。

识、理论与方法吸收借鉴的一次集体反思。

（一）学术研究的范式追寻

经济人、社会人与法律人等学术研究范式的提出是出于学术认知需要，这些形象设计尽管因过于抽象、片面而受到了学界内外的猛烈抨击，但客观地说，它们在基本形象的概括、思维模型的塑造上却是极其成功的。

在给定的前提下，经济人的假设使可证实的科学表述变得可能。在此基础上发展起来的市场和竞争理论、市场失灵理论、制度经济学及其分支领域、产权理论、交易成本分析、委托代理理论等无疑促进了我们更好地理解经济进程，以及法律规制后果。也正因为经济人假设这一基础，在利用这些理论进行经济法学理论的构建时需要批判性地思量，即如果这些假定的逻辑要进入法学分析的规范性考量，其代价可能是，用经济人的拟定形象去取代——法律所服务的——带有个体特征和动机的活生生的人的位置。在这里，"法律的经济分析触碰到了其边界，法学需要更为复杂的人类形象"[44]。

社会人的构词方式类似于经济人，但并不是对经济人的修正。它注意到社会中的个体是以角色（Position）的形式而存在的，妻子与丈夫、财产所有人、消费者与经营者、招租人与承租人、劳动者、股东、监事会成员、经理等任何一个角色都有一定的规范性特征，角色对行为提出了确定的要求，即指向一种本质而言带有义务性的交往行为模式。相比于经济人的过度抽象而言，社会人带来了更多的灵活性。而问题在于：社会学的角色概念虽然是确定的，适宜于描述规范规制下的确定社会定位的结构，但它本身却不含有任何行动指示或行动禁令，也就是说不具备任何规范性特征，而仅仅是就可观察的事实，用于启发性认知的类型化及说明。这一原因限制了其与法律的相关性，法学要对其加载规范性内容时，常面临抽象性不足和过于特定化的困难。

无疑，经济人、社会人的人像提炼为中国经济法学的理论与制度贡献颇丰，以上列举的经济理论、社会理论在经济法学中的运用也随处可见，亦有学者将经济人、或以此发展而来的集体有限理性视为经济法学的逻辑起点。的确，借助于这些研究成果，我们可以更好地认识经济法规则背后的足够理由。例如，竞争秩序维护、消费者利益的倾斜性保护等问题并非"不证自明的真理"，但对于这些法律问题的理解需要这些外部视角的辅助。如此看来，这一任务似乎很好的完成了。问题在于，从学术功能的角度讲，经济人、社会人范式的提炼是否承担得起那些超出自己学科范围的抱负？尽管经济学、社会学力图求实客观中立的实证和描述，但也直接或间接地以"规范性"（应当如何行为）为落脚点，而这里的规范性正是法学、伦理学等学科的目标所在。

---

[44] 托马斯·莱塞尔：《法社会学基本问题》，王亚飞译，法律出版社2014年版，第56页。

那么，是否存在一个"法律人"形象满足于法学的任务，好比经济人满足经济学的任务、社会人满足社会学的任务一样？如果"法律人"[45]这一人像得以成功提炼，以此为基础的法学研究均能遵从此种逻辑，那么，法学的内外边界也就更为清晰了，亦即，以"法律人"为人像基础的法学能够确立起自己的学科边界，社科法学与法教义学之间的分歧也会由此而消解。这意味着，我们需要一种以法律人、法律体系以及内部视角构成法学的学术研究框架，即通过揭示矛盾问题、界定概念和区分规则与判例，将法律呈现为一种内部融合的概念、规则和原则的集合，这正是法教义学的要点所在[46]，也是中国经济法学在学术范式上并没有自觉恪守的。就此而言，"法律人"的描述可以是"行为人应当按照法律要求的方式行为"[47]，这样一来，它在本质上比只追逐经济利益的"经济人"和以社会角色的扮演者形象而出现的"社会人"都要广泛和开放。当然，与"经济人""社会人"遭遇了猛烈而尖锐的批评一样，"法律人"形象也将面临学术研究的检验和审视，可以确定，它不会是完美的，但绝不是可以忽略或舍弃的。

因此，方法论上的选择问题之探讨不应停留于众多方法本身认识事物的视角，而应确立起自己的学术研究范式和内部视角，但这并不意味着外部视角无关紧要。某种程度上可以说，外部视角正是"法学的盲点"，是需要加强之处，这表明个中内外关系的处理尤为棘手，而一以贯之的人像设计或学术研究范式或许可以成为困境之出路。尽管上述分析可适用于整体的法学研究，但就中国经济法学以及相对于传统部门法学的新兴法律部门而言，其"社科法学"的标签如此鲜明以致其理论研究往往不自觉地便偏离了法学的基础。也正因如此，在学术研究范式反思的意义上，中国经济法学的方法论选择应是回归、强化法教义学，即以"法律人"为人像基础，重拾价值判断及其规范性思考。

(二)法律价值的立场捍卫

在所有人文社会科学中，经济学对中国经济法学的影响最为深入。有学者总结了这一渗透过程，首先经济学方法论有三个特点：一是以数理为主要技术基础和载体形式的定量分析，但其变量的控制远无法达到实验科学的程度，其原理的精确度和确定性就可想而知了；二是个人主义的价值立场，即向更小的研究单位思考；三是偏重实证分析，弱化规范分析。相应地，其对中国经济法学的侵入表现为：一是定量分析的侵入，即数量分析、经济学模型运用到非经济现象中的潜在趋势；二是个人主义的侵入，这种扩张使得法学的"整体主义"与"个

---

[45] 从学术功能角度提炼"法律人"的文献并不多见，目前较为深入的是胡玉鸿教授发表于《中国法学》2006年第5期上的《"法律人"建构论纲》，该文认为"法律人，即参与法律生活的普通民众，他们依存于法律、参与法律及受制于法律"。

[46] 扬·斯密茨：《法学的观念与方法》，魏磊杰、吴雅婷译，法律出版社2017年版，第12—24页。

[47] 同前注[46]，第48页。

体主义"之间的鸿沟不得不缩短;三是实证主义的侵入,不再满足于定性推理以及脱离具体利益的价值判断,而是直接寻求计算经济成本或结果。[48]

这本无可厚非,经济学、社会学、哲学各自都有自己的基本假设、论证方法和价值立场,正式或非正式制度都是它们的研究对象之一,而当这些方法应用于具体制度的分析时,我们无法期待它们像法学一样从制度到理念都有同等的观照。当涉及法律的理念之时,它们往往是无能为力的,正像是韦伯在划分行为类型的时候将情感行为作为一种单独类型一样,那是无法用理性、理智去评价的对象。这类似于经济学无法将道德、伦理进行准确的实证分析,无法用效益标准来解读和解释一样。换言之,在经济学、社会学的语境下,法律制度中的价值因素被剥离出去了,而仅是一些影响人们行为的限制条件。如此,法学就仅剩下冷冰冰的制度要素了,这正是学者们意识到的"经济学阴影中法律话语权的迷失"[49]现象,因为"经济学帝国主义倾向使得法律受到效率至上论的经济学逻辑的过度熏染,而丧失了自己的独立立场"[50]。

在上述基本假设、方法论之外,法律概念对其他学科语词的沿用也隐藏着价值的入侵过程。不管被认为是晦涩难懂、复杂生硬,还是逐渐变得模糊、矛盾,法律概念在降低沟通成本方面的价值是不应低估的。为了服务于法律人的实践需求,大多数法律术语都是日常用语的简单改写,此即出现了法律概念的非专业化趋势,即一个法学、经济学或者社会学概念在被广泛使用之后,都倾向于偏离其原初的含义,要么被赋予更多的内容,要么则不在原来的含义上使用。例如,就"法律"一词而言,法学上有广义和狭义之分;社会学与经济学中则偏向社会控制的意义理解;日常生活中对其意义的使用也千差万别。更为具体地,研究者据以建立起的理论也隐含着对"法律"的独特理解,如"卢曼的法概念更贴近于司法;哈贝马斯笔下的法概念则更倾向于议会立法者的法概念"[51]。

此外,以"消费者"为例。"消费者"一词最早在经济学中使用,被视为市场中的一个变量因素;社会学对其理解在社会分层中运用较多;大众语境中的消费者则可能指每一个人;作为法学上的概念,消费者被提炼为一种与民法上抽象的人相区别的具体法律人像。在法律文本中,我国《消费者权益保护法》对"消费者"的界定采用了经济学上生活性消费和生产性消费的分类标准,更为紧

---

[48] 参见周林军:《规律与规则之间——简论经济学对法学的渗透》,载李昌麒主编:《经济法论坛》(第 5 卷),群众出版社 2008 年版,第 43—48 页。

[49] 蒋悟真:《经济法的理论转型与制度创新》,中国人民公安大学出版社 2007 年版,第 11 页。

[50] 叶传星:《和谐社会构建中的法理念转换》,载《法制与社会发展》2006 年第 1 期,第 143 页。

[51] 拉尔夫·德莱尔:《尼克拉斯·卢曼的法概念》,王琦译,载吴彦编:《20 世纪德意志法哲学发微:德意志法哲学文选》(三),知识产权出版社 2015 年版,第 242 页。

要的是,这种分类用于经济学的分析当无问题,但用之于界定弱势的消费者群体就会产生问题,例如"存在一些自然人的消费,在经济学中可以归入生活性消费,但在法学意义上既不能归属于生活性消费,也不能归属于生产性消费,从而导致法律适用的困境"[52]。这也是理论不一致问题的根源。对于法律概念用语选用上的难题,英美国家的应对办法是采用被废弃的或高度拉丁化的词汇,因为这种词汇含义相对固定、更具有可塑性、有创造性可能,而不至于产生混淆。[53]

中国经济法学的用语特点可谓将上述难题推向了极致,以致难以分清所用词汇是专有的还是非专有的。当然,真正的问题并不在此,而在于法学上是否准确使用了这些词汇:一是对概念本身含义的理解;二是对概念所蕴含的价值的挖掘。每一法律概念的背后都有某种特定的价值判断在发挥作用,概念如果不承载特定的价值表达功能,那么塑造它的努力可能就是失败的了。中国经济法学中普遍适用的"交易成本、均衡、最大化实质上在经济学中都隐含了其效率优先的价值理念"[54],我们也不难发现引入这些概念所带来的模糊、混乱和冲突,其他概念如经营权、产权、企业等。概而言之,从价值立场的角度来看,各学科都有着自己的价值立场,这不仅体现在各自的基本假设与理论知识中,也体现在其重要概念中,因此,中国经济法学对这些概念的引入过程其实也潜在地认同了其价值立场,这是我们应予警惕的,而法学的价值立场正是立足于其内部视角的,强调中国经济法学对法律价值立场的捍卫,即提示中国经济法学在吸收相关学科知识、理论与方法时应确立法律价值的主导地位,这需要回到法律推理中去实现,尽管这并不一定能带来确定性的结论,然而,法学研究的核心正在于"承认不确定性的存在"[55],这是法学的规范性或者说价值判断的必然体现,也正因如此,我们可以对"正确"的结果进行辩论,这显然是非常必要的。

(三)法律思维的教义回归

如果说,中国经济法学发展初期的社科法学取向是因为法律体系的不完备,那么随着法律体系的基础建设完成,那便是时候分清主次、并将法教义学放在一个更为重要的位置了。在中国经济法学研究的质量评价体系中,"素材"和"方法"是两项基本要素,方法论的重要地位自然毋需多言,素材的地位却常被低估。就法学方法而言,其产生与创新不是源自对法学方法本身的研究,而是

---

[52] 参见应飞虎:《论经济法视野中的弱势群体——以消费者等为对象的考察》,载《南京大学学报》(哲社版)2007年第3期,第67—74页。

[53] See Lawrence M. Friedman, "Law and Its Language", *The George Washington Law Review*, vol. 33, no. 2, 1964, pp.563-579.

[54] 参见钱弘道:《经济分析法学的几个基本概念阐释》,载《同济大学学报(社会科学版)》2005年第2期,第91—102页。

[55] 同前注[46],第84页。

源自法学所研究的问题本身[56],亦即要根据"素材"的变动来调整方法。中国经济法学研究的问题即一直处于演变之中,改革开放后中国经济法律制度建设的初期,法律文本缺失,进行法解释学的实证法学研究尚无基本素材,该时期的讨论也就并不受限于法律的既有规定,去追问"规则究竟是怎样的""规则为何是这样的",而是热衷于讨论"规则是否应当设计、应当如何设计"。如《反垄断法》到 2008 年方才施行,但在这之前即已有深入和广泛的研究,而研究重点正是反垄断法中的具体规则应当如何设计的问题。而在中国经济法规则体系已有一定规模之后,经济法的频繁适用会突出并修正法律体系内的概念矛盾,相应的,其立法则会走向精细化并伴随有较大幅度的修订,最终迈向经济法的系统化或体系化。

这基本上表达了中国经济法学对法教义学的坚定信念,对于如何实现法教义学,目前则没有清晰的路线图。现有研究中,许多学者也大多尝试性地提出了在法教义学方向的研究重点,如认为经济法的方法论发展与制度经济学的历程相似,即应在方法论上强化历史进化的分析、规范的分析以及对人的假设更加完整等方面的不懈努力[57];亦有认为中国经济法学必须回归经济政策的法条解读,关注经济政策背后的法律问题而不是其中的经济问题,立足于经济学、管理学和法学多重知识背景下展开法律问题研究,树立自己的话语体系和话语权[58];与此相似的是,在坚持价值判断不可或缺的前提下,以符合法教义学立场的法解释学为基础,兼采实证法学、利益衡量等方法[59];此外,还有主张认为要真正发挥法教义学对于经济法发展的内在价值和作用,还需要以现代法哲学的理论和方法为基础,综合利用经济法学各相关学科的研究成果,通过对现行法体系的理性论证和讨论而达成并确立一系列具有教义性的共识[60]。

可以说,走向现代化的法教义学是一个独立开放的理论系统,它坚持教义、语词甚至词典定义的进路,并不排斥有关法律的法社会学、法政治学乃至法哲学等多学科研究的知识和成果[61]。也就是说,法教义学在今天已经"升级"了,不仅强调教义、信条或概念,对社会现实和法律实践后果的关注同样是其考量因素之一。它不再是绝对的"法条主义"或"概念主义"的代名词,法律以外的知识和经验正在源源不断地融入其体系和论证之中。从这个意义上说,称它为"法教义学"之后,并不能再以传统的"法解释学"等量观之。法教义学自身在自觉思考过程中汲取学术营养并由此获得了新的内涵,也尝试运用哲学原理、经

---

[56] 同前注[27],第 1 页。
[57] 同前注[41],第 3 页。
[58] 同前注[27],第 1—16 页。
[59] 同前注[43],第 64—66 页。
[60] 同前注[22],第 189 页。
[61] 同前注[22],第 185 页。

验知识与价值判断来弥补适用法律时可能出现的空缺、自相矛盾、词不达意等常规缺陷。实质上,思考到这一步,我们仍旧还缺少一个可供操作借鉴的法教义学出路,何种方式能实现这一点融合?

基于上述问题,在考察了法学传统的诸多理论及其方法之后,笔者提出以"法律思维"的重塑作为实现中国经济法学的法教义学之基本路径。按照一般的理解,法律思维可以从思维方式的视角来阐释,它所注重的是基于法律的立场,以及由此思考和认识社会的方式。正是这一点,它内在地强调法律的固有特性、法律自身运作的文化积习和性格。但要遵循法律思维的进路,需要在认识上做一些调整,即法学在社会科学、自然科学乃至整个科学之林中的相互关系问题,一方面,我们不能简单把法学对其他学科之最新动态、最新发展成果的回应作为法律学进步与成熟的指标,这其实也并没有否定法律的回应性,而实质是对法律的回应提出了质量上的要求;另一方面,很可能,法学要在众多的学科之林中立足,其"保守性"和"滞后性"正是其与其他学科对话和交流的基础,换言之,研究法律思维最重要的意义当在于如何使非法律的思维方式转变为法律的思维方式。[62] 总结起来,法律思维的优势在于其一端连接着信仰和价值,另一端连接着说理方法和解决纠纷的艺术,即在"思维方式"的层面,它意指法律和法律人的文化内蕴、品格和精神需求;在"思维方法"的维度,则在于对解释、推理、论证等法律方法的探索中使法律为人们的生活提供更为理性的安排。[63] 可以说,中国经济法学界对法学品性的追求、对法解释学方法的肯认、对法学价值的重申、对以效率为首的价值入侵的担忧、对法外学科或外部视角的反思等等,实质上都表达了对"法律思维"回归的渴望!

五、结语

作为新兴部门法学,中国经济法学的研究之深广,取决于方法论的合理选择与运用,因此对方法论问题应当加强研究。社科法学与法教义学之间的争论在法学理论、民法、刑法、宪法、行政法语境中有了深入讨论,分歧仍旧存在。中国经济法学被认为是典型的社科法学,这一判断符合经济法学的初步形象,但随着经济法的实践发展和理论深化,法教义学逐渐被重视和强化,此种内在冲突深层次上是法学与相关学科的关系处理问题,关系到中国经济法学的长远发展,有深入探究之必要。

本文着重探讨了中国经济法学的方法论选择意识,以及社科法学与法教义学之间的基本争议问题,不可否认的是,中国经济法学人历来高度重视方法论

---

[62] 谌洪果:《法律思维:一种思维方式的检讨》,载《法律科学》2003年第2期,第12页。
[63] 同前注[62],第14页。

的选择与探究,尽管在研究初期偏重社科法学方法的运用,但对作为法学核心方法论的法教义学保持着潜在的需求,因此不管是对实证的、综合的研究方法之强化努力,还是对法解释学的呼吁,都表明法教义学才是中国经济法学应予坚守的立场和基础。上述论证揭示了长期以来我们对中国经济法学方法论的矛盾认识,随后则阐明了中国经济法学的方法论选择之基本理由,即注重法教义学方法,不仅是学术研究范式中基本假设的审视、法律的价值立场之捍卫,更在于法律思维的塑造,亦即回归法学的立场和方法,注重法律的固有特性、法律自身运作的文化积习和性格。

当然,本文的讨论仅是初步的,进一步研究还需要回答中国经济法学要回归和塑造什么样的法教义学、坚持法教义学方法前提下的交叉学科研究与社科法学之间的区别何在等具体问题。此外,也还需要让法律学人看到中国经济法学的发展努力和研究成果,这对于推进经济法学乃至整体的法学繁荣均有重大裨益。

(审稿编辑　邓　伟)

司法过程中的伦理考量
——以家事司法实践为中心

张剑源*

Ethical Considerations in the Judicial Process:
Centered on Family Justice Practice

Zhang Jianyuan

内容摘要：中国基层司法常常表现出非法律中心主义的一面。但这并不意味着中国基层司法缺乏规范性。调研和案例分析发现，伦理在中国司法实践中，特别是家事司法实践中一直发挥着重要的规范和引导作用。虽然它无法作为判案的直接依据被适用，但司法过程一直保有对伦理的敏感性。在法官密切关注法律规定和法律程序的同时，伦理作为文书说理和判案的重要理据，对案件结果产生重要影响。这种蕴含伦理的司法实践样态有历史基础，能及时反映变化了的道德价值和社会需求，在司法参与社会治理过程中发挥了重要作用。在中国社会现代化进程急速前进的今天，这种司法实践样态较易于实践和彰显某些被社会共享的价值理念，形成对立法局限性的补充，展现出完全不同于西

---

* 法学博士，云南大学法学院副教授。本研究得到"云南大学中青年骨干教师培养计划"以及"云南大学青年英才计划"经费资助。调研得到云南省妇联毕静老师的大力支持，云南大学法学院柳立清同学全程参与调研。特此致谢。

方司法的实践特质。

关键词:司法　伦理　治理　家事审判

　　本文讨论的核心问题是:在中国,伦理与司法的结合是如何塑造出与西方截然不同的司法道路的?基层法官和司法政策制定者对待伦理的具体态度是本文讨论的重点,司法与社会的互动则是文章更为宏观的实现背景。通过不同层面的考察,本文将表明:尽管立法一直经历着去伦理化的过程,但中国基层司法实践由于现实(特别是司法参与社会治理)的需求,没有也不可能剔除对伦理的关切。虽然伦理很难在司法实践中直接被适用,但它还是会潜移默化地对司法实践产生影响,进而对国家治理目标的实现发挥积极作用。

　　无论是西方还是中国,法律现代化大多始于对法律或国家法制主义的尊崇。韦伯就曾说过:"资本主义所需要的是一种类似于一台机器可以让人可以预计的法;礼仪的、宗教的和魔法的观点不许发挥任何作用。"[1]这种观点在后来得到了不计其数的阐释和发展。然而,事实是:国家正式法律及其程序无论如何也不可能完全主导社会生活的所有方面。非正式制度在社会生活中发挥的影响无处不在。[2]特别是在中国,由于传统和现代的交错,法律和伦理、道德往往会在很多领域发生互动、交错,甚至冲突。比如在家事领域,由于伦理和身份关系所占据的重要位置,往往使国家法律的运作充满矛盾。苏力就曾直言:"基于自由主义的或个人主义的法律推论,在许多法律领域,会颇有效,也能成立,但在家事领域注定会搁浅。"[3]黄宗智更是从更为宏观的法律发展角度提出:"中国未来的法律不一定要像西方现代法律那样,从个人权利前提出发,而是可以同时适当采用中国自己古代的和现代革命的传统,从人际关系而不是个人本位出发,依赖道德准则而不仅是权利观念来指导法律。同时,沿用中国法律传统中由来已久的实用倾向。"[4]因此,如何直面中国法律实践中这一"非法律中心主义"的面向显得尤为重要。

　　文章将摆脱那种理所当然地认为司法就应当是"普世"意义上的世俗主义的、完全法律至上的司法理念的束缚。转而进入到中国司法运作的具体语境,分析中国司法在国家整体"治理计划"中的地位和角色,探讨司法对新的社会道德价值的肯认和彰显,进而探讨其运作方式、特点及影响。家事案件是本文分

---

　　[1]　马克斯·韦伯:《经济与社会》(下卷),林荣远译,商务印书馆1997年版,第723页。
　　[2]　参见张剑源:《管辖权竞争与当代中国乡村司法的合法性建构》,载《当代法学》2014年第4期,第120页。
　　[3]　苏力:《当眼里掉进了睫毛——从"南京虐童案"看法律干预家事纠纷》,载《现代法治研究》2016年第1期,第16页。
　　[4]　黄宗智:《中西法律如何融合?道德、权利与实用》,载《中外法学》2010年第5期,第721页。

析和讨论的重点。[5]但是,这并不意味着伦理仅在家事案件中发挥作用,在很多地方的其他类案件中,实际上均有伦理发挥作用的情况。[6]伦理与司法的问题在中国基层司法领域甚至是一个具有普遍意义的问题。

一、司法创造差异?

2016年暑期,我和研究团队的成员一起在云南某基层法院调研。调研中我们得知该院在不久之前刚刚发出一个"人身安全保护令"。要知道,在当时的情况下,这样的举措在其他法院可能是很难见到的。因为,发出"人身安全保护令"所依据的《反家庭暴力法》在此之前刚刚开始实施。另外,在该法中,"人身安全保护令制度"又属一个新的制度。[7]正因为这一层接一层的"新",使得我们很迫切地想了解法官是如何将这些新制度落实下去。于是就此问题与该院法官进行了交流。

法官们对做了(或者说开创了)这样一项"工作"是非常满意的。他们给我们讲述了立案的情况,讲述了案件处理的过程,讲述了"人身安全保护令"发出后所产生的良好的"社会效果"……这些问题对于理解司法在反家暴工作中的作用、理解"人身安全保护令"这样的新制度的落实情况都很重要。但是,我想首先在这里呈现的是一段座谈时来自该法院一位领导的讲话。这段讲话与刚才提到的那些问题都有关系,但更微观,能让我们更细致地了解到法官在处理这类问题时候的想法和态度。

> 受害人过错不影响人身保护令的发出,因为在审这几个案子的时候我们就反复强调,受害人过错不是打的理由,不是家暴的理由。因为我们按照常理来讲,开口第一句话就是:"他为哪样打你?"这个就弄成,好像是要找一个打的理由。所以我们强调,不允许法官主动去盘问"他为哪样打你",这样一问就会给受害人造成二次伤害。所以呢,我觉得,为了保证这种案子的处理,我们强调法官不得主动盘问,你就挨(向)这个受害人说"对方为哪样要打你",侵权人一听呢是好像是为"我"找理由了。我觉得,我们在实体审查的时候,这个是非常重要的,也是体现法官首先是要同情受害

---

[5] 家事案件在法律实践中国有着重要影响。方乐曾指出:"不仅家庭伦理和道德是法律伦理与精神的来源,而且家庭关系与家庭秩序也是社会关系和秩序的根本。"参见方乐:《法律实践如何面对"家庭"》,载《法制与社会发展》2011年第4期,第48页。

[6] 参见孙启福、李维睿:《论传统司法对量刑规范化的启示——以刑事被告与被害人的关系为视角》,载《现代法学》2010年第6期,第20页;杨继文、陈鹤:《刑事和解的文化之维》,载《犯罪研究》2014年第1期,第2页;等等。

[7] 根据《反家庭暴力法》的规定,"人身安全保护令制度"是指"当事人因遭受家庭暴力或者面临家庭暴力的现实危险,向人民法院申请人身安全保护令的,人民法院应当受理"(第23条第1款)。对于此项制度,《反家庭暴力法》中做了专章规定(第23条到第32条)。

人,不是为侵权人寻找一个理由。(这样问就)形成错觉了,法官本来不(没)有保护侵权人的意志,但是你像这样一问,无形中会让受害人觉得"打我有理由"……[8]

其他我们接触和访谈到的法官,在分别介绍他们遇到相类似案子的考虑和做法的时候,也表达了类似的观点。很明显,该院的法官们已经将此种做法当作一种经验,而且他们的讲述也意在表明:正是因为有这种经验作为支撑,所以他们能够率先发出"人身安全保护令"这一"新事物"就并不奇怪了。

不难看出,这一经验的核心是:家暴案件中,"打"这一事实是责任认定的核心。"打的理由(原因)"不仅不是责任认定需要考量的因素,甚至还被认定为是一个为侵权人开脱的"借口"。因此,法官不应主动地去追问"为什么打"。"为什么打"这个因素不影响侵权人应当承担的责任,也就是法官提到的"受害人过错不影响人身保护令的发出"。

这让我马上联想到了在《反家暴法》出台不久前,由最高人民法院、最高人民检察院、公安部、司法部联合出台的《关于依法办理家庭暴力犯罪案件的意见》中的一条规定:

> 对于长期遭受家庭暴力后,在激愤、恐惧状态下为了防止再次遭受家庭暴力,或者为了摆脱家庭暴力而故意杀害、伤害施暴人,被告人的行为具有防卫因素,施暴人在案件起因上具有明显过错或者直接责任的,可以酌情从宽处罚。对于因遭受严重家庭暴力,身体、精神受到重大损害而故意杀害施暴人;或者因不堪忍受长期家庭暴力而故意杀害施暴人,犯罪情节不是特别恶劣,手段不是特别残忍的,可以认定为刑法第二百三十二条规定的故意杀人"情节较轻"。

此条司法政策意在表达这样一层意思:在被迫"以暴制暴"伤害或杀害施暴人的案件中,施暴人之前的行为("施暴人在案件起因上具有明显过错或者直接责任的")是应当作为法官、检察官或侦查人员考量的重要依据的。也就是说,受暴人"为什么打(或杀)"施暴人,是可以影响对被告人(受暴人)的责任认定的("可以酌情从宽处罚"或"可以认定为《刑法》第232条规定的故意杀人'情节较轻'")。

如果将上述法官的经验讲述和最高人民法院等出台的司法政策相比较,可以看出一个非常有意思的现象:同样是涉家暴案件,两者所展现的情形是完全不同的。前者主张,"为什么打"不应作为案件考量的因素;后者则主张,"为什么打(或杀)"应当作为案件考量的因素。

---

[8] 报告人:S县法院 N法官。

然而,如果再仔细一想,这两种看似南辕北辙的情形,似乎又是会出现"合流"的可能的。先来看上边所提到的第一种情形:当一个男性打了一个女性[9],被打的女性来到人民法院申请"人身安全保护令",法官关注的重点是"打"这一事实,而不会对"为什么打"展开调查。因为他们认为这样做有可能反而会为这位打人的男性开脱,而对被打的女性不利。再来看第二种情形:一个女性因为长期遭受其丈夫的家庭暴力,在忍无可忍的情况下将其丈夫打伤(或打死)而被捕。这个时候,侦查人员或审判人员需要对这位女性"为什么打"展开调查(按照上述司法政策要求)。因为,查清楚"为什么打"(也就是施暴人在案件起因上是否具有过错或者直接责任),将会对这位女性产生重要影响(如果施暴人在案件起因上具有过错或者直接责任,对于这名女性是可以酌情从宽处罚,或可能会被认定为"情节较轻"),而且这种影响实际上是对该名长期受暴的女性有利的。所以,综合两种情况来看,在两种涉家暴案件中,不论是"施暴受暴类"案件中法官认为不要关注"为什么打",还是"以暴制暴类"案件中司法政策认为需要关注"为什么打",这两种情形都不约而同地倒向了有利于女性(被家暴者)一方。

法官和司法政策制定者到底寓意如何?为什么男的打女的,法官"不问青红皂白"就可以直接判定男方担责;当一个女的把男的打伤或打死时,女方之前长期遭受家暴的历史就必须要调查清楚,并将作为认定责任的依据(往往是减轻这名女性责任的依据)?这种在表面上看起来明显具有"偏袒性"的经验做法和规定,是否已经将"法律面前人人平等""男女平等"的精神抛弃?[10]

二、实际上是伦理在司法过程中发生影响

这里边的一个前提性问题是:我们的立法是"人人平等"的立法、是世俗主义的和个体主义的立法,不论你出生如何,也不论你的"民族、种族、性别、职业、家庭出身、宗教信仰、教育程度、财产状况、居住期限"(我国《宪法》第34条)如何,都享有"选举权和被选举权",以及其他宪法上所规定的权利。因此,根据宪法规定,男性和女性之间的法权关系自然也是"人人平等"的,享有的权利也是平等的,而不应该有任何差别。除非出现一些诸如"女职工在劳动中因生理特点造成的特殊困难"的情形,则立法和法律实践会从"保护女职工健康"的角度

---

[9] 在家庭暴力案件中,也有女性作为施暴人,男性作为受暴人的情形。然而,根据相关统计,在我国发生的家庭暴力中,施暴者有90%是男性。所以,一般情况下,家庭暴力较多的是指男性对女性的暴力。参见林振通:《各国家庭暴力概念的不同界定》,载《人民法院报》2011年3月4日,第8版。

[10] 《中华人民共和国宪法》第33条第2款规定,中华人民共和国公民在法律面前一律平等。第48条第1款规定,中华人民共和国妇女在政治的、经济的、文化的、社会的和家庭的生活等各方面享有同男子平等的权利。

做出一些区别于针对男职工的"特别规定"。[11] 在程序法上更是如此。在诉讼权利保障和程序规定中,我们的立法更是彻底地贯彻了"人人平等"、世俗主义和个体主义的立法理念。[12]

那为什么上一部分所述的法官的司法实践和官方的司法政策,竟会"公然"在司法中与"人人平等"的立法精神相悖,而在男性和女性之间作出了差别性的对待?

我们可以做一个简单的比喻。如果这"平等"就像一个天平,一边是男性,另一边是女性。我们自然地就能看到天平的平衡吗?长久以来,由于"女卑于男的主观意识"的影响、婚姻家庭关系中女性对男性的依附性、性别差异对政治参与和决策的影响的广泛存在,以及在就业等领域依然存在的性别歧视,这使得天平上女性这一端始终因缺乏"重量"而成为不平衡的、弱势的一端。所以,所谓"男女平等"在很多情况下实际上只是字面上的平等,实质是女性始终处于弱势地位。正是因为考虑到这种女性的弱势性,"人人平等"原则在这里受到了越来越多的挑战。很多人发现,"人人平等"在极端地指向个人的时候,由于男女两性间所存在的先前的不平衡、起点的不平等,那种针对男性和女性的"平等"就不可能实现。而且这个时候宪法和法律领域的"平等保护"原则中可能更多隐藏着的是"男性偏见"。[13] 所以,现代社会,特别是法律实践更多地对"平等保护"作出了更具操作性的解释。比如20世纪90年代在美国发生的著名的"弗吉尼亚军事法院拒收女生案"(United States v. Virginia)中,美国联邦最高法院法官就提到,男女在身体构造的不同是永远存在的,男女并不能互换。

> ……我们知道男女之间与生俱来的差异是件好事,不能当作两性互相诋毁的理由,也不能当作限制个人机会的理由。遇到某些情况,比方说补偿受到特殊经济障碍的女性、提升平等就业机会、全面发展国民的能力与天赋的发展,就可以依据性别给予差别待遇。但是不能像以前一样,用性别差异待遇制造或延续女性在法律、社会、经济上的劣势。[14]

可见,无论是我们在上文中见到的中国司法中"倒向有利于女性一方",还

---

[11] 参见《中华人民共和国妇女权益保障法》《女职工劳动保护特别规定》等。

[12] 《中华人民共和国民事诉讼法》第8条规定:"民事诉讼当事人有平等的诉讼权利。人民法院审理民事案件,应当保障和便利当事人行使诉讼权利,对当事人在适用法律上一律平等。"《中华人民共和国刑事诉讼法》第6条规定:"人民法院、人民检察院和公安机关进行刑事诉讼,必须依靠群众,必须以事实为根据,以法律为准绳。对于一切公民,在适用法律上一律平等,在法律面前,不允许有任何特权。"《中华人民共和国行政诉讼法》第8条规定:"当事人在行政诉讼中的法律地位平等。"

[13] 朱迪斯·贝尔:《女性的法律生活——构建一种女性主义法学》,熊湘怡译,北京大学出版社2010年版,第168—178页。

[14] 彼德·英格利许、布鲁斯·塞尔斯:《法律,不只是法律》,庞元媛译,台湾博雅书屋有限公司2012年版,第189—190页。

是美国法官那里的"差别待遇",似乎已经成了一种与过去"男尊女卑"完全不同的,甚至也在一定程度上超越着纯粹意义上"男女平等"的实践指引,一种新的伦理原则,一种变化了的道德价值。这种伦理原则不再单纯地只是在"个体主义"和互相孤立的意义上看待男性和女性的关系,而是在两者的关系变迁中去考察他们的权利和义务。虽然的确与抽象意义上的"人人平等"不同,但它却是一种对真正的、实质意义上的"平等"实践,能够保证实质平等在两性中实现。

上一部分所述的法官的司法实践和官方的司法政策,实际上都是在这样一种背景之下展开的。比如在第一种情况中,因为法官意识到,如果不对男女两性有差别性的对待,而只是简单地采取抽象的个体主义法律运作模式,那么后果就是,法官恰恰会为打人的当事人寻找打人的理由和借口提供机会,使双方地位进一步不平衡,反而更不利于家庭纠纷的解决。相反,差别性的对待能够及时消除男方"打人"的影响,把男女双方拉回一个相对平等的对话空间,使接下来的程序更能接近实质的平等。访谈中,一位法官告诉我,他们在发出"人身安全保护令"裁定后实际上也是非常担心的,担心这类申请会"井喷"。但是,最终并没有出现井喷。在各种各样的原因中,一个很重要的因素是:自从"001号裁定"发出,并经当地媒体报道后,引起了广泛关注,"老婆打不得"的观念不胫而走,"实际上也起到了普法的效果"。[15]而第二种情况亦然,司法政策制定者特别强调对在案件发生之前两方生活中可能存在的暴力行为的调查,这从根本上也是一种迅速地把原本不平等的男女两性关系拉回到一个相对平等的位置上的努力。

这实际上就是一种法官和司法政策制定者将伦理原则带入司法实践的尝试。虽然这里的伦理原则只与"男女关系"相关——比起中国传统伦理中的"亲亲、尊尊、长长、男女有别"这些更为宏观的伦理原则来说较为微观——但它提供了一个足够我们思考个体主义、世俗主义的立法与依然蕴含伦理原则的司法之间的矛盾和冲突的个案。

三、这不是一个新问题

之所以说是"依然蕴含伦理原则的司法",完全因为这并非一个新事物。要说新旧,在中国,似乎个体主义和世俗主义的立法才是新事物,而"蕴含伦理原则的司法"却恰恰是一个在中国社会中有着较为悠久历史的事物。也正因为新事物的到来与旧事物之间发生了冲突和矛盾,这才使得我们可以说"这不是一个新问题"。[16]

---

[15] 报告人:S县法院 M法官。
[16] 参见张剑源:《依法治国"全面推进"的历史基础与逻辑起点》,载《人大法律评论》2016年卷第1辑(总第二十辑),法律出版社2016年版,第88页。

究其产生的背景来看,中国社会一直是一个"伦理本位的社会",而非"个体主义的社会"。梁漱溟先生就曾说过:"团体与个人,在西洋俨然两个实体。而家庭几若为虚位。中国人却从中国就家庭关系推广发挥,而以伦理组织社会,消融了个人与团体这两端。"伦理所发挥的作用遍及社会生活各个领域。伦理之于经济,"皆彼此顾恤,互相负责;有不然者,群指目以为不义";之于政治,则"以孝治天下"成为近千年的政治准则。[17] 在法律领域,则"法律之儒家化"成为数个世纪中国法制发展的内在理路,"表面上明刑弼教,骨子里则为以礼入法,怎样将礼的精神和内容窜入法家所拟定的法律里的问题"。[18] 1949年后很长一段时间内,虽然伦理在"表达"的层面上几乎被"个体主义"的立法所覆盖,但是中国司法一直以来所坚持的"群众路线""实地调查"的工作方式[19],无法也不可能回避那些与伦理密切相关的"群众关心"的问题。

费孝通先生在《乡土中国》中曾提到过一个有关"打奸夫"的案例:

> 有一位兼司法官的县长曾和我谈到过很多这种例子。有个人因妻子偷了汉子打伤了奸夫。在乡间这是理直气壮的,但是和奸没有罪,何况又没有证据,殴伤却有罪。那位县长问我:他怎么判好呢?他更明白,如果是善良的乡下人,自己知道做了坏事决不会到衙门里来的。这些凭借一点法律知识的败类,却会在乡间为非作恶起来,法律还要去保护他。我也承认这是很可能发生的事实。现行的司法制度在乡间发生了很特殊的副作用,它破坏了原有的礼治秩序,但并不能有效地建立起法治秩序。[20]

这一案例揭示出一个与上文讨论相类似的矛盾状况:到底需不需要问"为什么打"?

根据费孝通先生的讨论,在"传统的礼治秩序"中,司法官在处理此类案件的时候应该要对"为什么被打"弄个水落石出。如果弄清楚这个人被打的原因是"偷了"别人的妻子,那么他无论如何在乡间都不可能得到同情,更不可能得到司法和司法官的帮助。但现行的"法治秩序"却未必要问"为什么打",它只关注打的事实本身,所以他会"铁面无私"地在两个当事人之间作出对错判决,并且理由只有一条,那就是"打人不对"。从费孝通先生讲述的案例和他的评论中不难看出,费孝通先生在碰到这个案例的时候,所表达的更多是一种担心,担心这所谓"现行的司法制度"会把伦理原则抛弃,而成为一个"不谙世事"的工具。

---

[17] 梁漱溟:《中国文化要义》,上海人民出版社2011年版,第76—91页。

[18] 瞿同祖:《中国法律与中国社会》,中华书局2003年版,第355—356页。

[19] 参见黄永维:《群众路线是人民司法工作的生命线》,载《人民法院报》2014年12月17日,第05版;李斯特:《人民司法群众路线的谱系》,载苏力主编:《法律和社会科学》(第一卷),法律出版社2006年版,第285—316页。

[20] 费孝通:《乡土中国 生育制度》,北京大学出版社1998年版,第58页。

在之后很长时间内,随着中国社会中个体的崛起、个人与家的分离,以及法律移植、法律现代化、法律世俗化的日益兴盛。[21] 立法和司法确实也断断续续出现了超越伦理原则的倾向和具体实践。然而,事实证明,在基层司法实践中,伦理原则并没有完全消亡,甚至坚固的在一些司法官和司法实践那里留存了下来。比如接下来要讨论的这个被学界经常提起的案例:

> 黄某和蒋某夫妇是四川某厂的职工,1963 年结婚。1994 年黄某与比他小 22 岁的张某相识并产生感情。1996 年底两人公开以夫妻名义租房同居。2001 年 2 月黄某发现自己已经患有肝癌并到晚期。在黄某患病、即将离开人世之前张某不顾别人的嘲笑,面对蒋某的讽刺和挖苦,俨然以黄某"妻子"的身份陪伴在黄的身旁,守护在病床前。2001 年 4 月 17 日黄某通过一位朋友找到律师表示死后将把自己的财产遗赠给张某。在律师的配合下黄某于 4 月 20 日在泸州市某公证处对下述遗嘱进行了公证:"我决定将依法所得的住房补贴金、公积金、抚恤金和卖泸州市江阳区一套住房售价的一半(4 万元)以及手机一部遗留给我的朋友张某一人所有。我去世后骨灰盒由张某负责安葬。"4 天之后的 2001 年 4 月 22 日黄某去世。4 月 25 日黄某的朋友公开宣读了这份遗嘱。之后由于作为黄某合法妻子的蒋某拒绝执行这个遗嘱,几天后张某将蒋某告上法庭要求法院依法判决蒋某执行遗嘱。一审法院四川省泸州市纳溪区法院认定黄某的遗赠行为损害了社会公德、破坏了公共秩序属于无效民事行为,依据《民法通则》第 7 条有关民事活动不得违反社会公德的规定对张某诉蒋某遗赠纠纷案进行判决,宣告遗嘱无效。二审法院也以违背公序良俗原则直接认定黄某的遗赠行为无效,驳回上诉人的诉讼请求。

此案中,法官并不像上边讨论的"打奸夫案"中的县长那样困惑。不管是一审还是二审的法官,显然都"一意孤行"地站在了"大众话语"(而非"精英话语")一边。[22] 也正因为此,判决在法律"精英话语"领域招致很多批评。[23] 然而,正如何海波所说的:

> 我们应当注意到,在这个社会上还有另外一种吁求。还有那数以亿计

---

[21] 参见张剑源:《传统家庭伦理与境遇判别》,载《重庆社会科学》2015 年第 7 期,第 48 页。
[22] 关于"大众话语"和"精英话语",参见刘星:《法律解释中的大众话语与精英话语——法律现代性引出的一个问题》,载《比较法研究》1998 年第 1 期,第 16 页。
[23] 参见何兵:《冥河对岸怨屈的目光:析"二奶"继承案》,载《法制日报》2002 年 4 月 7 日,第 2 版;萧瀚:《被架空的继承法:张学英诉蒋伦芳继承案的程序与实体评述》,载易继明主编:《私法》(第 2 辑第 1 卷),北京大学出版社 2002 年版,第 300—313 页;喻敏:《文义解释:民法解释的基础与极限——评张学英诉蒋伦芳遗赠纠纷案的一、二审判决》,载《西南民族学院学报(哲学社会科学版)》2002 年第 11 期,第 85 页;等等。

的永远没有机会在媒体上发表文章的母亲、妻子和子女,甚至包括丈夫。在他们生活的世界里,婚姻就是夫妻双方的一种"长期投资",一种相互的保障。财产凝聚了夫妻共同的辛劳,提供了未来生活的依靠。不管法律上怎么说,夫妻财产就是夫妻合二为一的"共同财产",而不是一人一半的"共有财产"。丈夫先妻子离世,遗产自然就属于妻子和孩子,不属于其他任何人。这是深深植根在我们传统中的观念,它没有因为《继承法》颁布施行而消逝,对许多人而言,它仍然是生活的一部分。[24]

这两个跨越近半个世纪案例都表明:面对着纷繁复杂的生活世界,个体化和世俗主义的立法规定在基层司法实践中会遇到各种各样的问题,特别是在家事司法实践中更是如此。法官为了妥善地解决纠纷,可以说是不得不将伦理原则带入司法实践中。而法官正是以这种方式在努力地实现对法条和法权羁绊的挣脱[25],进而彰显伦理在争端解决中的重要性。

从形式上来看,虽然在过去很长时间内,法官对伦理的考量更多还只能是较为隐蔽性的"带入"。但现在,随着人民法院对法官"说理"要求的加强,这为伦理进入司法过程、进入判决书创造了较好的条件。比如一份有关赡养费纠纷的判决书中,法官是这样写道:

> 本院认为……鸦有反哺之义,羊有跪乳之恩。百善孝为先,孝敬父母是做人的根本,更是中华民族的传统美德。本案中,王某作为一个母亲,抚养子女,含辛茹苦,在她近九十岁高龄时应该受到子女们的关爱和呵护。更何况王某身体多病行动不便,丧失了生活和自理能力。此时,子女应以感恩之心,竭尽全力报答母亲的养育之恩,尽反哺之义,让母亲颐养天年。[26]

另外,在裁判文书中,伦理还会被法官当作对当事人进行法律宣传教育的重要内容。比如在一份离婚案件的判决书中,法官写道:

> 应当指出的是……当前原被告之女年幼且正处于人生成长关键期间,需要父母共同的关心与呵护,需要一个和睦完整的家庭。今后在家庭生活中,尤其是男方,应以严肃认真的态度对待双方的婚姻和自身的缺点,亡羊补牢,为时未晚。而双方若多沟通和协商、多关心和谅解彼此,珍惜自己来之不易的夫妻感情,悉心维护业已建立的家庭,和好是有可能的。为给双

---

[24] 何海波:《何以合法?对"二奶继承案"的追问》,载《中外法学》2009年第3期,第453页。
[25] 参见冯象:《国歌赋予自由》,载《北大法律评论》第15卷第1辑,北京大学出版社2014年版,第234页。
[26] 北京市第三中级人民法院(2014)三中民终字第14609号民事判决书。

方一个改善夫妻关系、化解矛盾的机会和时间,以暂不离婚,且观后效为宜。[27]

四、伦理在司法实践中的地位

虽然伦理在司法实践中发挥影响有历史基础和社会基础,同时也真实地在发生着。但是,其依然会引起较大的争议。很多对伦理进入司法的批评往往都会夸大此种司法实践对法律和法治的影响。似乎只要跟伦理道德掺上点边,法律的权威性、一般性、普遍性都要大打折扣一样。这个时候,我们就必须明确:是不是任何伦理准则都能进入司法实践?如果不是,那什么样的伦理准则才能进入司法实践?另外,伦理在司法实践中的地位和作用到底如何?是否法官对伦理的考量会严重挤压法律适用的空间?

(一)什么样的伦理准则能进入司法实践

很显然,并非所有的伦理规范都能进入司法实践。能够进入司法实践的伦理规范势必需要具备某些特点。根据上文的讨论,我认为以下两点是极为重要的。

首先,它必须要有弥合性,能够弥合法条和"后果"之间的距离。上文中 S 法院 N 法官关于要不要问"为什么打"的考虑就属于这一范畴。因为在这些情况下,单纯依据法条,法官们很难达致所预测的后果,也就是很难达到真正、有效地解决纠纷的目的。所以才会出现他们对法条和法权羁绊的挣脱,用诸如伦理原则这些"准绳"来弥合法条和"后果"之间的距离,并实现对纠纷的有效解决。

其次,它必须要有回应性,能够回应变化了的社会价值需求。这一点尤为重要。因为无论是国家法律还是其他社会规范,都会随着时间的推移而变化。即便法律也是一个需要不断成长和成熟的事物,它也会在"滞后"的时候必须接受各种批判、否定和摈弃——更别说其他的社会规范和准则了。上文中所讨论的,法官对性别差异的关注和考量实际上就是一个通过伦理原则来回应变化了社会需求的典型例证。

(二)伦理在司法实践中的地位

既然具备了一定条件的伦理准则可以进入到司法实践中,那它会不会对法律规则的适用产生"排挤",甚至威胁到法律规则的权威?先来看两段来自两个不同法院的法官的讲述:

> 法官在收到人身安全保护令申请的时候,必须要双方都在,才能进行

---

[27] 山西省长治市襄垣县人民法院(2016)晋 0423 民初 833 号民事判决书。

调查。不然这个人身保护令下得就过于草率。因为我相当于在缺乏当事人双方陈述的情况下出了一个裁决书。那当你发现这个人身保护令不对，那怎么办？再通过审判监督程序撤销这个裁定？这个肯定很荒唐，因为我觉得这种裁定作出后是很难撤销的。这个裁决还会对后续的审理（比如离婚）产生影响，算不算对原告有利的证据，而对被告不利的证据，这个时候矛盾就出来了……[28]

像我们从首例（人身安全保护令）案件到现在，为了防止"滥用"这个情况，我们从原则上尽量通知被申请人到庭来陈述意见，防止滥用申请这个问题……首例（人身安全保护令）出现的时候，当时我们也考虑，照片上血糊哩啦的，看着肯定很严重了，但是就说我们不能排除表演性质，就是说这个因果关系，是真给对方打了呢，（还是）你自己……到底是哪个人打的，侵权人是哪个？最好双方来陈述一下，不然偏听偏说的，表演能力强一点呢，你这个法官还是有点怀疑。像这种婚姻家庭案子，一般都是口头陈述，没有那么复杂的证据，如果双方都到庭来讲一下，基本就能确认给有吵过架，给有打过。几个案子都是，双方都到，到了一讲，法官就可以决定了，是否发（人身安全保护令），如果不到呢，还是有点担心。[29]

很显然，在程序上，法官始终严格地遵循"以事实为依据，以法律为准绳"的原则。这是基础和出发点。而且，从法官的讲述中还可以看出，法官对法律规定和法律程序的把握实际上都是为了之后更好的处理纠纷。其后，法官对案件后果的预测，则就成了法官在办案过程中更为核心的考虑要素。

这种家事类案件，我的想法就是，越温和越能起到一定的效果，因为打官司这个就是结怨家，就是仇人。你不管，你这个文书一下，当事人就是一辈子的仇人。中国这个传统的熟人社会，就熟人之间发生的民事案件，就我个人理解，不是熟人绝对不会发生借贷啊这些案件。熟人社会啊，用法律的方式去处理的话，就要相对的慎重。民事案子，什么是民事案子，定义就是矛盾。小的就是熟人社会，你不熟的人怎么肯借钱，怎么会发生借贷，对不对？两个人没有感情，怎么会成为夫妻，最后怎么分割遗产，这不都是在亲属之间嘛。所以，都是熟人社会，它就需要调解，需要不激化矛盾。一些冲突不大，我们坐下来调解，大概50%都可以调解。可能一些生活的经验法则（更好），要用法律来调整就真的很难。……所以我们对婚姻家事类案件，一般都是调解。包括我们在审理过程中，这些我们一般都尽可能地去维系家庭的平衡。尽可能地判决书少下，调解书多下。你这个文书一

---

[28] 报告人：G区法院 M法官。
[29] 报告人：S县法院 N法官。

下,家庭状态产生改变,不一定会是一个好事情,要特别的慎重。家事案件审理过程中,经验法则超越法律规定。[30]

可以看出,在实际在解决纠纷过程中,法官会将"经验法则"带入后果考量。说白了,就是"以经验法则为准绳"。这一变化与上边我在讨论"二奶继承案"时候所说的,法官"实现对法条和法权羁绊的挣脱"的情况并无二致。而且,这个"经验法则"并非无所不包。Z法官讲述中的"熟人""夫妻""亲属"以及"维系家庭的平衡"等,无不指向了伦理原则。也足以看出"伦理原则"这一重要的"经验法则"在司法实践中的重要性和积极意义。

因此,在司法程序中,法律扮演了重要角色,它保证纠纷能够顺利进入司法程序。同时,在最后的司法文书中,我们也必然会看见法律条文"正襟危坐","决定着"对错。然而,在进入司法程序和最后司法文书的形成之间那漫长且复杂的过程中,决定着结果走向的常常并不一定只是法律。在中国如此,在西方的美国亦如此。波斯纳法官就曾说过:"法官并不是按照被称之为'法律'的东西行动,他们只是尽可能好地行动。法官决定案件,并且作为一种副产品,判决会流露出一些关于他们将如何决定下一案件的线索。"[31]

五、讨论:中国司法的现代性

美国学者孔飞力在其著名的《中国现代国家的起源》一书中曾谈道:

> 在一个"现代性"有着多种形式的存在、也有着各种替代性选择的世界上,政治历史所要强调的,应当是同各种民族文化和历史经验相契合的种种"内部"叙事。当这些叙事涉及不同国家由于受到经济力量的影响和帝国主义强权的威胁而发生相应的变化时,其"外部"方面仍然有着至关重要的意义。[32]

中国司法的"现代性"问题的确也与这"内部"和"外部"的叙事相关。

第一,有关中国司法"外部叙事"与"内部叙事"之间的并存、互动和紧张,是一个既存的事实。也正因为这种并存、互动和紧张关系的存在,使中国司法的"现代性"问题不可能只是从纯粹的西方"现代性"理论,或单纯从中国传统伦理原则就能得到解释。它恰恰是一个如孔飞力先生所言的"有着多种形式的存在、也有着各种替代性选择"的问题。费孝通先生的"担心"、"二奶继承案"中法官的具体考量,以及其他很多相类似的案例和实践均表明,中国司法实践中既

---

[30] 报告人:G区法院Z法官。
[31] 波斯纳:《法理学问题》,苏力译,中国政法大学出版社2002年版,第283页。
[32] 孔飞力:《中国现代国家的起源》,陈谦、陈之宏译,生活·读书·新知三联书店2013年版,中文版序言第2页。

包含着"外部叙事"的影响,同时也包含着法官对"内部叙事"的坚守甚至超越,两者同时影响着司法实践,影响着纠纷的走向,同时也影响着中国司法整体形象的塑成。

第二,与"外部叙事"相比,中国司法的"内部叙事"一直被忽视。这一问题与中国法律整体被"殖民化"密切相关,而并非一个孤立的问题。

> 一句"只有现代化才能救中国"喊出了多少代"先进"中国人的共同心声。一个半世纪过去了,中国人在现代化的道路上可谓不耻下问、不辞艰险。单以法律而论,我们是先学欧、继学日、再学俄、又学美,该学的都学了,该弃的都弃了。中国固有法律体系早已"亡国"了,中国现行的法律尽管带着种种暧昧、变异的色彩,但毕竟从整体框架上看已经完全西化了,何以现代化法治国的彼岸在吾人看来却愈见模糊、愈发遥远,简直就是可望而不可即的呢?[33]

这一论述凸显了中国法制进程中"内部叙事"被忽视的事实。但最关键的问题还在于:首先,对"内部叙事"的忽视并没有带来如"外部叙事"所宣扬的那种理想状态。其实际后果更接近费孝通先生所说的那种"结果法治秩序的好处未得,而破坏礼治秩序的弊病却已先发生了"的状况。[34] 很多在社会生活中出现的现象也已经证明了这种弊端发生的事实。[35] 其次,"现代性"的追求被"外部叙事"所宣扬的理想状态所左右,于是关于现代性的标准发生了变异。它不再是从解决实际问题出发的国家治理或新的变革主张,而仅仅只是一种空洞的"表达"。而从更为微观的司法实践来看,也正因为这种对"内部叙事"的"忽视"的存在,使得很多本应得到彰显的伦理原则和道德价值只能在法官那里通过上文所提到的"判断伪饰"的方式加以实现,或只能在说理中展现。更别说,那种"宁屈道德不枉法律"的做法更是获得普遍的支持![36]

第三,退一步讲,就算美国学者络德睦所说的"尽管法律制度殖民了中国,但显然并未占领全部"[37]是事实,然而,在"内部叙事"仅存的有限"空间"内,伦理原则、道德价值往往又会被看作是前现代的,甚至是落后的。似乎,即便现在依然存在,但未来我们还是依然会义无反顾地奔向"法律帝国"的。这种类似于"单线进化论"的观点显然忽视了上文中孔飞力所说的那种现代性"有着多种

---

[33] 苏亦工:《天下归仁:儒家文化与法》,人民出版社2015年版,第360页。
[34] 同前注[20],第58页。
[35] 同前注[21],第48页。
[36] "宁屈道德不枉法律"的提法来自范忠信、郑定、詹学农:《情理法与中国人》,北京大学出版社2011年版,第88—90页。
[37] 络德睦:《法律东方主义:中国、美国与现代法》,魏磊杰译,中国政法大学出版社2016年版,第218页。

形式的存在、也有着各种替代性选择"的可能。

本文的讨论已经表明,在司法实践中"内部叙事"与"外部叙事"并存的情况下,虽然"内部叙事"往往被忽视,但是很多法官依然在坚持着对伦理的实践,因为他们深知那是在真正地解决问题。更为重要的是,法官不仅仅是在坚持着对过去伦理原则的实践,他们同样在实践着一些正在发生的,并不为所有人所洞悉的,却正在改变着这个社会的面貌的伦理原则。上文所提到的在男女两性中"导向女性"一方的原则即是一个显著的例子。在理论探讨中,这一原则常被称为是"社会性别"或"社会性别主流化"原则。其实践意义在于,从根本上突破"男尊女卑"的传统伦理原则,同时突破现代以来占主导地位的纯粹的"男女平等"的伦理原则(形式上的"男女平等"),并力图实现实质意义上的"男女平等"。

这样的伦理原则,虽然还无法得到所有人的完全赞同,但无论是在理论上还是社会生活中都已经得到越来越多的承认,并日益成为一种新的"社会共享价值"。[38] 如果承认这一点,法律、法制和司法就不能对此视而不见,缺席对"社会共享价值"的共享和维护。

首先,立法对这些"社会共享价值"的回应相对滞后,而蕴含伦理的司法实践可以对此形成有效补充。比如在社会性别议题上,我们所见的是,个体主义的立法观实际上已经在某种程度上显示出滞后的一面,它无法从总体上回应现代社会中真正意义上的男女平等和社会团结的需求。而法官则是用"司法+伦理"的似乎是前现代方式,重申了社会性别这一现代(甚至后现代)的理念和"社会共享价值",塑成了现代的法治目标。

其次,即便立法有了回应,但"社会共享价值"的实现依然有赖于法官的积极行动。上文谈到的诸如"人身安全保护裁定"之类的立法和制度设计,透过其表面,我们实际上可以看到,它从本质上乃是国家力量在法治原则下深入家庭内部、深入私人生活领域的一种手段。这个时候,法官的介入是有难度的。但是,在没有相应实施细则和实施办法的情况下,法官依然能主动地去探索和实践,这实际上突显了法官对法律后果的密切关注,以及司法对国家治理目标的契合。

再次,也是最重要的,司法和伦理的结合展现了法官和司法政策制定者试图通过司法促进社会现状改善的良好目的。因为"实用主义者的真正兴趣完全

---

[38] 比如,1995年第四次世界妇女大会上发布的《行动纲领》要求各方齐心协力立即采取行动,在各行各业不分长幼人人享受人权和基本自由包括平等原则的基础上,创造一个和平、公正、人道和公平的世界,并为此目的,承认在可持续发展范围内实现基础广泛的持续经济增长,是维持社会发展和社会正义所必不可少的;再比如,2015年习近平在全球妇女峰会上发表题为《促进妇女全面发展 共建共享美好世界》的讲话中提道:"性别视角已纳入新发展议程各个领域。"同时还提道:"中国将更加积极贯彻男女平等基本国策,发挥妇女'半边天'作用,支持妇女建功立业、实现人生理想和梦想。"

不在真理,而在为社会需要正当化了的信仰"[39]。那些诸如个体主义、自由主义,以及国家与社会分离的原则(或"真理")将会在这里暂时失效。法官深知什么样的判决引导着什么样的生活样态。而"现代"不就是在当下好好生活吗?

关于这一点,Y县法院法官在成功调解一起"兄弟物权纠纷案"后,在案例分析后所做的评论颇具代表性:

> 家事纠纷不同于一般的民事纠纷,其产生的基础是身份关系,其背后隐藏的却是复杂的人际关系。表面上看财产上的纠纷,实际上却是心理、情感上的纠葛。用处理一般民事案件的方式处理家事纠纷往往无法真正解决问题,甚至会埋下更多的隐患。所以法官在处理案件时必须以促进家庭和谐,修复感情裂痕为纠纷解决的价值取向,从"亲情"二字上下足功夫。采用刚柔相济的诉讼模式,最大限度地追求"和"的效果,便于当事人日后的相处。[40]

总之,司法对伦理的保留并不是单纯对过去的眷恋,而是现实的需求;司法对新的伦理原则的彰显也并不是基于对世俗化、法律至上的背离,而亦是现实的需求。中国司法对伦理的保留和彰示,参与并解决了众多通过立法和行政手段所难以解决的问题,回应了群众对良好生活的追求,促进了国家治理目标的实现,进而展现出独具特色的现代性一面。

(审稿编辑　邵博文)
(校对编辑　崔　斌)

---

[39] 同前注[31],第579页。
[40] 资料提供:Y县法院S法官。

作为符号的司法
——一般背景及中国表现

申 伟[*]

Justice as Symbol:
Backgrounds and Performances in China

Shen Wei

内容摘要：司法建制及其运作过程与产出，具有丰富的符号意蕴。现代社会对司法也现实地提出了三个层面的符号性需求。转型时代的中国社会对中国司法的符号性需求集中体现为两个方面，即要求司法表征政治与社会的合法性与进步性；要求司法表征中国社会转型之平和可控性。

关键词：转型时代 中国司法 符号意蕴

一、司法符号化：社会背景及司法的符号意蕴

司法的符号意蕴，指的是司法之于外部社会所具有的符号性意义或曰象征意义。显然，承认司法本身是一种符号、具有其符号性意义，是讨论外部社会对司法的符号性需求、司法向外部社会供给符号性产品、发挥符号化功能的前提。

---

[*] 法学博士，兰州大学法学院副教授。

讲到司法[1]，人们一般都会联想到与司法有关的有形的、具体的制度、机构、事务、人员、活动，比如经常被人们谈及的司法"制度"、司法"体制"、司法"程序"、司法"机关"、司法"人员"、司法"活动"、司法"判决"等。司法在制度、机构、事务、人员、活动等层面的意蕴，理解起来极为直接而自然。若局限于司法自身来看司法，司法的面相似乎本就如此，也不过如此。

但是，当我们"跳出"司法，采取更广阔观察视角来认识司法，便会发现司法的意蕴远不止于上述制度、机构、事务、人员或者活动诸方面。司法的意蕴，非前述制度、机构、事务、人员或活动诸方面本身所能涵括者，最主要的便是司法——无论其是作为制度、机构、事务、人员或是活动——之于其置身其中的外部社会中所具有的符号意蕴或曰符号性意义。易言之，"跳出"司法，置身现代化/法治化、社会系统分化以及现时代的后革命氛围等多维的历史时空语境[2]观察司法，我们将发现：司法乃是具有多重象征意义的符号。司法的符号意蕴，固然附着于司法的制度、机构、事务、人员或活动等，但决不能化约为这些制度、机构、事务、人员或活动。[3]

对司法的符号意蕴，本部分尝试交织追问两个问题：一是司法符号化的社会背景是什么，即司法因何会具有符号象征意义；二是司法符号化的典型表现是什么，即作为符号的司法具有怎样的象征意义。

（一）现代化/法治化与司法的合法性符号意蕴

现代化/法治化与司法之间存在深层的共生、依存关系。并且，现代化/法治化话语不仅认同这种共生、依存关系，而且通过现代化/法治化言说正当化了这种共生、依存关系。现代化/法治化与司法之间上述数重意义上的共生、依存关系，是司法符号化的一个重要背景。

一方面，因为这种共生、依存关系，司法向来被视为现代化/法治化的必备

---

[1] "司法"在本文中既指涉以审判权和法院系统为中心的司法权力和司法机构建制本身，也指涉——并且重点指涉——司法权及其运作过程特别是法院所职司的审判权以及相应的审判权运作过程和该运作过程所产出的司法产品。相应地，"司法的功能"指的是司法权力、司法机构建制、司法权运作过程以及司法权运作的最终产品对于司法之外的诸社会子系统所应当并且能够发挥的作用。将法院及其行使的审判权视为司法及司法权的中心，并非本文臆想，比如卢曼即从系统论角度提出并论证了"审判权的组织是作为法律系统之中心的分系统"这一重要命题。参见卢曼：《社会的法律》，郑伊倩译，人民出版社2009年版，第168页。

[2] 参见申伟：《转型中国司法问题的时间语境》，载《社会科学论坛》2016年第12期，第178页；申伟：《政治—社会语境中的司法》，载《理论月刊》2015年第1期，第90页。

[3] 这一判断对于一般意义上的"法律"来说，也是成立的。学者汪庆华在关于行政诉讼的研究中论及"法律作为符号系统"所具有的价值和意义向度问题。参见汪庆华：《政治中的司法：中国行政诉讼的法律社会学考察》，清华大学出版社2011年版，第19页。从西方历史上与法律有关的话语、文本、建制与实践频繁地运用"眼睛"这一隐喻符号以表达"法律"所象征的正义等超验价值这一点，亦可反映出法律的符号意蕴。相关论述，参见米歇尔·施托莱斯：《法律的眼睛——一个隐喻的历史》，杨贝译，中国政法大学出版社2012年版。

的构成要素之一。易言之,在上述背景下,有无相对完整的司法建制、司法运作是否符合经典司法观的预期(比如司法运作中排除"法官的个人在场"[4],或曰将司法决定以及对司法决定的服从义务"去人格化"[5]),已然被默认为一个国家或地区是否处于现代化/法治化阶段的一个衡量标准。反过来则是,相对完整的司法建制、大致符合经典司法观预期的司法运作,已然被视为能够在一定意义上反映一个国家或地区现代化程度、法治化水平的标志。[6] 人们相信"法官自己力争服从约束"[7],因而愿意相信法官;人们相信"司法是客观的、中立的、不偏不倚的、正义的活动"(与之对立的是,政治则被认为"派系的、激情的、肮脏的")[8],人们认定司法活动表现出来的是"法律和正义之间的某种联系"[9],更极端的则是径直将"正义"化约为"法治版本"[10]。

另一方面,现代化、法治化话语对这种共生、依存关系的认同特别是正当化渲染,进一步强化了司法对现代化/法治化的表征能力。如果说现代化、法治化的历史进程与司法的共生、依存关系还只能显示出司法是现代化/法治化的必备要素和明显外在标志的话,现代化/法治化的种种经典言说则"证明"了司法应当是现代化/法治化的必备要素和代表性标志;如果说在描述意义上还多少能够容纳司法与现代化/法治化之间的错位、偏离现象的话,那么依现代化/法治化理论在规范意义上所作的叙说,错位、偏离现象则被解释成了司法与现代化/法治化间的非正常关系。

概而言之,由于司法与现代化/法治化生成、衍变过程中共生、依存的历史现象,以及现代化/法治化理论对这种共生、依存现象的正当化论证,共同促成了这样的局面:"尽管司法机构的作用因国家和制度的差异而各不相同,但它通

---

[4] R.M. 昂格尔:《现代社会中的法律》,吴玉章等译,译林出版社2008年版,第152页。

[5] 米歇尔·托贝:《法律哲学:一种现实主义的理论》,张平等译,中国政法大学出版社2012年版,第163页。

[6] 最高院副院长江必新曾谈道:"公正司法与全面推进依法治国联系紧密,是全面推进依法治国不可或缺的重要组成部分,在一定程度上堪称依法治国进程的晴雨表,直接反映国家和社会的法治状况,直接衡量公民权益的保障程度。"江必新:《切实让人民群众在每一个司法案件中都感受到公平正义》,载《人民法院报》2013年5月29日,第5版。汪庆华认为行政诉讼而非一般意义上的司法乃是一国法治水平的晴雨表和温度计。参见汪庆华:《政治中的司法:中国行政诉讼的法律社会学考察》,同前注[3],第1、3页。

[7] 美国法学家肯尼迪针对美国的情况,谈到人们想象的"法官的约束感":"法官被假想为'舍弃'与'搁置'、'抵制'与'超越'了他们的个人利益、本能的或直觉的同情心、派系性的团体裙带关系以及个人的意识形态承诺。他们被假想为'服从于'与'他们自身'相比'更大''更高'的某种东西。"此外,人们在法官的深层想象中赋予了"训练有素的道德直觉"以及"惩治腐败的鞭子"这两种因素。参见邓肯·肯尼迪:《判决的批判——写在世纪末》,王家国译,法律出版社2012年版,第3—4页。

[8] 同前注[5],第143—144页。

[9] 安德鲁·海伍德:《政治学核心概念》,吴勇译,天津人民出版社2008年版,第256页。

[10] 参见韦德·曼塞尔等:《别样的法律导论》(第三版),孟庆友等译,北京大学出版社2011年版,第230—232页。

常都能得到不同寻常的尊重,并被当成是与其他政府机构有区别的机构。"[11]易言之,司法已然渐次被视为现代化/法治化的表征符号,甚至被认为是现代化/法治化最恰当的表征符号,是"合法"与"进步"[12]的象征。

就当今中国来看,司法之被视为"合法""进步"或曰"法治"之表征符号的现象,无论在政治话语还是学理叙说中,都平常而多见。一方面,在党中央近年来关于全国全社会发展的宏观战略、关于执政党治国理政基本方略的重要部署[13]中,司法(如关于司法体制改革、司法制度建设)始终都是作为依法治国、建设社会主义法治国家之关键性一环得到高度重视的。习近平关于全国司法体制改革所作的重要指示,亦明确强调"司法体制改革在全面深化改革、全面依法治国中居于重要地位,对推进国家治理体系和治理能力现代化意义重大"[14]。另一方面,学者们用以"测量"全国或各某地区法治状况、政府法治化程度时,也总是采用"司法"作为核心"测量"指标之一。[15]

(二)"(政治)国家—(市民)社会"二元论与司法的自治性符号意蕴

自16世纪晚期[16]以来,"(政治)国家—(市民)社会"二元论逐渐成为西方

---

[11] 同前注[9],第256页。

[12] 司法象征着现代社会的进步性,这不意味着现代世界本身就是"纯粹的、绝对的进步"。诚如特洛尔奇所言:"人们没有理由径直将现代世界看成是进步本身。人们可以自由地评价现代世界的伟大,同时,也将感到它造成的损失与危险。"特洛尔奇:《基督教理论与现代》,朱雁冰等译,华夏出版社2004年版,第69页。

[13] 如2013年11月12日中国共产党第十八届中央委员会第三次全体会议通过的《中共中央关于全面深化改革若干重大问题的决定》。

[14] 习近平:《坚定不移推进司法体制改革 坚定不移走中国特色社会主义法治道路》,载《人民日报》2017年07月11日,第1版。

[15] 比如上海社会科学院2018年9月17日发布了《法治中国司法指数研究报告》。就此,上海社会科学院法学研究所所长、长江特聘教授叶必丰认为,"法治政府司法指数是基于司法角度考察我国地方法治政府建设状况的量化标准和评估体系……(可用以——引者注)评估我国地方政府的依法行政水平","用看得见的方式显示我们离法治还有多远"。参见曹继军、魏娜:《上海社科院发布法治中国司法指数研究报告:上海法治政府建设有成效》,https://s.cloud.gmw.cn/gmrb/c/2018-09-17/1179965.shtml,最后访问日期:2019年1月9日。

[16] 这一时间节点与本文讨论所及的"国家"作为政治实体的成型时间与作为政治概念被英语法学与政治理论开始广为谈论的时间是内在一致的。英国政治思想史名家史金纳认为:"16世纪末期至17世纪初,是英语法学与政治理论最开始广为讨论国家、国家地位与国家权力的时期。这些思想汇合后,更确定了'国家'一词是被用来指涉一种特殊型态的政治联合或结合,也就是一个臣服于君主或统治集团的主权权威之下的人民的聚合体(universitas)。"昆丁·史金纳:《政治价值的系谱》,萧高彦,台湾联经出版事业股份有限公司2014年版,第85页。20世纪美国著名的欧洲中世纪史学权威斯特雷耶认为:"今天我们看到的任何现代国家,都是基于1100年到1600年间在欧洲出现的模式。"具体来说,从世界历史特别是西方历史的角度讲,现代国家是在1500左右才成型的。详细讨论参见约瑟夫·R.斯特雷耶:《现代国家的起源》,华佳等译,格致出版社、上海人民出版社2011年版,第7页以及"普林斯顿经典版序(一)"第2,8页。20世纪伟大的政治理论家、历史哲学家沃格林则用"中世纪盛期和晚期"来标定这一时间节点。参见沃格林:《政治观念史稿·卷三:中世纪晚期》,段保良译,华东师范大学出版社2009年版,第136、152页。德国著名神学大家特洛尔奇就"国家权力与国家观念的崛起"亦曾评论道:"中世纪却没有一个作为行使全民意志的统一的主权组织的国家,而且最初并不关心由谁来行使这种主权。"同前注[12],第45页。此外,关于中世纪晚期世俗国家形成问题还可参考英国中世纪史学名家沃尔特·厄尔曼(Walter Ullmann)的论述。参见沃尔特·厄尔曼:《中世纪政治思想史》,夏洞奇译,译林出版社2011年版。

政治哲学、社会理论的经典主张。"(政治)国家—(市民)社会"二元论建基于对国家与社会的一种特定的理解之上：一方面，对市民社会[17]"赋予某种规范性和意识形态的含义"，"在伦理上将市民社会置于国家之上"[18]；另一方面，对"国家"的理解，则强调其与政治、政府的关联性甚至将国家与政治画等号。[19]依此二元论观念，"社会"与"国家"的分立、对抗结构，成为政治哲学与社会理论关于社会与国家关系的理想模板。按照此二元论的主张，社会独立于政治国家、不被政治国家钳制、不被政治国家"殖民"，能够按照社会自身的逻辑运行，也就是说社会具有高度的自治性，就成为社会健康的核心标识。[20] 不过，对持二元论立场的政治哲学、社会理论而言，其初期始终绕不开的一个重大问题却是悬而未决的，那就是：如何实现社会相对于政治国家的自治性？

源自西方政治哲学、社会理论的上述二元论观念，不仅逐渐成为西方法学理论、西方经典法治观、经典司法观中关于社会—政治结构与格局的当然预设[21]，而且，在立法、执法、司法这一法治环节区分中，与立法作为政治过程、执法必然归属于行政不同，司法不仅被理解为能够而且应当最大限度淡化政治色彩的法治环节，而且被认定为能够而且应当担负有效阻却政治国家侵扰、保卫社会自治性重任的重要力量。简言之，正是对国家—社会二元论的认同、对社会自治的追求，司法在西方法学理论、经典法治与司法观中获得了无上的尊荣，当然，同时也被委以对抗政治国家、保卫市民社会/社会的重任；司法独立，尤其是隔绝于政治国家这一特定意义上的司法独立——"(法官)位居政府机器'之上'或'之外'，不受政治影响"[22]，其意在"确立法律与政治之间的严格分离，并确保法治的维系"[23]，其事关法治的纯洁性或曰"法律的纯洁性"[24]（其核心是法律、法治不被政治侵蚀）与司法保卫社会的有效性——在法学理论、经典法治

---

[17] "市民社会"一词，含义极为丰富，且在历史上几经变迁，不同时期、不同学者强调的可能是该词汇的不同含义。日本学者植村邦彦经考证认为英语"civil society"最早引自亚里士多德的《政治学》，原指有别于国家的"国家共同体"（汉译亚里士多德《政治学》译为"政治社团"），亦即城市（城邦）。参见植村邦彦：《何谓"市民社会"——基本概念的变迁史》，赵平等译，南京大学出版社2014年版，第10—14页。

[18] 同前注[9]，第20页。

[19] 同前注[9]，第39—42页。

[20] 详细讨论参见邓正来：《关于"国家与市民社会"框架的反思与批判》，载《吉林大学社会科学学报》2006年第3期。

[21] 对此法治观，英国学者曼塞尔等人曾做过精彩评论："在许多理论阐述中，一个永恒不变的主题是承认这一事实的重要性，正如本文开篇所提及的那样，在法治社会诸如法律等事物看起来是确定的、自足的和自治的，并或多或少区别于日常世界。"同前注[10]，第229页。

[22] 安德鲁·海伍德：《政治学的思维方式》，张立鹏译，中国人民大学出版社2014年版，第274页。

[23] 同前注[9]，第256页。

[24] P. 塞尔兹尼克、P. 诺内特：《转变中的法与社会：迈向回应型法》，张志铭译，中国政法大学出版社2004年版，第104页。

与司法观中被高度重视,也被赋予了神圣色彩。

让事情愈加复杂的是,法学理论、经典法治与司法观所推崇的司法,特别是符合"司法独立"这一要求的司法,在进入政治哲学与社会理论的视野后,其意义再一次得到了强调,其地位再一次得到了肯定。因为,自政治哲学与社会理论角度观之,法学理论、经典法治与司法观所设想的司法恰好解除了政治哲学与社会理论的长期困扰:借助如此这般的"司法",此等政治哲学与社会理论支持和向往的社会相对于政治国家的自治性便有望实现了。

粗略回顾这段学说史可见,司法(尤其是司法独立)之所以在西方法学理论、经典法治观、经典司法观中备受推崇,司法(尤其是司法独立)之所以在比法律学更宏大的政治哲学、社会理论中获得一席之地并被委以重任,莫不源于近现代以来尤其是近现代早期的西方政治哲学、社会哲学中的"国家—社会"二元论预设。肇因于这一预设,司法地位神圣,俨然是堪与政治"分庭抗礼"的独立力量,大足以保卫社会自治,小足以捍卫法治纯洁。司法,成为法治纯洁与社会自治的经典象征。

(三) 后革命氛围与司法的平和转型工具符号意蕴

以民众的当下生活化体验来看,如果说革命曾被神圣过[25],那么当下的情况已不一样了,因为革命已经被还原成世俗现象了;如果说革命曾被民众热情欢迎过,那么当下的情况已不一样了,因为革命已经被很多人厌倦甚至恐惧了。因此,相比于革命被神圣化、受欢迎并被日常化、常规化地操作的那些"革命的年代"[26],那么当下的情况已不一样了。对这种与"革命的年代"大不一样的时代情势,笔者姑且以"后革命氛围"[27]称之。由是观之,转型时代的中国,同样正处于这样的"后革命氛围"中。此正如学者任剑涛所观察到的:

> 从1970年代向前后各推三十年,中国人的社会政治感受可以说是全

---

[25] 政治学者任剑涛曾有过精彩评论:"在社会政治革命的年代里,'革命'这个词汇具有不可思议的神圣性。革命就等于绝对的正确、绝对的真理、绝对的价值、绝对的力量。革命成为个体行为、组织行为与国家行为的唯一正当理由。""革命时代的价值结构是奇特的。除开'革命'自身的绝对正当性之外,没有其他价值理念可以获得其存在的理由。"任剑涛:《后革命与公共文化的兴起——〈后革命时代的公共政治文化〉前言》,载《开放时代》2007年第2期,第149页。

[26] 这里仅仅是套用霍布斯鲍姆名著《革命的年代1789—1848》之名,不包含本文对霍氏著作内容的任何赞同或批评意见。参见艾瑞克·霍布斯鲍姆:《革命的年代1789—1848》,王章辉等译,中信出版社2014年版。而且,从所指涉的时代来看,本文此处用"革命的年代"即(中国)20世纪,在霍布斯鲍姆笔下则应该纳入"极端的年代"。参见艾瑞克·霍布斯鲍姆:《极端的年代(1914—1991)》,郑明萱译,中信出版社2014年版。

[27] 学界认为,较早明确提出"后革命氛围"一词的是美国历史学家德里克所著《后革命氛围》所提出的。参见阿里夫·德里克:《后革命氛围》,王宁等译,中国社会科学出版社1999年版。"后革命氛围"在政治学中,具有丰富的意蕴,附带着学者们关于马克思主义、社会主义、资本主义等"大问题"的复杂理解。本文虽然同样使用"后革命氛围"一语,但并不触及前述意蕴,也不代表笔者对学者的相关见解的认同或反对立场。

然不同的。1976年以前,中国是一个典型的、处于社会政治革命绝对正当化境地之中的国家。整个国家弥漫着理想主义、英雄主义、浪漫主义与整体主义的气息。与这种革命的社会政治氛围相伴随,阶级与阶级斗争的观念成为整个国家最为激越人心的观念。1978年以后,中国逐渐告别了革命时代的政治狂热,进入了一个务实的现代化建设时期。革命的绝对正确被建设的需要所替代。国家的社会政治氛围渐渐由现实主义、平民主义、务实哲学与分析思维所塑造。中国进入了一个正正然的后革命时代。[28]

因此我们可以发现,置身于当下中国的"后革命氛围"中,人们对社会转型的平和可控性倍加珍视,对社会转型过程中的暴力、动荡愈加警惕,对一揽子变革方案的承诺越发怀疑,而对有望促成平和可控的社会转型的那些路径与策略则至为看重。"在后革命时代,急风暴雨式的政治的号召力显然已经不是那么强烈了,甚至可以说这种政治形式已经丧失了号召力。""在后革命的政治处境中,首先是我们的政治思绪,其次是政治行动,都变得来逐渐淡漠、专业而技术了。"[29]值此社会情势下,作为(一种)制度性、累积性、平和可控的有计划社会变迁工具的司法[30],渐次被人们看到其在促成平和可控的社会转型方面可能具有的积极意义。况且,逐渐被关注到的通过司法促成重大社会变革的域外成功经验,也佐证了人们关于中国司法积极效用的判断,强化了人们对中国司法的想象和期待。

因此,在中国"后革命氛围"中,"激进、冲突、对峙、激情"的"革命的逻辑"逐渐被"温和、平稳、渐进、理性"的"后革命逻辑"取代[31],暴力、动荡、不可控的社会变迁策略被排斥,除了政治行动(核心政治主导力量理性的顶层设计)外,司法就成了关注中国社会转型、致力于促成社会转型的人们实现社会平和变革之期许的最主要的——甚至就是唯一的——承载者了。正是在这个意义上,当下中国司法具有了标示中国社会平和转型的意蕴。

二、如何讨论外部社会对中国司法的符号性需求

至少有两个方面的因素,对于认识转型时代外部社会对中国司法的符号性需求具有重要影响,或者说限定了我们认知与讨论外部社会对司法之符号性需求这一问题的方式。

一是外部社会对司法之符号性需求的独特性,决定了对符号性需求的恰当

---

[28] 同前注[25],第148页。
[29] 同前注[25],第156—157页。
[30] 对"司法是一种制度性、累积性、平和可控的有计划社会变迁工具"这一命题,笔者另有撰文详论,此不赘述。参见申伟:《论转型时代中国司法的定位》(未刊稿)。
[31] 同前注[25],第152页。

的讨论方式势必不同于对产品性需求[32]的讨论方式。

对司法的两类需求的讨论方式差异,源于两类需求之间的差异。较之于对司法的产品性需求,外部社会对司法的符号性需求具有以下特点:第一,这类需求的最终指向不是司法裁判,也就是说此类需求其意不在获得具体的司法裁判。第二,这类需求的表达途径不以个案诉讼为必要,甚至在绝大多数情况下都不是通过个案诉讼形式来表达的。第三,作为这类需求形成之社会根源的"社会问题",通常都不是具体的社会矛盾纠纷。首先,如果从"司法目的"的不同层面[33]来看,这类需求的来源大多与"根本目的"或者"阶段性目的"中的转型启动时滞、转型走向偏差等较为抽象的"社会问题"相关,而主要不在于转型过程中的具体问题。[34] 其次,作为这类需求形成之社会根源的"社会问题",与个体性社会矛盾(或曰非基础性社会矛盾)或者结构性社会矛盾(或曰基础性社会矛盾)中的任何一类矛盾纠纷都欠缺必然、显在的对应关系。[35] 第四,与上述第一个特点相通的是,这类需求诉诸司法,不以生成这类需求的社会问题的"案件化"为前提。第五,对这类需求的司法确认过程,无法体现为个案诉讼中的司法审查判断过程。第六,对这类需求的司法回应,以司法发挥其符号性的象征功能为主要方式,而不直接体现为具体的司法产品亦即司法裁判——当然,司法对这类需求的回应是不可脱离其司法裁判之实践的。

综合上述讨论可见,司法符号化现象以及司法具有的符号化意蕴,源自司法所处社会情势、社会思潮以及人们的主观赋值等多重因素共同作用。这些因素,特别是社会情势、社会思潮,几乎都是在较长历史时段内绵延流淌的,而非瞬时现象。此外,外部社会对司法的符号性需求通常不是源于某些具体的社会矛盾纠纷,而是源于像社会发展根本走向、国家治理整体状态、社会运行总体形

---

[32] 外部社会对司法的现实且正当的需求,笔者认为宜区分为产品性需求与符号性需求两大类,司法回应这两类需求的供给则宜区分为产品性供给和符号性供给。相关讨论,参见申伟:《司法产品的分类及其供给》,载《暨南学报:哲学社会科学版》2016年第12期,第101页。

[33] 转型时代中国司法的目的,换个说法,也可以被称为转型时代中国司法(应当并且能够)完成的任务、实现的目标或追求的价值。基于对社会转型的特别关切,以及对目的层次性的考量,笔者认为转型时代中国的目的可区分为"根本目的"与"阶段性目的"两个层次。前者指的是转型时代的中国司法在其制度设计、运作实践诸方面所致力实现的终极性的目标,即作为社会转型之终极目标的达致"更美好的社会";后者指的是在以促成"更美好社会"为根本目的的前提下,处于社会转型过程中的中国司法应当并且能够促成其实现正当的阶段性目标,可类型化为触发社会某些方面的转型过程(文中简称为"触发转型过程")、解决转型中具体问题(文中简称为"解决转型问题")、引导转型过程(包括事前的主动引导转型过程与对转型过程中出现的方向性、策略性偏差予以事后的纠正)三个方面。

[34] 从现代国家的生成过程来看,外部社会——尤其是国家及其政府体系——对司法的符号性需求,在一定程度上与特洛尔奇察觉到的"摆脱教会和宗教最高权力的解放运动中产生的"现代国家既"不得不容许超验的普遍价值和真理存在下去"但又"深深地感觉到对于这个精神世界无能为力"这一根本处境具有莫大的关系。详细讨论,同前注[12],第46页。

[35] 相关讨论,参见申伟:《失衡社会的纠纷类型化与诉讼模式研究》(未刊稿)。

势等一类的"总体性问题"或曰"大问题";而且,符号性需求的强烈与否、迫切与否固然与特定社会阶段的社会结构特征("大问题")相关,但并不见得与这一阶段的个体性社会矛盾纠纷或者结构性社会矛盾纠纷中的任何一类矛盾纠纷具有什么必然、显在的对应关系。基于这些判断,笔者认为,讨论转型时代外部社会对司法的符号性需求,并非必须以对社会矛盾纠纷的类型分化之认知为前提。这是跟讨论产品性需求时[36]采取的讨论方式不一样的地方。

二是,中国司法三种符号意蕴之间的关系对讨论方式的限定。

上文反复提及,每一种符号性意蕴都是基于从某个特定角度所观察到的现代政治—社会的宏观的结构性特征而提出的,司法的上述每一重符号性意蕴,其实都依赖于我们对司法所处之现代政治—社会宏观性、结构性特征的某一个观察角度以及从这一特定角度所观察到的司法与现代政治—社会整体之间的关系。也就是说,理解司法的每一种符号性意蕴,都必须以对现代政治—社会某一层面的宏观特征的认识为基础。或者说,只有当我们基于特定观察角度、凸显司法所处之现代政治—社会的某一层面的根本性特征时,与之对应的司法的符号性意蕴才有可能被凸显出来。具体来讲则是:只有突出了现代政治—社会的现代化/法治化的宏观走向以及司法与现代化/法治化的相互依存、共生关系时,"表征政治治理与社会运行的现代化/法治化的合法性符号意蕴"才有可能得以凸显;只有突出了现代政治—社会的"二元分立"预设,"象征法治纯洁与社会自治的自治性符号意蕴"才可能得以凸显;只有突出了现代政治—社会变革中浓烈的"后革命氛围",司法的"象征社会变革平和可控性的转型工具意蕴"才可能得以凸显。

正因此,上文虽然将司法的符号性意蕴区分为"表征政治治理与社会运行的现代化/法治化的合法性符号意蕴""象征法治纯洁与社会自治的自治性符号意蕴"以及"象征社会变革平和可控性的转型工具意蕴"三重意义,但这并不意味着司法的三重符号性意蕴是彼此不兼容的,当然更不意味着司法的三重符号性意蕴在现实中是彼此分开、独立向外释放的。其深层理由在于,司法置身的政治—社会是一个整体的系统,司法的每一重符号性意蕴所依赖的政治—社会的某一个层面的结构性特征在政治—社会中实则是系统性地联系在一起的。

具体到司法的三重符号性意蕴所依赖的政治—社会的结构性特征而言,作为司法合法性符号意蕴之背景的"现代化/法治化"与作为司法自治性符号意蕴之背景的"(预设的)国家(政治)—社会"二元格局,显然就是现代政治—社会的难以区开的结构性特征;相比较而言,作为司法平和转型工具符号意蕴之背景的后革命氛围下有计划社会变迁局势,与"现代化/法治化""(预设的)国家

---

[36] 同前注[32],第102—103页。

（政治）—社会"二元格局之间虽有关联，但却是可以大致区分开的。之所以如此，是因为"现代化/法治化""（预设的）国家（政治）—社会"二元格局都与"现代化（性）"对"何为现代化（性）"的深层预设相关；但是，后革命氛围下有计划社会变迁局势与"现代化（性）"对"何为现代化（性）"的深层预设则没有直接、显在的关联。

司法的三重符号性意蕴依赖的政治—社会结构性特征之间的上述关系，对理论叙说带来的影响是：在讨论司法或者中国司法可能具有哪些重大符号性意蕴时，固然可以对这三重符号性意蕴分开讨论——就如上文那样；但是，反过来，当追问现实政治—社会对中国司法提出了怎样的符号性需求时，则不宜照搬上述叙说方式将三重符号性意蕴分开。具体而言，则是：现实的政治治理、社会运行对司法的第一重和第二重符号性意蕴的需求，往往是夹杂在一起的，因为需求的根源都在于基于"现代化（性）"对"何为现代化（性）"的深层预设所展开的政治治理、社会运行实践；与之不同，"后革命氛围"下的社会变迁对司法的平和可控社会转型工具意蕴的需求，则具有相对独立性，可以分开把握。

鉴于此，本文以下对当下我国政治治理与社会运行以及社会转型大趋势对中国司法的符号性需求的讨论，将把现实的政治治理、社会运行对司法的第一重和第二重符号性意蕴的需求合在一起讨论，并将其统称为（外部社会）"需要司法表征政治与社会的合法与进步性"；把"后革命氛围"下的社会变迁对司法的平和可控社会转型工具意蕴的需求单列讨论，称之为（外部社会）"需要司法承载社会平和可控转型之期待"。

三、转型时代对中国司法的符号性需求

以外部社会对司法的需求是否指向现实而具体的司法产品[既包括常规性司法产品也（可能）包括敷应性司法产品]为标准，应该并且也可以将转型时代外部社会向中国司法提出的现实且正当需求区分为两大类型，即产品性需求与非产品性需求（本文亦称之为"符号性需求"）。其中，对司法的产品性需求，指的是转型时代外部社会已然或虽然尚未提出但却有理由提出的、指向现实而具体的司法产品，亦即司法裁判（包括司法裁判过程及其所作出的司法裁判决定）的那些正当需求。对司法的符号性需求，与对司法的产品性需求相对，指的是转型时代外部社会已然或虽然尚未提出但却有理由提出的、指向司法所具有的符号性意蕴或曰象征意义（而非具体的司法产品/司法裁判）的那些正当需求。概言之，转型时代外部社会对中国司法的产品性需求和符号性需求，前者是对"物"（司法裁判）本身的需求，而后者是对物（前述作为"物"的司法的制度、机构、事务、人员或活动等）之"意义"的需求。

承上节所论，以下就中国转型时代外部社会"需要司法表征政治与社会的合法与进步性""需要司法承载社会平和可控转型之期待"这两类符号性需求进一步展开讨论。

(一)需要司法表征政治与社会的合法与进步性

这一层面的符号性需求指的是,社会转型期的中国社会从整体上要求司法以其自身的方式来表征社会整体的合法性与进步性。正如上文曾特别说明的,如果结合前述司法的符号意蕴来看,外部社会对司法的这一层面需求与"司法表征着政治治理与社会运行的现代化/法治化"以及"司法象征着法治纯洁与社会自治"这两重符号意蕴具有更直接、更紧密的联系。

首先,就这一层面的符号性需求的具体含义,须先说明几点。

一是,这里所谓的合法性与进步性,是在抽象意义上讲的。也就是说,社会整体期待司法所反映或表征的合法性,不可能是任何实证法或法条主义意义上的合法性,而仅仅只是抽象意义上的合法性,或者说抽象意义上的正当性。同样,社会整体期待司法所反映或表征的进步性,也并非是相对于作为确定参照标准的某个特定社会、国家或特定历史时代的进步性,而仅仅只是抽象意义上的进步性。在现代化/法治化被视为现代国家政治治理与社会运行合法性与进步性的最突出标识的语境下讲,所谓"抽象意义上的合法性、进步性"就是所谓的现代性、法治化。

二是,这里所谓的"社会转型期的中国社会",或者本文在同样意义上使用的"外部社会",是在整体意义上讲的。易言之,作为整体的国家、社会要求司法来表征其合法与进步,但本文既无意也无力具体指明究竟是司法之外的哪个子系统、哪个特定的群体或者是哪个特定的社会领域如此期待司法来表征其合法性与进步性。同样的,系争个案中司法裁判对涉诉国家公职人员行为的合法性认定,甚至像结构性诉讼[37]中可能涉及的对某一特定的社会结构的肯定,这些并非此处关注的外部社会整体意义上的合法性、进步性问题。

三是,所谓"社会转型期",并没有什么实际的限定意义。也就是说,在本文看来,"需要司法表征政治与社会的合法与进步性"这种符号性需求,并不是转型期的国家、社会才具有的需求,而是在司法被赋予种种正义色彩以来的各个国家或者地区在各个社会时期,几乎都存在的需求。

其次,以司法来表征政治与社会的合法与进步性的需求可拆解为下述三个方面的具体要求。这些具体要求,反过来看,也是司法发挥其表征政治与社会的合法与进步性功能的典型方式。

一是,要求必须设置常设性的司法建制。其意思是说,今时今日,外部社会必然要求我国必须具备常设性的"司法"建制。这一建制的核心构成要素包括

---

[37] 相关讨论,同前注[35]。

以法院为中心的司法机构[38]，以法官为中心的司法人员，以诉讼法、法院组织法、法官法为核心的法律体系和以审判为核心司法活动等。

设置常设性的司法建制，显在的考虑或许是为了满足外部社会对司法的产品性需求，也就是为了经由司法作出司法裁判，由此以司法的方式审理案件、解决系争案件中的个体性的或结构性的社会矛盾纠纷，甚至是通过司法"实施政策"[39]，等等。不过，司法建制设置之后的实际工作及其效果，并不是这里关注的重点。这里要揭示的是，在现代化/法治化被视为现代国家政治治理与社会运行合法性与进步性的最突出标识的语境下，仅仅是设置司法建制这一事件本身，就具有强烈的象征意义。因为，这一事件本身，就昭示了"我们"已然具有了现代国家政治治理与社会运行合法性与进步性的最突出标识。在"'我们'是有司法的"这一自豪的宣示背后，潜藏的正是"我们"已然在司法建制方面符合了现代、法治国家的标准这一自我辩护理由。

当然，"'我们'是有司法的"与"'我们'是现代的、法治国家"之间，并不等同。但是，这并不影响"有司法"（设置常设的司法建制）本身就具有的象征意义。或者，不妨设想一下，在"现代化、法治化"已然成为国家与社会文明与否、合法与否、进步与否的一个通行判准[40]的当今世界，有哪个国家在其国内连司法建制都尚未成型的情况下敢于向世人标榜其是现代化的、法治化的国家？

就此而言，转型时代中国对司法的符号性需求，最直接、最浅在的要求就是司法作为常设性建制的存在本身。[41]

二是，要求必须设置健全的司法建制。其意思是说，对于外部社会整体来说，一旦希望以司法来更好地表征其国家政治治理与社会运行合法性与进步性，就不能仅仅满足于"有司法"，而是必须对常设性的司法建制的构成要素、整体特点等设定基本要求，亦即要求司法建制必须是健全的。

粗略地讲，所谓健全的司法建制，可从司法体制健全性、司法制度健全性、司法机制健全性、司法系统健全性以及关于司法的相关法律、法规的健全性等多各方面予以理解。比如，设若在宏观的政治体制架构中未就司法作出体制定

---

[38] 前文述及，卢曼亦从系统论角度提出并论证了"审判权的组织是作为法律系统之中心的分系统"。同前注[1]，第168页；参见尼可拉斯·卢曼：《法院在法律系统中的地位》，陆宇峰译，载《清华法治论衡》2009年第2期，第118页。

[39] 此系借用达玛什卡关于"政策实施型司法"的经典表述。参见米尔伊安·R.达玛什卡：《司法和国家权力的多种面孔——比较视野中的法律程序》（修订版），郑戈译，中国政法大学出版社2015年版，第114—121页。

[40] 参见布雷恩·Z.塔玛纳哈：《论法治——历史政治和理论》，李桂林译，武汉大学出版社2010年版，第1—7页。

[41] 不过，在未及司法的实际表现的情况下肯定司法建制本身的符号意义，难免引起误解，招致"立牌坊"之讥。但问题是，若非认同"牌坊"的符号意蕴，若非认同"立牌坊"这一举措本身的象征意义，明知所行非牌坊所昭示者，我行我素即可，何须"立牌坊"？

位,导致司法在现行政治架构中成为无所依傍的浮物,司法在体制上就很难称健全;设若一国竟未确立审判制度,纵有各级法院机构,其司法同样也难称是健全的;如此,等等。显然,这些都是常识,不用赘述。

正如上文关于"设置司法建制"的讨论中谈到的一样,外部社会要求设置健全的司法建制,固然可从司法建制的健全性对司法实际运作及其效果可能具有的积极意义的角度作出解释。但是,这也不是此处关注的重点。这里所关注的仍然是,在现代化/法治化被视为现代国家政治治理与社会运行合法性与进步性的最突出标识的语境下,设置健全的司法建制这一事件本身,所具有的象征意义。

前文述及,从"'我们'是有司法的"到"'我们'是现代的、法治国家"之间,实际上还存在极大的距离。而设置健全的司法建制这一事件,正是缩短上述距离的一个明证。换言之,如果说以"'我们'有司法"为凭宣告"'我们'是现代的、法治国家"仍底气不够的话,那么,在"设置健全的司法建制"后,不仅足以理直气壮地宣示"'我们'是现代的、法治国家",而且还可据此为凭,宣示"'我们'的现代化、法治化状况甚佳"[42]。就此来看,对于势必追求国家政治治理与社会运行合法性与进步性的中国而言,"设置健全的司法建制"的象征意义应该较为明了。

当然,"设置健全的司法建制"与"'我们'的现代化、法治化状况甚佳"之间仍然还存在鸿沟。不过,这也不足以减损"设置健全的司法建制"的意义。况且,也正因为存在这样的鸿沟,即便抛开司法建设工作后果不论,"司法建设"本身就足以成为所有致力于现代化、法治化的国家与社会政治生活中正确的大事。对转型时期的中国而言,亦如此。

三是,要求司法以其实际表现表征政治、社会合法性与进步性,赢取公民对政治与社会合法性、进步性的认同。这是指,对于外部社会整体来说,在以司法标示其政治治理与社会运行现代化/法治化的过程中,除了要求设置司法建制以及要求司法建制的健全性之外,势必进一步要求司法以其表现赢取公民对政治与社会合法性、进步性的认同。正如汪庆华所言:"政府和司法部门在利用着司法的话语不断再生产自己的合法性,但是这种合法性更多的是一种符号意义上的合法性。"[43] 显然,这一层面的需求,主要来自外部社会中的政治和行政力量。相比较而言,上述设置司法建制以及健全司法建制两个层面基本不涉及司

---

[42] 关于"法治量化指标"的讨论,参见朱景文:《中国人民大学中国法律发展报告2015:中国法治评估指标》,中国人民大学出版社2016年版;李壮:《法治指标体系构建的法理思考》,云南大学硕士学位论文,2012年;黄姗姗:《法治指标体系研究——基于成都市地方政府社会管理能力绩效评价体系新构想的分析》,西南财经大学硕士学位论文,2010年;陈海燕、张庆旭:《社会主义法治评价指标量化研究》,载《科学社会主义》2009年第4期,第69页。

[43] 汪庆华:《政治中的司法:中国行政诉讼的法律社会学考察》,同前注[3],第69页。

法的实际表现及其效果问题,而这一层要求则具体关涉司法实际表现及其效果。

具体来看,外部社会对司法这一层符号性需求,可能表现为两种形式。

第一,要求司法以其业绩为政治以及政府增色。其一,要求司法以其实际表现增强公民对国家政治体制的认同;其二,要求司法以其实际表现增强公民对社会运行状态的认同;其三,要求司法以其实际表现增强公民对政府业绩的认同。固然,公民认同政治与社会合法性、进步性的依据,最具有实质意义的应当是国家政治体制、社会运行状态以及政府业绩本身。但鉴于现代化、法治化预设了司法运作状况与国家政治体制、社会运行状态以及政府业绩之间的内在关联,加之一般公民大多常常易于模糊司法与国家政治体制、社会运行状态以及政府之间的边界,因此,在社会—政治生活以及政府的日常行动中常常可看到的一种现象就是:不仅社会公众易于将司法业绩归功于宏观的政治、社会或是作为行政力量的政府——尽管其间本是不可通约的,而且政治家、政府机构也习惯于有意无意地将司法业绩视作自身的业绩。正是在此背景下,可以理解为何司法业绩竟能表征政治、社会的合法性和进步性,也可以理解外部社会诸力量(尤其是政治领导力量、社会领导力量以及行政领导力量)不仅会以司法业绩表征自身的业绩,并且往往还很有效果。

第二,要求司法以其实际工作为政治治理以及政府运作分忧。这一要求,核心在于要求司法通过分摊政治治理、政府运作中面临的压力、承受那些原本针对政治、行政的批评,进而实现助益政治治理与政府运作合法性之效果。具体来讲,外部社会,尤其是政治与行政力量对司法的这种要求,典型的表现有两种:其一,要求司法分摊政治治理与行政运作中面对的压力,实现这一要求的核心机制是"将棘手的社会问题交予司法处理";其二,要求司法承受原本针对政治、行政的批评,实现这一要求的核心机制是面对外界质疑、批评时将"错误"归咎于司法。

申言之,从政治治理与行政运作的立场上考虑,如果棘手问题是由政治力量、行政力量亲自面对的,那么附着于这些棘手问题中的种种压力势必直接指向政治与行政力量自身;同样,如果棘手问题是政治力量与行政力量亲自处理的,那么因处理这些问题的过程或者结果引起公众不满(无论政治与行政力量在处理这些问题时是否出现了偏误),那么这些不满情绪同样势必直接指向政治与行政力量自身。显然,如果政治与行政力量始终亲自承接这些棘手问题以及可能引发的不满情绪,那么政治治理与行政运作必定时常面临着社会公众的合法性拷问。这种随时可能提起的合法性拷问,对政治与行政力量而言,其风险不言而喻。因此,从政治治理与政府运作的立场上考虑,势必需要一个既能代其承接棘手问题又能代其承受公众批评、从而有助于化解政治与行政力量所可能面临的风险的"角色"。在各类社会"角色"中,最适宜担此重任者,非司法莫属。

何以如此?端在于现代化、法治化以及"二元论"预设下的司法与政治、行政的"区别"刻意地得到了强调:既然是司法出面处理棘手问题的,那么压力就是司法的,政治与行政力量自可藏身于司法身后不需涉险——因为此时被强调的是"司法是司法,政治/行政是政治/行政";既然因棘手问题引起的批评是指向司法的,那么承受批评的也是司法,政治与行政力量自可回避批评而不至于声誉受损——因为此时被强调的是"司法是司法,政治/行政是政治/行政"。

综上可见,司法无论是被政治、行政力量用来为其增色,还是被用来为其分忧,其背后的运作机理实则是相通的。因为,正是导源于现代化、法治化以及"国家—社会""二元论"的预设,司法之于政治就同时具有了"表征政治治理与社会运行合法性"与"象征发展/司法纯洁性与社会自治性"的双重的符号意蕴;正是源于司法之于政治的双重符号意蕴,政治与行政力量才有可能既将司法的业绩归功于自身,又将司法所应对的麻烦以及引起的批评留给司法。显而易见,不论是以哪一种方式来发挥司法之于政治、行政的符号功能,其实质都是政治、行政力量对司法符号的征用。

(二)需要司法承载社会平和可控转型之期待

这一层面的符号性需求,指的是社会转型期的中国社会从整体上要求司法以其自身的方式来承载社会公众对中国社会转型的平和可控性之期望而形成的要求。外部社会对中国司法的这一层面的符号性需求,折射出的是中国司法与社会转型之基本关系,更进一步地,这也寓示着人们对中国司法与社会转型之关系应该并且能够报以怎样的期待。

结合前述司法可能具有的三层符号意蕴来看,外部社会对司法的这一层面需求与司法"承载着社会平和变革的期许"这一符号意蕴具有更直接、更紧密的关联。当然,正如前文(本文第一节)提及的,讨论转型时代外部社会需要中国司法承载社会平和可控转型之期待,其言说的核心前设是,基于中国司法与外部社会的系统性关联,转型时代的中国司法应当并且可以被定位为(一种)制度性、累积性、平和可控的有计划社会变迁工具。结合前文谈到的司法的符号意蕴的生成对主客观两方面因素的依赖[44],该言说前设可转换为相辅相成的两个层面:一是司法的客观表现问题,即中国司法曾经或者正在以其实践运作扮演触发转型过程、引导转型过程或解决转型问题的作用;二是公众对司法运作实践的主观赋值问题,即社会公众因为司法的这些运作实践感知到了中国社会

---

[44] 对于司法符号意蕴的生成与释放如何依赖于诸多客观与主观条件,参见申伟:《司法如何可能象征社会?——司法符号供给的依赖条件研究》,载《中山大学法律评论》第17卷第1辑,第123页。

转型过程或转型目标之平和可控性。

易言之,转型时代外部社会对中国司法提出的"承载社会平和可控转型之期待"这一符号性需求,可类型化为两个方面的具体要求:

一是,外部社会要求中国司法至少在一定程度上可被视为制度性、累积性、平和可控的有计划社会变迁的突出标志,可被视为中国社会朝向"更美好社会"转型之象征。中国社会转型具有计划性、人为性、非自发性,而且国人也不可能任中国社会转型变成一个"随便怎么转都行、随便转向何方都行"的放任自流过程。也就是说,"中国社会转型是一个有计划的社会变迁过程"[45]。作为有助于促成中国社会实现有计划社会变迁、达致"更美好社会"的最可倚重的社会变迁策略之一,中国司法势必被寄予有效促成社会转型之厚望。因此,社会转型之各方重要力量,无论是政治主导力量还是其他社会力量,势必需要中国司法在大转型过程中扮演重要作用,不仅需要中国司法在触发中国社会转型过程、引导中国社会转型过程或解决中国社会转型问题上有实质性的有效作为,而且需要中国司法——从其静态建制到实际运作及其生成的司法产物——本身就是中国社会正在进行有计划的社会变迁、逐步接近"更美好社会"之转型目标的显在标志。

二是,外部社会要求社会公众至少在一定程度上相信中国司法能够制度性、累积性、平和可控地促成中国社会实现有计划社会变迁,相信通过司法实现社会建设、达致"更美好社会"的可能性。前文述及,司法的符号意蕴不仅依赖于司法在客观上的表现,而且也依赖于社会公众对司法的"主观赋值"。因此,外部社会若期待中国司法成其为社会平和可控转型之符号或标志,除了要求中国司法在触发中国社会转型过程、引导中国社会转型过程或解决中国社会转型问题上的有效作为外,势必还要求——更准确地讲,是期待,是渴望——社会公众相信通过中国司法实现中国的有计划社会变迁、促成中国社会转型达致"更美好社会"的可能性。更直白地讲,就是外部社会的各方重要力量——特别是社会转型的主导力量——势必期待、渴望社会公众(在关心到社会转型问题时)想到中国司法就当然地相信中国社会平和可控的有计划社会变迁正在进行而且相信"更美好社会"终将达致。

---

[45] 关于中国转型应是"有计划社会变迁"过程的这一点,学界亦有实质相通但略有不同的表述。如认为"中国的主动改革应当是在党和政府掌握改革主动权的情况下,有计划有步骤并有改革最终目标地推动改革,在确保国家统一和主权完整基础上实现社会平稳转型,以构建符合国情和人性基础上的民主法治社会",同时认为"(中国的)主动改革应当有着明确的改革路线图及其最终改革目标,有着可掌控的改革期待"。李昌庚:《主动改革:中国社会转型的理想选择》,载《江苏社会科学》2014年第4期,第86—87页。此外,还有社会学者孙立平关于中国"渐进式改革"的深刻阐述。参见孙立平:《社会转型:发展社会学的新议题》,载《开放时代》2008年第2期,第57页。

四、四点延伸讨论——代结语

为进一步澄清上文关于中国司法符号意蕴的讨论,这里补充并延伸讨论四个问题,作结全文。

首先,司法符号意蕴是否纯属主观虚构?

上文述及,近代以来特定的宏观社会政治情势对司法功能的外部要求、社会思潮对司法功能的学理论证与社会公众对司法功能的主观期待等多重因素汇流,以及外部情势与社会思潮、公众期望的交互作用,共同决定了司法在近代以来所呈现出的符号性意义。因此,一方面,司法的符号意蕴并非纯然的主观臆造,而是具有深厚的社会现实基础。另一方面,须特别强调的是社会成员对司法的主观"赋值"——对司法功能的评估、想象与期望——对司法符号意蕴的突出意义。这种赋值过程,实质上是一个"观念在制度上的叠置"[46]的过程,反映的是"语言符号建构社会现实"的"魔幻作用"[47]。易言之,关于司法的符号意蕴,固然不可忽视其客观的社会现实基础,但同样不可忽视甚至是更加不可忽视的是司法之符号意蕴对主观赋值的巨大依赖性。关于这一点,借沃格林的"符号是情感的浓缩物"[48]这一精彩论断来概括,显然再恰当不过。因此,只要一国仍处于前述近代以来的宏观社会政治情势下[49],只要前述社会思潮仍然弥漫在社会中并构成人们理解社会—政治问题的基本理路,只要公众仍然对司法抱有上述期待,那么司法自近代以来所呈现出的上述种种符号意蕴就不会消退。

具体到转型时代的中国来讲,虽然现代化/法治化的具体样态[50]与路径有

---

[46] 沃格林:《政治观念史稿·卷三:中世纪晚期》,同前注[16],第145页。
[47] 参见沃格林:《政治观念史稿·卷一:希腊化、罗马和早期基督教》,谢华育译,华东师范大学出版社2007年版,第75页。
[48] 沃格林:《政治观念史稿·卷三:中世纪晚期》,同前注[16],第156页。
[49] 需说明的是,本文强调近代以来司法此等符号意蕴的现实性并不意味着在此前的历史时期司法不具有此等符号意蕴。事实上,早在12—13世纪的欧洲,司法的这类符号意蕴及其对政治权威的支持效果就已得到不同程度地展现。正如斯特雷耶所观察的那样:"那些试图建立规则的司法系统的统治者,几乎总能确保得到全体赞同。最好战的男爵也不能反对法庭的存在,虽然他们不一定执行裁决。"约瑟夫·R.斯特雷耶:《现代国家的起源》,同前注[16],第17页。
[50] 关于法治样态的单一化想象,顾培东先生曾评论道:"过去乃至今天,我国社会中始终存在着一种依恋和崇尚西方法治模式的思维偏向。这种'西方法治模式',并不是一个单一、确定的实体形态,也不是某一具体的西方国家的特定实践,它更主要是人们对其所接受的有关西方法治理论与实践的各种信息(甚至包括文学和文艺作品中的种种描述),进行理想化的提炼、筛选甚而推测后所形成的某种总体印象。虽然,基于对中国国情的实际考量,当代中国人并不认为中国法治的具体状态应当或可能会与西方法治模式完全相同,但很多人仍然会潜在地依照这种模式去想象和构画中国法治的应有状态和未来图景,把西方法治模式当作我国法治的摹本和示范,把西方法治的'今天'视为我国法治的'明天'。"顾培东:《中国法治的自主型进路》,载《法学研究》2010年第1期,第4页。

别于西方,但现代化/法治化无疑是中国社会—政治的宏观走向;虽然社会—国家关系并没有呈现出西方政治哲学、社会哲学所建构的"市民社会/社会—国家"的二元格局[51],但公众尤其是知识阶层对社会自治性认同、吁求始终还是社会思潮中的一种有力声音[52];虽然"革命"仍有不褪的神圣色彩,但暴力革命以及其他暴力性的社会运动、风雷激荡的社会行动却已极大地丧失了感召力。换言之,前述现代化/法治化、国家—社会二元结构以及"后革命氛围",依然是理解转型时代中国司法符号意蕴的基本背景。也因此,当下中国司法的符号意蕴同样主要体现在三个方面:一是,司法表征着政治治理与社会运行的现代化/法治化,是合法与进步的象征;二是,司法表征着社会运行之于政治国家的独立性,是法治纯洁与社会自治的象征;三是,司法承载着社会平和变革的期许,是社会转型平和可控性的象征。

其次,关于转型时代中国司法符号意蕴的两个可能的误解及其解释。

第一,无论是关于司法符号化的一般性背景的讨论,还是关于转型时代中国司法的符号意蕴这个具体问题的理解,本文的用意仅在于从"是"的意义上揭示中国司法可能具有符号意蕴,而不在于从"应当"意义上表白立场。也就是说,前述阐述,不代表本文当然地认为司法的符号意蕴本身的正当性,比如说司法应当象征法治/司法纯洁性(或者说司法应当成为与政治隔绝的标志);也不代表本文认为司法的符号意蕴必定都具有正面的社会意义,因为符号难免存在被征用的可能。[53]

第二,对于迄今仍饱受业绩不彰、声誉欠佳、权威不高、独立性不够之批评的中国司法来说,本文关于其符号意蕴的上述讨论,极易被认为是对中国司法作用的无根据夸大和拔高。不过,这也是误解。首先,本文基本认同关于当下中国司法之粗陋、缺憾的前述批评意见,而且也坚持认为中国司法应当并且能够表现得更好一些。其次,中国司法问题多多,不等于说中国司法不足以成为具有上述种种象征意义的符号。因为司法符号意义不等于司法的实际表现,而是司法所处社会情势、社会思潮以及人们的主观赋值等多重因素共同作用的结果。这一点,前文已作陈明。最后,人们对中国司法批评激烈,也不意味着批评者必定是否定中国司法的象征意义的。结合近些年人们针对中国司法的种种意见来看,事实可能正相反。比如,若非潜意识里一定程度上接受了"二元论"

---

[51] 同前注[20];从个案角度对此"二元论"的反思,可参见申伟、朱佳林:《藏区法律冲突背后的利益博弈——基于民国时期甘南"杨麻案"的深度阐释》,载《兰州大学学报(社会科学版)》2013年第2期,第98页。

[52] 例如俞可平:《更加重视社会自治》,载《人民论坛》2011年第6期,第8页。

[53] 关于符号被征用的问题,"合同"这种通常与"意思自治""契约自由"等意蕴相关联的事物被征用为国家农村治理工具可谓一例。详细讨论参见赵晓力:《通过合同的治理——80年代以来中国基层法院对农村承包合同的处理》,载《中国社会科学》2000年第2期,第120页。

预设以及司法作为社会自治的象征,因而默认中国司法应当成为独立于政治国家、独立于外部社会的独立力量,人们何以抱怨中国司法独立性不够?若非潜意识里认同了司法具有比行政更充分的正当性,也就是默认了司法作为合法性的象征,当司法无法就"强拆"等事件及其引发的矛盾纠纷予以审查时,人们何以唏嘘不已?因此可以说,对中国司法的诸多批评,一定程度上恰是公众"恨铁(司法)不成钢(符号)"的情绪流露,其效果恰是强化而非减损司法符号意义。

再次,本文所论,是否罔顾司法的"本职工作"?事实上,正如文中多次论及,中国司法的"工作重心"与"基础"自然是司法裁判、生产和输出司法产品,即向外部社会因应性地供给司法产品。司法因应性地供给司法产品这一客观层面的表现,显然是司法符号意蕴得以生成的客观条件,也是外部社会对司法予以"主观赋值"的前提。否则,舍弃司法裁判这一真正的工作重心与本职工作而刻意营造或追求司法的"符号意蕴",既是舍本逐末,也是缘木求鱼,更是自欺欺人。而正视司法的符号意蕴,其意不过是说,虽然司法做好其本职工作是头等重要的,但其所作所为的意义——这依赖于其被如何看待、如何理解、如何想象——也很重要。

最后,本文虽有触及但尚不能深入讨论的问题较多,于此仅特别提及一点,即中国司法在向外部社会供给"符号"、生产"意义"方面的现实表现及其评估问题。该问题关涉多个方面,比如转型时代中国司法事实上是否生成并向外部社会释放了前述种种符号或象征意义、社会转型的主导力量是否意识到了中国司法之于社会转型的符号或象征功能以及社会公众是否相信中国司法的符号或象征意义等。深入讨论这一问题,方可诊断转型时代中国司法在意义生产方面的局限,察知社会转型主导力量对司法之象征功能的忽视,以及更具警示意义的,理解社会公众对司法象征意义之"相信"是何其脆弱但又弥足珍贵。鉴于篇幅所限,这些问题均由另文[54]展开讨论。

(审稿编辑　谢可晟)
(校对编辑　崔　斌)

---

[54] 参见申伟:《中国司法供给的效应局限——以产品性供给与符号性供给的区分为基础》,载《北方法学》2016年第5期,第15页。

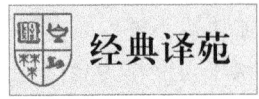

波利比乌斯论混合政体：
《通史》第六卷全文迻译

波利比乌斯　杨之涵[*]　译

Polybius On Mixed-Constitution:
The Translation of the Sixth Book of *History*

Polybius
Translated by Yang Zhihan

前言

[2](1)[1]对于为什么我迟迟到现在方才论述罗马政体，我深知，一些读

---

[*]　南京大学哲学系2018级博士研究生，E-mail：yangzhihan2008@163.com。
　　本文主要以洛布古典文丛本（The Leob Classical Library）（下文简称"洛布本"）为底本，同时参考了牛津世界经典文丛本（Oxford World's Classics）（下文简称"牛津本"）、企鹅经典文丛本（Penguin Classics）（下文简称"企鹅本"）和剑桥大学出版社出版的版本（下文简称"剑桥本"）。
　　对于本文的注释，除了本文中译者以"[中译按]"的形式所标注的注释之外，其余的所有注释都来自上述四种英译本。在有的地方，这四种英译本都标注了注释，不过，它们所标注的这些注释存在一些差异，甚至存在一些相互矛盾之处（例如，对于其中一些事件所发生的年份，这四种英译本所标注出的年份就存在相互矛盾的地方）。对于这些有所差异或者相互矛盾的注释，为了方便读者自行取舍、判断和阅读，同时也为了以示区别，中译者将这些注释所出自何种英译本都标注了出来。
　　[1]　[中译按]这个"[2](1)"的编码是西方古典文献的专门编排方式，用以在不同的校订版本之间保持内容的对应。因此所有语言译本的编码所对应的具体内容是一致的，和版本无关。其中"[]"为段，"()"为小节，每一大段结束之后，下一小节的编码重新起算。文中段落安排、小节之间的标点符号也遵从原文，数字也统一用汉字表示。后同，特此说明。

者肯定非常地疑惑,因此,我有必要中断自己的叙述进程。(2)我一直都把它当作我的整个计划的一个必不可少的组成部分。(3)我确信,在我的这部著作的众多段落当中,尤其在前言当中,我已经很明显地触及这个主题,我在那里说过,我希望达到的最好和最有价值的结果就是,让我的读者清楚地了解,在这种独特的政治体制及其运作方式下,罗马人在短短不到五十三年的时间里,就几乎征服了整个世界,并把整个世界置于自己单一的强权统治之下——这绝对是一件亘古未有之事。(4)既然这是我的既定目标,那么,对于我把注意力转向政体和检验我对政体将要所发之言的真实性问题而言,我发现,再没有比现在更为合适的场合了。(5)在个人生活当中,如果你希望对好人或者坏人的品性作出评判,而且,如果你也希望得到一个真实的答案,那么,你不会只观察他们在生活风平浪静期间的行为,还会观察他在深处巨大逆境或者赢得辉煌胜利期间的所作所为。(6)真正考验一个人的品质之处,在于从容地承受和英勇地直面最剧烈的命运挫败。(7)在我们这个时代,就罗马所经历的命运剧变而言,我找不到一个比它遭遇更加明显或者更加剧烈的变动的国家了,因此,我就在这个地方展开我对政体的阐述[……]

(8)对于历史的研读者而言,真正吸引人和有益的恰恰正是这个:清晰地探寻历史的原因,以及随之而来地在所有的情形当中作出最有力的相应选择的能力。(9)一个国家所有问题的成功或者失败,都在于这个国家的政体形态;(10)因为,正如水流来自其源头一样,所有行动的设想和计划不仅由它们的政体而起,也因它们的政体而成。

论国家形态

[3](1)就拿那些希腊国家来说,它们一次又一次地经历崛起,尔后又遭遇命运的彻底逆转,我们很容易描述它们的过去和预断它们的未来。(2)因为,叙述众所周知的事实并不困难,从过去所发生的事情来预测未来,也不是一件难事。(3)然而,就罗马而言,我们既不容易解释它当前的形态(因为它的政体的复杂性),也不容易预测它的未来(因为我们不知道罗马人在过去的公共生活和私人生活中的独有特性)。(4)因此,如果有人希望清晰而整全地理解他们政体的独到特质,那么,我们就需要进行一番特别的关注和研究。

(5)大部分意图对政体问题作出权威性描述的那些作家[2],他们都把政体区分成君主制(βασιλεία,kingship)、贵族制(ἀριστοκρατία,aristocracy)和民主制(δῆμος,democracy)这三种。(6)然而,我认为,我们应该有权要求他们向

---

[2] 在这里,波利比乌斯所指的那些撰写这个问题的古典作家并不必然是希罗多德、柏拉图和亚里士多德,而更可能是指向与自己的时代相接近的那些二流作家。

我们说明,对于他们所描述的这三种政体,是不是仅仅只有这三种政体,或者,只有这三种政体方才是最好的政体,因为在我看来,无论他们作出哪一种回答,他们都是错误的。(7)很明显,我们必须认识到,最好的政体是这三种政体的有机结合。(8)对此,我们不仅有理论上的依据,而且,我们也有实践性的事例来予以证明,莱库古(Lycurgus)就是第一位以这种原则来构建政体——斯巴达政体——之人。(9)另一方面,我们也不承认只有这三种政体。(10)因为,我们见证了一人之治(μοναρχικὰς πολιτείας, monarchical government)和僭主政体(τυραννικὰς πολιτείας, tyrannical government),这两种政体都与君主制大相径庭[3],不过,它们与君主制也有一些相似性。(11)这就是为什么所有的僭主(μόναρχοι, monarchs),只要自己能够做到,他们都会冒戴和冒用国王这个头衔。(12)也有一些寡头政体(ὀλιγαρχικὰ πολιτεύματα, obligarchical constitutions),它们看起来同贵族政体具有几分相似性,但是,它们之间的实际差异可能非常巨大。(13)这对民主制也同样适用。

[4](1)下述论据就可以清楚地证实我所说之话的真实性。(2)我们不可能把所有的一人之治[4]都直接称作是君主制,而是只有那种子民自愿接受,且

---

[3] 例如,波利比乌斯认为,斯巴达的克里奥米尼斯(Cleomenes of Sparta)就是一名僭主(tyrant)和一名暴君(despot),参见波利比乌斯《通史》第二卷第47章。

[中译按] 在一般情况下,monarchy和kingship都译作"君主制",或者,monarchy和kingship分别译作"君主制"与"王制"。但是,波利比乌斯明显对这两个词作了区分。如果这两个词都译作"君主制",那么,这显然是差之毫厘谬以千里。然而,如果我们将monarchy和kingship分别译作"君主制"与"王制",那么,这也会存在相应的问题。例如,在第六卷第4章第7节中,波利比乌斯说道:"在这些政体当中,首先出现的是一人之治(μοναρχία, monarchy),这是无需外力就自然形成的一种政体;随后出现的是君主制(βασιλεία, kingship),通过技术性的作用和缺陷性的修正,一人之治会发展成君主制。"在第六卷第5章第9节中,波利比乌斯说道:"人类在起始阶段很可能也以这样的方式生活,他们像野兽那样群居,追随最强者和最勇敢者的领导,力量是决定统治者统治的唯一因素,因而,我们应该把这种统治称作'一人之治'。"在这两个地方,波利比乌斯明显将"一人之治"当成一种预备性或者过渡性的政体,而不是将它当成一种诸如君主制、僭主制、贵族制、寡头制、民主制和暴民制那样六种典型形态的政体。然而,在第六卷第8章第1和2节中,波利比乌斯说道:"基于我在前面所说的原因,现在拥有自己的领袖的民众将联合他们一起反对自己的统治者,君主制和僭主制(μοναρχίας, monarchy)都将会被彻底废除,而贵族制则将开始生成。仿佛出于对废除一人之治之人的亏欠,民众就会让他们作自己的领袖,并将自己的命运委任给他们。"在这个地方,波利比乌斯明显认为,"一人之治"或者"一人统治"涵括了君主制和僭主制,因为,君主制和僭主制的统治者人数都是一人。因此,从统治者人数而言,"一人之治"或者"一人统治"涵括了三种政体形态:一是向君主制过渡的那种一人之治(一人统治);二是常态或者正宗的君主制;三是君主制的败坏形态,亦即僭主制。根据第六卷所传达的内涵,波利比乌斯将政体分成了两种类型,第一种类型是一人统治(一人之治)、少数人统治(少数人之治)和多数人统治(多数人之治),这种类型是按照统治者人数的多寡来进行划分的;另一种类型是君主制、僭主制、贵族制、寡头制、民主制和暴民制,这种类型是按照常态政体与变态政体来进行划分的。因此,我们要根据具体的语境来确定monarchy和kingship这两个词语的具体译名。所以,中译者有时将monarchy译作"一人之治",有时将其译作"僭主制";对于kingship,中译者则将其译作"君主制"。

[4] [中译按]在安德鲁·林托特所撰写的《罗马共和国政制》中,作者这样写道:"在这个循环中,一个社会从以'体力'为基础的君主制过渡到以正义为基础的君主制,然后依次是僭主制、贵族制、寡头制、民主制,最后又回到君主制的残暴形式。"对此,这可以证明两种一人之治的形态。参见安德鲁·林托特:《罗马共和国政制》,晏绍祥译,商务印书馆2016年版,第315页。

进行理性而非恐惧和暴力统治的地方,方才是君主制。(3) 我们也不会把所有的少数人之治(ὀλιγαρχίαν,oligarchy)都称作贵族制,而是只有那种通过选出最公正和最智慧之人来进行统治的地方,方才是贵族制。(4) 同样的,那种全体公民都可以自由地去做任何他们所希望或者所喜欢之事的,不是真正的民主制;(5) 而是只有那种按照传统和习俗去崇拜诸神、照料双亲、尊敬老者和遵从法律,以及大部分人的意志都能够得到普遍尊重的地方,我们方能把它称作是民主制。(6) 因此,我们应该可以列举六种政体,其中三种政体是人人所谈及,同时也是我之前刚刚所提到的,另外三种政体则同前三种政体有天然性的关联,我指的是僭主制(μοναρχίαν,monarchy)、寡头制(ὀλιγαρχίαν,oligarchy)和暴民制(ὀχλοκρατίαν,mob-rule)。(7) 在这些政体当中,首先出现的是一人之治,这是无须外力就自然形成的一种政体;随后出现的是君主制,通过技术性的作用和缺陷性的修正,一人之治会发展成君主制。(8) 君主制[5]首先会堕落退化成同自己相关联的政体形态,也即是僭主制(τυραννίδ᾽,tyranny)[6];这两种政体的废除随之就会产生贵族制。(9) 贵族制[7]因其本性而堕落退变成寡头制;当愤怒的民众报复这种政体的不公正统治时,民主制就出现了。(10) 经过适当的时间,这种政体就会滋生放纵和不法,由此,暴民制就出现了,这因而也就结束了政体的循环。[8] (11) 对于任何仔细研究所有这些政体本来就有的开端、发展和消亡之人而言,他们都

---

[5] [中译按]在希腊语原文中,这个地方省略了主语,但是,在洛布本中,英译者补加了一个主语。然而,洛布本英译者补加的这个主语却是 monarchy,这明显有误。因为,根据上下文和整体的语境,希腊语原文省略的主语明显是 βασιλεία(kingship),而非 μοναρχία(monarchy)。

[6] [中译按]希腊语中的僭主(tyrannus)与拉丁语中的王一样,因为,在古代王和僭主之间并无区别。正如维吉尔所说(Aen. 7.266):"对我来说,和平的条件就是触摸你王的右手(Pars mihi pacis erit dextram tetigisse tyranni)。实际上,强大的王即名僭主(tyrants),因 tiro 就是强壮的年轻人。关于这类人,主说,'王藉我而治僭主(tyrant)因我而有土'(《箴言》8:15)。后来这一专名用于称那些坏透了的邪恶的王,他们追求奢华,以残酷的统治凌于人民之上。"参见塞维里的伊西多尔:《塞维里的伊西多尔对"王政"与"公民"的释义》,张笑宇译,载林国华、王恒主编:《罗马古道》(《海国图志》第五辑),上海人民出版社 2010 年版,第 119—120 页。

[7] [中译按]在希腊语原文中,这个地方省略了主语,但是在洛布本中,英译者补加了一个主语 aristocracy(ἀριστοκρατία,贵族制)。

[8] 亚里士多德对政体的分类是:君主制、贵族制、共和制(πολιτεαί)、民主制、寡头制、僭主制,参见《政治学》(Pol.)第四卷第 2 章。这种分类源于柏拉图(Pol. 302, C.),他将政体划分为两两成对的六种政体[除理想政体(the ideal polity)之外]:君主制与僭主制、贵族制与寡头制、好的民主制与坏的民主制。除了 δημοκρατία παράνομος(非法的民主制),柏拉图没有其他不同的政体名称,对于坏的民主制(the bad democracy),波利比乌斯将它称之为 ὀχλοκρατία,亦即一种暴民制(mob-rule)。波利比乌斯的政体循环是按照下面那样进行的:
(1) 君主制[起源于一种自然性的专制(a natural despotism)或者一种自然性的一人之治(a natural monarchy)]堕落退变成僭主制。
(2) 贵族制堕落退变成寡头制。
(3) 民主制堕落退变成暴民制。

会非常明白我刚刚所说的那番话的真实性。(12)只有当他看到每一种政体怎样形成和发展后,他方才能够明白,每一种政体会在何时、何以和何处成长、完备、退变和终结。(13)我认为,这种分析方法最适合于罗马政体,因为它的形成和发展从一开始就遵从自然的因素。

[5](1)对于不同政体相互自然转换的理论,柏拉图和其他一些哲学家进行了更为详尽地阐述。然而,由于精细的论证和详尽的阐述,除了少数人之外,它们远远超过了所有人所能理解的范围。(2)因此,我将尝试对这种理论进行简短地概述,直到我觉得,它可以适用于实际的历史事实和可以诉诸人类的一般智慧。(3)在对它的一般性阐释中,如果我有所遗漏,那么,对于所留下的所有悬而未决的难题,接下来的详尽讨论将足以补偿读者。

(4)那么,我所谈及的政治社会的起源是什么?政治社会又是怎样首先形成的?(5)由于洪水、瘟疫、谷物歉收或者其他诸如此类的原因,毁灭就会降临到人类身上。传统告诉我们,这种毁灭经常发生,我们必须相信,这种毁灭在将来也会经常发生,所有的技艺和技能都会在同一时间消失。(6)随后,随着时间的流逝,幸存下来的人类,会像种子一样再度繁衍人口和就像兽类那样聚集成群——(7)由于他们先天的劣势,这种族类的结伴成群实属必然——结果,在体力上和勇气上出类拔萃的那个人,就会领导和统治其他的人。(8)我们必须把这种现象视作自然界给予我们的真正教导:在没有理性能力的动物世界,例如在公牛、野猪、公鸡等之中,最强壮者毋庸置疑就是领导者。(9)人类在起始阶段很可能也以这样的方式生活,他们像野兽那样群居,追随最强者和最勇敢者的领导,力量是决定统治者统治的唯一因素,因而我们应该把这种统治称作一人之治。

(10)然而,随着时间的流逝,家庭的纽带和社会性关系就会在这种群居生活中生长,随后就产生了君主制的观念,而且,良善的观念、正义的观念和与之对立的观念也会开始在人们中间出现。

[6](1)这些观念的形成方式如下。(2)两性的交媾是人类的一种自然本能,而两性交媾的结果就是生育小孩。(3)然而,假如其中任何一个长大成人的小孩对于将抚养自己成人的那些人,没有表现出感激之情,相反,他却对他们恶语相向或者虐待他们,那么,很明显,他将触怒和冒犯熟悉其父母和见证他们费尽心机地照料与抚养自己小孩的那些人。(4)人类同其他动物的区别就在于,他们是唯一拥有理性能力的物种,很明显,这种行为上的差异不可能像其他动物那样躲过他们的视线;(5)他们将会关注这种事情和表达对这种事情的不满,因为,他们会看向未来,反思自己将来可能也会遭遇相同的对待。(6)当一个人在危险时,得到了另外一个人的帮助或者救助,但是,他却没有对自己的保护者表示感激,相反,他甚至去伤害他,很明显,那些知道这件事的人,自然会被

这种行径所触怒和冒犯,他们会同自己受伤的邻居同仇敌忾,想象自己同他处于同样的处境。(7)通过这种方式,所有人都会形成一种意义观念和责任理论。(8)同样的,当一个人挺身而出地保护自己的同伴免受危险,英勇地面对最强悍的野兽的进攻,那么,自然地,他就会得到人民的爱戴和尊重,而表现出完全相反行径的那个人将会遭遇非议和反感。(9)人们再一次地从中形成何为卑鄙、何为高贵和何为它们两者的构成差异的观念,高贵的行动将会得到称羡和效仿,因为,它对大家都是有利的,而卑鄙的行动则会遭到拒斥。(10)当人民当中最杰出和最强大之人,在这些问题上,总是用自己的权威去支持大众的看法,当他根据自己子民的意见来分配奖赏和惩罚,他们就会服从他,这不是因为他们恐惧他的暴力,而是因为他们赞同他。(11)而且,他们会一起维护他的统治,即使他因为年老而虚弱不堪,他们会一致地保护他和抵御那些密谋推翻他统治的人。(12)因此,当凶残和暴力让位于至上的理性时,一人之治就会不露痕迹地变成国王(βασιλεύς,king)。[9]

[7](1)最初的善和正义的观念及其相反的观念,就这样在人们心中自然地形成;这就是君主制的真正开端和起源。(2)因为,人民确保最高权力不仅掌握在这些人手上,而且掌握在这些人的后代手上,他们相信,由这些人生养的后代会有同他们相似的原则。(3)但是,如果他们对这些后代不满,他们就不再以体力和匹夫之勇来挑选自己的国王和统治者,而是以睿智的判断能力和理性能力来挑选自己的国王和统治者,因为,他们已经从实际生活当中获取了这两种不同的才能。(4)在古代,那些被挑选出来担任国王之位的人,会一直继续担任国王直到他们终老,他们建造壮观的要塞,并用城墙来防卫要塞,以保卫自己子民的安全,同时,他们猎取土地,以给他们提供充足的生活必需品。(5)当他们追逐这些目标的时候,他们不会招致任何的辱骂或者嫉妒,因为,他们在穿戴和饮食上都同其他人大同小异,而且,他们也不会脱离民众,而是同其他人一样地生活。(6)然而,当他们通过世袭而继任王位后,他们发现自己的安全高枕无忧,而且,他们的食物供给也更加充沛,他们就会因为这种过多的欲求,而深深地沉溺于自身的欲望当中不能自拔。(7)他们认为,统治者必须通过特别的服饰来区别于自己的子民,以至于他们在穿戴上就会越来越奢华和多样,在享用的食物上也越来越铺张,在追求爱情方面,他们也不应该遭到任何的

---

[9] [中译按]王(rex)这个词由统治(regere)而来,王国(regnum)这个词得自王。王(Reges,rex 的复数形式)亦由管理(regendo)而来,正如祭祀(sacerdos)由献祭(sacrificando)而来(regere 亦有保持笔直、正确领导之意)。不能正确行事者不能统治(Non autem regit, qui non corrigit)。因此,王就是行事正当(recte)者,而谁若犯错,便丢掉王位。古语有言:"所行正当者王,否则不王(Rex eris, si recte facias; si non facias, non eris)。"王德中尤其值得一提者有二:正义(iustitia)与仁慈(pietas)。但仁慈在王中更受称赞,因正义本身是严酷的。同前注[6],第 118 页。

拒绝,无论这种追求多么无法无天。(8) 这些行径一方面会引起嫉妒和愤慨,另一方面也会迸发不满和怨恨,君主制也就会变成僭主制:崩溃的种子会首先萌芽,各种密谋也会开始形成。(9) 这些密谋不是肇始于那些最邪恶的恶棍,而是发端于那些最高贵、最高尚和最勇敢之人,因为,这种人根本不能忍受国王的胡作非为。

[8](1) 基于我在前面所说的原因,现在拥有自己领袖的民众将联合他们一起反对自己的统治者,君主制和僭主制都将会被彻底废除,而贵族制则将开始生成。(2) 仿佛出于对废除一人之治之人的亏欠,民众就会让他们作自己的领袖,并将自己的命运委托给他们。(3) 一开始,这些领袖会欣然地承担这种职责,他们会把公众的利益视作最为重要的事情,他们会用父亲般的关怀,去治理民众的私人事务和公众事务。(4) 然而,当他们的后代再一次地继承他们父亲的这种权威后,由于他们从襁褓起就享受自己父亲的权威和高位,他们没有经历任何的不幸,也没有任何公民平等和言论自由的观念,(5) 因而,他们当中的一些人就会放弃自己的崇高职责,一些人会肆无忌惮地捞钱,贪婪至极,一些人则会沉溺于美酒及其所伴随的过度享乐,其他一些人则会冒犯妇女和强暴男孩。(6) 因此,贵族制就会变成寡头制,人民心中会激发出类似于我刚刚所说的那种情感,结果他们将遭遇僭主制那样的灾难。

[9](1) 无论何时,任何人——如果他观察到公民所产生的嫉妒和怨恨——只要有勇气用语言或者行动来对抗国家首脑,那么所有民众都会乐意支持他。(2) 其次,当他们杀死或者放逐寡头后,他们就不会再在自己之上设立一个国王,因为,对于自己先前的那些国王所施加的种种不义,他们仍然心有余悸,他们也不会再把统治权信任地委托给所选定的少数人,因为他们已亲眼见证了这些人近来所犯下的种种错误。(3) 因此,唯一未被玷污的希望就在于他们自身,于是,他们就诉诸此,他们把国家民主化,而非寡头化,他们让自己负责和管理事务。(4) 只要从寡头制的邪恶统治下幸存下来的那些人仍然在世,他们就会非常满足于当前的政体形态,而且他们高度珍视平等和言论自由。(5) 然而,当新一代出现,民主落到其创建者的后代手上后,他们就会太过习惯于自由和平等,以至于他们不再珍视它们,并且,他们开始追求高人一等的地位;而且,非常显而易见的是,其中的那些富人很容易犯下这种错误。(6) 因而当他们开始贪恋权力,但他们不能通过自己或者自己的美好品质赢得权力时,他们就会用各种可能的方式来诱惑和腐蚀人民,以至于使自己倾家荡产。(7) 从他们愚蠢地攫取名声的那刻起,他们就已经让民众染上了贪求和收受贿赂的习惯,民主制因而也就被推翻,变成一种强力与野蛮的统治。(8) 民众已经习惯牺牲他人和依靠他人的财产过活,只要他们发现,任何有足够的野心但却因为自身的贫困而排除在权位之外的领袖,他们就会建立一种暴力统治。

（9）接着，他们将集结自己的军队，进行屠杀、放逐和劫掠，直到他们再一次地褪变成一种纯粹的野蛮状态[10]和再一次地找到一名主人与君主。

（10）这就是政治革命的循环，这也是政体演变、转化和再一次地回到其原初状态的自然进程。（11）任何清楚地了解这种进程的人，在谈及任何一个国家的未来时，或许在预测这种进程所将花费的时间方面，他可能会犯错，（12）但是，如果他的判断没有被妒忌或者敌意所腐蚀，那么在它所达到的成长阶段或者衰落阶段，以及它将演化成何种形态方面，他几乎不会犯错。（13）尤其拿罗马来说，这种方法能使我们清晰地了解其形成、发展、完备和必将继之而来的由盛转衰的过程。（14）因为，正如我在前面所说，这个国家是自然形成和发展的（对此，罗马无出其右），它也将经历一个自然的衰败和演化至它的反面的过程。读者肯定能够从这部著作的后面部分，判断出我所说的这句话的真实性。

[10]（1）现在，我将简要概述一番莱库古的立法，因为，它与我当前的主题息息相关。（2）莱库古非常明白，前面所说的所有演化都不可避免，这是一种自然而然的进程，他认为，对于任何一种政体而言，只要它是单一的且建基于一种单一的原则之上，那么，它就是不稳定的，因为，它很快就会褪变成一种其特有的和固有的败坏形态。（3）就像铁锈会腐蚀铁，蛀虫和船虫会摧毁木头一样，即使它们能够逃脱所有的外来伤害，它们也会被它们自身内部所产生的罪恶所摧毁，因为每一种政体都有其内在的、不可分离的缺陷。（4）君主制的内在缺陷是专制，贵族制的内在缺陷是寡头，民主制的内在缺陷则是暴力性的野蛮统治；（5）正如我在前面所说，最终，每一种政体都不可能不褪化成其败坏的形态。（6）莱库古预见到了这种情况，因此，他没有把自己的政体单一化和均质化，而是结合了最好政体中的所有优良特征和独有特征，以至于它没有任何一种过头的原则，也不会转化成与它相关联的缺陷。（7）相反，每一种政体的力量都中和了另外一种政体的力量，因而，它们都不会压倒和超过另外一种政体，换言之，这种政体会在很长时间内，像一艘平衡船一样保持一种平衡。（8）君主制通过对民众的恐惧（民众在政体中占据充足的份额），以使其免于傲慢；（9）另一方面，出于对元老院（Gerusia）的恐惧——元老院的元老都是从最好的公民当中挑选出来的，他们所有人一直以来都坚定地站在正义一边——民众也不会藐视国王。（10）出于对传统习惯的尊重而处于最不利的一方，会因为拥有元老院的支持和影响而最终赢得权力和分量。（11）结果，通过莱库古所建立的政体，斯巴达比有历史记载的任何其他地方，都更长时间地保存了自

---

[10] 西纳埃萨（Cynaetha）的例子就很好地说明了这种进程，参见波利比乌斯《通史》第四卷第17—18章。

己的自由。

（12）通过理性的思考预见到了事件自然的走向和方式的莱库古，无须从灾难中汲取任何教训，就建立了自己的政体。（13）然而，就政体形态而言，尽管罗马人最终达到了相同的结果，但是，他们的这种结果不是通过理性的思考，而是通过诸多困难和逆境的磨炼而得来。（14）罗马人通过在灾难中所学到的经验来作最佳的选择，因而他们能够达到同莱库古一样的结果，也即是，所有现存的政体中最为优良的政体。

论全盛时期的罗马政体

[11]（1）从薛西斯（Xerxes）跨海进抵希腊，尤其是在这次事件后的三十年当中，罗马政体继续向前发展，以至于罗马政体在汉尼拔战争时期——我自己已中断了对这个时期的叙述——达到了最优良和最完满的状态。（2）我现在已经描述了它的形成，因而我将解释，当遭受最为惨重的坎尼战败时，罗马人处于何种状态。

（3）我非常地清楚，对那些生养在罗马共和体制下的人而言，由于一些细节的省略，我的叙述可能会有一些瑕疵。（4）因为，他们对它有充分地了解，而且他们非常熟悉它的各个部分，从孩提时代起，他们就对这些习俗和体制习以为常，他们不会对我所提供的信息的范围留下印象，而是会另外要求我提供我所省略的所有东西。（5）他们不会认为历史学家会有意遗漏一些细节问题，而是会把历史学家在诸多事情和一些重要问题的起因上的缄默其口，归咎于他的无知。（6）我先前已经提到过它们，即使我囊括了这些细节，它们也不会给人留下印象，因为他们会认为，它们属于细枝末节的问题。但是，如果遗漏了它们，他们就会要求把它们全都囊括进去，就好像它们是非常重要的问题一样，这是因为他们更渴望比作者了解更多的东西。（7）一名优秀的评论家应该从作者所撰写的东西，而不是从作者所遗漏的东西来进行判断。（8）如果他在书中发现错误，那么他可能就会认为，这种遗漏是出于无知；但是如果作者所说的所有东西都是准确的，那么他应该就会承认，他对这些问题的沉默完全是有意的，而不是出于无知。

（9）这番话是针对那些对作者吹毛求疵的人来说的，这些人只是在一味地吹毛求疵，而没有任何公正的精神……

（10）环境也决定了一部著作是否值得赞颂。如果环境变化了，那么即使最优异和最无可指摘的著作，也会让人不可接受，而且令人深感厌恶……

（11）我在前面提到，罗马政体拥有三种要素，而罗马本身就是由这三种要素所控制的。（12）对于所建立的政体及其后来的统治而言，这三种要素在所有方面都表现如此的平衡与均质，以至于即使是本地人也不可能说清楚，他们的整个政体到底是贵族制、民主制还是君主制。(13)事实上,这是非常自然的。因为如果一个人只把自己的眼睛盯在执政官[11]的权力上,那么他们的政体似乎完全就是僭主制(μοναρχικὸν, monarchical)或者君主制(βασιλικόν, royal);如果他只把自己的眼睛盯在元老院(senate)[12]的权力上,那么他们的政体似乎就是贵族制;如果他只把自己的眼睛盯在民众的权力上,那么他们的政体似乎明显就是民主制。(14)这个国家的各个部分都由这三种要素所控制,尽管它们有一些变化,但是,它们仍然如下所述。

[12](1)执政官在统率军团出征前[13],他们会留在罗马,他们对所有公共事务都拥有最高权威,(2)因为除了保民官[14],其他所有的官员都要在他们之下,并必须服从于他们,而且外国使节都是由他们引介给元老院的。[15](3)除此之外,他们要把紧急事项提交到元老院进行讨论,而且他们全权负责执行元老院的法令。(4)他们也负责监督由人民所执行的所有国家事务,他们会召开公民大会、提出议案和执行人民决议。(5)在战争准备和战场上的一般军事行动方面,他们的权力几乎是绝对的;(6)因为,他们有权对盟友提出任何自认为恰当的要求[16],有权

---

[11] [中译按]"执政官"(Consules)由"商讨"(consulendo)而来,正如"王"由"统治"而来,"法律"由"阅读"而来。罗马人不能再忍受王的专横,故设两名执政官年复一年掌管统治权——因傲慢的王不似执政官那样有善行,而是专横如主子。执政官之名,既源于他们"虑及"(consulendo)公民[的利益],也因他们以磋商的方式统治(regendo cuncta consilio)。他们每年选举新执政官,以使傲慢者不能久居此职,而温文宽和者得继此位。执政官有二,二者有同等威权,一司民事(rem civilem),一掌军务。执政官制共延续467年。同前注[6],第118—119页。

[12] [中译按]元老院(senatus),不同于元老院(gerusia),因其成员年长而得名,因为他们是"年长者/元老"(senior),也有人说元老得名源于"允许"(sinere),因为他们(有权)准许做某件事。实际上,元老们被称作"父亲",正如撒路斯特(Sallus.)说的(Cat. 6),他们有着类似的责任:元老们要像父亲照料孩子一样照料共和国的事务。同前注[6],第124页。

[13] 在波利比乌斯撰史的那个时代,执政官在就任一年一度的官职后不久,他们就会离开罗马,以执行军事任务。

[14] 保民官(tribunes)这种制度是特意用来限制执政官权力的,对于保民官在元老院提出的动议,执政官是不能否决的。保民官的权力逐步地扩大到可以在司法上控制所有官员,因此他们成为国家追究行政部门的刑事责任的主要手段,换言之,保民官可以起诉犯有错误的官员。

[中译按]"保民官"(tribunus)得名于在士兵或者平民中分配(tribuere)正义。保民官(tribunus,实际上,保民官是 tribunus plebis,指挥官是 tribunus millitum,罗马正式称 tribunus 的可能就这两个职位)得名于他们分赠(tribuere)法律及救助给平民。此职设立于逐王后六年,那时平民受元老院与执政官的压迫,于是他们自行选出保民官作为他们自己的法官和护卫者,以捍卫他们的自由,保护他们不受贵族不义的侵犯。因此,保民官又叫作"保护者"(defensores),因为他们保护托付于他们的平民免于恶者的专横。"不过现在我们没有保护者,只有毁灭者了。"同前注[6],第120页,第124—125页。

[15] 元老院接见这些使节的时间是在执政官任职初期和前往自己的行省之前进行的。

[16] 每个盟邦所要尽到的责任都在他们各自的同盟条约当中规定好的,罗马要求每个盟邦登记其有效的兵员人数。在紧急情况下,罗马可能也会提出其他特别要求。

任命军事保民官[17],有权征召士兵和选任那些最适合服役的人员。(7)在现役期间,他们也有权处罚任何在其统领之下的人;(8)他们有权从国库动用和花费自认为合适的任何数额的金钱,陪伴在他们身边的一名财务官(a quaestor)会忠实地执行他们的命令。(9)因而,如果一个人只看政体的这个部分,那么,他可能会合理地宣称,这种政体纯粹是一种僭主制或者君主制。(10)我可以说,在这些功能,或者在我即将说到的其他功能的问题上,当下或者未来的任何变化,都不会影响我在这里所做的这个分析的真实性。

[13](1)让我们转到元老院上。首先,元老院控制国家财政,所有的收入和支出都由它进行管理。(2)除了已经拨付给执政官的款项之外,如果没有元老院的法令,财务官不允许为任何特定的项目花费金钱。(3)元老院控制花费最庞大和最重要的项目,亦即监察官[18]每五年都要对公共工程的新建或者修缮与否提出计划的项目,元老院负责拨款给监察官以完成公共工程的新建或者修缮。(4)同时,在意大利所犯下的、需要进行公开调查的任何罪行,例如叛国、密谋、投毒和暗杀,都由元老院进行审判。(5)如果意大利的任何个人和者团体需要仲裁、索赔、救援或者保护,对于所有这类案件,元老院也会进行处理。[19](6)元老院也负责派遣代表团到意大利以外的国家,以调解交战的双方,或者提供友好的建议,或者提出要求,或者接受投降,或者宣布战争。(7)同样,当外国代表团抵达罗马后,元老院全权决定接待的方式和答复的内容。所有这些事务都掌握在元老院的手上,人民则完全无权进行过问。(8)因而,当执政官不在罗马时,对于任何生活在罗马城中之人而言,他们的政体看起来完全就是贵族制。(9)许多希腊城邦和许多其他国家的国王都对此深信不疑,因为元老院几乎控制了所有与罗马人有关的国家事务。

[14](1)接着,我们自然倾向于询问,政体当中的哪一部分是留给人民的。(2)因为元老院控制了我刚刚所提到的所有特定事宜,最为重要的是,元老院控制了所有的收入和支出事项,执政官则全权控制了战场上的军队和军事行动。(3)然而,人民仍旧发挥着毋庸置疑的作用,而且是非常重要的作用。

---

[17] 每年所征召的前四个军团的保民官由部落大会选举产生,其人数总计24名。其他军官的保民官则由执政官任命。

[18] [中译按]古罗马人有"监察官"(censor),这个词是指一个司法职位,因为censere就是"判断"(iudicare)的意思。类似地,监察官就是不动产继承中的裁决者,所以它也源于"数钱"(census aeris)。同前注[6],第124页。

[19] 在名义上和最初意义上,意大利盟邦都是独立的国家,而且,元老院有权进行干预,是出于它在外交事务上所起的作用,尤其是它有维护盟邦的责任。第二次布匿战争期间发生了许多反叛和谋反的案件,因为,汉尼拔鼓动罗马盟友退出或者反叛罗马盟邦,例如,在坎帕尼亚(Campania)地区、塔林敦和布鲁提乌姆(Bruttium),等等。

(4)因为只有人民有权授予荣誉和施予惩罚[20],而它们恰恰是联结王国[21]、国家和一般人类社会的唯一纽带。(5)如果错乱了赏罚之间的区别,或者,虽然理论上认识到了它们之间的区别,但在实践上却糟糕透顶,那么没有任何事情能够得到正确的处置。怎么可能一视同仁地看待好人和坏人呢?(6)人民有权审判许多诸如需要加以罚金的案子,特别是在被告占据高位时更是如此;而且,他们也是判决生死重罪的唯一法庭。(7)就判决生死重罪而言,他们拥有一个特别值得也应该一提的习惯。他们的习惯是,只要有一个部落未对判决进行投票,那么他们就允许性命正在受审的那些人,公开地离国和自愿地流放自己。(8)这些去国者可以安全地流放到那不勒斯、普拉尼斯特(Praeneste)、提布尔(Tibur)和其他盟邦(*civitates foederada*e)。(9)人民授予那些应授之人官职,这是一个国家所能提供的最高道德奖赏。(10)人民有权同意或者拒绝法律,最为重要的是,他们可以深入地讨论战争与和平问题。(11)除此之外,在结盟的问题以及结束敌对与缔结和约的问题上,人民有权批准或者拒绝。(12)因而,有人可能会再一次似是而非地说,人民在政府中拥有的权力最大,他们的政体是一种民主政体。

[15](1)对于政治权力如何在国家的这三个部分分配,我刚刚已经叙述过了,现在我将解释这三个部分是怎样相互制衡或者相互协作的。(2)执政官在率领军队出征时,被授予了我在前面所提到的权力,在涉及执行自身计划的所有问题上,他看起来似乎拥有绝对的权力。(3)但是,事实上他需要人民和元老院的支持,如果没有他们,执政官根本就无法圆满地完成自己的军事行动。(4)很明显,军团需要源源不断地补给,没有元老院的同意,谷物、衣服和军饷都不可能得到供应。(5)因此,如果元老院有意阻挠或懈怠的话,指挥官的计划根本就会一无所获。(6)对于一名将军是否能够完全执行他的计划和目标,元老院有权进行决定,因为当他的任期届满时,元老院有权派人去取代他的位置,或者继续保留他的指挥权。(7)元老院有权决定是否让一名将军以盛大的排场来庆祝他所赢得的胜利,以此来抬高他或者贬低他。(8)因为如果没有元老院的同意和提供的必需资金,他们所谓的胜利大游行——这种胜利大游行是把将军们所赢得胜利的真实场景,活生生地搬到自己的公民同胞面前——根本就不能得到有效的组织,甚至有时根本就不可能得到举行。(9)至于人民,无论执政官离家多远,他们最需要做的是抚慰他们;因为正如我之前所说,人民有权批准或者拒绝媾和条件与媾和条约,(10)最为重要的是,执政官在卸任时,他们必须向人民解释自己的所作所为。(11)因而对于执政官而言,如果忽视

---

[20] 换言之,人民控制了法庭和公职人员的选举。
[21] [中译按]"王国"(regnum)由"王"(rex)这个词而来,正如"王"这个词(rex)由"统治"(regere)而来,"王国"这个词得自"王"。同前注[6],第118页。

了元老院和人民的善意,他们肯定是不安全的。

[16](1) 元老院尽管拥有如此之大的权力,但是它必须首先在公共事务上关心大众,要尊重人民的心声。(2) 如果元老院的法令(senatus consultum)没有得到人民的批准,那么,对于那些最严重和最广泛的危害国家的罪行,元老院就不可能进行调查,也不能对他们处以死刑和进行惩罚。(3) 对于那些直接影响元老院自身的事务,也是一样。因为,对于有人提出的意图剥夺元老院的一些传统权威,或者废除元老院的特权与尊贵,或者甚至减少他们的财产[22]的法案,只有人民才有权通过或者拒绝它。(4) 最为重要的是,如果其中一位保民官介入和行使自己的否决权的话,那么,元老院就不能决定任何事项,甚至不能会面和开会。(5) 保民官必须执行人民的决议和倾听人民的心声。基于所有这些原因,元老院敬畏人民,它必须充分重视人民的意志。

[17](1) 同样的,人民必须服从元老院,不管是在公开场合,还是私下场合,他们必须尊重元老院的元老。(2) 在整个意大利,大批的契约(我们不可能对此进行一一列举)由监察官发包出去,以新建和修缮公共建筑,除此之外,罗马政府事实上控制的所有资产,例如从通航的河流、港口、花园、矿产和土地上征收税款,都需要发包出去。(3) 现在,所有这些事项都由人民负责承担。有人可能会说,几乎所有人都被卷进这些契约中,并从这些契约中受益。(4) 因为有一些人实际上向监察官买下契约,有一些人是他们的合作伙伴,还有一些人是他们的担保人,另一些人则出于这个目的将自己的财产抵押给国家。(5) 所有这些事项现在都在元老院的控制之下。它允许延长时间,如果出现不可预见的意外事件,它可以减轻承包人的责任;如果能够证明自己根本就不可能完成契约,那么它可以解除契约。(6) 事实上,对于那些经营公共资产之人,元老院有很多的方法来让他们获益,或者让他们受损,因为所有这些案件的上诉都关涉它。(7) 更为重要的是,只要关涉重大利益,大部分的民事案件(不管是公共的民事案件,还是私人的民事案件)的法官都出自元老院。[23] (8) 结果,所有的公民都由元老院控制,而且对于那些不确定的诉讼,他们都较为警觉,因而对于阻扰或者抵制元老院的决定,他们都持较为谨慎的态度。(9) 同样,所有人都不愿意反对执政官的计划,因为,当他们外出征战时,不论是作为个人,还是作为整体,他们都将置于执政官的权威之下。

[18](1) 这就是罗马政体的三个组成要素之间的相互制衡与相互协作的关系,它们的联合足以应对所有紧急情况,我们不可能找到比它更好的政治体系。(2) 因为,每当外来的一些共同威胁逼迫这三者相互团结和相互协作之

---

[22] 这有可能指的是盖乌斯·弗拉米尼乌斯(Gaius Flaminius)提出的一个有关高卢公地的法案,参见波利比乌斯《通史》第二卷第21章。

[23] 在较为小型的案件当中,双方可以通过协议而免去元老院的判决。

时,这个国家的力量就会变得异常强大,以至于任何东西都不会被忽略;(3)因为,所有人都在争相寻找符合时势需要的方法,没有一个决定会错失良机;不管是公开还是私下,所有人都在相互协作,以完成自己手上的任务。(4)结果,对于完成所有定下的目标,这种独特的政体形式拥有一种不可抵挡的力量。(5)在他们的外来威胁解除后,人们享受胜利所带来的好运和富足,结果就在他们享受这种富足生活的过程中,阿谀奉承和散漫懈怠就会腐蚀他们,他们就会变得放肆和跋扈起来。(6)这在过去经常地发生,尤其是在政体自身纠正这种弊端时,更是如此。(7)因为在这三个要素中的一个要素膨胀起来后,它就会变得野心勃勃和容易侵犯他人。基于上述原因,很明显,对于这三个要素而言,任何一个要素都不是完全独立的;相反,一个要素肯定会被另外两个要素所制衡和阻碍,任何一个要素都不可以主宰或者轻蔑地对待另外两个要素。(8)因而一切仍然保持了平衡(in statu quo),因为任何挑衅性的冲动肯定都会被牵制和约束,而且从一开始,每一个要素都会因为另外两个要素的干预而不安起来……

论罗马的军事体制

[19](1)在选出执政官后,他们继续选任军事保民官,他们会从服役五年的那些人当中选出十四名军事保民官,从服役十年的那些人当中选出十名军事保民官。(2)至于其他人,在未满四十六岁之前,骑兵要求他们必须服役满十年,步兵则要求他们必须服役满十六年。(3)如果他们的资产在四百德拉克马以下,那么,他们所有人都必须在海军服役。(4)在国家紧急状态期间,步兵要求必须服役满二十年。(5)如果服役没有满十年,那么任何人都没有资格担任公职。[24](6)当执政官准备征召士兵时,他们会在公民大会上宣布,所有达到服役年龄的罗马公民必须报到的日期,他们每年都会这样做。(7)在指定的那一天到来后,那些需要服役的公民抵达罗马,聚集在卡皮托山,按照公民大会或者执政官所确定的顺序,资历较浅的保民官会将被分成四组,因为罗马军队最主要和最初始就是被分成四个军团。(8)最先的四名保民官会被委派到第一军团,随后的三名保民官会被委派到第二军团,接下来的四名保民官会被委派到第三军团,最后的三名保民官会被委派到第四军团。(9)对于资历较高的保民官,最先的两名保民官会被委派到第一军团,随后的三名保民官会被委派到第二军团,接下来的两名保民官会被委派到第三军团,最后的三名保民官会被委派到第四军团。

---

[24] 一名年轻贵族通常服役的军种是骑兵。这意味着,在27周岁之前,没有人可以竞选任何政治职位。

［20］（1）在保民官以这样的方式进行分配和任命后，每一个军团就拥有了相同数量的军官，（2）每一个军团的军官会分开坐定，他们会通过抽签来决定部落并根据抽签顺序来一个一个地召唤部落。（3）他们会从每一个部落当中首先挑选出四名年龄与体格相仿的青年。（4）当他们把这四名青年带到前面后，第一军团的军官会首先进行挑选，第二军团的军官其次进行挑选，第三军团的军官再次进行挑选，第四军团的军官则最后进行挑选。（5）在他们把另外四名青年带到前面后，第二军团的军官会首先进行挑选，其他军团依此类推，第一军团的军官则最后进行挑选。（6）在他们把第三拨青年带到前面后，第三军团的军官会首先进行挑选，第二军团的军官则最后进行挑选。（7）通过这样的方式，让每一个军团都可以轮流地首先挑选，都可以得到相同规格的士兵。（8）在以前的时代，在他们挑选出事先规定数量的士兵后（每一个军团的士兵数量达到四千两百人，在特别危险的时期，每一个军团的士兵数量达到五千人），他们再挑选骑兵。（9）然而，在现在的时代，他们首先挑选骑兵，监察官按照他们的财富来进行挑选；而且每一个军团都会被分配三百名骑兵。[25]

［21］（1）在以这种方式完成士兵的征召后，负有这种职责的各个军团的保民官集结新近征募的士兵，而每一位保民官都是士兵们从所有人当中挑选出来的，也是他们自认为最为合适之人。（2）他们要保民官发誓，他会服从自己的军官和尽可能地执行军官的命令。（3）接着，其他人走向前，每一个人轮流简单发誓，自己将会像第一个人所宣誓的那样去做。

（4）同时，执政官会给意大利的盟邦发布命令，以希望从他们那里征召军队，他们会宣布所需要的军队数量，也会告诉他们所挑选出来的军队需要抵达的时间和地点。（5）当局会选任合适之人来执行前面所说的那种宣誓仪式，在向军队委派一名指挥官和一名财务官（paymaster）[26]后，他们就会把部队派出去。

（6）在执行宣誓仪式后，罗马的军事保民官会宣布每个军团不携带武器进行报到的时间和地点，随后就遣散他们。（7）在他们在指定地点会合后，他们会挑选那些最年轻且财产等级最低的士兵来组成轻步兵（*velites*）；紧挨他们的是青年兵（*hastati*）；而那些正当壮年的士兵则被选作壮年兵（*principes*），那些最年长的士兵则被选作后备兵（*triarii*）。（8）每个罗马军团都由这四部分组成，他们彼此之间在年龄和装备上都存在区别。（9）按照这种比例划分，资深

---

[25] 卡萨乌波恩（Casaubon）将这个人数修改成"两百"（two hundred）名。在波利比乌斯《通史》第三卷第107章中，波利比乌斯确定地说，骑兵通常的人数是两百名，在紧急情况时会增加到三百名；利尼（Liny）在第22章和36章中也给出了具体的例证。但是，在其他很多段落中，这两位作者都提到了通常的人数是三百名，因此，对这个段落中的人数进行任何修改都是不审慎的。

[26] 也即是同盟军指挥官（*praefectus sociis*）和财务官（*quaestor*）。然而，这种财务官（*quaestor*）同罗马人的财务官（*quaestors*）迥然有别。

的后备兵的人数是六百名,壮年兵的人数是一千二百名,青年兵的人数是一千二百名,其余的则是最年轻的轻步兵。(10)如果军团的组成人数超过四千人名,那么,除后备兵(他们的人数仍然维持在六百名)之外,他们会按照相应比例对每个部分的人数进行增加。

[22](1)最年轻的士兵或者轻步兵(*velites*)必须佩戴刀剑、标枪和轻型盾牌(*parma*)。(2)这种轻型盾牌是一种直径达三英尺的圆形盾牌,它制作牢固,而且非常宽大,足以保护整个人身。(3)他们头戴一顶普通的头盔[27],上面有时披有一层狼皮或者类似之物,以起到保护和区别的作用,他们的军官可以通过这些东西来认识他们和判断他们是否作战英勇。(4)标枪的木柄的长度大约有两肘尺(cubits)长,厚度则大约有一指尺宽,它的头部有一掌尺长[28],它已经被捶打得非常锋利,以至于它在第一次被撞击后就必定会弯曲,敌人无法再拿起它进行回掷。(5)如果不这样的话,这种武器对双方都会有用。

[23](1)第二列是资格较老的青年兵(*hastati*),他们必须全副武装。(2)罗马人的全副武装首先是一面长盾(*scutum*),这面长盾呈凸面状,它的宽度是两英尺半,长度是四英尺,边缘处的厚度则是一掌宽。(3)长盾由两层木板黏合而成,它的外表面首先覆盖了帆布,接着覆盖了牛革。(4)它的上缘和下缘都由铁块所包裹,以保护长盾免于刀剑劈砍时的破坏和依靠地面时的碰伤。(5)它的中间安装了一个铁质的凸起物(*umbo*),这个凸起物可以让带有可怕冲击力的石头、长枪和一般的重型投掷物转向。(6)除了这面长盾,他们还配备了一把刀剑(*gladius*),这把刀剑悬挂在他们右边的大腿上,他们称呼它为西班牙刀剑(Spanish sword)。[29] (7)它有一个锋利的刀尖,它两边的刀刃杀伤力都非常强,因为它的刀刃非常地坚固和结实。(8)除此之外,他们还有两支标枪(*pila*)、一个铜盔和一个护胫甲(*ocreae*)。(9)这种标枪有两种:一种是粗标枪,一种是细标枪。较粗的那种标枪,有一些是圆形的,其直径有一掌宽,其他的粗标枪则是方形的。[30] (10)除了粗标枪之外,他们所携带的细标枪都是中型的狩猎标枪,它的整个木制柄身的长度大约是三肘尺。[31] (11)每一个细标枪都配有倒钩的铁头,其长度同柄身的长度相同。他们煞费苦心地把铁头牢牢地附着在柄身;铁头牢牢地固定在木制柄身上,其插入的深度达到柄身的一半,并以一连串的铆钉加以固定,因此在作战的过程中,它会断裂而不是松

---

[27] 也即是没有头盔上的装饰。

[28] 大约九英寸(inches)。

[29] 关于西班牙刀剑,参见波利比乌斯《通史》第十二卷残篇(Fr.)。波利比乌斯提到,第二次布匿战争期间,他们就使用了这种刀剑,但是很可能在第一次布匿战争期间,也即是在罗马人同迦太基人的战争当中,它就从西班牙军队那里引进过来了。

[30] 也即是,有些是圆形的截面(cross-section),有些是方形的截面。

[31] [中译按]三肘尺大约是四英尺。

动,尽管铁头插入木制柄身的插口厚度只有一只半手指的宽度。[32] (12) 由此可见,铁头是如此牢固地固定在木柄之上。(13) 最后,他们都佩戴一种由三根直立的紫色或者黑色的羽毛做成的头饰,它的高度大约是一肘尺[33],这些头盔上的羽毛同其他的武器一起,让所有人看起来都比其实际的身高要高出两倍,同时也产生一种让敌人心生恐惧的外在形象。(14) 除此之外,普通的士兵也要佩戴一种大约一掌宽铜制护胸甲,他们把这种护胸甲放在自己的心脏前面,他们称呼它为护心片(pectorale),这就是他们全副的武装。(15) 然而,对于那些财产被估算为一万以上德拉克马之人,他们不会佩戴这种护胸甲,而是会穿戴一件锁子甲(lorica)。(16) 壮年兵和后备兵配备了同青年兵一样的武器,除了投掷用的标枪(pila)之外,后备兵还配有长标枪(hastae)。

[24](1) 除了轻步兵之外,青年兵、壮年兵和后备兵都要根据个人的特长选出十位百夫长,随后,他们会再选出十位百夫长。[34] (2) 所有这些人都有百夫长的头衔,而且,第一位选任出来的百夫长是军事会议的成员。(3) 百夫长随后会任命相同数量的副手(optiones)。[35] (4) 接下来,除了轻步兵之外,他们将青年兵、壮年兵和后备兵连同百夫长一起分成十个中队(companies),每一个中队分配两名百夫长和两名候补军官。(5) 轻步兵会被平等地分到所有的中队中;这些中队被称作连队(ordines)或者支队(manipuli)[36]或者分队(vexilla),他们的军官被称作百夫长(centurions)或者支队指挥官(ordinum ductores)。(6) 最后,这些军官从队伍中选出两名最勇敢和最健壮之人,作为每个支队(maniple)的掌旗人(vexillarii)。(7) 每个支队任命两名指挥官是非常合情合理的;因为,无法确定一名指挥官会做什么,或者会在他身上发生什么,而且战事也不容许有任何的托词和借口,他们希望支队不会出现没有首领和头领的情况。(8) 当两位百夫长都在场时,首先被选任的那位百夫长指挥右边的那一半支队,其后被选任的那位百夫长则指挥左边的那一半支队,但是如果两位百夫长没有同时在场的话,那么就由在场的那位百夫长指挥全部支队。

---

[32] 木柄的宽度大约是三英寸,而插入木柄的铁头的宽度则大约是一英寸。
[33] [中译按]一肘尺大约是一英尺半。
[34] 选出的这前十位百夫长称作"前百夫长"(centuriones priores),选出的这后十位百夫长称作"后百夫长"(posteriores)。
[35] 副手(optio)可以减轻百夫长的各种行政职责,我们或许可以把他描述成一种军需官(quartermaster)。
[36] 因此,每个支队(manipuli)平均由四百二十人组成,军团的十分之一。
[中译按]企鹅本英译者的这个注释似乎有误,其认为"支队由两百人组成"。"一个军团有六十个百人队(centuria),三十个支队(manipulus),十二个步兵大队(cohors),两百个骑兵中队(turma)。支队(manipulus)由两百人组成,此名源于他们进行第一场搏斗(manus),从而开启战事。也可能是因为在战旗/部队标识(signa)产生之前,他们会找点东西(manipulus,一小撮儿)来作为自己的标识,比如一捆稻草或者某种植物;由此,这些士兵们得到了'支队成员'这个绰号,卢坎有云(Civil War 1.296):'他立刻召集军队(maniplus)于战旗之下。'"同前注[6],第122页。

(9)他们希望百夫长是天生的领袖,沉着而稳重,而不是过于冒险和鲁莽。他们不希望百夫长只会发动进攻和开启战端,而是希望他们在最艰难困苦之时,仍然能够稳住阵脚和死守阵地。

[25](1)他们以相同的方式把骑兵分成十个中队(turmae),并且他们从每个中队当中选任三位骑兵官(decuriones),而这些骑兵官转而又会任命三位副手(optiones)。(2)首先选任的那位指挥官指挥整个中队,另外两位指挥官也拥有骑兵官的头衔,这三人都具有这种头衔。(3)如果第一位骑兵官不在场,那么就由第二位骑兵官接管中队。(4)骑兵现在所使用的武装,同希腊骑兵的武装非常地相似,然而在古代,他们没有胸甲,而是身穿短衣作战,结果他们在上下马时轻便自如,但是在面对面近战时,他们却暴露在巨大的危险之中,因为他们近乎裸露。(5)他们的长枪在两个方面都是无用的。首先,它们如此细长和柔软,以致骑兵根本就不可能进行固定地瞄准,而且在他们把枪头扎进任何东西前,战马的运动所带来的长枪的摇晃,会导致大部分长枪断裂。(6)其次,由于他们没有在长枪的枪托上装配尖头,因此他们只能用枪头进行一次攻击,如果枪头在这次攻击当中断裂,那么它们就再也不会有任何用处。(7)他们的盾牌由牛革制成,其外观同祭祀时所使用的圆形而凸起的糕饼有些相似。(8)它们不能用于任何攻击,因为它们不够坚硬;它们暴露在雨水中后,覆盖在上面的皮革就会脱落和腐蚀,它们会变得比之前更加无用。(9)既然实践证明他们的武器缺陷百出,那么他们就很快更换了希腊人所使用的武器,这确保了长枪的枪头在第一次进攻中瞄准的稳定性和有效性,因为长枪制造得如此结实和坚固,以至于它根本不会在手上摇晃,而且他们也可以让长枪转向,用枪托上的尖头进行攻击。(10)希腊人的盾牌,情形也是一样,它们都是用非常结实和坚硬质地的材料制成的,在防御和进攻(attack)[37]中,它们都能发挥非常良好的作用。(11)在罗马人发现了它们的优点后,他们很快就仿造了希腊人的武器;这正是他们的强项之一,没有哪个民族会像罗马人那样,心甘情愿地采用那些全新的做法,效仿他们所见到的任何更好的东西。

[26](1)在保民官以这种方式组织军队并命令他们武装自己后,他就把他们解散回家了。(2)他们所有人之前都宣誓,自己一定会在执政官指定的地方报到,在这个日期到来后——(3)每个执政官一般都会为自己的军队各自指定一个集合的地方,因为每个执政官都将被分配两个罗马军团和应有之数量的盟军队伍——(4)所有登记在册之人无一例外地都会出现,除了凶兆或者不可抗力之外,任何借口都不会被容许。(5)盟军现在同罗马人在相同地方集结,他们的组织和管理都将由执政官任命的军官承担——这种军官也即所谓的盟邦

---

[37]"进攻"(attack)可能指的是从远距离投掷东西。

长官（*praefecti sociorum*），他们的人数是十二名。(6) 这种盟邦军官首先会从集结的整个盟邦军队当中，为每个执政官挑选出最合适服役的步兵和骑兵，这些人就是所谓的"特选部队"（*extraordinarii*），也即所谓的"精锐部队"（select）。(7) 盟友的步兵人数通常与罗马的步兵人数相同，但是，他们的骑兵人数是罗马的骑兵人数的三倍。(8) 他们从这些人当中选出大约三分之一的骑兵和五分之一的步兵来充当精锐部队；(9) 至于其他人，他们会把他们分成两部分，其中一部分作为右翼，另一部分则作为左翼。

(10) 在这些安排完成后，军事保民官就会率领罗马军队和盟邦军队开拔进军，在所有时间和所有地点，他们都会运用一个简单的公式来进行营地的建造。(11) 因此我觉得，向我的读者解释罗马军队的军事部署，例如何时进军（*agmen*）、何时驻营（*castrorum metatio*）和何时作战（*acies*），正当其时，因为这至少从文字上可以做到。(12) 对于这样一种非凡而卓越的表现，我认为任何人都不会漠不关心，以至于甚至拒绝花费额外一些功夫来理解这种问题，一旦他读到了它们，那么他不是会对一个真正值得自己关注和研究的问题成竹在胸吗？

[27] (1) 对于营地的布局，他们是按照如下方法进行的。在营地的位置选好后，他们要把能够提供最佳视野和最方便发号施令的地方，保留给执政官行营（*praetorium*）[38]。(2) 在他们准备扎营的地方，他们会矗立一面旗帜，接着，他们会以这面旗帜为中心，丈量出一块正方形的土地，这块正方形土地的每条边都距离军旗一百英尺远，而且，它的总面积是四普里（*plethra*）[39]。(3) 沿着这个正方形的一侧——最方便取水和搜集粮草的一侧——罗马军团会以下列方式进行部署。(4) 正如我在前面所说，每一个军团都有六位军事保民官；既然每一位执政官都统率两个罗马军团，那么，很明显，每一支执政官所统率的军队都有十二位军事保民官。(5) 他们把所有这些军事保民官的帐篷沿着一条直线搭建起来，这条直线同所选定的正方形的一侧相互平行，且距离它五十英尺，给军事保民官的战马、骡子和辎重预留空间。(6) 所搭建的这些帐篷背对着执政官的行营和面向营地的外侧，对于这个方向，我今后会称之为"前方"（the front）。(7) 军事保民官的帐篷之间距离相等，这样的距离便于他们沿着军团所占据的空间的整个宽度进行延伸。

[28] (1) 他们现在从所有这些帐篷的前方丈量出一百英尺，在这段距离

---

[38] [中译按] 由于 praetor 的含义是"法务官"，因此 *praetorium* 可以直译作"法务官行营"，但是由于 praetor 本身就属于"执政官"系列当中的一个职位，包括候补执政官，因此我们也可以将 *praetorium* 译作"执政官行营"。在圣经中，*praetorium* 亦被译作衙门、总督府或者总督衙门。

[39] 一普里（a plethra）相当于一万平方英尺。因此，执政官的行营（Praetorium）的正方形边长是两百英尺。

上，他们会划出一条同保民官帐篷平行的直线，接着他们开始部署军团的营房，具体做法如下：(2) 在将上述直线一分为二后，他们从中点划出与其垂直的另一条直线；沿着后一条直线，他们把各军团的骑兵两两相望地扎营在中间总共相隔五十英尺的这条直线的两侧，而最后提到的这条直线正好就在它们的中间。(3) 骑兵和步兵的扎营方式非常地相似，支队和中队所占据的整个空间呈方形。(4) 对于面向街道或者通道(viae)的这个方形，它的边长是一百英尺的固定长度，他们通常也会让它保持相同的宽度，不过盟军的情形除外。(5) 当他们动用规模更为庞大的军团时，他们就会相应地增加方形的长度和宽度。

[29](1) 因而，骑兵的营地同街道有些相似，它布局在从军事保民官的帐篷中央所延伸出来的道路两侧，并且它同搭建的这些帐篷的那条直线和前面的那条通道成直角。(2) 整个道路的布局事实上就像一个十字路口，骑兵的营地部署在其中一侧，步兵的营地部署在另一侧，他们都是沿着整个通道相互面对面地扎营。(3) 他们用同样的方法部署后备兵，他们把后备兵部署在骑兵的后面，也即，每个军团的骑兵部队和后备兵所部署的地方正好是背对背的，并且它们之间没有任何空隙，彼此相连，但朝向相反。(4) 他们分配给后备兵每个中队的宽度只有其正面的一半，因为后备兵的人数一般只有其他单位的一半。(5) 尽管支队的人数可能经常不一样，但是，营地的长度是却都是一样的，因为，营地的宽度可以进行灵活地伸缩。(6) 接着，他们把壮年兵部署在后备兵的对面，他们之间间隔了五十英尺，由于他们都面向其间的空间，因此这就形成了另外两条通道，而且这两条通道同保民官帐篷前的一百英尺宽的通道成直角。(7) 这两条通道都通向与保民官营区相反方向的另一侧军营，对此，我们先前将它称为整个营区的前方。(8) 他们将青年兵——背对背地且中间没有留下任何间隙地——驻扎在壮年兵后面。(9) 根据军队最初的建制，青年兵、壮年兵和后备兵各自都由十个支队组成，道路的长度都是相同的，它们全部都笔直地终结于营地的正面，因此，这条直线上的最后一个支队正好直接面对营地的正面。

[30](1) 在距离青年兵五十英尺的地方，盟邦的骑兵就驻扎在始于同一条线和终于同一条线的青年兵的对面。(2) 正如我在前面所说，盟邦的步兵人数同罗马军团的人数是相同的，但是，这需要从前者当中扣除"精锐部队"(extraordinarii)的人数。然而，在扣除三分之一所服役的"精锐部队"的人数后，盟邦骑兵的人数是罗马骑兵人数的两倍。(3) 因而，在建造营地时，他们会相应地增加分配给盟邦骑兵的空间宽度，他们会努力地使盟邦骑兵的营地长度同罗马军团的营地长度一样。(4) 当完成这五条通道(streets)[40]后，他们就会

---

[40] 也即是，两个军团之间有一条通道，两块区域之间各有两条通道。

部署盟邦的步兵,他们会根据他们的庞大人数[41],来相应地增加他们所属地方的宽度;盟邦的步兵同骑兵背对,而且,他们会朝向防御土墙(the agger)和营地的外侧。(5)每一个支队的第一座帐篷都由百夫长所占用。以这种方式部署整个营地时,他们会在第五骑兵中队与第六骑兵中队之间和第五步兵支队与第六步兵支队之间留下一个五十英尺的空间,(6)结果,这就形成了一条贯穿整个营地的另一条通道,这条通道同军事保民官的行营平行,并同其他通道成直角。这就是他们所谓的"第五通道"(via quintana),因为它是沿着第五骑兵中队和第五步兵支队而延伸的。

[31](1)对于保民官的帐篷后面的空间,他们会以下列方式进行使用:执政官行营(praetorium)的右侧是广场(market),左侧是财务官的办公区域及其所负责的补给物。(2)最后一座保民官帐篷后面的两侧,以及同这些帐篷差不多成直角的地方,是从"特选部队"(extraordinarii)中挑选的精锐骑兵和一些出于个人情谊而自愿为执政官效劳的志愿军[42]的营区。这些人都驻扎在同这座防御土墙(the agger)的两侧所平行的地方,其中一侧朝向财务官的军需库,另外一侧则朝向市场。(3)因而在一般情况下,这些军队不仅驻扎在执政官附近,而且在行军和其他一些场合当中,他们都相伴在执政官和财务官的左右。(4)同他们背对背,面向防御土墙的地方,驻扎的是精锐步兵,这些精锐步兵是用来执行同我刚刚所描述的骑兵一样的任务。[43](5)在这些区域之外,尚有一块一百英尺宽的空地或者通道,这块空地或者通道同保民官的帐篷(tents)相平行,而且它从广场、执政官行营(praetorium)和财务官行营(quaestorium)的另一侧,沿着整个防御土墙进行延伸。(6)在这块空地或者通道较远的一侧,其余的特选骑兵(equites extraordinarii)则面对广场、执政官行营和财务官行营进行驻扎。(7)在这个骑兵营区的中间且恰好在执政官行营对面的,是一条五十英尺宽的通道,这条通道通向营区的后面,并同执政官行营后面的那条宽阔的大道成直角。(8)背靠这些骑兵且面向防御土墙和置于整个营区后面的,是其余的特选步兵(pedites extraordinarii)。(9)最后,靠近防御土墙的营区两侧的右边空地和左边空地,则被分配给了允许进入的外国军队或者盟邦军队。

(10)因而,整个营区形成了一个方形,通道的布局和安排,使整个营区看起来就像一座城镇。(11)四面的防御土墙都距离帐篷两百英尺,而且,这块空

---

[41] 也即是,在扣除比重达五分之一的"精锐部队"(extraordinarii)后,盟军有两千四百人要部署到这十个空间,而不是有三千人要部署到这三十个空间。

[42] 这些志愿军都是老兵,他们是以特别性的条件重新接受征召,并组成执政官的护卫部队。

[43] 也即是,他们是从同盟军步兵(the pedites sociorum)挑选出来以服务于禁卫军(praetoria cohors)。

地的作用非常广泛和重要。(12)首先,它可以为进出营地的军队提供合适的设施,因为他们所有人都可以通过自己的通道进入这块空地,不会成批地涌入同一条通道,从而造成推搡挤撞。(13)除此之外,所有带入营区的牲畜和从敌人那里掠夺而来的战利品,都可以保管在这个地方,而且在整个夜间,它们都会得到妥善护卫。(14)然而,最为重要的是,在遭遇夜袭时,它可以有效地确保营区在火攻和投掷物的射程之外,即使其中有一些确实射程足够远,但是由于帐篷前面事先留下的距离和空间,它们也几乎不会造成什么损害。

[32](1)鉴于骑兵和步兵的人数(每个军团的人数是四千人或者五千人),也鉴于支队和中队的宽度、长度和数量,以及通道和空地的大小与其他所有的细节,(2)任何人只要愿意都可以计算出整个营区的面积和周长。(3)如果恰好额外有大批的盟邦军队(他们可能按照原来征召而来,或者因为特殊情况而加入其中),(4)那么,他们就会被安排在执政官行营的两侧附近住宿,因为广场和财务官行营(*quaestorium*)可以被尽可能地压缩到最小规模,从而达到应付紧急之需的目的。(5)如果数量过多,那么罗马军团的营区两侧会被分别增加一条通道。

(6)当两位执政官同他们所率领的全部四个军团一起驻扎在一个军营时,我们只能认为,两个营地以上述方式背靠背地并置在一起,而两个营地的连接之处就是每个营地的特选步兵所驻扎的地方。我们之前描述过,这些特选步兵驻扎在面向军营后面的防御土墙的地方。(7)军营现在的形状是长方形,它的面积是原来的两倍,它的整个周长是原来的一倍半。(8)当两位执政官驻扎在一起时,他们就采用这种部署方式。但是,当两个军营分开驻扎时,部署方式唯一的区别就是两个营地中间的广场、财务官行营(*quaestorium*)和执政官行营(*praetorium*)。

[33](1)在营地部署完成后,军事保民官们会同所有人(不管他们是自由民,还是奴隶)进行会面,并让他们一个个地向军营内的所有人发誓。(2)每一个人都将发誓,自己不会从营地盗窃任何东西,即使自己发现了任何东西,他也会把它带给保民官。(3)其次,他们会向每个军团的青年兵和壮年兵发布命令,把保民官帐篷前面的区域委任给青年兵和壮年兵的两个支队进行负责;因为这个区域一般是士兵们白天进行活动的地方,他们会对它进行认真的打扫和浇水。(4)对于余下的十八个支队(每个军团的青年兵和壮年兵的支队的人数是二十个),其中每三个支队都会通过抽签的方式被分配到每位保民官名下,而每个军团都有六位保民官。(5)对于这三个支队,每一个支队都会轮流服侍保民官,向军事保民官提供如下的服务。(6)当他们扎营时,他们会为他搭建帐篷和平整周围的土地;如果有必要用栅栏对他的行李进行特别的防护,那么这也是他们的职责之一。(7)他们也要为他提供两组护卫,一组护卫由四人组

成,其中两名护卫驻守在帐篷前面,另外两名护卫则驻守在帐篷后面的马匹附近。(8)每一位军事保民官,都拥有可以支配的三个支队,每个支队都超过一百人(这不包括后备兵和轻步兵,他们免于这种职责),他们的职责都是非常轻松的,因为每一个支队每三天进行轮换。(9)这种安排可以为军事保民官提供足够充分的服务,而且军事保民官的尊贵身份也可以得到足够充分的维护。(10)后备兵的支队可以免于这种对军事保民官的个人服务,但是,他们所有的支队每天都要为自己身后的骑兵中队提供一组护卫。[44](11)除了提供一般的警戒之外,这组护卫还要特别照看马匹,以防止它们因为缰绳缠绕而受伤,以致瘫痪,或者,防止它们因为缰绳松脱而同其他马匹冲撞,以致引发营区的混乱和骚动。(12)最后,所有的支队每天都要轮流在执政官的行营前站岗,以保护他免于他人的密谋,并增加其职位的尊贵。

[34](1)对于营区壕沟和栅栏的建造[45],沿着驻扎的两翼军队的两侧由盟军进行建造,另外两侧则由罗马人进行建造,每个军团负责建造一侧。(2)每一侧都会根据支队的数量而被分成几个部分,一个支队负责一个部分,百夫长则站在旁边进行监督,同时两名军事保民官会对每侧的建造进行总体性监督。(3)同时,这两名军事保民官也负责监督有关营区建设的所有其他工程。他们会把自己分成两人一组,通过抽签,每组在六个月当中的两个月轮流当班和监督所有的军事行动。(4)盟军的长官也会依据同样的原则来分配自己的职责。(5)每天拂晓,骑兵军官和百夫长会齐聚到军事保民官的帐篷中,军事保民官则会前往执政官的行营。(6)执政官会给军事保民官下达必要的命令,军事保民官又会把命令进一步传达给骑兵军官(cavalry officers)和百夫长,而骑兵军官和百夫长则会在合适的时间把命令传递给士兵。

(7)为确保在夜间安全地传达口令,他们按照如下的方式进行。(8)他们会从每个单位的步兵和骑兵(each class of the infantry and cavalry)的第十支队(这个支队驻扎在通道的末下端)当中选出一个人,这个人没有警戒职责,在每天日落时分,他都会出现在军事保民官的帐篷前,从军事保民官那里接收口令,即一块刻有口令的木板。随后,他会离开,在回到自己的驻地后,他会在证人面前把口令和木板交给下一个支队的指挥官,而这位指挥官又会依次地把它传给下一个支队的指挥官。(9)所有的支队会一直重复这样的做法,直到木板传给驻扎在军事保民官帐篷附近的第一支队。(10)这些人则必须把这块木板(tessera)在天黑前传给军事保民官。(11)如果发出去的所有木板都被交回来了,那么军事保民官就知道,口令已经下达给所有的支队,而且口令是在传给所

---

[44] [中译按]"一组护卫"(a guard)亦即"由四人所组成的一组护卫"(a watch of four men)。
[45] 在罗马的军事术语中,*agger* 指的是防御土墙(rampart),*vallum* 则指的是防御土墙上的栅栏(stockade)。波利比乌斯经常用 *charax* 或者 *charakoma*,来指代其整个结构。

有层级之后,才回到自己手里。(12)如果有任何一块木板被遗漏的话,那么他就会立即展开调查。通过木板上的标记,他可以知道是哪一个营区的木板没有被交回来,进而知道谁将对此进行负责并接受相应的惩罚。

[35](1)他们按照以下的方式进行夜间警戒。(2)执政官及其行营由执勤的支队进行警戒,而军事保民官的帐篷和骑兵的帐篷,则由每个支队按照我之前所说的那种方式,由指定的人进行警戒。(3)每个单位,无论是支队还是中队,都会安排自己的人员进行警戒。(4)其他的警戒则由执政官进行指派;他们一般会在财务官行营(*quaestorium*)前安排三名岗哨,在每位使节(legates)[46]的帐篷或者每位军事委员会成员的帐篷前安排两名岗哨。(5)营地的整个外围由轻步兵进行警戒,他们每日都会沿着壁垒(*vallum*)进行驻守——这是分配给他们的一项特殊职责——营地的每个出入口都会安排其中十人进行警戒。(6)对于负有警戒责任的那些人,同属于自己中队的一位副手(*optiones*)会在晚上把每个支队所值第一班之人,带到军事保民官那里。(7)军事保民官会交给他们每人一块小木板,一块木板一个警戒;这种木板非常之小,但上面写有标记,在他们接到木板后,他们就会立即前往分配给自己的岗位上。

(8)周围巡逻的责任则交给了骑兵。每个军团的第一骑兵长官(first praefect of cavalry),必须在清早向自己的一位副手下达命令,以在早餐之前通知自己中队的四位年轻人进行巡逻。(9)每个军团的第一骑兵长官必须在晚上通知下一个中队的长官,让他必须安排好第二天的巡逻。(10)在接到这个通知后,这位长官必须在第二天采取相同的步骤,所有骑兵中队都依此类推。(11)由副手从第一中队所挑选的这四人,在对巡逻进行抽签后,会去保民官那里获取书面命令,上面写有他们所要前往的哨岗和前往时间。[47](12)在他们四个人全部进入自己夜间执勤的位置后,后备兵的第一支队也会站在他们旁边,因为这个支队的百夫长的职责就是在每一次夜间岗哨开始的那个时刻吹响号角。

[36](1)当这个时间到来时,抽到第一班岗哨的那个人,将在作为见证的一些朋友的陪同下进行巡逻。(2)他将依顺序地查访我在面前所提到的所有岗哨,这不仅包括壁垒和大门附近的那些岗哨,还包括步兵支队和骑兵中队的那些岗哨。(3)如果他发现第一班岗哨的卫兵是醒着的,那么他将收走他们的木板(*tessera*);但是如果他发现有人睡着或者离开自己的岗位,那么他将呼叫陪同自己的那些人前来作证,接着他将继续自己的巡逻。(4)在不同时段进行

---

[46] 这些使节是高级官员,他们通常是从元老院征募而来和作为执政官的参谋人员。他们的地位可能介于财务官和军事保民官之间。

[47] 也即是,夜间的第一班、第二班或者其他班巡逻。

巡逻的那些人,会按照相同的方式进行巡逻。(5)正如我之前所说,每个军团后备兵的第一支队的百夫长——每个人轮值一天——负责在每次夜间岗哨开始的那个时刻吹响号角,以便那些巡逻的人在正确的时间查访不同的岗哨。

(6)每一个外出巡逻之人都要在拂晓时把木板带回给军事保民官。如果他们把木板全部带回来,那么他们会毫无疑问地立即解散。(7)然而,如果带回来的木板少于所查访的哨岗数量,那么他们会对木板上的标记进行调查,从而找出所遗漏的岗哨。(8)在他们调查清楚后,军事保民官会把支队的百夫长叫来,让他把执勤的那些人带到自己的面前,并让他们同巡逻的那些人进行对质。(9)如果责任在岗哨的身上,那么巡逻者可以叫那些陪同自己巡逻的人过来澄清事实,因为他必须这样做。但是如果根本就没有这种事情发生,那么责任就落在他的身上。

[37](1)所有军事保民官会立即组成军事法庭来审判他,如果他被判有罪的话,那么他就被施予笞刑(*fustuarium*)。(2)这种刑罚是按照以下的方式实施的:(3)军事保民官手持一根棍棒以轻触这位有罪之人,接着所有的士兵都用棍棒或者石头击打他,在绝大部分情况下,他都会当场毙命。(3)然而,即使逃过了这一劫,他也不可能活着走出军营。(4)因为他们不被允许回家,也没有任何一个家庭胆敢收留这种人。因而,一旦遭遇了这种灾难,他必定会万劫不复。(5)相同的惩罚也会施予中队的副手和长官身上,如果他们没有在正确的时间向巡逻者和下一个中队的长官下达命令的话。(6)因此,由于惩罚的极端严厉性和不可逃脱性,罗马军队的值夜都会得到最严格地执行。

(7)普通的士兵向军事保民官负责,军事保民官则向执政官负责。(8)军事保民官和盟军的长官有权施予罚金、扣押物品和责令鞭打。(9)对于那些偷窃营地物品和作伪证之人,他们会被施予笞刑,对于犯有同性恋罪行的成年人和三次犯有相同罪行之人,他们也都会被施予笞刑。(10)上述这些举动都会当作罪行进行惩治,然而,士兵的下述举动也将会被视一种怯懦和耻辱:(11)任何向军事保民官虚假地吹嘘自己在战场上的英勇果敢,以赢得奖赏的行为;任何被分配到掩护部队之人,出于恐惧而擅自离开所指定的岗位的行为;同样地,出于恐惧而将自己的武器丢弃在战场上的行为。(12)因此,作为掩护部队的士兵,他们经常要直面死亡,即使遭遇海量的敌人,他们也拒绝离开自己的队伍,因为他们害怕将来等待自己的是严厉惩罚。(13)在战斗中,把自己的盾牌、刀剑或者任何其他武器遗落在敌人中间的那些人,经常会奋不顾身地杀到敌人中间,以希望找回自己所遗落的东西,或者以死亡来逃避自己亲人的讥讽和羞辱。[48]

---

[48] 参见"加图(Cato)之子的故事",普鲁塔克(Plutarch),《老加图》(*Cato Maj.*),第20卷。

[38](1)如果同样这种事情发生在大批人员的身上,例如整个支队在遭遇艰难处境时,全都擅离自己的岗位,军官不会把所有人都处以笞刑或者死刑,但是他会找到一种既有益又恐怖的解决方法。(2)军事保民官会集合军团和把犯有擅离职守之罪的那些人带上前来,他会尖锐地责备他们,最终他会通过抽签随机地挑选五名、十名或者二十名有罪之人,他尽可能地让自己所选定的人数占那些犯下怯懦罪行的人数的十分之一。(3)那些被抽到的人,则会以我之前所说的那种方式,被无情地处以笞刑;其余的人只会被配给定量的大麦而非小麦,而且他们会被下令驻扎到没有设防的军营外面。(4)对于所有人而言,这种致命的抽签所带来的危险和恐惧都是相同的,因为它会落到谁的身上并不是确定的;配给定量的大麦这种公开羞辱,也将相同地落到所有人的身上,不管是激发恐惧,还是纠正错误,这种做法都是最好的。

[39](1)他们还有一个令人艳羡的方法,来鼓舞年轻士兵直面危险。(2)在战斗结束后,对于在战斗中表现卓越的那些人,将军会召集军队,让那些展现出非凡勇气的人出列,首先他会颂扬他们每一个人的英勇事迹和激赞任何值得赞扬的其他行动,随后他会给他们颁发下列奖赏:(3)对于击伤一名敌军的士兵,他会被授予一支长枪;对于杀死并夺得一名敌军铠甲的士兵,如果他是步兵,他就会被授予一个杯子,如果他是骑兵,他则会被授予一副马饰,尽管最初的奖品仅仅只是一支长枪。(4)这些奖品不会被授予那些在常规战役和围城战役当中击伤或者夺得一名敌军铠甲的士兵,而是会被授予那些在小型遭遇战或者在相似情形下的士兵,因为这种战役不需要同敌人近身对战,但是他们却有意且自愿地把自己暴露在危险当中。(5)对于在攻城期间第一个登上城墙之人,他会被授予一顶金冠。(6)对那些保护和拯救罗马公民或者盟友之人,执政官会授予他荣誉性的礼物,而所拯救出来的那些人会自愿地给予自己的拯救者一顶金冠;如若不然,对这件事享有决定权的军事保民官就会强迫他们这样做。(7)那些获救之人一生都会像尊敬自己的父亲那样,尊敬自己的拯救者,他们必须像对待自己双亲那样对待他。(8)通过这样的诱导,他们不仅激发了在场亲眼看见当时之事的那些人,而且也激发了留在家里的那些人的竞争意识,并使其争相在战场上效仿英勇行动。(9)因为对于赢得这种礼物的人而言,他不仅会在军中和自己家乡享有巨大声望,而且在他们回来后,也会在宗教游行当中别树一帜。因为除了执政官所应允的、那些在战场上表现英勇的勇士可以佩戴装饰之外,没有人可以佩戴装饰。(10)他们会把自己所赢得的战利品悬挂在家里最显眼的位置,他们会把它们看作是自己勇敢的象征和证明。(11)鉴于这个民族如此挂念军事上的奖励与惩罚问题,而且他们也都非常看重这两者的重要性,因此对于罗马人在战场上所赢得的巨大而光辉的成就,没有人会感到惊奇。

(12) 一名步兵每天领到的薪资是两奥布(obols),一名百夫长所领到的薪资是步兵的两倍,一名骑兵所领到的薪资则是一德拉克马。(13) 一名步兵每个月所领到的小麦配给大约是三分之二阿提卡米迪(Attic medimnus),一名骑兵每个月所领到的小麦配给是两米迪(medimni),大麦则是七米迪。[49] (14) 一名盟军的步兵所领到的薪资同罗马人的步兵相同,一名盟军的骑兵则可以领到一又三分之一米迪的小麦和五米迪的大麦,这些配给都是免费提供给盟军的。(15) 但是在罗马军队当中,财务官会从自己的薪资中按照规定的比率来扣除自己所需要的粮食、衣服和任何其他武器的价钱。

[40](1) 他们会按照下述方式进行拔营:(2) 一旦信号发出后,他们会取下帐篷,收拾自己的行李。但是,没有一座士兵的帐篷先于军事保民官和执政官的帐篷被取下或者被竖起。(3) 在第二道信号发出后,他们会把行李装到驮畜上,在第三道信号发出后,领头的支队[50]必须开拔并让整个营区开始移动。(4) 一般来说,他们会把"特选部队"(extraordinarii)放在队伍的前面。(5) 在"特选部队"的后面是盟军的右翼,在盟军右翼的后面则是他们的驮畜。(6) 接下来行进的是罗马第一军团,而第一军团的行李则跟在这个军团的后面;随后是第二军团,而第二军团的驮畜和盟军的行李则跟在这个军团的后面,就这样,盟军的左翼部署在行进队伍的最后面。(7) 骑兵有时行进在自己各自所属队伍的后面,有时在驮畜的侧翼行进,以确保牲畜集中在一起和给它们提供保护。(8) 如果攻击从后面发起,大致相同的行军顺序会得到维持,不过,盟军的特选部队会行进在后面而不是前列。(9) 这两个军团和两翼,它们会隔日轮流地行进在前锋的位置或者后卫的位置,通过这种队形顺序上的变化,让所有人都拥有平等的机会,去享用新鲜的淡水补给和新鲜的粮草补给。(10) 在危险时刻,如果地形足够开阔,那么,他们也有另外一种行军的队形顺序。(11) 在这种情形下,青年兵、壮年兵和后备兵会以三种平行的队列前进,领头支队的驮畜队伍会部署在所有人的前面,第二支队的驮畜队伍会部署在领头支队的后面,第三支队的驮畜队伍会部署在第二支队的后面,依此类推,辎重队伍则会被安插在作战队伍之间。(12) 在这种行军顺序之下,一旦队列受到威胁,那么,他们可以根据敌人的进攻方向,让军队面向左边或者右边,他们可以很快地摆脱辎重和迎向敌军。(13) 因此,整个步兵可以很快地通过一次性动作,来部署这种作战队形(除了青年兵有时可能要绕过其他作战队伍,才能部署这种作战

---

[49] 一名步兵每月可以领到大约半蒲式耳(bushel)的小麦,一名罗马骑兵每月可以领到大约一蒲式耳半的小麦和六蒲式耳的大麦,而一名盟军骑兵每月可以领到大约三到四蒲式耳大麦和一蒲式耳小麦。

[50] [中译按]"领头的支队"(the leading maniples)亦即"第一支队"(the first maniples)。

队形[51]),(14)辎重队伍及其随行人员也会部署到战斗中的合适位置,即它们会有一列军队加以掩护。

[41](1)当军队行进到所驻扎的营地附近时,其中一名军事保民官和那些负责这项工作的百夫长会继续前进,(2)在勘察整个营地的地形后,他们首先会按照我在前面所说的那些考量,来决定执政官的行营(the consul's tent)部署在哪个位置和军团驻扎在执政官行营的哪个方向。(3)当他们在这方面做好决定后,他们首先会丈量执政官行营(praetorium)的面积,然后他们会划出一条直线,军事保民官的帐篷就沿着这条直线进行搭建,接着他们会再划出同这条直线相平行的一条直线,军队的营区就从这条直线上开始建造。(4)他们会以同样的方式在执政官行营的另一侧划出一条直线,这都是按照我之前所详细描述的那副蓝图进行的。(5)所有这些事项都会在非常简短的时间内完成,因为划标线是一项非常简易的事情,所有的距离都是固定的和熟知的。(6)其后,他们会插上旗帜,第一面旗帜会插在执政官行营前的地面上,第二面旗帜会插在被选定作营区的一侧上,第三面旗帜会插在保民官帐篷的中间线上,第四面旗帜会插在另一条平行的直线(军团将沿着这条直线进行扎营)上。(7)后面这些旗帜是红色的,但是,执政官的旗帜则是白色的。在执政官行营另一侧的地面上,他们会插上简易的标枪或者其他颜色的旗帜。(8)随后,他们会规划布局不同营区之间的通道,而且,他们会在通道的两边插上标枪。(9)因此,当军团向前行进到足够靠近的和可以整全地看到营区的位置后,很明显,营区的整个规划会立即让所有人都了然于胸,因为他们从执政官的旗帜所插的位置就可以计算出来。(10)因此,所有人都非常清楚地明白,自己的帐篷将要位于哪条通道上,以及哪条通道的哪个位置上,因为所有的士兵都是一成不变地占据着营区的相同位置,他们的扎营就像是军队回到自己家乡的城市一样。(11)在士兵们在城门口分开后,每一个士兵都会直接向前直行,毫无障碍地到达自己的房屋,因为他非常了解自己的居住区域和自己所要居住的确切位置。(12)这种事情同罗马军营中的情况出奇地相像。

[42](1)在扎营这个问题上,罗马人首要看重的是便利性,在我看来,这同希腊人的传统做法完全相反。(2)在扎营时,希腊人首先考虑的是,让营地充分利用地形上的自然优势,这首先是因为他们懒于挖掘壕沟,其次是因为他们觉得人工的防御工事没有大自然所提供的防御坚固。(3)因此对于营地的整个规划,他们就不得不采用各种各样的营地形态,以适应各种地形特质,而且他们也不得不把军队的不同部分移转到不合适的地方。(4)结果,所有人都不知

---

[51] 如果青年兵沿着右边的队列前进,而且,攻击是来自左边的话,那么,作战的军队将转到左边,并组织三列队伍。青年兵那时会在后面,这时他们就要绕过其他作战队伍,只有这样,他们才能进入到前线的作战位置。

道自己或者自己的营团在军营中所处的具体位置。(5) 相反,罗马人宁愿忍受挖掘壕沟和构筑其他防御工事的辛劳,以换取一成不变和人人熟悉的单一营地形态,因为这种营地形态具有巨大的便利性。

(6) 这是关于罗马军队,特别是关于罗马军队扎营方式的最重要事实……

罗马共和同其他共和的对比

[43](1) 有人可能会说,几乎所有流传下来的历史学家都向我们提到了斯巴达、克里特、曼提尼亚和迦太基政体所享有的卓越声望。一些历史学家也提到了雅典和底比斯政体。(2) 我把雅典和底比斯政体先放到一边,因为我确信雅典和底比斯政体根本就没有值得一提的地方;这两个国家的崛起都是不同寻常的,而且它们也没有长久地维持自身的极盛,相反它们所经历的衰落却是异常地猛烈。(3) 可以说,它们的光辉昙花一现,一切都是命中注定:当它们仍然可以维持表面的繁荣和在所有方面都有一个光明的前景时,它们却经历了命运的彻底反转。(4) 在攻击斯巴达人时,底比斯人充分地利用了自己的对手斯巴达人所犯下的愚蠢错误、斯巴达人的盟友对其所怀有的怨恨,以及自身在希腊人中间所享有的显赫声望(这是因为,他们只凭一个人或者最多两个人的出众品质,就可以看清局势的内在缺陷)。(5) 事实上,命运女神随后立即就向所有人揭示,底比斯人当时所赢得的胜利不是因为他们的政体形态,而是因为他们领袖的高贵品质。(6) 底比斯人的崛起、全盛和消亡,同埃帕米农达(Epaminondas)和佩洛皮达斯(Pelopidas)的生命同步。(7) 因此,我们必须把这个国家所取得的短暂辉煌视作他们人为的缘故,而不是他们政体的缘故。

[44](1) 对于雅典政体,我们必须同等看待。(2) 因为,尽管雅典历经了更加频繁的成功,但是雅典最为辉煌的胜利也是在提米斯托克利(Themistocles)的英明领导之下所取得的[52],而且由于其自身的内在不稳定性,她很快就惨遭命运的彻底反转。(3) 一直以来,雅典总是或多或少像一艘没有船长的舰船。(4) 在这样一艘舰船上,在面对巨浪的恐惧或者风暴的威胁时,船员们会勤力同心并谨遵船长命令,他们会非常好地各司其职。(5) 然而,当他们日益自满,以至于开始蔑视自己的长官,并在彼此之间相互争吵时,他们所有人都不再众志成城和齐心协力了。(6) 接着,他们中一些人决心继续航行,其他人则催促船长抛锚停泊;一些人要张开船帆,其他人则进行阻止和下令收起船帆。他们分裂和争吵的场景,不仅让旁观者深以为耻,而且对船上的所有人来说,这种事态也是非常危险的。(7) 结果常常就是,在逃离最凶蛮的大海和最猛烈的风暴

---

[52] 提米斯托克利的统治期间大约从公元前489年到公元前480年,在萨拉米斯(Salamis)海战中,他赢得了对波斯海军的最辉煌胜利。

后,他们就在港口里面和接近海岸之时搁浅失事。(8)这种命运经常降临在雅典人的国家上。当他们借由人民和领袖的高贵品质,而消除了最庞大和最恐怖的危险后,国家就会进入风平浪静的平静期,随后它又会无缘无故地遭遇毫无由头的灾难。(9)因此,我没有必要对这种政体[53]或者底比斯政体再说些什么了,在这种国家当中,暴民(mob)完全根据自己毫无节制的冲动来统治一切。就其而言,雅典的民众任性倔强而脾气火爆,底比斯的民众则长期在暴力和野蛮的环境下熏陶成长。

[45](1)我们现在转到克里特政体的问题上来,这里有两个问题需要我们注意。首先,为什么古代最博学的作家——埃弗鲁斯(Ephorus)、色诺芬、卡利斯提尼(Callisthenes)和柏拉图[54]——会认为克里特的政体同斯巴达的政体相同?其次,为什么他们会认为,克里特的政体值得称赞?(2)在我看来,这些观点全都是错误的。(3)下面的事实就会表明,我的看法正确与否。首先,克里特政体不同于斯巴达政体。我们可以列举斯巴达政体的三个独特特征:第一,斯巴达的土地法,根据他们的土地法,没有任何一位公民拥有比其他公民更多的土地,而是所有的公民都持有相同份额的公地[55];(4)第二,他们的金钱观,他们认为金钱没有任何价值,因而财富不均而引发的嫉妒和冲突完全被清除出了城邦;(5)第三,国王是世袭的,元老院(Gerousia)的元老则是终身选任的,整个国家的行政都由他们直接控制或者由他们相互协作来控制。

[46](1)在所有这些方面,克里特恰恰同它们完全相反。(2)克里特的法律尽可能地让他们像谚语所说的那样"无限地拥有土地",他们如此地重视金钱,以至于拥有金钱不仅必要,而且非常地荣光。(3)事实上,贪婪和欲求如此地深入克里特人的骨髓,以至于克里特人是世界上唯一一个觉得没有任何一种利润是羞耻的民族。(4)除此之外,他们的官员是一年一度通过民主制度选举出来的。(5)因此,让我百思不得其解的是,为什么这些作家会说,这两种完全

---

[53] 对比罗马政体,波利比乌斯谴责雅典政体的原因由两个:首先,它不是"混合政体"(mixed),因此它也没有适当的制衡;其次,它没有成功地维持帝国。但是,在现代人眼中,不管怎样,提米斯托克利奠定了雅典权力的根基,伯里克利则巩固了雅典的权力。因而,对于现代读者所认为的雅典黄金时代(the golden age of Athens),波利比乌斯似乎认为这恰恰是雅典的衰落时期,亦即波斯战争与第二次伯罗奔尼撒战争之间的那段时期(公元前480年—前434年,[中译按]应为公元前480年—前431年)。波利比乌斯对民主制的批评主要针对的是公元前5世纪末期和公元前4世纪。

[54] 关于埃弗鲁斯(Ephorus)的其余叙述,参见斯特拉波第十卷第4章第8—9节。柏拉图提及它们是在《法律篇》(Law),尤其是《法律篇》第一卷。同时参见亚里士多德《政治学》第二卷第10章,在那里亚里士多德指出了克里特政体和斯巴达政体之间的异同之处。

[55] 这种相同份额的公地在国王埃基斯四世(King Agis IV,公元前243年—前239年)统治时期逐渐地消亡了;因而,按照普鲁塔克的记载(《埃基斯》第15章),土地所有者的人数下降到了100人。埃比塔德厄斯的利特拉(Rhetra of Epitadeus)加速了这种进程,因为他允许土地可以自由地遗赠,参见普鲁塔克同上。参见斯尔沃尔(Thirlwall),第八册,第132页。

不同的政体彼此之间却是相似的和相关的。(6)除了忽视这些差异之外,这些作家还不厌其烦地详尽评价莱库古的立法,他们说道,莱库古是唯一一个看清优良政体(good government)之要害的立法者。(7)一个国家维持其存续依赖两样东西,一是面对敌人的勇敢,二是公民之间的和谐,莱库古通过去除财产上的贪欲,根除了所有的内部冲突与纷争。(8)结果,摒除了这些罪恶的斯巴达人,在国内事务和团结精神方面,都胜过所有希腊人。(9)在作出这些断言后,这些作家尽管也看到,克里特人由于其根深蒂固的财富贪欲,以至于无论公开还是私下,都不断地卷入频繁的纷争、谋杀和内战当中,但是他们却对此视若无睹,而且他们竟然还胆大妄为地说,这两种政体是相似的。(10)事实上,除了名称之外,埃弗鲁斯还使用了相同的术语来解释这两个国家的属性。因此,如果一个人没有注意到正确的称呼,那么他根本就分辨不清他所描述的是这两个国家中的哪一个国家。

(11)这就是我所认为的这两种政体的不同之处,现在我将解释为什么克里特政体不值得称赞或者效仿。

[47](1)在我看来,每一个国家都有两个根本性的东西,而这两个根本性的东西决定了一个国家的政体和原理是否是值得追求的。对于这两个根本性的东西,我指的是习俗和法律。(2)那种值得追求的政体会让公民的私人生活充满正义和有序,国家的公共生活也会充满文明与正义,而那种不值得追求的政体则会产生完全相反的效果。(3)因此,当我们看到一个民族的法律和习俗是良善的时,我们就可以毫不犹豫地断言,这个国家的公民和政体同样也会是良善的。(4)当我们看到人们在私人生活中的贪婪和在公共生活中的不正义时,我们就可以明白无误地肯定,他们的法律、特有习俗和整个政体都是坏朽的。(5)除了一些极端的例外,我们根本就不可能找到有比克里特更加虚伪的私人行为和更加不义的公共政策。(6)既然克里特政体不同于斯巴达政体,也不值得任何的夸赞和效仿,那么我就将它从我提议的政体比较的名单中予以剔除。

(7)至于柏拉图的理想国(Plato's republic)[56],一些哲学家给予了高度的称赞,然而,我认为它并不应该被纳入讨论。(8)因为,正如我们不允许未经认可[57]或者未经训练的艺术家和运动员来参加庆典或者竞赛一样,我们也不允许柏拉图的这种政体进入争夺奖品的竞赛当中,除非有人首先提出一些实例来证明它真实地存在过。(9)直到现在,如果将它同斯巴达、罗马和迦太基的政体进行比较,那么,这简直就像拿一些雕像同活生生的真人进行比较一样。

---

[56] [中译按]Plato's republic 亦译作"柏拉图的王制"。

[57] 这指的是,表演者协会(associations)或者行会(guilds)在诸如庆典上进行竞赛的那些人,尤其指的是演员和歌手。

(10) 因为，即使雕像的工艺再完美，这种无生命的物体同有生命的活人进行比较，也必将会让观看者感觉相当残缺和不甚协调。

[48] (1) 因此，我们应该搁置这些政体，转而回到斯巴达的政体上来。(2) 在我看来，在确保公民间的和谐、维护拉科尼亚领土的安全和保全斯巴达的自由方面，莱库古的立法及其展现出的远见是如此令人叹为观止，以至于我不得不把他的智慧视作神明而非凡人。(3) 平均分配的地产、简朴的食物和集体的共餐，它们都被规划得如此完备，这造就了公民个人生活的节制，并从整体上根除了国内的纷争，这就像通过训练人们在艰难和危险方面的坚忍，以让他们养成勇武和果敢的品性一样。(4) 当勇敢和节制这两种美德被融到一个人或者一个城邦上时，邪恶就不会从这种人或者这个民族当中滋生，这种人或者这个民族也就不会轻易地为自己的邻居所征服。(5) 因此，通过这种精神和这种要素来构造自己的政体，莱库古确保了拉科尼亚整个领土的绝对安全和留给了斯巴达人一份永恒的自由遗产。(6) 然而，至于兼并邻居的领土，或者主张希腊的霸权，或者追求野心勃勃的扩张策略，在我看来，无论是个别的法律，还是国家的整个政体，莱库古似乎都没有为这种意外状况作出任何的规定。(7) 因此，他没有把一些必需的原则或者权威加诸自己的公民中间，而他之前正是通过这种原则或者权威，让他们在他们自身的私人生活上保持简朴和感到满足，同样地，他也需要让整个城邦保持节制和感到满足。(8) 然而，尽管莱库古让斯巴达人在其自身的私人生活和城邦内部的政制上，变成一个最无欲无求和最通情达理的民族，但是他也让斯巴达人在对待其他希腊人的态度上，变成了一个最野心勃勃、最刚愎自用和最富侵略性的民族。

[49] (1) 斯巴达人几乎是最早觊觎邻国土地的希腊人，而且他们完全是出于贪婪与奴役他人而向美塞尼亚人宣战的，对此难道还有谁不知道吗？(2) 出于纯粹的固执，他们发誓，在攻占美塞尼亚之前绝不停止对美塞尼亚的围攻[58]，难道这不是所有历史学家一同记载的事实吗？(3) 最后，人尽皆知，由于觊觎希腊的霸权，他们被迫去执行自己在之前的战争中已征服的那个民族所发出的命令。(4) 当波斯人入侵希腊时，斯巴达人以希腊自由的捍卫者的身份而战胜了他们。(5) 但是在入侵者撤退和逃亡后，斯巴达人就通过安塔西达斯和约，背叛了诸希腊城邦[59]，因为他们希望通过建立自己对希腊的霸权来获取

---

[58] 这可能发生在公元前8世纪末期。

[59] [中译按]这个地方的"诸希腊城邦"(Greek cities)亦即"小亚细亚的诸希腊城邦"(Greek cities of Asia Minor)。

金钱。[60] (6) 这表明,他们的政体当时就存在明显的缺陷。(7) 只要他们的野心只局限在统治邻国或者称霸伯罗奔尼撒,那么他们就会发现,拉科尼亚所提供的补给和资源是足够的,因为他们所需要的所有战争物资都触手可及,而且他们很快就可以回国,或者通过陆路抑或海路给他们运送补给。(8) 然而,一旦他们开始在伯罗奔尼撒之外进行海上远征和军事征战的话,很明显,如果要遵照莱库古的法律,那么用来换取他们所缺少的商品的铁币和农作物都不能满足他们的需要,(9) 因为这些活动都要求普遍流通的货币和来自海外的现货商品。(10) 结果,他们被迫向波斯摇尾乞怜,向岛民强征贡赋和向所有希腊人强索捐款,他们认识到,在莱库古的法律制度下,他们根本不可能对局势施加任何影响,更不要说希腊的霸权。

[50] (1) 然而,这番题外话的意图是什么?在这番题外话当中,事实已经非常清楚地表明,对于维护他们领土的安全和维持他们自身的自由而言,莱库古的立法是足够的。(2) 对于主张政体的目的就是以上这两种的那些人来说,我们必须承认,没有任何一种政体或者政制,可以超越莱库古的斯巴达政体。(3) 但是,如果有人更具雄心,他觉得没有什么事情会比成为众人的领袖、广袤疆域的主宰和整个世界的焦点更加美好和更加荣耀,那么我们必须承认斯巴达的政体确实是有所不足的。(4) 然而,对于成就这种权力而言,罗马政体则更加优越和良善,因为这确实已经被事实所证明。(5) 当斯巴达人努力地争夺希腊的霸权时,他们很快就面临丧失自身自由的危险。(6) 然而只以征服意大利为目标的罗马人却在很短的时间内就把整个世界都置于他们的统治之下,在成就这个目标的过程中,他们所掌握的充裕补给对他们的胜利起了不小的作用。

[51] (1) 在我看来,在最重要的事项上,迦太基政体最初都设计得非常优良。(2) 迦太基有国王(kings)[61],他们的元老院拥有一种贵族制的权力,人民则在关切其自身的特定事项上拥有至高无上的权力,国家的整个政体结构同罗马和斯巴达的政体非常相像。(3) 但是在汉尼拔战争开始期间,迦太基人的政

---

[60] 由于莱山德(Lysander)同居鲁士(Cyrus)在公元前407年签订的条约,波斯将向斯巴达提供金钱,以支援它在伯罗奔尼撒战争中对付雅典。安塔西达斯和约(Peace of Antalcidas)是在公元前387年协商签订的,而斯巴达国王阿格西劳斯(Agesilaus)所解放的那些小亚细亚的诸希腊城邦,则再次回到了波斯的统治之下。

[61] 一直以来,希腊作家都将迦太基执政官(Cathaginian Suffetes)称作为 βασιλεῖς,参见波利比乌斯《通史》第三卷第33章注释,希罗多德(Herod)第七卷第165节,迪奥多鲁斯·西库鲁斯第十四卷第53章,亚里士多德《政治学》第二卷第11章,他们对比了斯巴达政体和迦太基政体,他们都同意,不同于斯巴达的诸国王,迦太基的执政官都是选举出来的,而且,这些选举出来的执政官并不局限于同一家族。

体就已经在衰败堕落[62],而罗马人的政体则日渐增强。(4)每一个机体、每一个国家或者每一个活动,都有成长期、全盛期和衰败期,当他们步入全盛期时,它们所有方面都处于最佳的状态,正因为如此,两个国家之间的差异会在这个时间显露出来。(5)迦太基的势力繁荣在时间上要早于罗马,就在迦太基开始步入衰败期,罗马至少就其政体而言正在步入全盛期。因此,迦太基的民众已经成为国家的主导性权力,而罗马的元老院则仍然保留了这种权力。(6)即其中一方由民众进行决策,而另一方则由最杰出之人进行决策。(7)因此罗马人在公共事务的决策上自然会更加优越,(8)以至于尽管他们遭遇了毁灭性的灾难,但是通过明智的决策,他们最终在战争中战胜了迦太基人。

[52](1)但是,现在让我们转到细节差异上来。例如,首先在两军的交战当中,迦太基人在海上的训练和装备方面理所当然地占优势,因为航海技术长期以来一直就是他们民族的一种特殊技能,他们比任何其他民族都更加熟悉大海。(2)但是,在陆上的军事征战方面,罗马人则更占优势。(3)确实,罗马人将自己的全部精力都投入到这件事情上,而迦太基人则完全忽视了自己的步兵,他们只对骑兵表现出一些兴趣。(4)正是由于这个原因,他们所使用的军队都是外国人和雇佣军,而罗马人所使用的军队则都是自己本国的公民和土著。(5)因此,从这个方面而言,我们必须承认,罗马的政治体制(political system)高于迦太基的政治体制,迦太基人一直依靠雇佣军的英勇来维持自己的自由,但是罗马人则依靠自身的英勇及其盟友的协助来维持自己的自由。(6)因而,即使他们碰巧一开始就遭遇了最惨重的战败,罗马人也依然可以通过最后的胜利来扭转战局,而迦太基人却根本不可能做到。(7)因为罗马人是在为自己的国家和儿女作战,他们不可能在激烈的战斗中松懈下来,而是会继续全身心地投入到战争当中,直到他们最终战胜自己的敌人。(8)正如我之前所说,尽管比起迦太基人,罗马人在海军上的确技不如人,但是由于自身士兵的勇敢,他们在海上最终赢得了彻底的胜利。(9)因为,尽管在海战中航海技术占据了不小的作用,但是,海军战士的英勇无畏,对于扭转整个胜利更加意义非凡。(10)一般来说,意大利人不仅在身体力量和个人勇气上,确实超过腓尼基人和非洲人,而且他们的政体也确实培育了年轻人的勇武精神。(11)一个简单的事例就足以说明,为了让自己在国内赢得勇武的名声,罗马这个国家费尽心机地培养它们能够经受任何一切考验的能力。

[53](1)无论何时,任何一位杰出之士离世,在葬礼进行的过程中,他的遗

---

[62] See Reginald Bosworth Smith, *Carthage and Carthaginians*, Longmans, Green, and Company, 1878, p. 26.

体会被隆重地抬进广场(Forum),搬到所谓的演讲台(Rostra)上。在那里,他的遗体通常会以直立的姿势(以让其更加显眼),而极少会以躺卧的姿势来展现给大家。(2)所有民众都站在周围,如果他留下一个成年的儿子,并且他的这个儿子恰巧也在场;如果没有,那么他的其中一位亲戚,就会登上演讲台,发表颂扬死者美德与成就的演讲。(3)结果,当死者的丰功伟绩在他们的脑海回想和再度呈现在他们的眼前时,所有的民众——不仅包括参与这些丰功伟绩的那些民众,而且也包括没有参与这些丰功伟绩的民众——都会被由衷地打动,以至于损失就不会只局限在哀悼者身上,而是会变成一个影响所有人的共同损失。(4)在接下来的葬礼和惯常的仪式完成之后,他们把死者的肖像装进一个木制神龛内,放在家中最显眼的位置上。(5)这个肖像是一副面具,而这幅面具完全是按照死者的容貌和面色来制作的。(6)在公众献祭的场合,他们会展示这些面具,而且,他们会万分小心地装饰它们,当这个家族中的任何一位杰出成员去世时,他们都会把这些面具带到葬礼上,并把它们佩戴到身高和举止最像原型的那个人头上。[63] (7)这些替代者会根据死者的不同身份来选定所穿的衣服,如果死者是一名执政官或者法务官(praetor),那么,他就身穿紫色镶边的托加;如果死者是一名监察官(censor),那么,他就身穿全是紫色的托加;如果他之前就庆祝了胜利或者赢得了相似的成就,那么,他就身穿金色镶边的托加。(8)他们所有人都乘坐马车,手持束棒(fasces)、斧头和其他相应标志(公职的不同,其标志也会有所不同,这取决于死者在其整个一生当中所享有的国家公职尊荣)的仪仗队则走在后面;当他们到达演讲台时,他们所有人都会端坐在一排象牙座椅上。(9)对于一名渴望名声和美德的年轻人而言,很难想象还有比这更加鼓舞人心的场景。(10)当看到生前享有巨大声望,死后齐聚一堂,就像重生一般的面具时,谁会无动于衷?还会有比这更加荣耀的场景吗?

[54](1)除此之外,向即将下葬之人发表演说的演讲者,当他自己结束对这位死者的颂扬后,他会继续从最古老的时代开始,一个个地颂扬在场面具所代表之人赢得的胜利和功绩。(2)通过这种方式,他们不断地重复对那些勇士的美好记忆,那些践行高贵行动之人的名声将会永垂不朽,同时那些报效祖国的人也会为人民所耳熟能详,他们的遗产也将会被后人所继承。(3)然而最为重要的效果是,这会激励年轻人为公众福祉而甘愿忍受一切艰难困苦,以期赢得那种伴随在勇者身后的荣誉。(4)事实也证实了我刚刚所说的这一切。很

---

[63] 这个人通常会是这个家族的成员,但是,也有一些则是由演员来代表死者。

多罗马人为决胜整场战事,而自愿地进行一对一的决斗,不少人都心甘情愿地接受必死无疑的安排,一些人在战争中挽救其他袍泽的生命,其他人则在和平年代维持共和国的安全。(5)一些人甚至在任时,处死自己违反了法律或者习俗的儿子[64],因为他们认为,国家的利益比自己最亲最近的自然纽带更加高贵。

(6)罗马史讲述了很多这样的故事和这样的人物,但是其中有一个故事可以作为一个例证来证实我所说的话,它将足以实现我当前所希望达到的目的。

[55](1)这是一个有关霍拉提乌斯·科克勒斯(Horatius Cocles)的故事。当他在位于罗马城前的台伯河(Tiber)上的桥头同两名敌人作战时,他看到有大批的敌方援军前来支援敌人,他担心敌人强行通过这座桥进入城内,因此就调转头来,呼叫身后的袍泽后退,他自己则全速地砍断桥梁。(2)他的命令得到了服从,当他正在砍断桥梁时,他身受多处创伤,仍旧坚守在那里抵御敌人的进攻,这让敌人都感到非常震惊。确切地说,敌人不是震惊于他的体力,而是震惊于他的忍耐和勇气。(3)这座桥梁一旦被砍断,敌人的进攻也就会被遏止。科克勒斯全身戎装地纵身跃进河流,甘愿牺牲自己的性命[65],因为他觉得,自己国家的安全和将来附着在自己名字上的荣耀,要比自己当前的存活和往后的余生更加地重要。(4)如果我没有看错的话,这种效仿高尚事迹的行动肯定会成为罗马年轻人的习惯而一代代地传承下去。

[56](1)再者,在有关金钱的交易方面,罗马人的法律和习俗要优于迦太基人的法律和习俗。(2)在迦太基,任何可以产生利益的东西都不会被视作是可耻的。在罗马,没有任何东西比以不正当的手法接受贿赂和追求利益更加可耻。(3)因为罗马人全心全意地赞成通过正当的方法来赚钱,极力地谴责不择手段的赚钱方式。(4)对此,也有证据可以证明:在迦太基,官职候选人可以进行公然的贿赂,然而在罗马,这却是死罪。(5)由于这两个国家对值得称赞的

---

[64] 例如,卢西乌斯·尤尼乌斯·布鲁图斯(Lucius Junius Brutus)因为阴谋活动而被自己的父亲处死,参见李维(Livy):《早期罗马史》(*Early History of Rome*),第二卷第5章。提图斯·曼里乌斯·托奎图斯(Titus Manlius Torquatus)因为不守纪律而被自己的父亲处死,参见李维《早期罗马史》的第八卷第5章。

[65] 按照李维的说法(麦考莱遵从了李维的说法),霍拉提乌斯·科克勒斯游到了河岸,并得以获救。——洛布本注

波利比乌斯将这个著名的传奇故事被视作是一个真实的历史事件,他可能将它定位在同拉斯·波塞纳(Lars Porsenna)和塔克文(Tarquins)的战争背景之下。按照李维的说法——麦考莱的诗歌(Macaulay's poem)就来源于李维的这种说法——霍拉提乌斯·科克勒斯安全地游到了河岸,参见李维《早期罗马史》,第二卷第10章。——企鹅本注

品质所提供的奖赏存在根本性的差异,很自然的,他们取得奖赏的方式肯定也会有所不同。

(6) 在我看来,罗马共和国最明显的优势在于他们拥有坚定的宗教信仰。(7) 我认为,其实正是迷信(superstition)——而其他民族[66]恰恰认为,这是应该谴责的一个东西——维系了罗马共和国的团结。(8) 在罗马,无论是公共生活,还是私人生活,没有任何东西会比迷信发挥更加广泛或者更加重要的作用。这可能会让很多人感到震惊,他们会觉得,这难以理喻。(9) 但是,至少在我自己看来,罗马人之所以采取这种做法,完全是为了普通民众。(10) 如果一个国家全部是由哲学家所构成,那么这样的做法或许没有必要。(11) 但是,民众都是变化无常的,他们充满了不法的欲望、盲从的愤怒和狂暴的激情,所以必须借助这种神秘性的恐怖,或者这种相似场面的作用来控制民众。(12) 我相信,正是由于这个原因,古人绝非轻率或者恣意地把关于神明的信仰和地狱惩罚的观念引入民众当中,然而现代人却非常轻率而愚蠢地拒斥这种信仰。(13) 结果,在希腊人中间,除了其他的事情之外,人民根本无法信任那些担任公职的官员去保管哪怕仅只是一泰伦的银币,即使有十位稽查员、同样数量的封印以及两倍数量的见证人,人民也不会信任他们。(14) 然而,在罗马人中间,他们的官员和使节要经手大批的金钱,但是他们却总能保持自身的纯洁,只不过是因为他们发誓会信守承诺。(15) 在其他国家,我们很少能够找到一个不染指公款之人,而且我们也很少能够找到,一个人在这方面的记录一直都是完全清白的,但是,在罗马人中间,我们发现,很少有人会犯下这种罪行[67]……

结论

[57] (1) 所有存在的事物都会经历衰退和变化,这是无须论证的事实;因为无情的自然规律让我不得不深信它。(2) 每一个国家都有两种衰变力量,一种是外部的力量,另一种则是国家内部本身的力量,前者没有任何固定的规则,但是后者却是有规律可循的。(3) 首先它会形成哪种类型的政体,接下来它将会转化成什么样的政体,以及它将怎样转化成另一种政体,对此我之前就已经说过;(4) 因此,可以将我在开头所说的见解同我的结论部分联系在一起的那些人,就能够独自地预测未来。因为在我看来这是非常清楚的。(5) 在一个国家历经千难万险,随即赢得至高权力与无可争辩的霸权后,很明显,在长期以来

---

[66] 尤其是希腊人。
[67] 然而,波利比乌斯后来承认,罗马人在这方面的堕落也已经开始了,参见波利比乌斯《通史》第十八卷第 35 章和第三十二卷第 11 章。

的繁荣的影响下,公民生活将会变得更加奢侈放纵,公民在公职的争夺和其他领域的竞逐上,也将会变得更加激烈。(6)随着这些缺陷的不断增加,例如对公职的欲望、政治上默默无闻的耻辱,以及个人的奢侈放纵和张扬炫耀,它们都将会开启堕落的闸门。(7)民众是这种变化的罪魁祸首,一方面一些人的贪婪逐利会让他心怀不满,另一方面追逐公职的那些人的恭维奉承又会让他们感到骄矜自大。(8)现在,他们会心生愤怒,他们所有的举措都将会被激情所左右,他们将不再服从,甚至也不再主张与统治阶层平等的权力,而是会要求自己占有最大的权力份额。(9)在这种事情发生后,这个国家的政体将会换上最美好的名称,即所谓的自由和民主,但是实质上它却是最糟糕的政体,即所谓的暴民统治。(10)我已经描述了罗马共和国的形成、发展、鼎盛及其当前的处境,也描述了它同其他政体之间在较好或者较坏方面的差异,因此现在我差不多就将结束这种讨论。

[58](1)我会从这番题外话所开启的那个日期来恢复我的历史叙事,但是首先我将简要地提及一个事件。我不光只用语言,而且会用实际的事实来清晰地揭示当时罗马政体的完备和力量,就像我把一名优秀艺术家的其中一件作品作为样品呈现出来,以此来揭示他的精湛技术一样。

(2)在赢得坎尼战役的胜利后,守卫营地的八千名罗马战士就落在了汉尼拔手上,在让他们全部变成战俘后,他允许他们派遣一个代表团到罗马,以商讨他们的赎金和释放的问题。(3)因此,罗马人从军中选出了十位头领,在他们向汉尼拔发誓自己将回到他的身边后,汉尼拔就让他们离开了。(4)其中一位刚刚走出营地的头领说自己忘记了一些东西,于是就回来了,在取回自己所落下的东西后,他再一次地出发,他认为既然自己已经回来了,那么他就信守了承诺,解除了自己的誓言。(5)在他们抵达罗马后,他们敦促和恳求元老院在俘虏的释放问题上不要吝啬,而是应该允许支付每人三米纳(minae)的金钱,让他们回到自己的人民中间;因为他们说汉尼拔已经作出这种让步。(6)这些人值得去释放,因为他们既没有在战斗中犯下怯懦的罪行,也没有作出任何让罗马不齿的事情;他们在身后看守营地,在其他所有军队都在战场上阵亡后,才别无选择地向敌人投降。(7)然而,尽管罗马人在战争中遭遇了严重的挫败,也几乎丧失了所有的盟友,并且他们无时无刻不在担心罗马本身所面临的危险,(8)但是在听到这个请求后,他们既没有在这种灾难的压力之下忘记自己的尊严,也没有遗漏思考所有的正确措施。(9)相反,他们看到,汉尼拔这样做的目的是立即获取大批的金钱,同时削弱抵抗他的那些军队的意志。因为,这样做的话,抵抗的军队即使被打败了也仍然有平安获救的希望。(10)因此,元老院非但拒绝了这个请求,而且也不允许自己出于对这些亲属的怜悯,或者出于对这些战士将来的用处来说动自己。(11)相反,他们拒绝赎回战俘,以此来挫败汉尼拔的算计以及建立在这些算计之上的所有希望。同时,元老院也为自己的军队树立了准则:他们要么战胜敌人,要么战死沙场;因为,如果战败了的话,他们就没有任何平安生还的希望。(12)在元老院作出这个决定后,他们解散了这九位代表。这九位代表出于自己的自愿回到了汉尼拔那里,因为他们要遵守自己所发下的誓言;但是,对于第十位代表——基于自己的阴谋诡计,他认为自己解除了自己所发下的誓言——他们则用铁链把他捆住,并送回到敌人那里。(13)结果,当汉尼拔惊奇地看到,罗马人[68]在决议中所展现出来的坚定意志和崇高精神时,战场上的胜利所带来的喜悦反而没有他所感受到的沮丧大。[69]

(审稿编辑　张瀚天　康　骁)
(校对编辑　金雨萌　谢可晟)

---

[68] [中译按]在洛布本中,英译者将其译作"罗马人"(Romans)。在剑桥本中,英译者将其译作"罗马元老院的元老"(senators)。

[69] 参见李维《罗马史》,第二十二卷第58—61章。

编后小记

第19卷第1辑终于要和各位读者见面了！从2017年秋天拟定本辑原专题，到公开征稿与约稿，再至完成组稿，其间经历了优秀稿件不足、作者一稿多用和专题变更[1]等诸多烦心事。所幸，最终呈给各位学友的10篇文章都是经得起推敲的，这两年时光也算好事多磨吧！

本卷的定位是延续注重理论性与思想性的传统，同时增强对现实问题的回应。当然，回应现实问题的文章也不意味着脱离法理性与思辨性，客观严谨的学术态度、翔实的历史文献和严密的论证缺一不可。就第19卷的录用情况而言，编辑约稿和作者投稿仍是本刊的两大稿件来源。在第19卷编委会任期内，除编辑约稿外，编委会通过公邮（pkulawrev@gmail.com）还收到424篇稿件，通过初审进入编委会讨论的为24篇，其中大部分稿件都被提交匿名专家评阅，结合匿名评审建议，我们请作者反复修改，最终我们录用了其中的11篇。[2] 第19卷最终录用的文章里，编辑约稿和作者投稿的比例为1∶1.1。

为响应冯象先生给《评论》的建议，本卷将有"第二摘要"之嫌的编者按语并

---

[1] 关注法评的学友可能会疑惑，去年我们以"信息网络时代的刑事法应对"为主题征文，还召开了主题年会，为何最终本辑专题变更为"民法典编纂研究"？最主要的原因是关于该主题的优秀论文数量不足，在出版复审过后，仅剩下一篇文章，难以支撑专题研讨。与此同时，我们欣喜地发现，谢潇老师、王琦老师和张红老师的三篇论文不约而同地关注了民法典编纂时代背景下的问题，所以顺水推舟，成就了目前的专题。

[2] 被编委会录用的稿件原为13篇，但其中一篇为一稿多用，一篇未通过出版社复审，故经投稿渠道最终录用的稿件为10篇。

入编后小记。[3] 本辑专题研讨为民法典编纂。谢潇老师关注了私法范畴这一宏大主题,文章摒弃了一般意义上对私法范畴的概念界定分析路径,而是分别从私法素材、体系、原则三个角度进行考察,令人耳目一新。王琦博士的文章总结了民法中最重要的五类一般性规范技术,并借助《民法总则》和其他民事法律中的运用实例对各种规范技术的逻辑结构和主要功能加以分析展示,尤其在民法典编纂和施行的背景下对如何正确使用和理解这些技术提出了建议。规范技术问题迄今为止在我国学界尚未得到足够关注,本文的推出正当其时。张红老师的文章旨在构建我国惩罚性赔偿制度的体系,以解决目前政出多门,不同规范之间交叉混同,相互冲突,适用困难,体系性缺失的弊病,具有极强的实践意义。

另外想要推荐两篇论文。苏宇老师的文章运用知识稽古的方法探究了现代权力概念的形成,现代权力概念遭遇的困境以及可能的改进之策。国内学术界研究"权力"的文献多不胜数,然而既有的研究主要关注如何控制权力或介绍西方某个学者主张的权力概念,鲜有从公法史的角度对权力概念进行知识考古。这种知识稽古对一个继受法国家的重要性毋庸多言,它有助于推进学术界对权力概念的认识。梁坤老师的文章关注了"自书供述"问题,具有强烈的中国问题意识。自书供述在贿赂等类型的案件中的运用已经十分普遍,且在许多案件中暴露出大量的问题,然而理论界自1979年至今对这个问题的研究却相当有限,本文的实证研究具有极大的学术价值。

值得一提的是,本辑开启了一个新栏目——经典译苑。这一举动既是开辟,也是回应。编委会曾收到杨之涵博士对波利比乌斯《通史》第六卷的全文翻译,四万余字。我们在钦佩他对经典著作的辛勤付出时,也会因诸多问题产生犹疑,比如对此问题感兴趣的读者大可找到外文版研读,或是从创新性上质疑法学刊物刊发译文的必要性等。可以说,该译文给了编委会一个重新审视译文刊发标准的契机。经过讨论,编委会认为增设译文主题十分重要,在翻译准确、流畅、统一的前提下,若译文具有重大讨论价值或者学术影响,则应予认可。而杨之涵博士的文章是符合我们要求的,他考证了不同的英文译本,首次将罗马历史学家波利比乌斯的扛鼎之作《通史》第六卷关于罗马政权如何兴盛的经验译为中文,并在译文多处添加了译者注,以期更为客观地呈现罗马共和政体的全貌。我们认为,对经典文献的翻译永远不会落伍。

最后,我想谈谈编辑部的生活。编辑部的主要工作就是审稿,每月一次稿件分配,不少编辑承担了六七篇(平均每周都需要审读1—2篇),并需给出初审意见。编委会两周一次的例会从未间断,偶有召开临时会议,我们或在陈明楼

---

[3] 参见冯象:《致〈北大法律评论〉编辑部的信》,载《北大法律评论》第7卷第1辑。

会议室,或在凯原楼会议室,或在法图研修室,十几个人围成一圈,围绕一篇文章或关系《评论》发展的事项热烈讨论,甚至有时争得面红耳赤,这样的体验我想以后很难再有了。《评论》也面临过小小危机,而身处其中的我们做到了抛去个人私心,以《评论》的利益为先。希望对编辑工作感兴趣的师弟师妹关注招新活动,踊跃加入我们这个集体![4]

  《评论》第36辑即将付梓,我们想对所有给予《评论》帮助的人表达感谢!我们想感谢母校及学院对《评论》的持续支持。有一件事特别值得一提,《评论》获评本年度北京大学人文社会科学学术期刊资助项目,我们收获了一笔数目不小的资助,用于《评论》的建设和发展。我们想感谢《评论》的各位退休编辑们,在我们遇到困难时,总能得到她/他们毫无保留的指教。我们还要感谢给《评论》来稿的诸位作者,为《评论》提供匿审意见的各位专家以及喜爱《评论》的读者。你们永远是我们把《评论》办得更好的动力和助力!

刘思艺
2019 年 4 月

---

[4] 招新活动每年两次,春季秋季各一次,分别在3月份和9月份进行。感兴趣的同学可关注北大法评的微信公众号(PKULAWREVIEW)和北大法学院官网的公告。

引 征 体 例

(2018年修订版·自本刊第19卷起适用)

一、援用本刊规范：

苏力：《作为社会控制的文学与法律——从元杂剧切入》，载《北大法律评论》第7卷第1辑，北京大学出版社2006年版，第132页。

二、一般体例

1. 引征应能体现所援用文献、资料等的信息特点，能(1)与其他文献、资料等相区别；(2)能说明该文献、资料等的相关来源，方便读者查找。

2. 引征注释以页下脚注形式连续编排。

3. 正文中出现一百字以上的引文，不必加注引号，直接将引文部分左边缩排两格，并使用楷体字予以区分。一百字以下引文，加注引号，直接放在正文中。

4. 直接引征不使用引导词；其他情况，分别按照以下规则处理：

(1) 间接引征(概括引用大意)的，须在所引征的文献前加引导词"参见"(see; vgl)。

(2) 同一文献有不同出处，需要互相印证的，可以写"又见"(also see; siehe auch)。

(3) 引征二手文献、资料，需注明该原始文献资料的作者、标题，并在其后标注"转引自" (cited in; zitiert nach)及该援引的文献、资料等。

5. 文章来源于期刊(含以书代刊的连续出版物以及独立作品组成的文集)、报纸和网络，文献来源一律标注"载"。

6. 作者(包括编者、译者、机构作者等)为三人以上时，仅列出第一人，使用"等"予以省略。

7. 引征信札、访谈、演讲、电影、电视、广播、录音、未刊稿等文献、资料等，在其后注明资料形成时间、地点或出品时间、出品机构等能显示其独立存在的特征。

8. 不提倡引征作者自己的未刊稿，除非是即将出版或已经在一定范围内公开的。

9. 引征网页的出处仅限于大型学术网站或新闻网站，但应附有准确的网页链接地址，并注明文献资料的上传时间,如无上传时间的,注明最后访问时间(从学术网站上下载的单篇完整引文献的,可直接参见下述相应的引征体例进行标注,无需注明访问日期)。一般不提倡引征 BBS、BLOG 等普通用户可以任意删改的网络资料。

10. 翻译文章中,译者需要对专有名词进行解释说明,并以【＊译注】的方式在脚注中表明;如译者对原文内容进行实质性补充论述或举出相反例证的,应以【＊译按】的方式在脚注中表明。

11. 同一注释里如需罗列多条同类文献的,一般按时间顺序排列,用分号隔开(但依论证重要程度排列的文献次序除外)。同一注释里中外文文献混合排列的,结尾所使用的句号以最后文献的语种所对应的格式为准。

12. 英文、德文、日文和法文以外作品的引征,可遵从该文种的学术引征惯例,但须清楚可循。

13. 其他未尽事宜,参见本刊近期已刊登文章的处理办法。

三、脚注格式

（一）中文

1. 著作
- 朱慈蕴:《公司法人格否认法理研究》,法律出版社 1998 年版,第 32 页。

2. 译作
- 孟德斯鸠:《论法的精神》(下册),张雁深译,商务印书馆 1963 年版,第 32 页。

3. 编辑(主编)作品
- 朱景文主编:《对西方法律传统的挑战——美国批判法律研究运动》,中国检察出版社 1996 年版,第 32 页。

4. 杂志/报刊
- 张维迎、柯荣住:《诉讼过程中的逆向选择及其解释——以契约纠纷的基层法院判决书为例的经验研究》,载《中国社会科学》2002 年第 2 期,第 40 页。
- 刘晓林:《行政许可法带给我们什么》,载《人民日报》(海外版)2003 年 9 月 6 日,第八版。

5. 著作中的文章
- 宋格文:《天人之间:汉代的契约与国家》,李明德译,载高道蕴等主编:《美国学者论中国法律传统》,中国政法大学出版社 1994 年版,第 32 页。

6. 裁判文书
【仅标注与裁判文书本身相关的信息】
- 最高人民法院指导性案例 93 号:于欢故意伤害案,2018 年 6 月 20 日发布。
- 江苏省无锡市滨湖区人民法院(2015)锡滨民初字第 01033 号民事判决书。
- 《陆红霞诉南通市发展和改革委员会政府信息公开答复案》,载《最高人民法院公报》2015 年第 11 期。

7. 网上文献资料引征
【一般在末尾注释文献发布或上载日期,如无,则标注最后访问日期】

- 梁戈:《评美国高教独立性存在与发展的历史条件》,http://www.edu.cn/20020318/3022829.shtml,最后访问日期:2008年8月1日。

8. 古籍
- (清)汪辉祖:《学治臆说》(卷下),清同治十年慎间堂刻汪龙庄先生遗书本,第4页b。
- (清)薛允升:《读例存疑》(重刊本),黄静嘉编校,台湾成文出版社1970年版,第858页。

9. 档案文献
- "沈宗富诉状",嘉庆二十二年十二月二十日,巴县档案6-2-5505,四川省档案馆藏。
- "傅良佐致国务院电",1917年9月15日,北洋档案1011-5961,中国第二历史档案馆藏。
- "党外人士座谈会记录",1950年7月,李劼人档案,中共四川省委统战部档案室藏。

(二) 英文

【著作名、期刊名用斜体,其他不斜体】

1. 英文期刊文章 Consecutively Paginated Journals

【一般格式为…vol. #, no. #, 2010, p. X.】

- Frank K. Upham, "Who Will Find the Defendant if He Stays with His Sheep? Justice in Rural China", *Yale Law Journal*, vol. 114, no. 7, 2005, p. 1677.

2. 文集中的文章 Shorter Works in Collection?

【注意区分例二和例三】

- Lars Anell, "Foreword", in Daniel Gervais, *The TRIPS Agreement: Drafting History and Analysis (3rd edition)*, Sweet & Maxwell, 2008, p. 10.
- Robert J. Antonio, "KarlMarx", in George Ritzer and Jeffrey Stepnisky (eds.), *The Wiley-Blackwell Companion to Major Social Theorists (volme I): Classical Social Theorists*, Blackwell Publishing, 2011, pp. 116-125.
- John Rawls, "Kantian Constructivism in Moral Theory", in John Rawls, *Collected Papers*, Samuel Freeman (ed.), Harvard University Press, 1999, p. 300.

3. 英文书 Books

- Richard A. Posner, *The Problems of Jurisprudence*, Harvard University Press, 1990, pp. 456-457.

4. 非英文著作的英译本 English Translations

- Otfried Höffe, *Kant's Cosmopolitan Theory of Law and Peace*, Alexandra Newton (trans.), Cambridge University Press, 2006, p. 100.

5. 英美案例 Cases

【正文中出现也要斜体】

- *New York Times Co. v. Sullivan*, 76 U.S. 254 (1964).
- *Kobe, Inc. v. Dempsey Pump Co.*, 198 F. 2d 416, 420 (10th Cir. 1952).

6. 未发表文章 Unpublished Manuscripts

【尽量少引或不引此类文献】

- Yu Li, *On the Wealth and Risk Effects of the Glass-Steagall Overhaul: Evidence from the Stock Market*,New York University,2001(*unpublished manuscript*,*on file with author*).

7. 信件 Letters

• Letter from A to B of 12/23/2005,p. 2.

8. 采访 Interviews

• Telephone interview with A,(Oct 2,1992).【如该采访刊载于网站等平台上,须参照前述有关引征网页资料的格式进行标注。】

9. 网页 Internet Sources

【应注明公布(上载)日期,如无可标注最后访问日期】

• Lu Xue, *Zhou Zhengqing Talks on the Forthcoming Revision of Securities Law* (*XXXX*,5 July 2017),at http://www. fsi. com. cn/celeb300/visited303/303_0312/303_03123001. htm (last visited Aug. 1, 2018).

(三)德文

【著作名、期刊名用斜体,其他不斜体】

1. 教科书:作者、书名、版次、出版年份、章名、边码或页码

• Jescheck/Weigend, *Lehrbuch des Strafrechts Allgemeiner Teil*,5. Aufl.,1996,§ 6,Rn. 371/S. 651ff.

【注意:ff.之前没有空格】

2. 专著:作者、书名、版次、出版年份、页码

• Roxin, *Täterschaft und Tatherrschaft*,7. Aufl.,2000,S. 431.

3. 评注:作者、评注名称、版次、出版年份、条名、边码

• Crame/Heine, in: Schönke/Schröder,27. Aufl.,2006,§ 13,Rn. 601ff.

4. 论文:作者、论文题目、刊物名称、卷册号、出版年份、首页码、所引页码

• Schaffstein, Soziale Adäquanz und Tatbestandslehre, *ZStW* 72 (1960),369,369.

5. 祝寿文集:作者、论文题目、文集名称、出版年份、页码

• Roxin, Der Anfang des beendeten Versuchs, *FS-Maurach*,1972,S. 213.

【文集名称保留简写方式。例如,*Festschrift für Küper zum 70 Geburtstag* 简写为 *FS-Küper*】

6. 一般文集:作者、论文题目、编者、文集名称,出版年份、页码

• Hass, Kritik der Tatherrschaftslehre, in: Kaufmann/Renzikowski (Hrsg.), *Zurechnung als Operationalisierung von Verantwortung*,2004,S. 197.

7. 判例:判例集名称或者发布判例机构名称、卷册号、首页码、所引页码

• BGHSt 17,359 (360).

• BGH NJW 1991,1543 (1544).

• BGH NStZ-RR 1999,185.

8. 法律法规:具体条文序号、法典(规)名

【原则上以"§"标明条文数,以罗马数字标明所引款,以"Nr."标记所引项。对于《基本法》以及国际条约等以 Art. 表示条文数的,以 Art.标明条文数。】

• § 32 II StGB.

- §58a I Nr. 2 StPO.
- Art. 2 II GG.

【法典或法规名称,有惯用缩写的,使用缩写。没有惯用缩写的,注明全称】

(四) 日文

【「」『』为繁体字输入法状态下 shift+[ ]组合键】

1. 书籍:作者、书名、版次、出版社、年份、页码
- 我妻榮『新訂担保物権法(民法講義 III)』,有斐閣 1971 年版,50 頁。
- 我妻榮＝有泉亨『民法総則物権法(法律学体系・コンメンタール篇)』,日本評論社 1950 年版,31 頁。
- 参照我妻榮＝有泉亨『民法総則物権法(法律学体系・コンメンタール篇)』,日本評論社 1950 年版,31 頁。

【对作者进行提炼或解读时的格式】
【如系多位作者合著的,则在作者之间加＝】

2. 论文:作者、文章名称、杂志名称、出版年份(卷号)、页码
- 於保不二雄「付加物及ひ従物と抵当権」,民商法雑誌 1954 年 29 巻 5 号,1 頁以下。

【论文名加"「」",杂志名称不加符号,杂志名称用全称】
【多位作者合著的参照前述体例】

3. 文集:作者、文章名称、编者、文集名称、出版社、年份、页码
- 佐藤英明「一時所得の要件に関する覚書」,金子宏ほか編『租税法と市場』,有斐閣 2014 年版,220 頁。

4. 案例:判决机构名称、判决日期、所在法律文件名称(卷号)、页码
- 大審院 1919 年 3 月 3 日判决,大審院民事判決録 25 輯,356 頁。
- 最高裁判所 1982 年 7 月 15 日判决,最高裁判所民事判例集 36 巻 6 号,1113 頁。

5. 官方文件:文件名称
- 「平成 26 年版犯罪白書」による。

【による为固定格式】

6. 新聞报纸:名称、发行时间、刊物类型(朝刊/夕刊の別)、版面
- 『日本経済新聞』1992 年 6 月 23 日朝刊。

(五) 法文

【著作名、期刊名用斜体,其他不斜体】

1. 书籍:作者、书名、出版社、版次、出版年份、页码
- Marc Chevallier, *L'État de droit*, Montchrestien, 4e éd., Paris, 2003, pp. 16-29.

2. 论文:作者、论文题目、刊物名称、卷册号、出版年份、页码
- Marc Poisson, « Le droit de la mer », *RGDIP*, 2015, pp. 15-47.
- Claire Badiou-Mouferran, « La promotion esthetique du pathetique dans la seconde moitié du XVIIe siècle », *La Licorne*, n°43, 1997, pp. 75-94.

【« »为英文半角状态下的双引号格式】

3. 文集文章:作者、论文题目、编者、文集名称、出版年份、页码
- Marc Poisson, « Le droit de la mer », in R. Lapieuvre (dir.), *Le droit des Océans*,

Éditions de la mer，2015，pp. 12-48.

4. 会议报告：作者、报告名称、会议名称、报告日期、页数
• Marc Poisson, Le droit de la mer en Méditerranée, Congrès de Marseille, juillet 2016，pp. 228-229.

5. 博硕士论文：作者、论文名称、毕业学校（院系）、毕业（通过答辩）年份
• Marc Poisson, Le droit de la mer appliqué à la Méditerranée, Thèse de l'Universitéde Marseille, 17 juin 2016.

6. 法典法规：条款，编号，法典（规）名称
• Art. 78 et s. de la Constitution du 24 juin 1793.
• Art. 6 de la Charte de l'élu local codifieé à l'art. L. 1111-1-1 CGCT.

7. 案例：法院名称、审判庭名称、日期、案件名称和案件号
• CE. 15 février 2008, Commune de La Londe-les-Maures, req. n°279045.
• CIJ, Délimitation maritime en mer Noire (Roumanie c. Ukraine), 3 février 2009, CIJ Recueil 2009, p. 61.

【例二表示该案件已被载入案例汇编（Recueil），须标注具体页码】

8. 网络信息：作者、题目、网址、上传（公布）日期或最后访问日期
• Béatrice Joyeux-Prunel, « L'histoire de l'art et le quantitatif », Histoire & mesure, vol. XXIII, n°2, 2008, En ligne: http ://histoiremesure. revues. org/index3543. html. Consultéle 17 mars 2010.

【只有在无法查明上传（公布）日期时，才需注明最后访问日期】

四、重复引注规则

（一）中文文献一律为"同前注〔X〕，第 2 页。"

【如被重复引用的脚注中不止一个文献，则仍需标明具体所引文献的作者姓氏和文献名称信息，具体格式按照上述相应规则处理】

（二）同页次第紧连文献

注释中重复引用文献、资料时，若为注释中同页次第紧连援用同一文献的情形，应根据文献语言类型，按以下方式分别标明：

1. 英文文献：*Id.*，p. 2.
2. 德文文献：Kaser/Hackl, a. a. O.，S. 35.
3. 日文文献：同正文格式，但字体应为日本汉字。
4. 法文文献：*Ibid.*，p. xx-xy fait référence àplusieurs pages de ce méme ouvrage.

【如被重复引用的脚注中不止一个文献，则仍需标明具体所引文献的作者姓氏和文献名称信息，具体格式按照上述相应规则处理】

（三）非次第紧连文献

若为非次第紧连的文献，可将文献的作者、名称、版次、出处等简略，根据文献语言类型，按以下方式分别标明：

1. 英文文献：*Supra* note〔X〕, p. 2.

2. 德文文献：Leenen (Fn. 2)，Rn. 2.
3. 日文文献：同正文格式，但字体应为日本汉字。
4. 法文文献：Marc Poisson, Le droit de la mer, op. cit. , p. 212.

【如被重复引用的脚注中不止一个文献,则仍需标明具体所引文献的作者姓氏和文献名称信息,具体格式按照上述相应规则处理】

《北大法律评论》编委会